地方治理现代化探索——
大连海事大学公共管理硕士（MPA）2023年度优秀学位论文集

赵闯 / 主编

大连海事大学出版社

Ⓒ 赵 闯 2024

图书在版编目(CIP)数据

地方治理现代化探索. 大连海事大学公共管理硕士(MPA)2023年度优秀学位论文集 / 赵闯主编. — 大连：大连海事大学出版社, 2024.12. — ISBN 978-7-5632-4594-9

Ⅰ.D035-53

中国国家版本馆 CIP 数据核字第 2024JW6795 号

大连海事大学出版社出版

地址：大连市黄浦路523号　邮编：116026　电话：0411-84729665(营销部) 84729480(总编室)
http://press.dlmu.edu.cn　　E-mail：dmupress@dlmu.edu.cn

大连天骄彩色印刷有限公司印装　　　　　　　　大连海事大学出版社发行

2024年12月第1版　　　　　　　　　　　　　　2024年12月第1次印刷
幅面尺寸：170 mm×240 mm　　　　　　　　　　印张：26.75
字数：508 千　　　　　　　　　　　　　　　　　印数：1~500 册

出版人：刘明凯

责任编辑：杨　洋　　　　　　　　　　　　　　责任校对：刘长影
封面设计：解瑶瑶　　　　　　　　　　　　　　版式设计：解瑶瑶

ISBN 978-7-5632-4594-9　　　定价：80.00元

前 言

  Master of Public Administration(MPA)项目,是以公共管理及相关学科为基础的专业学位研究生教育项目,旨在为政府部门及非政府公共机构培养高层次的应用人才。MPA项目的产生得益于公共管理学科的产生与发展,1999年5月,国务院学位委员会正式批准在中国设立MPA专业学位。

  大连海事大学(原大连海运学院)是交通运输部所属的全国重点大学,是国家"211工程"重点建设高校、国家"双一流"建设高校。学校素有"航海家的摇篮"之称,是中国著名的高等航海学府,是被国际海事组织认定的世界上少数几所"享有国际盛誉"的海事院校之一。2005年2月,经国务院学位办批准,大连海事大学成为第三批公共管理硕士(MPA)专业学位硕士研究生试办单位。2005年3月,学校成立大连海事大学MPA教育中心,规范管理学校MPA教育与培养工作。

  作为交通运输部直属的行业性院校,大连海事大学肩负着为交通运输行业的发展培养高层次人才的责任与使命。大连海事大学MPA教育秉承学校百年办学传统,以"立足交通、服务社会,秉公共之精神,育卓越之人才"为办学理念,以"满足交通运输行业发展对高级公共管理人才的实际需求"为办学方向,坚持"以学生为根本,以需求为导向,以质量为生命,以师资为保障"的办学原则,致力于为交通、海事、港航系统培养高层次、复合型、应用型公共管理人才。

  自开展MPA教育以来,大连海事大学MPA教育中心始终坚持特色办学,不断探索MPA教育规律,通过创新培养模式,在实践中着力打造MPA教育品牌,同时紧扣质量管理标准的要求,探索出一条具有鲜明海大特色的公共管理硕士(MPA)专业学位硕士研究生培养道路。

  为保证MPA项目的长足发展,提升MPA学位论文的撰写质量,大连海事大学

MPA教育中心于2024年启动"MPA优秀学位论文集出版计划",以论文集的形式将每学年度的优秀学位论文精简成集,旨在通过学位论文集的出版,激发MPA研究生撰写优秀学位论文的积极性,提升中心MPA学位论文的撰写与指导水平。

当然,由于MPA研究生研究水平有限,书中难免出现不足之处,还望学术界同人批评指正!

编 者

2024年7月

目 录

白城市镇赉县政府治理能力现代化研究（许佳鹏）／1

大连市普湾经济区推进营商环境建设研究（蒋　丹）／19

大连市金普新区行政服务大厅"一窗受理"改革研究（王　璐）／33

大连市旅顺口区政府推动社区居家养老服务研究（塔　娜）／48

大连市长海县政府林地保护研究（刘美慧）／65

大连市住房公积金政策执行问题研究（宋子姣）／81

大数据背景下地方政府公共危机治理能力提升路径研究（乐花薇）／97

河南省永城市农村社区网格化治理研究（徐　珂）／120

菏泽市牡丹区社区网格化管理优化研究（潘慧璇）／137

黑龙江省大兴安岭地区动物疫病防控研究（刘　卉）／153

呼伦贝尔市残疾人就业保障问题与对策研究（文芃芃）／169

基于DEA的公共数据开放效率研究（吴晓琳）／185

平潭海事局扁平化管理改革研究（乔　森）／215

齐齐哈尔市政府推进高层次人才引进研究（宋　莹）／233

日照市农业信息化服务体系优化研究（庄文慧）／249

山东省C县小微企业纳税服务研究（王宝宁）／266

山西省古交市全科网格管理研究（高　智）/284

威海市税务局税务稽查信息化建设研究（姜晓晴）/302

威海市税务局智慧税务建设研究（滕芃欣）/319

潍坊市寒亭区税务局纳税服务优化研究（祝晓洁）/336

烟台经济技术开发区海域使用管理问题研究（孙　楠）/355

应急管理部大连康复中心干部队伍管理研究（刘　丽）/371

周口市临蔡镇农村人居环境精细化治理研究（王小亚）/389

庄河市光明山镇政府促进草莓特色农业产业发展问题研究（王姗姗）/406

白城市镇赉县政府治理能力现代化研究

许佳鹏

（学号：1120213374）

为适应国家经济社会发展需要，我国政府治理模式逐渐从"社会管理"向"社会治理"转变。本文通过研究白城市镇赉县政府治理能力现代化建设过程中产生的问题，参考其他县级政府对于推进治理能力现代化所采取的有效措施，结合镇赉县实际情况，有针对性地提出相关建议和对策，丰富吉林省县级政府治理能力现代化研究内容，探索未来治理新思路。

一、镇赉县政府治理能力现代化现状分析

近年来，镇赉县政府始终加强治理能力现代化建设，从治理理念现代化、公共服务现代化、整体性治理现代化等多方面，逐步提高基层治理能力，进一步抓基层、强基础、固根本，着力破解制约提升镇赉县治理效能的突出问题，力争2035年前基本实现县级政府治理能力现代化。

（一）当前所采取的举措与取得的成效

白城市镇赉县以创新发展为驱动，充分发挥政府系统功能，统筹推进城乡一体化建设，实施整体治理滚筒式前进，以城乡治理重难点为核心，实施中心突破战略，坚持政府总体谋划、上层设计，加强整体治理体制机制建设，提高基层治理成效质

量,推进政府治理能力现代化建设。

1.所采取的举措

镇赉县,隶属吉林省白城市,位于吉林省西北部,白城市东北部。镇赉县是"中国白鹤之乡"、国家卫生县城、电子商务进农村综合示范县(市)。

(1)创建完备高效的治理体系

2022年,为进一步统筹和协调各地、各部门(单位)关于基层治理相关工作的安排与落实,并高效利用行政资源,镇赉县成立了由县委、县政府主要领导任组长的镇赉县城乡基层治理工作委员会。镇赉县实施"委员会+专项工作组+基层治理工作专班"的工作模式,即委员会统筹安排、各专项工作组综合协调、基层治理工作专班具体落实的纵向治理模式,分模块、多角度解决镇赉县基层治理工作中的突出问题。

(2)健全公共服务设施

一是在公共卫生服务方面。吉林大学白求恩第一医院、吉林省人民医院、吉林省中医院与镇赉县医院、镇赉县中医院协同合作。加强战略联动和帮带帮扶,提高医疗人员的个人水平。二是在教育方面。县政府经过沟通协调,加强与东北师范大学、吉林师范大学等高校的战略合作,针对镇赉县县域内两所高中,提升其整体教育水平。三是在基础设施方面。县政府逐步更换铺设老旧供热管道,保证居民冬季供暖;分三年逐步完成老旧小区改造工程,排除老旧小区居住安全隐患;以"白鹤之乡"为依托,重点建设万宝山森林草原公园、北方渔岛、天鹅岛、南湖生态公园、莫莫格国家级自然保护区等。

(3)构建全县综合治理体系

构建全县综合治理体系,制定并印发了《关于全面加强城市社区常态化治理80条举措》《关于全面加强乡村常态化治理70条举措》等相关文件,打造城乡联动高效治理体系。以文件中的80条、70条权责清单和部门主要工作内容为依托,制定与全县相适应的城乡治理工作手册,进一步明确各乡镇、街道和县直相关部门的责任划分,扎实推进五化工作法,即工作职责清单化、工作内容图表化、落实任务图像化、操作标准手册化、职责小组机制化,保证权力下放下得去,基层干部接得住、用得好,严格防范各部门互相推诿。

(4)落实考评问效机制

落实镇赉县党员干部和机关部门考评问效机制,着力破解工作效率低下和工作质量不过关的问题。实施行政工作攻坚落实行动,突出工作全流程压实压责,严格防范断档脱节。在涉及本部门及跨部门联合推动的工作任务中,各部门主要责任人必须起到带头作用,以实际行动牵头落实,加强工作全链条监督检查力量,坚决杜绝贪腐行为,发现问题及知整改,将重点工作任务同部门个人绩效挂钩,形成长效机制,倒逼责任落实,持续推动镇赉县政府治理现代化相关工作部署落实到位。

2.取得的成效

镇赉县政府在立足实际的基础上,通过创建完备高效的治理体系、大力培养基层干部、落实考评问效机制、加大行政执法力度等多种方式,不断提高镇赉县政府治理能力现代化水平,不仅取得了显著成效,还得到了上级组织和人民群众的肯定。

(1)增强了基层监督管理机制

通过"亮灯预警"监督管理机制,解决党员干部参与基层治理积极性不足的问题。镇赉县印发了《镇赉县乡科级领导班子和领导干部工作预警实施办法(试行)》《镇赉县基层党组织和党员工作预警实施办法(试行)》,以这两个"办法"为总遵循、总抓手,在全县树立狠抓落实、争先进位工作导向,通过深入研判亮灯和亮牌预警情形,找准工作定位,摆准工作角色,以强有力的执行力和落实力全面增强抓实抓好城乡基层治理工作的坚定信心和决心。

(2)增强了社区和农村的干部队伍治理能力

深化农村基层六步工作法、坚持全业务流程群众监督机制和村民代表大会制度,坚持用好"三员、四联、五民、六治"工作法,加强顶层设计、提高农村人居环境质量和城区绿化美化、丰富域内人民业余生活,不断扎实城乡综合治理基础,全面打造以公共服务治理、应急安全治理、整体统筹治理、多元化协同治理、智慧城市治理、生态文明治理"六治"为内核的治理模式。

(3)加强了公共服务能力

通过开展全县一体化的"互联网+政务服务"平台建设,全县政务服务事项网上可办率达70%以上;全县36个部门1 613项政务服务事项,进驻政务大厅及各分厅办理事项1 586项,占98.3%;在镇赉县政府门户网站上公开发布1 588项"最多跑一次"事项清单,占政务服务事项比例为98.4%。通过开展综合窗口服务,17个部门700余个办事事项均可在综合窗口办理,实现"综合窗口"办理事项90%以上。优化提升便民服务水平,实现社保、医保审核,税务收费一厅联办,方便办事群众;丰富大厅办事事项。水、电、气、暖、公交卡和吉视传媒等收费业务均进驻大厅,为百姓生活提供便利。

(4)树立了服务型政府理念

镇赉县政府始终坚持"以人为本,竭诚为民"的服务理念,在进行社会治理、乡村治理的过程中,不断提高政府治理能力现代化水平,同时贯彻落实本级政府公共服务责任落实清单,加强监督管理机制建设,杜绝懒政庸政,实施县级领导轮换接访工作,积极解决老百姓最关心的疑难困难问题,关心民生福祉,凸显了新时期镇赉县政府为民行政的工作作风。

建设"服务型"政府，重点聚焦"三农"问题，解决好农村15万人口的民生需求，是推进基层政府治理能力现代化强有力的支撑。专题召开多次全县农业农村工作会议暨全面推进乡村振兴工作会议，研究落实农村治理推进工作，并通过了《关于全面推进乡村振兴加快农业农村现代化的实施方案》和《镇赉县贯彻落实〈激发人才活力支持人才服务乡村振兴的政策措施〉重点任务分工方案》等重要涉农文件，使农村居民人均可支配收入达到13 579元，农村居民人均消费支出达到11 900元，农村义务教育专任教师本科及以上学历达到75.1%，全部行政村"三通一平"工程完工，改善了农村居住环境。

（二）镇赉县政府治理能力现代化问卷调查与结果统计

利用问卷星等小程序，结合镇赉县政府治理能力现代化的实际成果发放调查问卷，对镇赉县城区内相关部门（单位）、乡（镇）街道及人民群众进行问卷调查，厘清镇赉县县域内不同行业人群对镇赉县政府治理能力现代化的看法和意见，并对结果进行归纳整理。

1.问卷调查

问卷调查具体分为以下步骤：

（1）做好问卷调查准备工作，明确问卷调查的主题是镇赉县政府治理能力现代化，厘清政府治理能力现代化内涵，包括城市环境建设、基础设施建设、民众公共服务满意度等，搜索相关同类型调查问卷的内容，借鉴成功经验，做好设计调查问卷和发放调查问卷的相关准备工作。

（2）镇赉县通过不同群体对县政府治理能力现代化的真实看法，发现了建设过程中潜藏的问题。通过网络查询关于政府治理能力现代化的相关标准并结合镇赉县发展的实际情况和目前人们关心的具体问题来设计调查问卷。调查问卷共计24个问题，包括调查者基础情况统计、政府行政能力调查和公共服务满意度调查三大方面。

（3）发放调查问卷和实地调研受众群体及问卷回收。调查问卷的群体包括但不限于公务员和事业单位公职人员、企业职工、医疗卫生人员、银行职员、教师、农业生产者、私人个体、退休职工、自由职业者和其他职业人员。通过线上+线下相结合的方式发放调查问卷。

（4）统计问卷调查结果，调查期间共发放问卷400份，其中有效问卷345份，回收率达到86%，对有效问卷结果进行统计，为下一步的统计结果分析提供数据。

（5）根据上一步的统计数据进行结果分析，对结果进行问题归纳，分成问卷调查者基础情况统计、与政府行政能力有关方面的统计、对政府提供相关公共服务、对少数群众和机关单位党员干部访谈等。从而通过受众反馈的结果来分析镇赉县政府治理能力现代化存在的问题。

同时,采用实地调查和电话访谈的形式对日常治理工作一线的数名公务员或机关干部、人民群众进行谈话、提问,以此来作为对分析结果的补充,并根据体制内外人员分为两种访谈提纲,即群众版和党员干部版,内容上也有所差别。

2.结果统计

问卷调查在2022年12月进行,调查期间共发放问卷400份,其中有效问卷345份,回收率为86%;实地调查和电话访谈共100人,其中群众60人、党员干部40人,相关调查结果汇总如下。

(1)问卷调查者基础情况统计(详见表1)。

表1 问卷调查者基础情况统计

基础信息	性别		职业									
选项	男	女	公务员事业单位	企业	医护	银行	教师	农业生产	私人个体	退休职工	自由职业	其他职业
人数	178	167	100	36	25	21	47	36	42	20	10	8
占比	51%	49%	29%	10%	7%	6%	15%	10%	12%	6%	3%	2%

基础信息	年龄								学历			
选项	20岁以下	20至25岁	26至30岁	31至35岁	36至40岁	41至50岁	51至55岁	56至60岁	60岁以上	高中以下	高中职高高技校	专科	本科	研究生
人数	12	46	48	56	50	48	22	10	12	32	57	69	171	16
占比	8%	13%	14%	24%	15%	14%	7%	2%	3%	9%	17%	20%	49%	5%

(2)在与政府行政能力有关的方面选出几个问题进行问卷调查结果(详见表2)。

表2 政府行政能力问卷调查结果

选项	是		否	
	人数	占比	人数	占比
当地政府的行政决策科学有效	285	83%	60	17%
当地政府具有强有力的履职能力	275	80%	70	20%

续表

选项	是		否	
	人数	占比	人数	占比
群众的合法权益得到保障	320	93%	25	7%
当地政府是值得信赖的政府	338	98%	7	2%
当地政府做到了依法行政、公正执法	290	84%	55	16%
参与过当地政府相关社会治理活动	286	83%	59	17%
当地政府对群众提出的困难或问题做出回应和解决	268	78%	77	22%
当地政府的相关工作得到了有效的社会监督	296	86%	49	14%
当地政府在面对危机或防范危机方面具有较强的统筹协调能力	330	96%	15	4%

（3）对政府提供相关公共服务方面，民众的各项满意度调查结果（详见表3）。

表3 公共服务满意度调查结果

选项	差		一般		良好		满意		非常满意	
	人数	占比	人数	占比	人数	占比	人数	占比	人数	占比
政府的政务公开	10	3%	84	24%	124	36%	73	21%	54	16%
政务服务大厅服务	43	12%	110	33%	94	27%	58	17%	40	11%
政府提供的公共服务	10	3%	107	31%	162	47%	38	11%	28	8%
政府目前所实施的民生政策	5	1%	32	9%	87	25%	159	47%	62	18%
政府的行政效率	20	6%	55	16%	120	35%	98	28%	52	15%
生活水平	17	5%	17	5%	103	30%	173	50%	35	10%
政府治理能力	24	7%	52	15%	128	38%	98	28%	43	12%
当地的生态环境、教育、就业	5	1%	35	10%	99	29%	171	50%	35	10%
政府部门的服务态度和工作态度	14	4%	58	17%	79	23%	125	36%	69	20%
住房、道路交通医疗卫生等基础设施	20	6%	46	13%	62	18%	158	46%	59	17%
政府在多元化治理过程宣传和指导工作	20	6%	79	23%	89	26%	107	31%	50	14%

(4)对60名群众实地调查和访谈结果汇总(详见表4)。

表4 群众实地调查和访谈结果汇总

选项	肯定		否定	
	人数	占比	人数	占比
当地政府做到了依法行政、公正执法	58	97%	2	3%
政府部门的服务态度和工作态度	55	92%	5	8%
政府提供的公共服务	55	92%	5	8%
参加过社会治理活动或听证会	48	80%	12	20%
政府公职人员的综合能力	51	85%	9	15%
政府数字化、智能化治理水平	45	75%	15	25%
政府在社会治理中的多元化治理能力	42	70%	18	30%
政府提供多种治理选择	45	75%	15	25%

(5)对40名机关单位党员干部访谈问卷的13个问题汇总如下:超过70%的受访者表示虽然政府和各行政部门、行业单位通过责任分工重新划分、机构重组等方式加强了行政决策科学化进程,但政府的行政决策科学化水平还有待提升,在组织架构和人员配备方面仍有待加强,未能突出行政的高效性。受访者均认为应该加强政府部门公职人员的综合能力、提升政府智慧治理建设水平和政府纵横方向的整体性协调治理能力,以便提高公共服务质量。此外,近85%的受访者认为在推进政府治理能力现代化过程中应充分发挥民众参与社会治理的积极性,提高多元化治理能力,增加社会组织和公民的参与度。在新冠疫情防控等应急处置和重大事项处置中组织严密、安排合理、落实有效,但数字化和信息化的利用率还是较低,有待加强。近36名受访者表示政府在平衡政府、市场、社会三方力量时,应注重供给侧结构性调整和简政放权,在社会治理时充分发挥社会力量,用市场来检验结果。

(三)镇赉县政府治理能力现代化存在的问题

1.政府整体性协调治理能力不足

镇赉县政府存在整体性协调治理能力不足的问题,分散的治理、碎片化的管理、信息技术服务手段的落后,会使群众对政府的满意度降低,从而产生不信赖的心理,阻碍实现政府治理能力现代化的目标。具体表现在以下三个方面:

(1)行政区域内横向部门间的跨界治理和交叉治理

虽然在这一点上镇赉县政府也做了很多工作,比如成立指挥部或者领导小组来推进一些相关工作落实到位,但这种治理只是一时的,并不能长久地形成合力,在面对横向部门间跨界和交叉治理时并不能单一地利用指挥部、领导小组来进行统筹协调,因为这种统筹协调并不能从根本上划分责任与权力。调查显示4%的民众认为政府在面对危机或防范危机方面不具备较强的统筹协调能力,来自不同部门的访谈者表示横向间的跨界治理难度往往出现在中下层环节。

(2)在城乡综合治理过程中整体性缺失

城乡综合治理强调城市和乡村的整体性、连贯性治理,要求城乡均衡发展,涉及县、乡(镇)、村三级联动的系统性。镇赉县政府在实际治理过程中并没有按照要求的整体性来发展,偏离了预期设想,单一地强调整体性和协同合作,没有以信息化技术手段的深层次综合组织为载体,还是依靠传统的碎片化、局部化治理。

(3)政府与社会各类组织,包括私人部门和非营利部门之间的合作缺乏有效的协同,使政府在统筹社会资源进行治理的环节中出现差异,破坏了多元主体之间的整体性,最终造成"1+1<2"的现状,未能科学地理解整合与协作的深度意义,弱化了政府整体性协调治理能力。

2.政府公共服务供给能力差

镇赉县政府公共服务供给能力差的问题具体表现在以下三个方面:

(1)缺少人民群众表达意愿和反馈意见机制

镇赉县政府每年均有大量的财政投入基础设施建设当中,而关于公民权利的软件方面建设则较少,缺少反馈群众声音的向上途径和解决群众生产生活困难与问题的向下途径。前期调查中发现,34%的民众对政府提供的公共服务满意度在良好以下;10%的民众希望提高生活水平;7%的民众认为自身合法权益未能得到保障;17%的民众表示自己没有参与过政府进行的社会治理活动;22%的民众认为自己的困难或问题没有得到回应与解决。

(2)供给侧结构性改革力度不大

镇赉县政府虽然一直致力于进行供给侧结构性改革来更好地满足广大人民群众的需要,但收效并不是很大。从访谈得中知,政府应该如何提高公共服务质量,应该如何平衡政府、市场、社会的发展,以及政府应该加大哪种能力建设等方面,多数人表示政府没有找准方向、明确目标,没有从源头上加大供给侧结构性改革力度,面对县、乡(镇)街道、村(社区)三级不同的需求,没能客观地分析,造成公共服务供给能力差,提供的服务质量不高。

(3)简政放权没有有效地落到实处

政府过度抓权不仅会造成权力的腐败,还会使社会风向趋向功利化。政府基层工作人员和服务性窗口工作人员中部分人没有明确政府行政的目标是追求公共利益的最大化,政府应当利用权力的力量追求更高的公共价值。

3.政府多元化治理能力弱

镇赉县政府治理能力现代化建设过程中存在着政府多元化治理能力弱的问题,具体表现在以下三个方面:

(1)非政府部门和社会组织力量薄弱

镇赉县域内社会组织经过多年发展,现有非公企业和社会组织党员363人,排查社会组织230余个。就发展数量而言,镇赉县现有社会组织并不多,每年新增注册成功的社会组织个数凤毛麟角,发展速度比较缓慢;就发展质量而言,多数社会组织不仅没有达到"大而全",甚至相当一部分"小而专"也未能做到,发展质量并不高。

(2)政府宣传指导工作不到位

数据结果显示有29%的民众对于政府在多元化治理过程中的宣传和指导工作满意度在良好以下;另有17%的民众表示没有参与过政府相关社会治理活动;还有一部分采访者表示没有参与过与民生政策有关的听证会议;有30%的受访者对政府在社会治理中的多元化治理能力表示否定;此外,少数访谈者表示不知道自己还能参与社会治理活动,甚至有人对社会治理、社会组织都不了解。

(3)政府直接选择或提供的选择很少

有近25%的受访群众表示政府没有提供多种治理选择,近85%的党员干部受访者表示政府应该在社会治理环节中提高政府多元化治理能力,较少的主体参与社会治理往往并不能达到合理决策,导致民众对政府满意度下降。

4.政府公职人员综合能力低

镇赉县政府治理能力现代化存在着政府公职人员综合能力低的问题,具体表现在两个方面:

(1)人民群众对政府政务服务的态度有意见

数据分析显示有45%的民众对政府政务服务的满意度在良好以下;另有27%的民众对政府政务公开的满意度在良好以下;对政府部门服务态度和工作态度的满意度在良好以下的民众也占有21%;还有15%的访谈群众对政府公职人员综合能力表示否定;访谈的党员干部也表示需要加强政府公职人员的综合能力。

(2)政府公职人员办事效率较低

22%的民众对政府的行政效率满意度在良好以下,另有20%的民众对政府具有强有力的履职能力表示否定。从与镇赉县机关单位党员干部的访谈中也体现出这种情况,一些党员干部认为政府在某些环节中的办事效率较低,导致业务积压,很多工作不能有效地衔接,甚至出现重复劳动的现象,并伴随人多事少、人少事多的资源不合理配置,从而阻碍了现代化治理进程。

5.政府智慧治理能力不强

镇赉县政府在实际工作过程中出现政府智慧治理能力不强的问题,具体表现在以下两个方面:

(1)政府智能化行政效率不高

在具体工作中出现政府智能化行政效率不高的现象,人民群众线上办理业务进度缓慢且操作不便;政府公职人员运用数字化监管域外隔离人员操作生疏,造成信息共享沟通上的不畅;公文处理的上游和下游信息交流出现滞后现象,严重影响镇赉县政府依据实际情况做出正确判断,其中2022年3月25日仅新冠病毒防控指挥部值班室就接到超过30个投诉电话,人民群众对此表现出相当程度的不满。

(2)智慧治理全过程不完整

在实际的数字化治理工作中,平台管理混乱,彼此不能相互统属,破坏了治理上下流程的连续性,数据资源并不共享,造成信息孤岛,甚至彼此互相掣肘,使数据归纳和信息传递滞后。在智慧管理上,政府存在能力上的缺位,有时由上级主导智慧治理时,还会进一步加剧局部分割,相关数字化系统反而没有便利社会治理,影响智慧治理效能的实现。

(四)镇赉县政府治理能力现代化产生问题的原因分析

通过前期的调查研究,我们得出镇赉县政府治理能力现代化存在一些问题,并针对这些问题进行深入的研究分析,挖掘出产生问题的原因,以便有针对性地提出解决措施,提升政府治理能力现代化。

1.协调合作机制缺位

在镇赉县政府治理能力现代化建设中存在政府整体性协调治理能力不足的问题,因此出现了信息交流不畅、沟通协调不及时,各部门在跨界治理和交叉治理环节中互相推诿的现象,而造成这一现象的主要原因就是协调合作机制缺位,数据共享不畅的信息壁垒、公共资源的不合理配置以及多元主体合作治理的碎片化。当政府机构组织间缺少这种协调合作机制时,会造成政府不能形成及时有效的整体性治理,从而使政府内部滋生官僚主义,形成不担当、不作为的懒政思想。从近期状况看,政府各部门在完成上级布置的社会治理相关工作时,不可避免地会出现业务的交叉和重叠,在处理此类业务时,镇赉县政府就存在协调合作机制缺位现象,导致政府行政效率下降,政策落实不到位,事事不能直触要点。

2.公共服务体系不健全

镇赉县政府治理能力现代化存在政府公共服务供给能力差的问题,而镇赉县公共服务体系不健全是产生这一问题的原因。

（1）镇赉县政府还没有完全转变公共服务理念,"唯GDP论意识"仍然占据主流,忽视了整个公共服务体系的健康发展,单一地以经济发展为重心,失去了整体的协调性。

（2）忽视了人民群众的意愿,在提供公共服务的过程中缺少民众表达意愿和反馈意见的机制平台,没有重视公共事务,造成群众对政府公共服务满意度的下降。

（3）供给侧结构性改革意识薄弱,虽然镇赉县政府召开了会议、传达了精神、下发了文件,但是实际行动比较少,没能从根本上消化吸收供给侧结构性改革的意义,没有扩大有效供给,没有提供市场化方案。

3.多元主体治理机制不完善

从镇赉县多元主体治理现状看,治理机制内在动力不足:政府高层对多元主体参与社会治理理念的认识不足,思想观念仍停留在政府管理阶段;多元主体参与社会治理的宣传程度不高,很多民众不理解什么是多元主体、什么是社会治理,实际参与社会治理活动的民众很少;政府指导民众和社会组织参与治理的流程烦琐,指导过程比较混乱,相关的指导性意见有很多,但实际缺少专人指导。

多元主体治理机制外在动力较弱;注册的合法社会组织较少,社会组织没有呈现出健康发展的趋势;推进多元主体参与社会治理的起步较晚,对于在基本国情下如何构建多元主体治理机制也在摸索中前进;镇赉县经济发展水平低,在发动多元主体参与社会治理形成合力时缺少财政资金的保障。

4.基层治理现代化缺乏高素质人才

从镇赉县政府机关的在编工作人员组成来看,高素质人才仍然匮乏,而且个别部门新生代人员的数量不仅没有逐年递增,反而还有下降的趋势。很多具有高素质、高水平的人才,尤其是战略人才向基层政府机关倾斜的比例较低,上级选派下来锻炼的优质人才一般不会留在基层工作,很多年轻党员干部因为工作突出且有基层工作经历而去上级政府各部门借调,基层工作人员因此出现老龄化的现象。基层上升渠道过窄,很多年轻人才工作了很多年却始终升不上职,逐渐丧失了拼搏精神,一些部门工作量很大,但工作人员编制数很少,使部门工作面临窘境。

5.政府智慧治理思维存在偏差

镇赉县政府治理能力现代化存在着政府智慧治理能力不强的问题,究其原因是政府智慧治理思维存在偏差。

（1）面对这个崭新的课题,地方政府难免束手束脚,不能大胆地干、大胆地闯,都是在摸索和试探当中曲折前进。政府害怕投入了大量财政资金,结果不能够收到同等价值的回报,甚至收效甚微,导致地方财政紧张和民众的不认可。政府在进行社会治理时,首先考虑的都是短期目标的实现,缺少长期的建设投入,陷入结果导向的成绩陷阱。

(2)大多数县级政府对于政府智慧治理概念的理解并不全面和深入,片面地认为所谓智慧治理就是通过计算机、手机等数字化设备进行管理活动,实际上这种管理活动的对象也并不是社会公众,而是基层广大一线工作者,科学技术的进步不仅没有缓解工作人员的工作压力,反而加大了各部门业务工作量,因为政府并没有将数字化、智能化转化为有效的社会治理手段,而是变成了便于管理工作人员的监管手段。

二、国内其他县级政府治理能力现代化的经验借鉴

国内其他县级政府在推动治理能力现代化建设过程中也取得了一些成效和经验,这些经验对于镇赉县政府治理能力现代化的提高具有积极的参考价值。

(一)国内其他县级政府治理能力现代化情况

1.吕梁市岚县:数字化转型推进政府治理现代化

吕梁市岚县深入贯彻落实上级指示精神,抓住新时代重要机遇,大力推动数字化转型推进政府治理现代化。该县将数字政府建设作为推进治理体系和治理能力现代化的有力支撑,加快数字政府、数字社会、数字经济建设,以数字化转型整体驱动生产方式、生活方式和治理方式变革,为全方位推动全县高质量发展积蓄了新动能。

加快数字政府综合应用建设,全面提升工作执行力。吕梁市紧抓数字经济发展战略机遇,坚持数字化政府建设,完成县级"领导驾驶舱"系统建设,为领导层提供"一屏知全县、一键政务通"的一站式决策指挥服务。

加快数字社会综合应用建设,全面提升城市智治力。2022年2月,岚县与科大讯飞公司达成合作意向,双方就使用人工智能,在智慧城市、智慧医疗、智慧教育、智慧养老、智慧农业等方面进一步深化合作,在岚县打造全国公共服务均等化示范基地。

2.沧州市献县:强化"网格化"推进基层治理

献县坚持整体性治理思维,积极构建"网格化+基层治理"联合体,强化网格管理,推动基层治理协同作战。献县坚持"一张网"的管理理念,在全县范围内推行网格化管理,构建起横到边、纵到底、职能到位、责任到人的全覆盖管理服务网格。

构建网格体系,构建由县委书记牵头抓、乡镇党委书记具体抓、村党组织书记直接抓的"三级书记抓网格"工作大格局;精准划分网格,按照网格覆盖全部行政区域、风险隐患点全部纳入网格管理、党员干部全部编入网格"三个全部"的要求划细划小网格,并把整体治理和政法综治、民政城管、市场监管、卫生健康、应急管理等各类网格整合叠加;配齐网格队伍,从包联单位人员、村民代表、退休党员干部、志愿者等人选中选配网格员,开展在职党员"双报到"志愿服务活动。

3.临沂市平邑县:"自治、法治、德治"三治结合

平邑县深耕社区公平正义、文明和谐,推进"自治、法治、德治"相结合。

(1)完善自治

实施"二室一厅"的运行管理模式,通过设立的社区治理办公室、乡村振兴办公室和便民服务大厅等进行统筹管理,全面修订村规民约,完善了"红白理事管理规范""社区居民行为规范"等,让村规民约成为居民遵守的行动指南。

(2)加强法治

强化社区治理队伍建设,推进社区法律"一站式"服务,在村居落实"一村一顾问"措施,按照"统一培训、统一管理、统一考核、统一装备"和多于3 000人的社区设调解员不少于5人,不足3 000人的村居不少于3人的标准建立了志愿服务队。

(3)推进德治

全面弘扬孝善文化,在街道7万多户家庭建立了全覆盖的"孝老家庭""孝老个人"等评选表彰机制,有131户荣获"孝老家庭"称号,270余名居民荣获"孝老个人"称号,积极营造"崇德向善、诚信友爱"的社区文明新风尚。

(二)经验借鉴

1.强化"三治"融合治理

立身新时代,面对新问题,挑战新机遇,在这样的客观环境条件下,加强基层治理体系和治理能力现代化建设要充分发挥自治基础作用、法治保障作用、德治引领作用相结合的"三治"融合治理。《中共中央、国务院关于加强和完善城乡社区治理的意见》也曾指出:"充分发挥自治章程、村规民约、居民公约在城乡社区治理中的积极作用,弘扬公序良俗,促进法治、德治、自治有机融合。"[①]因此,在推进镇赉县政府治理能力现代化建设中应该加强"三治"融合治理,构建城乡治理新格局,全力打造善治的社会基础。

2.构建网格化管理体系

《十八届三中全会关于全面深化改革若干重大问题的决定》提出"要改进社会

---

① 关于加强和完善城乡社区治理的意见[N].人民日报,2017-06-13(001).

治理方式,创新社会治理体制,以网格化管理、社会化服务为方向,健全基层综合服务管理平台"①。构建网格化的管理体系能够精简空间结构、缩短治理时间、节约社会成本、提升治理效率,其核心宗旨是以民众需求为服务导向。沧州市献县和临沂市平邑县都在政府治理能力现代化建设中加强了网格化管理的办法,经验值得学习和借鉴。

3.加强数字化应用

科学技术是第一生产力,是推动社会发展的重要动力,科学技术手段的不断提升,能够改变治理手段,提高治理效率。吕梁市岚县采取数字化转型、临沂市平邑县利用信息化驱动来推动政府治理能力现代化建设,这说明在新常态下,政府需要加强数字化、信息化手段的应用,通过技术手段来提高基层政府治理能力现代化建设水平。

三、推动白城市镇赉县政府治理能力现代化的途径

根据白城市镇赉县政府治理能力现代化现状、存在的问题以及问题背后的原因,在充分吸收国内其他地区县级政府治理能力现代化建设成效经验的基础上,笔者从镇赉县实际情况出发,提出以下五点对策措施,推动白城市镇赉县政府治理能力现代化建设。

(一) 强化政府整体性协调治理能力

1.加强"三治"融合治理

镇赉县加强"三治"融合治理,提高政府整体性协调治理能力的关键在于:加强乡村治理主体力量,加强村民(居民)委员会的组织建设,让村民(居民)委员会成为城乡治理工作领头羊;完善村民议事协商制度,以法治建设为保障,强化人们法治意识;打造县级城乡综合治理体系,建立县级政府城乡综合治理中心,直接统筹全县141个行政村和10个社区的"三治"融合治理工作,推动"碎片化"治理向"系统化"治理转变,使"三治"融合治理全过程。

2.建设网格化管理体系

明确主要任务、次要任务、主体责任和配合责任这四个重要方面的布置,让各

---

① 中共中央关于全面深化改革若干重大问题的决定[N].人民日报,2013-11-16(001).

地、各部门(单位)按表单认领工作和责任,使治理资源得到最大化的利用,解决横向间的传递问题,同时加强纵向间的联系。以点带面,构建政府主导、多部门联动、多种公共服务配套的治理新局面,统筹推进治理成果具象化、治理措施实际化、治理方式亲民化,使社会治理资源在各个环节中实现均衡配置,科学合理地将非部门的力量进行网格化整合,从而达到多元化治理方面的整体性。

3.构建大部制治理机制

对于镇赉县政府在推进治理能力现代化方面,进行大部制改革也是未来政府治理的发展趋势。大部制改革是一个动态的改革过程,会根据地区经济社会发展的实际情况,增加或减少管理部门的数量。大部制改革的一个衡量标准是以更好地服务群众为改革目标,因此县级政府在进行大部制改革的时候,要注重以群众的需求导向为基础,保障改革后部门的整体性协调合作能力得到加强。推进大部制改革有利于完善政府的职责体系,但绝不是部门越大越好,也不是机构设置越少越好,而是政府规模要与其承担的管理服务事务相适应。

(二)提高政府公共服务供给能力

1.强化服务型政府理念

推进县级政府治理能力现代化更加需要树立先进的服务理念,该理念要求政府的施政目标必须首先征得民众的同意,而且公民还需参与到决策的过程中,由民众和政府通过双向的交流互动,达成一致来决定。要加强域内各机关党员干部的思想学习,牢固树立以人为本、服务为民的理念,把为人民服务的宗旨贯彻落实到工作的全过程。通过党小组学习、自主学习或开展培训会议来加强思想建设。加强理论联系实际,贯彻落实服务型政府理念具体化。加强与其他县级政府的沟通协作,向建设服务型政府有先进经验的其他地区观摩学习,积极签订互帮互助协议。

2.提升政府公共服务质量

提升镇赉县政府公共服务质量,为公众参与政治、经济和文化活动提供高质量保障,打造优质的公共服务,始终是镇赉县政府提升群众满意度的必要工作之一。镇赉县政府要想提升公共服务质量,扩大财政资金收入是一个重要的前提保障。加强县政府公共服务的监督工作,构建行之有效的监督检查机制,在政府内部进行监督检查,提供公共服务的全部流程,发现问题及知及改。优化供给侧结构性改革,以群众的需求为价值导向,从要素配置入手,优化公共服务审批流程。正确平衡好政府、市场、社会三个方面,使之形成合力,共同提高政府公共服务质量。

3.健全政府公共服务体系

提高政府公共服务供给能力需要完善的体系支撑,政府所有的公共服务供给活动都需要在体系内进行,无规矩不成方圆,因此健全政府公共服务体系是公共服务活动的内在要求。具体要做到:结合镇赉县实际情况,健全本地基本公共服务标准体系,明确县级政府在基层公共服务组织架构中的相关主体责任和保障兜底职能;构建公共服务体系中的信息交互机制,加强有效信息的沟通与整合,打破信息孤岛,实现公共服务体系上下游之间及横向各部之间的联通;加强多元主体参与公共服务,提高政府公共服务体系中多元主体服务占比,充分发挥市场调节作用。

(三)完善多元化治理机制

1.树立多元共治理念

镇赉县政府要加快树立多元共治理念,提高政府治理能力现代化水平。广大党员干部要加强多元主体参与社会治理的理论学习和典型案例学习,尽快树立多元共治理念,强化人民群众和社会组织在基层治理中的重要作用,转变陈旧的思想观念,不要用狭隘的眼光去认识新事物的发展,要用现代化的治理理念来发挥好政府在多元主体参与治理活动中的作用。各地、各部门(单位),尤其是直接参与社会治理的党员干部首先要树立新思想,加强培训交流,充分借鉴国内其他地区的先进经验。

2.鼓励民众积极参与社会治理

政府要加大宣传力度,组织专业人员和社区(村委)工作人员组成政策宣讲队伍进社区、进村屯为人民群众宣讲什么是多元化参与社会治理。政府要加强对民众参与社会治理的指导工作,让民众了解多元主体参与社会治理的流程以及反馈机制,细心指导,耐心解答。组织与民生政策有关的听证会议,积极邀请社会各界代表参与,充分听取人民群众的意见,打造好为民办事的服务型政府。

3.构建多元化治理体系

政府要加强引导,细化多元化治理体系的运转流程。通过制定相关政策文件来培育壮大本地非政府的社会组织、民营机构等,充实社会治理力量,并将这样的社会组织作为基层民众与政府相互沟通联系的桥梁和纽带。加强监督检查机制,要形成政府内部、社会组织、行业部门、基层民众共同参与的社会监管机制。培育和壮大多元化治理主体,积极扶持发展社会组织,降低准入门槛。

(四)提升政府公职人员综合能力

1.优化人员编制充实治理力量

镇赉县政府需要统筹全县各乡镇、各部门的干部力量,针对工作量较大的乡镇或部门加大政策倾斜力度,下发若干地方公务员、事业编或者"三支一扶"等岗位空额编制给需要的部门。镇赉县的编制部门如县委组织部、县委编制委员会办公室、人力资源和社会保障局等,要严格把控各部门人员编制流动,确保相关编制调动符合调动政策;要严格把控人员借调情况的发生,尤其是编制在本县而人不在本县工作的人员,要及时沟通回收编制。

2.建立完善的人才引入考核制度

镇赉县政府应该建立完善的人才引入考核制度,科学化地引进优质人才充实基层力量。在招收、引入人才时要注重人员与所招收岗位的匹配性,善于发现人的特长,合理安排工作岗位。要注重健全人才引入机制,包括工资薪酬、食宿等方面的配套政策,加强校园招聘,组织单独招收高校中的高学历、高素质人才到基层工作。完善基层奖惩考核机制,将年度考核和平常表现相结合,细化公职人员考核台账,制定奖补政策,优化上升通道,制定惩治措施。

3.全面提升干部队伍综合能力

镇赉县政府应该全面提升干部队伍综合能力。第一,开展素质教育,培养政府部门服务窗口工作人员的服务意识和服务态度,强化为民服务理念,以人为本,并通过本部门轮换窗口工作来提高工作人员的临场应变能力和突发情况的处置能力。第二,沟通协调本地党校、组织部或省市相关培训机构、主管业务部门开设服务理论和业务能力培训班,为政府部门干部队伍开展定期或不定期专题培训。第三,完善干部队伍的轮训制度,对各部门的工作人员进行岗位调换轮流培训,实现人的全面发展,并从中选出综合素质能力较强的人员。

(五)加强政府智慧治理能力

1.构建政府智慧治理保障机制

从速构建符合实际的智慧治理保障机制,才能充分提高基层治理智能化水平,真正实现科技服务人民的思想。首先是思想保障,要在镇赉县政府公职人员的思想上下功夫,开展讲学活动、视频推送和集中学习等方式提高对智慧治理的思想认识。其次是制度保障,发挥县级政府的主导力量,以实施制度化清单的手段,保障落实镇赉县智慧治理工作扎实推进。再次是资源保障,要实现基层治理智能化不仅要对智慧治理所需要的现代化硬件投入资金,同时还要有效配置人力资源。最后是要素保障,加强智慧治理过程中信息要素的整合与分解,以县级政府智慧治理中心为主体,对智慧治理的方式和目标等进行总体把控。

2.建设数字化、信息化政府

在当前阶段,镇赉县政府需要建设数字化、信息化政府,不断推动政府治理的数字化、沟通协调上的信息化、社会治理的智能化。具体要做到以下三点:第一,镇赉县政府要深刻认识建设数字化、信息化政府的必然趋势,需要认识到自身与外界的差距,找出思想认识上的短板,补充不足。第二,加大财政投入,研发或改造出符合镇赉县域内实际情况的数字化、信息化系统,打响镇赉县数字化的"第一枪"。第三,积极做好镇赉县政府数字化、信息化建设同省市并网接轨工作和向城市社区、乡镇村屯的辐射工作,以县级政府为联系枢纽,构筑纵向网络化治理,打开政府治理能力现代化发展新格局。

3.深化"共建共治共享"

坚持智慧治理以人民为中心,以群众的现实治理需求为智慧治理的价值导向,使智慧治理手段与这些不同的情况相匹配,智能化操作平台和软件应用与不同受众相适应。强调除政府之外的非政府机构包括社会组织、民营企业、普通公众、高校等多方主体共同参与政府智慧治理建设,打造多元共治基础上的智慧治理。推进智慧城市、智慧社区、智慧乡村建设,加强整体性智慧治理,城乡同步发展,打破智慧治理地理屏障。加快推行智慧普惠的公共服务,充实智慧治理内容,同时加强智慧监管,重视数据安全。

大连市普湾经济区推进营商环境建设研究

蒋 丹

（学号：1120213440）

大连市普湾经济区是辽宁省大连市金普新区三大功能区之一，园区位于金普新区西北部，面积148.28平方千米。大连市普湾经济区正以"东北的未来、世界的普湾"为目标愿景，全力做好招商引资、企业服务、规划建设三件大事。由此可见，对大连市普湾经济区营商环境的建设进行优化研究显得至关重要。

一、大连市普湾经济区推进营商环境建设现状

本文对相关的国内外文献中的概念与理论进行研究梳理后，通过实地调研的方式，走访了大连市普湾经济区经济发展局、投资促进一局、投资促进二局、财政金融局等相关部门，收集了普湾经济区推进营商环境建设的相关信息。笔者深入了解普湾经济区目前推进营商环境建设的已有措施及成效并对其进行相关分析。

（一）大连普湾经济区推进营商环境建设的已有措施及成效

大连普湾经济区管委会在2010年成立之后，根据现有的职能权限，制定了提升区域内营商环境建设的相关措施，并取得了一定成效。

1. 已采取的措施

为加快经济建设、提升区域竞争力,普湾经济区着力打造办事方便、成本竞争力强、生态宜居的营商环境。

(1) 在市场环境方面,为了营造公平竞争的市场关系,普湾经济区在资金安排、标准制定、项目申报等方面,依法平等对待各类市场主体。普湾经济区积极打造金融服务平台,建立东北首家"首贷中心"并出台招才引智"金十条"2.0版,压减企业经营成本,全面落实减税降费政策。普湾经济区不断强化创新服务,鼓励和支持市场主体拓展创新空间,充分发挥市场主体在推动科技成果转化中的作用。

(2) 在优化政务服务方面,按照上级部门统一部署,普湾经济区于2021年年初顺利加入"大连市政务服务网",并开设了"大连普湾经济区"网办页面,政务服务事项全面纳入全市政务服务"一张网",对已经承接的申请事项,全部实现"全程网办"。

(3) 在法定机构改革方面,普湾经济区大力优化机构设置,重构事业单位体系架构,提升事业编制资源使用效益。优化事业编制资源配置,通过抽回空编、转企改制、控制使用等方式,大幅精简事业编制。通过改革,事业单位承担的部分行政职能回归机关,经营性职能彻底剥离,事业单位职能定位进一步明晰。根据《大连普湾经济区法定机构改革实施方案》,实行灵活薪酬分配制度,建立总额动态调整机制,增幅同向增减,每年调整一次。

(4) 在服务企业方面,普湾经济区推行"一企一册"管理模式,从企业实际需求出发,提供最优质服务。首先,从项目立项开始对接,安排督办专员进行督导,及时了解企业需求,靠前服务,细化目标责任,审批工作虽未开始,但各个环节的审批人员已确认对接服务工作,做到"先快一步"服务。其次,为项目建档建册,根据办理事项及时更新审批流程信息表,一项审批事项办结后及时流转到下一审批事项经办人,做到无缝衔接。

2. 已取得的成效

(1) 在市场环境方面,为方便企业开办,积极对接金普新区市场监督管理局,依托金普新区资源,在普湾经济区管委会办公楼一楼东侧不动产登记中心内开设了市场服务综合窗口。2021年,此窗口共计办理开设企业申请4 000余件,为辖区个体工商户、企业开办提供了极大的便利。认真贯彻执行负面清单制度,为企业做好外资相关政策指导工作,积极为普湾经济区金港产业园、益丰金属等外资企业申报外商投资重点产业支持政策。为外资企业配备商务服务专员,做到商务全流程服务工作,进一步激发外资企业在普湾经济区投资增资的积极性。

(2) 在优化政务服务方面,全年通过"一体化"平台共办理业务560余件,平均办理时限比法定时限降低85%,大幅降低了企业办理业务的时间成本。利用大连市工程建设联合审批平台,实现政府类证照等材料互认互享,实现前台后台、线上线下无缝衔接,效率得到了极大的提升。以机构改革为契机,将多部门职能整合,通过打造"全能型""技术型"审批团队,有效地解决了"一枚印章管审批"过程中存在的问题,真正实现了审批业务"一窗受理、集成服务"。

(3)在法定机构改革方面,已实行去行政化的企业化管理法定机构改革。首先,实行以岗定薪。改革分配制度,构建职责、业绩与收入挂钩的分配制度。其次,强化业绩考核机制。启用第三方机制,建立客观的评价考核机制,实现人员考核由"主观评价"向"量化考评"转变。最后,实行末位淘汰制。对新聘用的法定机构人员设置三个月试用期,不符合岗位要求的人员将被淘汰。

(4)在服务企业方面,目前普湾经济区已为50家企业办理了"一企一册",建设项目覆盖度达100%。在保证企业审批进度的前提下,让企业后期办理手续更加顺畅,感觉"心中有底"。为提升企业融资便利度,普湾经济区通过"政银企"对接会,搭建高效有力的沟通平台。同时利用对接会,积极引导各企业家强化金融意识、诚信意识,不断增强企业的核心竞争力,实现与金融机构的互利共赢。

(二)大连普湾经济区推进营商环境建设中存在的问题

本文通过问卷调查的方式,对普湾经济区内的企业进行抽样调研。本次调查采用配额抽样,在控制行业、规模分布的基础上,结合区经济发展局和区投资促进局等相关部门,发放问卷进行调查。截至2021年年底,普湾经济区共有各类企业约2 000家,其中规模以上企业400~500家。本次调查按普湾经济区注册资金金额及企业数量比例在规模以上的企业内随机抽取300家进行问卷调查。本次关于营商环境现状的调研共发放问卷300份,全部收回。在回收的问卷中,有效问卷为282份,有效占比为94%。对有效问卷的问题进行了具体的分类统计,对每类问题进行具体的统计分析,分析目前普湾经济区推进营商环境建设中存在的问题。

1.中小企业的有效融资渠道不够完善

企业对融资渠道持"满意"态度的为15%,持"一般"满意态度的为22%,持"不满意"态度的为63%。由此可以看出大部分企业对于普湾经济区提供的融资渠道并不满意。结合走访调查情况来看,由于经济区内大部分企业前期运营对贷款融资需求较大,且管委会提供的融资渠道因金融风控等问题无法为其提供预期数额的贷款,所以经济区内的企业对于管委会所提供的融资渠道颇有微词。具体来看,有76%的企业对于普湾经济区内民间金融机构不了解,有91%的企业对于普湾经济区内的供应链金融不了解。由此可见普湾经济区内的企业融资方式比较单一,且大部分企业管理人员对于除银行贷款之外的融资方式并不了解,从侧面反映出管委会作为为企业提供多样、有效融资渠道的主体,并没有起到相应作用,在构建营商环境中的市场环境中没有尽到义务。由于普湾经济区内存在大量的中小企业，这些企业从管委会推荐或提供的商业银行或国有银行获取贷款融资有着很大的阻力。管委会在制定为中小企业提供有效融资渠道的政策时没有考虑到信息传递不及时、信息传递范围不够广泛的问题。

2.政策供给以及惠企政策不够精确

首先，企业对管委会制定的惠企政策持"满意"态度的为20%，持"一般满意"态度的为23%，持"不满意"态度的为57%。由此可以看出大部分企业对于普湾经济区管委会制定的惠企政策并不满意。管委会提供的惠企政策太过普适性，缺乏针对性，缺乏对特殊行业需求的深入了解。

其次，有51%的参与者对于普湾经济区内的税金政策不是特别了解，不了解的参与者也有17%，而在地方性法规的了解渠道方面，有84%的参与者持"不满意"态度。通过这些调查结果不难看出普湾经济区内的政企沟通情况并不乐观，大多数企业对于涉及税金和地方性法规这种关乎其切身利益的信息的了解程度和了解渠道存在问题，进一步说明了管委会提供的政策供给并不精确。

最后，有67%的参与者对产业配套持"不满意"态度，另有39%的参与者对普湾经济区内的基础设施持"不满意"态度，说明普湾经济区内的需要产业配套的企业也对管委会提供的企业经营硬件环境不满意。

3.法治环境建设不健全

大部分企业对于普湾经济区管委会执法部门进行执法的情况持"不满意"态度。具体来说，有51%的参与者表示在过去的一年没有执法部门去企业进行执法检查，有56%的参与者认为管委会执法部门在进行执法检查时存在权力滥用的情况，有75%的参与者认为在普湾经济区进行投资时，合法权益的保护存在问题。由此可见，虽然普湾经济区是东北地区近年来才渐渐发展起来的经济功能区，但是仍然无法彻底摆脱根深蒂固的计划经济时代的影子，进而造成了政府部门落后守旧的法治环境建设，从而导致了营商环境建设不够健全的问题。

4.人才流失问题日趋严重

有56%的参与者对普湾经济区内的人力资源系统持"不满意"态度，说明普湾经济区内的人才流失情况确实存在。具体来看，企业对普湾经济区管委会人才吸引政策有12%的受访者持"满意"态度，13%的受访者持"一般"态度，有高达75%的受访者持"不满意"态度，调查结果说明绝大部分在普湾经济区内工作的劳动者对于人才吸引政策并不满意。人才吸引政策落实的效率也令人担忧，有85%的受访者对政策落实效率表示"不满意"，通过访谈了解，诸如大连市对于高层次人才的住房和租房补贴的政策落实效率非常低，这一政策虽然是由市政府制定的，但落实是由各个区政府执行的,很多受访者表示住房租房补贴没有如政府承诺的按季度发放,因此受访者对于政府的公信力产生了怀疑。

(三) 大连普湾经济区推进营商环境建设中存在问题的原因

上文对大连普湾经济区营商环境建设中存在的问题进行了总结与归纳,有诸多内容需进一步分析其背后的原因。

1. 多层次的融资体系效果不明显

普湾经济区作为东北振兴的桥头堡,管委会并未给非公有制企业积极争取金融部门的支持,大力开发适合中小企业信用评价体系,在降低银行贷款门槛、降低融资成本、提高风险容忍度等方面没有起到积极作用。

普湾经济区由于地理位置的特殊性导致商业银行较少,所以允许民间资本在一定程度上介入区域内中小企业的融资事宜,但由于缺乏明确的法规要求、金融市场监管以及信息传递不及时,使得大部分企业仍认为银行是唯一的融资渠道,并未考虑其他的融资方式,进而使得企业错过最佳的发展时间节点,企业创收受到极大影响。

2. 对企业发展需求的了解不够深入

普湾经济区内的一大支柱型产业就是以尼得科电机(大连)有限公司为核心的日本电产行业,电产行业对产业配套的要求很高,因此普湾经济区管委会洽谈了20余家配套企业,其中不乏技术含量高、前期投入巨大的企业,但管委会并未对其发展需求进行详细了解,也未对其对于营商环境方面的需求加以认识,因此没有对这些企业出台有针对性的金融服务支持政策,仅仅使其依靠普通的商业银行贷款进行扩大生产,延缓了企业发展的速度,耽误了经济发展的时机,最终导致相关企业只能一直扮演为日本电产做配套的角色,不能将产品进一步做精做强,最终形成辐射全国甚至全球的电产行业配套企业。

3. 对法治环境的管理有所怠慢

普湾经济区管委会对于政府的行政法规理解不深,导致制定的区域内的行政法规不够考究,制定周期也相对较长。普湾经济区以形式主义为特征的征求意见方式居多,进而造成了立法的不合理情况发生。

普湾经济区依法行政落实情况一般。执法队伍存在对于法律执行不严谨的情况,出现了对于执法结果的责任认定模糊问题和利用执法权不够合理的现象。对于法律的程序原则不理解、不思考,忽略了程序正义的存在意义。在进行执法时明明有法可依,但仍存在利用法律文字间模糊的地带来处理问题的情况。

普湾经济区全民守法水平偏低。普湾经济区管委会的招商承诺过多,导致部分承诺无法实现或实现起来的时间周期很长,无法以身作则地践行诚信和契约精神。政府职能部门的公职人员对于法律的执行性认识不够深刻,无法按法律规定为企业办实事、办好事。普湾经济区内的社会组成部分对于区域内的行政法规的执行缺乏认识,部分市场的参与者或主体无法根据法律对自身行为进行规范。

4.吸引人才的政策环境建设成果不显著

普湾经济区虽然实行了诸如住房租房补贴等吸引人才的相关政策以及建设人才小镇的计划,但由于审批难、落实慢、金额低等因素,使得中小企业仍对人才缺乏吸引力,"招不来、养不住"使得中小企业普遍进入"技工难求、人才难留"的困局之中。

受访企业认为大连房价高,且规划滞后,公共服务建设不健全,大型企业不多、产业链单薄、就业机会少,同时加上近年来逐渐攀升的房价与房租导致过高的居住成本,一些一流人才无法落脚,更是让部分人才不得不"知难而退",人才流失日益加剧。

二、国外与国内其他地区营商环境建设的经验借鉴

通过对国内外营商环境建设较好的城市进行分析学习,直接对标国内外一流城市,形成属于普湾经济区自己的营商环境"语言"。本文选择营商环境较好的城市作为研究比较的对象,分析其在营商环境方面的先进经验,为普湾经济区营商环境建设提供有益的参考。

(一)国外其他地区营商环境建设概况

1.美国纽约市:各种税收优惠政策

纽约市作为世界的经济中心,对于不同类型企业的包容度非常高,而包容度的表现之一就是纽约市为了吸引企业在本区域内投资或经营而制定的不同类型的税收优惠政策。其中较有代表性的有为了吸引高新科技发展而设立的新兴技术税收激励政策、针对中小企业发展的税收减征政策、鼓励企业大力发展的所得税缩减政策、吸引房地产投资的不动产减税政策等。这些针对不同领域的不同税收政策为纽约市吸引了大量企业的投资,纽约市也伴随着投资者的增多而发展得更好,进而又会出台新的更有针对性的税收政策来吸引企业,从而形成了良性循环。

2.新加坡:规划的先进性和高要求

新加坡作为一个国土面积不大的国家,其在城市规划和产业园区布局等方面

具有前瞻性和高标准的特点。新加坡在建立国家之时就对城市的规划有非常成熟的思考,为此特别邀请了世界上著名的城市建设规划的专家团队,为全国的产业发展布局进行前瞻性和概念性的设计,以这些计划为基础方案,结合在实际操作中所面对的问题加以修改,从而打造出一个利用率高、设施完善、城建整洁的城市。将同类型或有关联性的产业布局在同一区域,体现了新加坡政府为企业发展提供的便利条件。其次,新加坡政府对营商环境中与政府管理有关的后续工作进行了完备的立法举措,在市场准入、税收减免、进出口手续简化等方面出台了有利于企业发展的政策,与此同时降低了企业与政府的沟通成本,让企业随时可以与政府就政策问题进行沟通、了解。

3.英国伦敦市:以金融为中心推行两级政府模式

伦敦市作为欧洲的金融中心,在发展的过程中经历过多次角色的转变,而最近的一次转变就是从工业中心转变为金融中心,在对伦敦金融城的选址规划期间,伦敦市所有的城建规划都以金融城为核心,并由此向周围进行辐射。所有城市中的基础设施及规划建设也以金融城为核心进行改造升级,为了可以从容应对金融市场瞬息万变的特性,伦敦市政府对于金融城周边的交通设施进行了调整;为了能大量吸引人才前往金融城工作,文化教育领域也在金融城周边进行了规划;为了使金融城未来发展得更为顺畅,高新技术企业也布局在金融城周边。除此之外,伦敦市政府在制定和落实政策时也是以金融为中心,采用两级政府的形式,伦敦市与其周围城市负责的领域不同,鼓励金融行业的从业者多多参与伦敦市的发展和管理,用其专业的视角来为伦敦的金融城发展注入活力。

(二)国内其他地区营商环境建设概况

1.上海市:精干高效型政府经验

《上海市城市总体规划》指出:上海作为中国大陆经济最发达的城市,它的战略目标是不局限于做本国区域内的经济中心,要以作为整个中国和东亚甚至整个亚洲的经济金融中心为目标进行规划。为此上海市政府积极推动上海市的制度框架与国际接轨,制定多项与国际贸易和跨国投资密切相关的措施,以此推动上海市营商环境的建设,吸引更多外资企业来上海投资,并持续提高上海作为经济中心存在的影响力。此外,为了建设一个公平、公正、自由的国际法治化的营商环境,上海市政府将政府工作职能向为企业服务的职能转变,将政府对市场的影响降到最低,以此充分发挥市场自我调节的效果。

2.深圳市:积极建立高效便捷的政府审批系统

政府的审批工作是政府日常工作中的重要组成部分,其工作量大且种类烦杂,对于营商环境的建设而言,涉及企业方面的相关审批工作是优化营商环境的必要方式之一。深圳市在此方面做出了表率,深圳市率先在全市范围内建立了政府文件电子化系统,将电子化的政府文件以网站、链接等方式进行传播,减少了文件阅读的阻碍,有助于企业实时了解政府最新文件中的精神。此外,深圳市还将反腐倡廉工作信息化、电子化,将监察系统做得完备且有效,使企业在察觉到腐败时能够及时通过系统来维护自身权益,保障了企业外部环境的公平。

3.南京市:积极提高公民参与政府决策的力度

南京市作为我国加大公民参与政府决策力度的代表性城市,非常注重公民在各个领域上的意见,例如公共交通费的调整、自来水的定价和天然气的定价等方面都广泛听取了群众的意见。而企业的经营者和投资者作为公民的一分子是可以接触到这部分实际情况的,他们也会作为公民中的一分子来为政府提出宝贵意见,政府在广泛了解后可以做出有利于企业发展的相关政策,制定有助于吸引企业来南京投资的相关措施,这一切都是基于南京市政府能够切实地了解到公民的意愿。

(三) 经验借鉴

1.根据实际情况制定税收优惠政策

普湾经济区作为一个经济功能区是有一定特殊性的,因此不能照搬其他城市的优惠税收政策来优化营商环境。普湾经济区可以立足于产业集群化特点,针对不同产业集群类型和供应链结点企业制定有针对性的税收优惠政策,且不要采取一刀切的方式来落实政策,要在政策落地之前充分调研好经济区内的实际情况,了解企业的切实需求才能更好地为企业服务。目前,在税收政策方面,普湾经济区虽然没有更改权限,但可以根据区域内的实际情况进行研究后形成可行性方案向上级进行申请。

2.提升规划的科学性、先进性及长远性

学习新加坡城市规划的科学性,将新加坡对于工业、港口业的规划经验与普湾经济区的实际情况结合,形成具有本地化特性的规划方案,合理利用土地,提升土地利用率及合理性。为企业开办提供便利条件,注重企业注册登记程序简单快捷;为企业提供健全的商用基础设施及完善的配套设施;为提高税收体系的发展前瞻性,新加坡为企业提供了很多政策支持,例如对于部分企业进行减税或免税操作,具体来说包括在新加坡注册的企业获得的海外利润可以免税,使在新加坡进行跨国业务的总公司享有税收优惠政策。注重提高融资投资政策的宽容度。新加坡的融资市场非常发达,拥有不同层级的融资公司,可以为不同类型、不同规模的企业提供有针对性的融资咨询和服务。

3.为金融的发展提供不同的阶段性支持和监管

普湾经济区作为新成立不久的经济功能区,其存在的目的之一就是方便部分企业在经济区内快速成长,但中小企业的发展存在融资难的情况,而大企业的融资方式又较为单一,所以普湾经济区政府应该针对不同发展阶段的企业来制定不同的金融支持和监管。首先,普湾经济区管委会要实地调研后确定区域内对中小企业的定义标准;其次,要明确政府在金融发展中的站位,即提供解决途径的同时,也要承担起监督、监管的责任;最后,在金融支持落地前要将现阶段的数据加以统计,用于与政策落地后来进行对比,进而形成对整个金融支持的评估,改善日后的政策制定。

4.建立开放、公平的"阳光行政"

要想营造一个开放、公平的市场环境,要明确自身站位,确保要作为区域内企业的服务者思考问题,通过调研后制定出有针对性的政策和法律,确保企业的运营成本得到降低,确保企业发展前景没有政策阻碍,确保企业的产业升级有政府为其背书。此外,随着国家重视小微企业的发展,小微企业的数量日渐壮大,我国95%的纳税企业都是小微企业,因此对于什么是小微企业、小微企业应具备什么样的特征等问题,普湾经济区要随着市场发展积极应对,进而可以更有针对性地对小微企业来进行政策的制定和履行,更好地为小微企业服务。

三、进一步推进大连普湾经济区营商环境建设的对策建议

结合上文对于普湾经济区推进营商环境建设存在的问题、原因分析以及对国内外先进城市的营商环境经验借鉴,下文将根据普湾经济区营商环境的市场环境、政务环境、法治环境及人文环境提出具体的对策和建议。

(一)适当引导民间资本介入

1.建立多层级的融资渠道

在普湾经济区管委会政策指导、宏观管理及宏观监督的背景下,由浅入深地对民间借贷市场进行松绑,利用社会上的部分经营比较规范的小微金融机构资金雄厚的优势,通过与民间金融机构进行沟通、交流的方式,进一步用政策、法律等工具对民间借贷市场进行规范化、合理化、合法化规范与引导,进而鼓励普湾经济区民间资本为经济区内的企业提供资金借贷服务。鼓励私人分散资本入股区域内企

业,从而起到拓宽区域内小微企业的融资渠道,从企业经营的资金源头来为企业运营减负,同时由于民间借贷在放贷审核方面没有银行贷款那样复杂、烦琐,所以也可以同时为急需资金的企业提供一个快速、安全的资金周转渠道,体现出政策的人性化。

2.推进以供应链金融为方法的新融资渠道建设

由于普湾经济区的特殊属性,管委会应利用其招商引资的相关职能将处于同一供应链上的企业联系起来,起到"发起人"的作用,评估不同供应链下采用供应链金融的融资方式的风险,使核心企业与其上下游中小企业在关于运营、融资等方面进行有效的对话,并由管委会牵头向核心企业提出让其为同一供应链上的中小企业向商业银行进行担保,从而实现由管委会率先评估引导,核心企业进行担保,中小企业实现融资,最后实现整条供应链上的相关企业都从中受益的结果。

(二)完善与企业有效沟通内容

1.设立企业税金问题沟通日

为推动大连市范围内的民营企业发展,建设好大连市的营商环境,市政府出台了很多有助于企业发展的政策,其中就包括税务方面的优惠政策。

通过设立企业税金问题沟通日来解决政策落实、宣传不到位的情况。相比较企业主动找到政府就税收问题进行沟通,政府主动设立沟通日来对税收问题进行讲解、科普和宣传的效果一定会更好。因为企业日常忙于经营,而在经营中的最后一项才是盈利和税收,所以往往企业想到税收这一环节的时候,已经错过了政策颁布和落实的契机,但政府部门作为可以第一时间接触到这些政策的单位,应在每个月或有重大政策改变时及时通知企业来参加税金沟通日,将企业中的管理者集中起来,也有助于其互相沟通、帮忙,最终让优惠的税收政策真正落实到每一个符合要求的企业。

2.搭建政企法律政策沟通信息平台

鉴于普湾经济区没有设立司法机关,因此负责企业管理的部门要负起宣传法律精神的责任,而设立政企法律沟通信息平台是实现这一目的的有效方式。有关部门可以根据历史案件和判例在平台上进行普法宣传,对于经济区内经济纠纷、产业纠纷案件较多的情况可以利用丰富的图文内容对经济区内的企业进行法律科普,以最大程度地避免此类案件发生的概率。此外,政企法律沟通信息平台也可以负担起企业向政府部门就各种类型的法律问题咨询的工作,信息化的平台有助于将企业所咨询的问题进行留存,进而可以丰富管委会如何了解企业经营过程中所遇到困难的有效渠道,使政府更加了解企业的需求,促使政府可以更有针对性地为企业提供相应的政策支持。在平台上还可以对涉及企业经营发展的关键案件进行标注和提醒,有助于管委会向司法系统表示该类型案件的紧迫程度,促使司法系统快速审理案件并结案,助力企业的经营发展。

3.为实现产业集群应建立有效政企沟通

普湾经济区属于新开发的经济功能区,产业集群建设尚不完善,所以对于管委会干预产业建设所产生的影响而言,处于第一阶段。在这一阶段,由于处于发展初期,因此完善具体的推进产业集群建设的政企沟通内容和渠道势在必行。

(1)劳动力资源沟通方面。劳动力流动和土地政策的结合、配合是极其重要的。普湾经济区管委会应与企业实时沟通,不断对人口管理方法进行创新,大力对原来的户籍制度进行改革,使劳动力的空间配置走向合理化。更为重要的是,普湾经济区管委会应加倍努力缩小其与大连市其他不同区域间关于公共服务方面的差距,这样才能正确引导劳动力以职业发展为目的进行合理的流动。

(2)产业结构沟通方面。普湾经济区管委会针对产业发展制定的政策不能盲目,要注重以普湾经济区内的产业结构和比较优势为基础,将强化普湾经济区内产业间互补效应制定为基本目标,从而支持具有强溢出效应的关键产业发展。普湾经济区管委会应以本地产业构成为基础,找到具有较强投入—产出联系的产业,给予资源及政策的扶持,支持其优先发展,同时要注重促进相关联产业与其共同蓬勃发展。沟通引导企业尊重产业集群效应形成的客观规律,引导供应链核心企业、扶持带动性强、关联度大的创新型企业加入集群和高速发展,充分发挥其带动示范和技术扩散的作用。

(三)完善法治环境建设

1.健全责任体系,加强法治建设

首先,普湾经济区应该建立一个举报平台,平台兼具查询与处理功能,这样可以使包括普通人在内的各商业实体发现问题时能够及时找到投诉部门,并使问题可以及时得到解决。监察部门是设立该平台的最佳人选,既可以履行部门的监督职能,传达给相关部门进行处理,也可以根据本部门职权自行处理,同时滥用职权及不作为的现象也能够被发现。

其次,普湾经济区各类行政执法机关应当制定相应的工作手册,配置详细的操作行为规范,并向社会大众公开,使得执法者的执法行为在工作手册中能够找到合理章程,同时使执法对象能够有依据来判断执法程序的合法性。

最后,普湾经济区的执法部门应在违法必究的过程中遵守不溯及既往的法治原则。我国法律的制定和法治环境的建设仍处于不断发展的时期,普湾经济区的行政立法也是根据经济区的不断发展而不断优化的,难免会产生新法与旧法矛盾和冲突的地方,此时在对市场主体进行执法时要遵守法律的溯及力原则,进而保证市场秩序的稳定和市场环境的公平。

2.将"依法治理"和"有效治理"有机结合

就依法治理而言,普湾经济区应注重法律的权威性、严谨性和稳定性,这样有助于使在经济区内投资的企业逐渐树立对法律的可参考性,进而可以保证市场投资主体、经营主体在运营企业的各个环节中可以根据法律有效预测自身经营行为的合法性和利益可获性。首先,为了防止滥权滋生,执法权来源问题极其重要,要从执法者和被执法者两方面出发来明确执法权的来源问题。其次,由于普湾经济区内产业布局呈集群化和外资化加深的特征,那么将市场经济和法治相结合是必不可少的。

就有效治理而言,强调的是普湾经济区要在法治的大前提下最大化提升政府的工作效果,普湾经济区能够为企业发展所做的任何方面都应被提出更高的要求和标准,且在执行和落地政策之后,要及时对所取得的效果进行调查、研究和总结,进而形成优化方案,在一次次地反复锤炼中使普湾经济区的治理变得更加合理和有效。营商环境的建设是一个复杂且多变的工作,普湾经济区所需要面对的不仅是政策供给方面的问题,也需要了解政策落实方面的问题;不仅需要调动政府公务人员的工作积极性,也需要激励企业管理者的斗志,因此普湾经济区在工作上会有一定程度的力不从心,但这充分说明治理是有效的,只有将涉及企业的政策进行最大程度的优化改进,才能使普湾经济区的治理水平更上一层楼。

(四)建立行之有效的人才吸引政策

普湾经济区应完善吸引人才的服务保障政策,提高对于人才吸引政策落实的效率,为外资企业制定定制化的人才吸引策略。

1.完善吸引人才的服务保障政策

针对城市发展定位,先做好人才存量,再求人才增量。大连市城市的发展定位较为清晰:根据区位优势不断大力发展外向型经济,外向型经济的支柱之一就是人才。针对大连市的定位,普湾经济区管委会应有针对性地先挽留本地优秀人才,再大力吸引外地人才加入。优化人才引进政策需要坚持因材施策,对人才进行规划和分配,保证人才使用的科学性和合理性。通过科学的方式对人才进行分类,并且针对不同的情况建立不同力度的优惠政策,注意加大对专业性人才的引进力度,并通过政策进行更加精准的把握,需要解决人才最关心和重视的户口、居住、保障以及医疗教育等民生问题,对人才的成果进行转化,并对知识权利保障等政策进行有针对性的提升和突破,为人才发展提供更加广阔的空间。

2.提高对于人才吸引政策落实的效率

在制定出相关人才吸引政策后,普湾经济区应做好政策落实工作。要着力化解政策落实"最后一公里"难题。具体来说可以从以下几方面进行努力:

(1)加强组织部门牵头抓总职能

普湾经济区党委和管委会要重视人才管理问题,将党领导的人才管理原则落到实处,党委组织部要注重人才规划和人才引进政策的制定和落实,提高对于人才吸引政策落实的效率。为此应制定对于政策落实的监督考核制度,将人才规划、发展的任务作为日常绩效考核的重要组成部分,确保人才的引进与人才政策的落实做到周期性的调整和改进。

(2)制定人才工作条例

将法律与人才工作相融合,让人才工作变得流程化、制度化,使人才工作在整个营商环境的建设中处于一个可以被优先对待的位置。普湾经济区管委会应因地制宜地制定人才工作管理办法,利用管委会的执法部门对人才制度进行法治化、规范化,将有关人才的一切政府职能环节的工作写入法条,做到人才工作的每一个细节都要有法可依,并监督后期执法环节的落实问题,根据实际情况不断改进人才法治化的具体操作细则。

(3)建立人才工作的科学管理体系

将人力资源管理的相关理论应用到建立人才工作的科学管理体系中去,普湾经济区要对涉及人才工作的每一个环节都进行分段式的科学管理。第一方面,在制定人才政策时要加强对区域内的企业人才需求进行调研和对过往人才政策的回溯,制定出符合普湾经济区的特殊定位的人才工作原则。第二方面,在落实人才政策期间,建立可以迅速反应的上传下达、由下及上的反馈系统,将落实政策的过程重视起来。第三方面,对于政策落实后的效果不要急于评价,要让政策尽可能地多落实一段时间,让社会各方面充分将人才政策消化理解,再利用评价体系进行回看。

(4)积极发挥外部智库的力量

以普湾经济区管委会的名义多邀请大连范围内高校的人力资源管理专业的师生前来调研,将调研后能提出有效解决方案的师生组成普湾经济区人才工作发展智库,利用管委会财务上的优势,对参与智库的学者进行奖励,重点引导智库学者因地制宜地思考有关普湾经济区内的人才问题,并结合人才工作落实中的种种问题与学者进行讨论,让其更了解普湾经济区内的人才工作,同时利用其社交圈层的优势对外宣传经济区的人才政策。

3.为外资企业制定定制化的人才吸引策略

(1)首先要明确人力资源和企业发展之间的相辅相成关系,即优秀人才会促进企业发展，而优秀的企业会培养出优秀人才，普湾经济区管委会应从这两个方面来为引进日资企业所需要的人才做出努力。第一方面，要为在经济区内经营的日资企业提供符合我国实际社会条件下的日本本土化的经营环境、文化环境、居住环境和生活环境，吸引外来人才的同时也保障了已有人才工作环境的舒适性。第二方面，要为日资企业提供符合其发展需求的科研环境，将科技应用和科技产业化相结合，使科技研发变现能力增强，以政府为推介人向外推销技术，最终使得企业发展更具活力。

（2）在日留学生是完善人才规划的另一重要组成部分，留学生归国作为高端人才引进是普湾经济区人才引进工作中必须要落实的重点之一。为留学生建设优良的创业环境和便利的公共服务是留住人才的关键，具体来说应建立以留学生为创业主体的园区，让其在园区内可以找到技术上、经营上和生活上的共鸣，并适当将给予其的优惠政策时效延长并增加研发资金的支持，让其没有后顾之忧地投入日常的工作中去。

（3）科技的研发和发展往往不是由一个个体所完成的，而是由一个团队中的所有参与者共同研究的，因此对国外科研团队的引进是完善日企人才政策的另外一个重要方面。科研团队回国工作发展的一个重要优势是他们不需要在工作内容上进行磨合，那么如何为其提供良好的创业环境和研发氛围则是普湾经济区需要认真思考的问题，除了为其提供最基本的针对人才个人的优惠政策外，针对整个团队的运营和发展，普湾经济区也应定制化地为其提供便利条件和财政支持。

（4）依据投资者的兴趣利用政府财政建立海外归国人才创业基金，同时也要注意对园区内重点项目的资金支持进行审批。从人才的需求程度来说，部分中小企业对于高端科技人才的需求程度甚至要高于大型企业，往往是因为一个技术上的壁垒无法攻破就会导致中小企业很难再进一步，然而中小企业缺乏人才引进的资金，所以政府要聚拢多方力量设立归国人才创业资金，为中小企业提供人才引进方面的资金支持。对于园区内现有的重点项目资金支持也要做到审批流程完整，监控资金流向的准确性，保证企业在园区内的良性发展。

大连市金普新区行政服务大厅"一窗受理"改革研究

王 璐

(学号:1120213423)

金普新区从 2020 年开始,认真贯彻落实习近平总书记有关优化营商环境的重要讲话和重要指示精神,把深化"一窗受理"改革作为加快推进"最多跑一次"改革的切入点和落脚点,精准发力、积极作为,改革工作取得了积极成效。

一、大连市金普新区行政服务大厅"一窗受理"改革的现状分析

在金普新区党工委、管委会的领导下,金普新区营商局积极发挥统筹引领作用,聚焦"一窗受理"改革目标,在观念创新、制度拟定、长效机制建立等方面集中发力。

(一)所采取的举措与取得的成效

为了将国务院和辽宁省大连市关于"全面实行一个窗口受理"的决策部署要求落到实处,从 2020 年 9 月开始,金普新区行政服务大厅进行"一窗受理"改革的筹备工作,出台了《金普新区"一窗受理"改革工作实施方案》,采用线上和线下方式,同步推进"一窗受理"改革。

1. 所采取的举措

金普新区营商局相继出台了《金普新区贯彻落实全国深化"放管服"改革优化营商环境电视电话会议重点任务分工方案》《金普新区"深化市区联动2021专项行动"加快构建地区创新发展新格局实施方案》《金普新区营商环境专项优化提升方案》等工作方案，通过政策引领、高位谋划，强化"一窗受理"改革顶层设计。

(1) 研发系统线上、线下融合

线上通过与大连市一体化平台进行对接，建设金普新区政务服务微信门户，企业和公众可以通过微信查询事项列表和办事指南、办件进度等信息，实现了"数据多跑路，群众少跑腿"；线下与大厅智能化设备进行对接，利用"一窗受理"综合受理平台，办理大厅领取号码，综合窗口收件，后台审批；对一窗出证、评价反馈等线下办事全流程进行监管，做到"全程留痕、过去可溯、进度可查"。

(2) 梳理政务事项建立清单

统筹协调金普新区具有审批职能部门，开展政务服务事项颗粒化梳理工作。区分进厅、不进厅、纳入综合窗口等不同情况，纳入综合窗口事项依据"最小颗粒化"要求，细分为实际办理的不同情形，形成不同情形条件下的事项清单，包括容缺受理事项清单、即来即办事项清单、秒批秒办事项清单、全区不宜进厅上网事项清单、最多跑一次事项清单、一件事清单、惠企政策清单等。

(3) 配齐智能设备便捷网上申报

研发5大系统、引进智能设备300余件，包括叫号显示系统、24小时自助服务系统、智能查询引导系统、"好差评"评价系统、可视化监管系统。支持叫号分拨、自助网办、进程查询、绩效监管等政务服务全流程。通过智能分拨办理窗口和办件时长绩效监管，减少企业群众等待时间；通过不同种类的智能化设备，满足不同情况上传资料需要，政务服务中心智能化程度提升到一个新高度。

(4) 培训、培养综合窗口工作人员

通过各部门原有窗口人员就地调配、购买第三方服务等方式，配强综合窗口工作人员。组织全方位、跨领域、多技能培训，确保综合窗口平稳运行。采取理论学习与实操训练相结合的方法，组织为期两个半月的系统培训，17个窗口部门轮流讲授政务服务事项受理流程、材料要点、注意事项等业务知识，增加了国际礼仪、心理疏导、制度规定等内容，既突出业务理论，又注重实践锻炼，同时辅以全科业务考核。

2. 取得的成效

"一窗受理"改革共整合679个事项纳入综合窗口统一收件，实现了统一收件、后台分类审批和统一出证的一个业务闭环，并与大连市政务服务平台无缝对接，极大地提升了金普新区政务服务的智能化水平，这也是金普新区数字化政府建设的重要一环。

(1) 收受审互联无缝对接

建设"金普新区'一窗受理'综合平台",并将其整合到大连市一体化平台上,达到数据的互联。将各个审批部门分设的办事窗口进行整合,形成一个综合窗口,由分类收件部门审批向集中收件协同服务的方向转变,实现了收件与办理相分离、办理与监督评价相分离的目标。

(2) 精简压缩提速提效

推进"减环节、减材料、减时限、减跑动次数",实现了事项审批承诺时限减少72.4%,企业开办时间压缩至0.5个工作日。助力"城市大脑"建设,加快推动"一窗受理"系统与金普新区OA办公系统数据资源整合,探索开发以证照等核心政务数据为代表的共享数据库,最终实现数据"链"上共享和有序运转,使"数据跑腿"代替百姓跑腿。

(3) 打造多元化政务服务模式

金普新区营商局不断深化"放管服"改革,打造多元化政务服务模式,通过健全工作机制,完善"一次告知""告知承诺"机制,升级"审批结果免费邮寄"服务,推进"一件事一次办"改革,解决企业群众"二次跑腿"问题。着力打造惠企政策平台,金普新区惠企政策平台的上线,在东北带头推出"政策计算器",可实现与各类惠企政策精准速配。

(4) "就近办"延伸服务半径

行政服务大厅将服务触角向街道延伸,在炮台街道设置"金快办"炮台街道政务服务站,方便辖区范围内及邻近街道企业和办事群众就近办理所需业务,有效拓展政务服务辐射范围。此外,为保障业务收受审质量,对进驻炮台街道的工作人员开展定制化业务培训。

(二) 问卷调查与结果分析

1. 问卷调查

为了更好地了解"一窗受理"改革过程中存在的问题,通过问卷调查、访谈等方法,对"一窗受理"改革过程中出现的问题进行了分析。整个过程一共持续了3个月左右的时间,向大厅工作人员和办事群众发放了181份调查问卷,进行了大约150次的面对面深度访谈。

经过对调查问卷进行了整合,最终得到了176份有效的调查问卷。其中大厅工作人员81份,办事群众95份;对访谈内容进行整理,接受面对面访谈人次为150次,包括办事群众93次,大厅服务人员57次。

2.结果分析

通过对来行政服务大厅办事的群众所填发放问卷分析可知,有68.42%的群众认为办件效率需要提高,说明"一窗受理"流程需要进一步规范和优化,工作人员能力也亟待提升;有56.84%的群众认为服务态度方面需要改善,说明"一窗受理"改革后服务态度仍需要改善,探索更加有针对性的激励机制,提升工作人员的服务积极性和服务质量;认为宣传力度需要提升的占47.36%,依旧需要在未来加大对行政服务大厅推行"一窗受理"模式的宣传推广,对"一窗受理"后业务流程也要加大宣传力度。

通过对大连市金普新区行政服务大厅工作人员的调查问卷,可以得出有一半以上的窗口工作人员认为不能完全胜任"一窗受理"改革后的工作,仅有20%的工作人员认为可以完全胜任窗口工作,这体现出窗口工作人员能力不足,"一窗受理"改革前期培训效果欠佳。

通过对窗口工作人员的问卷调查,可以看出有57%的工作人员对改革后的薪资和福利的满意度表示一般,仅有6%的人非常满意,"一窗受理"改革缺乏配套有效的激励机制,窗口工作人员工作积极性难以保障。

对前来行政服务大厅的办事群众发放问卷,关于知晓行政服务大厅办事模式变为"一窗受理"的时间,有62%的人得知"一窗受理"办事模式仅有一个月的时间,对具体的业务是否纳入"一窗受理"窗口更是知之甚少,"一窗受理"改革的宣传不到位。

(三)存在的主要问题

1.审批流程中权责不规范

审批流程中权责不规范,首先,体现在审批权力和职责的不对称,一线的工作人员通常没有太多的审批权,并且,同样的审批项目,需要多个部门的批准和监督,各部门的审批权限也不一样。前台员工在完成窗口接件任务后,会面对一种长期的等候和互相产生分歧的局面。其次,存在着各部门间缺乏最基础的协作能力的问题,在政府的各个部门中,仍然不时地存在着官本位与利己思想,一些部门会以维护自己的利益为理由,导致信息的不对称。

2.缺乏有效激励机制

金普新区行政服务大厅的管理人员并没有对一线员工采取具体的激励措施,这使得员工缺乏工作动力。多做少做工作不影响收入,员工消极思考,缺乏竞争,工作效率大大降低。员工难以找到归属感,难以维持高昂的工作激情,受制于较低的工作待遇,千岗计划选拔和原部门转入的工作人员大多数是把这份工作作为过渡工作，他们还是希望能通过考取公务员、事业单位、国企的方式来提升工资待遇和工作稳定性。也有一些窗口工作人员觉得，他们的人事关系属于原来的工作单位，所以对工作人员的绩效、考核、提拔等问题，还是要由原来的工作单位来决定。如果仅仅依靠工作考核通报，政务服务中心就很难将这一些窗口工作人员的工作热情充分激发起来，到目前为止，也没有制定出对应的激励措施。

3.改革宣传工作不到位

从2021年7月起，金普新区行政服务大厅"一窗受理"进入上线试运行阶段，直至2021年9月"一窗受理"改革正式落地，公众号关注人员数量不足，受众范围仍比较小，了解"一窗受理"这项改革的主要还是企业及相关人事。由于行政大厅受理事项涉及面广，除了众多企业业务外，还存在众多群众办理的业务，不清楚这种办事模式的群众来到大厅会不知所措，如果对所要办理的业务形容不清楚，加上窗口初始运行时，工作人员对600多个办理事项不是很熟悉，会造成业务部门划分失误的情况，导致受理业务效率低下。

4.窗口工作人员能力不足

"一窗受理"综合窗口工作人员能力明显不足，业务水平参差不齐。"一窗受理"服务模式需要窗口人员更高的能力，对自己所属整个区域的600多种业务事项都要有所掌握，需要承担起全科受理人员的职责，但全科受理人员不是短期就能培养成的，各种领域的"一窗受理"业务培训时间需1个月至6个月不等。在对行政大厅工作人员的问卷调查中，更是仅有20%的工作人员认为能完全胜任窗口工作，有一半以上窗口工作人员反映不能完全胜任"一窗受理"改革后的工作，这也体现出工作人员能力需要进一步提升。

（四）存在问题的原因分析

笔者对金普新区行政服务大厅"一窗受理"改革中存在困境的梳理之后，深入分析了产生问题的缘由，有助于更有针对性地解决当前存在的问题。

1.流程不规范、权力下放不到位

金普新区行政服务大厅在审批程序上存在着不规范现象，其集中体现在不合理的流程制度，没有形成相应的标准化。"一窗受理"的审批过程缺少系统性和细化的规范，在多个领域的颁发许可的问题上，没有一个清晰的过程顺序。"一窗受理"的前台工作人员无法马上按照特定的流程来处理将要做的审批工作，一线接件的工作人员，也很难做出一个比较一致的处理。

对行政服务大厅权力下放不到位。大厅的首要功能是审批和处理，它的职责需要相应的权限，但是在"一窗受理"的运作过程中，它并没有太多的权限，而且它的权限还会受到平级部门和上级部门的各种限制,"一窗受理"是一次从上到下的变革,各个部门的负责人还没有形成一个完整的观念,给它的发展造成了很大的阻碍。

2.缺少对员工的关注及沟通交流

自从2020年9月金普新区行政服务大厅"一窗受理"开始后,合理着手对一线工作人员进行培训,大厅领导也非常关注培训的效果,但是缺少对员工的关注和沟通交流。对于新选入和转入的两部分工作人员,压力激增,然而这种情况没有得到行政服务大厅相关领导的关注和重视。岗位设置与员工能力、需求不匹配,在设置职位和确定人员之前,没有与员工进行充分的沟通,对员工的个性、专业知识和潜能没有充分的了解,造成一些员工在不合适的岗位上。符合行政服务大厅现状的有效绩效考核制度尚未建立,起不到激励的作用。

3.没有形成宣传工作的长效机制

金普新区行政服务大厅未对"一窗受理"的改革进行长期的宣传,总是宣传一阵就忙于其他工作,缺少一种常态化模式,没有形成长效机制。一方面,缺少专人专岗负责这一部分内容,丧失了宣传的好时机,也失去了同公众和市场主体进行沟通交流的机会。另一方面,不能拓宽宣传方式和渠道。金普新区行政服务大厅现在的宣传方式还是以传统媒体为主,公众号的宣传有涉及,不过更新不及时,没有利用好新出台的惠民平台,也没有将业务做好向基层的下移,宣传层次和力度不足,受众面还是比较窄。

4.前期工作人员培训效果欠佳

金普新区行政服务大厅"一窗受理"改革培训效果欠佳主要是培训系统性不强、参加培训人员的积极性不高和培训的方式方法单一等三大方面因素。

(1)培训系统性不强

纵观"一窗受理"的发展历程,我国没有差别窗口受理服务的工作还处在初级阶段,各个地区的窗口服务工作内容和实施标准参差不齐,还没有形成可复制和推广的工作经验。在培训的内容方面,在举办此项培训教育之前,金普新区综合窗口服务中心没有进行充分的研究,训练内容缺乏系统性的计划,三个模块的训练力度均衡,训练成效不佳。在培训的管理方面,没有系统性的计划。因训练计划是由上而下制订,训练之前缺少对员工需要的调查,造成训练内容与实际不符。

(2)参加培训人员的积极性不高

金普新区行政服务大厅"一窗受理"培训内容在实际应用中存在一定的局限性,转化效率也不高。对于平常业务量比较大的业务,尽管根据各个业务部门所提供的培训和业务手册,能够让窗口工作人员快速地了解这些工作的内容,但是由于政务服务的特殊性;审批事项和相应的业务制度比较多,如果仅仅依靠学习业务手册和培训演示,并不能将培训结果快速地转化为可以用于指导实践工作的培训成果。

(3)培训的方式方法单一

金普新区行政服务大厅"一窗受理"的培训采用最多的方式就是讲座。日常业务工作本就疲惫的一线学员对内容冗杂的课堂内容学习积极性提升不起来,对课程内容吸收能力不足,训练的效果不尽如人意。还有一种培训,培训内容是由国家级、省级、市级主管部门敲定的,内容一般涵盖对新的行业标准的规范、颁布实施的法律法规的讲解。由于是线上的视频会议,所以一线员工在听讲的过程中,感觉比较枯燥,只是听专家或者领导讲解,却无法进行交流提问。

二、国内其他地区行政服务大厅"一窗受理"改革的经验借鉴

(一)国内其他地区"一窗受理"改革概况

1.福建省莆田市:全面实施"一窗受理,集成服务"改革

为了推进审批服务改革,福建省莆田市发布了任务分工方案。这个方案对"一窗受理、集成服务"这项改革的规范条例进行了细化和梳理,为政务改革提供了行政法律保障,这是非常重要的。

在政府客体的制度方面,莆田市将业务审批流程的细微之处都仔细进行提炼和优化,形成了完善的各个环节。莆田市政务大厅制定的一个包含1 343项标准的政务服务中心标准体系,就是一个很好的示范,用一份权责清单,以官网发布的方式,对公众公示。

在程序化路径方面,莆田市通过大力度地简化内部业务审批流程,真正打破了政府各部门的沟通壁垒,将以往需要2天才能办到的审批过程压缩到4个小时,真正做到了一日之内完成所有的审批程序。

2.四川省乐山市:行政审批"标准化+一窗受理"创新实践

为了更好地创新工作机制,改善和优化审批工作,乐山市政务大厅全面推行"标准化+一窗受理"的"标准化+审批"工作,以"标准化+审批、设施、服务意识、互联网"为特色,使乐山市各部门的行政审批工作得到了很好的规范,提高了各部门的工作效率和工作质量,给人民提供了很大的便利。

乐山市在深化行政体制改革的过程中,很值得借鉴的是其大力推行的行政审批标准化建设;通过标准化建设的实行,很好地规范了行政审批,向群众企业提供了高质量、同等化的政务服务,是"放管服"改革向纵深推进的有力举措。乐山市政务服务中心对业务事项进行全方位细化清理,完善标准化体系;乐山市政务对行政审批事项进行全面清理,并对其进行进一步的简化与整合。依托市政务的发展建设,涵盖"标准化+一窗受理"的内容,编写完成了政务服务标准体系,并不断地进行优化完善。

3.北京市昌平区:窗口办事员"持证上岗"

以"职业技能提升"为核心,以"国标落地"为目标,以"更好地服务市场主体"为宗旨,北京市昌平区政务服务管理局在"一窗受理"改革前组织各大厅窗口工作人员开展国标培训,进行职业技能等级认定。

2021年10月,北京市昌平区政务服务管理局首批综合窗口办事员通过了政务服务综合窗口办事员职业技能考试,北京市第一批持证上岗的综合窗口办事员由此诞生。取得证书的人员均领取了国家技能补贴。这进一步落实了文件中对持证上岗的政策要求。

组织业务培训、跟窗实践、模拟测试、业务考试和实操评估,"一窗受理"人员服务质量进一步提高,群众办事满意度进一步提升。

(二)经验借鉴

1.明确办事流程及部门权责

权力清单指的是将政府行政权力和政府服务事项、处理办法与处理流程,并将实施主体、权力依据等要素向社会公开。其主要目的是将以行政审批为代表的权力事项放在社会监督之下,推动政府行政审批权力的公开化与透明化,促使政府部门依法行政。监管清单通过对部门监管职责进行梳理,明确了政府各个部门之间的权力运作边界,重点解决了政府职能缺位、越位和错位等问题。其主要目的是要对审批的时候加强监管,明确监管责任。

2.打造"标准化+一窗受理"

标准化是一种普遍现象。它指的是多次重复利用,有着制定标准需求的产品、全流程或者服务等,都是进行标准化考虑的范畴,在组织管理过程中,标准化是它们的共性特点。

行政审批作为一项为百姓提供公共服务的活动,应该遵照具体而详尽的规范和标准,才能完成高质量政务服务的目标,向各类市场主体提供相同的内容、相同的、高质量的、有效的便利化政务服务。为提高政府公共服务质量和水平,应在公共服务领域引进标准化的管理方法。行政审批满足了引进标准化管理的前提,所以标准化管理也同样适用于行政审批领域。

3.持证上岗提升人员专业化素质

"一窗受理"改革的纵深推进,对窗口服务人员的要求也越来越高,前台一线工作人员需要熟练掌握横跨十几个部门、几百项审批事项的业务办理,在这种压力下,要求窗口工作人员快速完成从"专科"向"全科"的转变。

政务服务质量的好坏是由窗口工作人员的素质高低决定的。要让"无差别受理"在深化"一窗受理"改革的道路上掷地有声,重中之重是快速提升窗口工作人员的综合素质。依据国务院相关指导意见中的政策要求,综合窗口人员应该参加由政务服务大厅组织职业技能考试,考试合格应取得职业等级证书,做到"持证上岗",进一步规范窗口工作人员的职业行为准则,提高礼仪素养,提升职业技能,确保工作人员的能力、素质满足岗位需求,有效提升政务服务水平。

三、大连市金普新区行政服务大厅提升"一窗受理"改革成效的对策分析

(一) 规范审批行为

通过审批行为的规范,创建更加科学的审批模式,提高审批效率、公共服务质量,拓展服务功能,使行政服务大厅这个政府对外的窗口能够为企业和群众提供最优质的公共服务。

1.进一步细化、规范审批流程

要进一步细化、规范审批流程。金普新区行政服务大厅需要进一步推行权力清单制度,将现有的服务和审批事项再一次细化,与"一窗受理"改革后的新问题相结合,明确每个部门的职权和责任,使审批过程更加科学和规范,通过制定具体的审批过程中的权责清单,确定牵头部门,使各部门相互监督和配合;权力运行中的资源不断优化,提高审批效率。审批项目的审批标准要统一,在大厅提供公共服务的过程中,假如不能做到一个审批事项的统一,一定会使各类市场主体的往返次数增加,进而加重返工的办事成本。

2.打造全流程"标准化+一窗受理"

金普新区行政服务大厅在深入推进"一窗受理"改革的过程中,要充分借鉴四

川省乐山市推行的行政审批"标准化+一窗受理"创新实践经验,创建标准化的服务体系。以行政审批事项办事指南的申请材料、收费等要素为重点,一个一个地量化,最终形成"申请材料清单、形式审查要点清单、许可审查要点清单"等多张标准化清单,以此来指导审批工作,也可以让群众办事更加便利,将综合窗口的行政审批事项标准化管理工作做好。

同时,金普新区行政服务大厅可以逐步引入企业标准操作程序工作法(SOP)。SOP是一种标准的操作程序,其本质是对具体的操作步骤进行定量分析,简单地讲,就是在一个过程中对一些重要的操作步骤进行量化分析。将事务办理的标准操作步骤和要求,以一种统一的形式,以图文并茂的方式进行说明,从而对行政审批工作进行引导和规范。

3.内部监管与社会监督相结合

认真学习福建省莆田市经验,采取社会监督与各部门之间的内部监管相结合的形式。在内部监督体系的构建方面,要充分发挥各部门负责人的表率作用,从自己做起,增强监督的责任感,将日常监督和突击监督相结合;加强懒政行为的检测和识别,强化各部门间相互监督的功能,通过良好的协作和健全的监督模式,提高内部监管水平,提高行政审批效率。

在构建外部的监督机制方面,要善于运用国家的法律和法规,对行政服务大厅中的违规行为进行合理的约束,要充分构建多元化的外部监督渠道,借鉴莆田市的成功案例,可以引进更多的媒介来对地方政府进行监督,这样既能有效增加监管的强度和广度,又能让公众和传媒等外在力量可以更好地了解到当前制度中存在的问题,并据此给出最优的改革方案。

(二)建立有效的服务激励机制

从根本上来说,充分调动"一窗受理"工作人员的工作主动性和工作热情,使他们能够全身心地投入行政服务大厅改革、创新、发展中来,是构建服务激励机制最主要的目的。

1.充分了解员工,做好沟通交流

建立有效的服务激励机制,首先要充分了解员工,做好沟通交流。行政服务大厅领导和员工的交流是很关键的,通过谈心谈话、问卷调查等多种方式,可以更好地掌握员工的思想动态,为员工提供更多的反馈。一方面,采用恰当的"谈心"方式,找出问题所在,并主动协助其解决;让员工感觉到领导的关心和照顾,进而提升员工对单位的认同感、归属感和依赖感,提升在窗口日常工作中的责任心,更加有活力。特别是,与有压力的一线工作人员沟通,有助于他们的情绪疏解,提高他们对窗口工作的理解,使他们感到受到尊重,并消除他们在服务市场主体中遇到的抱怨和难过,帮助其找回工作自信。另一方面,通过沟通和了解工作人员的基本工作条件和需求,可以制定出更合理、更公平的激励政策,更有效地适应当前金普新区行政服务大厅的发展,避免制定出过于机械的工作人员激励机制,而导致不易操作或对工作人员不公平。

2.合理安排工作岗位

区别不同员工的需求。在对员工进行激励时,应注重对中青年员工的潜力进行开发,同时要考虑老年员工对健康因素的需求,避免他们出现不满情绪。需要指出的是,薪酬和福利关怀都是保健要素,满足了员工的这一需要,可以提高员工对行政服务大厅的归属感,但没有达到激励的目标。因此,应该提高团队凝聚力,消除员工对自己的工作单位的不满情绪。应从改善工作环境、优化福利待遇、加强人文关怀等多个方面进行改善。

综合窗口服务中心要依据员工的特点去合理安排岗位。根据不同类型的人员特点,可以对其进行恰当的分类。比如把业务职工和管理职工分开,把年轻职工和老年职工分开。年轻职工希望他们能在技能上精进,对事业发展的要求也高。针对这一部分员工,可以将其安置在具有一定挑战性、有一定难度、工作效果较为显著的工作中,让其在工作中可以更好地发挥出其自身的价值,从而将其工作的创造性、主动性和自觉性都发挥出来,在合适的时候,可以将其作为一个管理类人才来进行培训。

3.建立有效的绩效考核体系

在人力资源管理中,绩效考核是一个非常重要的组成部分,是激发员工积极性的一个关键环节。一是确定考核的终极目标。绩效评估的根本目标在于提高员工的工作成效,是评价一套绩效评估体系成功的重要依据。二是建立一套科学的评估体系。绩效评估指标要依据企业的实际情况来确定,一般可以用"质"、"量"和"时间"来表示;成本、他人的反映等具体的指标,用来对结果进行评估,从而消除评估结果的主观偏差,增强评估工作的可操作性。三是要使考核的关系与管理的关系相协调。一般而言,获取各种指标所需的资料必须来自不同的主体。绩效指标的评估应当由那些在业绩指标中拥有最大发言权的人来完成。考核关系和管理关系相结合,是评价工作的一条有效途径。考核的结果一定要跟收入、升职与降职、福利等激励措施联系起来,这样才能让考核的效果充分发挥出来,从而推动工作的顺利进行,构建出一种能够有效地应用到工作中的优胜劣汰的竞争上岗机制。

4.确保激励机制的公平性

亚当斯的公正理论认为,人所关注的不只是自身的绝对薪酬,还有自身与他人之间的劳动与薪酬的相对性。员工为了得到公正的评价,往往会把他们自己的投入和别人的产出做对比。对公平的关注应成为激励的最根本原则。在实践中,金普新区政务服务中心应在建立制度、保障制度的同时,遵循公正、公平的原则;要对员工的投入进行恰当的回馈,并进行合理的配置,让员工感觉到系统的公平性和合理性,这样才能起到激励的作用。如果员工觉得报酬不合理、不公平,那么就会对奖励机制和评优评先活动产生抵触,并不信任单位,从而影响到激励效果。需要指出的是,这里的薪酬并不只是工资,而是福利、晋升、奖励、荣誉等。

(三)强化宣传推广力度

大连市金普新区行政服务大厅作为一个为民服务的窗口单位,要做好对社会公众的宣传工作,树立良好的政府形象,推进政务公开;这是提高政府信誉、提高政府形象的平台,也是增进同群众感情的重要手段。

1.形成宣传工作长效机制

成立"一窗受理"改革的宣传工作领导小组,对宣传工作进行细化分类,要专人专岗。上级分管宣传的领导也要做好适时研判,健全完善部门规章,选拔的人员,要遵循下述标准:业务水平高、拥有高度的政治素养、政治自觉,有一定新闻采编工作经历,能够对宣传工作了如指掌,把握改革宣传工作大局,定期组织人员到街道、社区进行宣传,获取素材的同时扩大宣传面,形成宣传稿并在各大主流媒体、自媒体、公众号、小程序发布。在负责人上优先选择有宣传部、融媒体传媒工作经验的员工,这样会提高居民的参与度,效果更好。责任界定清楚,避免出现互相推诿的情况。

2.拓宽宣传渠道及方式

为了扩大"一窗受理"改革的宣传面,在方式方法上,要注意运用全方位、立体化与滚动式的方法,要充分发挥媒体的作用,同时要开设宣传阵地。政务中心是申请者获取相关信息、进行业务操作的第一站,除了在咨询台发放惠企政策、业务介绍外,智能化屏幕还要展示最新的业务指南;咨询台工作人员、巡查大厅的领导以及窗口人员也要不断地对办事人员讲解新政策、政府的新举措,充分宣传本次"一窗受理"改革的便利化、惠民化。应用多种宣传方式相结合,大厅工作人员主动宣传和申请人主动咨询。新闻媒体是人们获取消息的一种方式,行政服务大厅要主动作为,利用并发挥好新闻媒体的作用。新的便民措施和高频业务办理规定出台后,在第一时间,行政大厅就要联系新闻媒体进行采访,在黄金时段播出新闻报道,力求达到最好的宣传效果。和新闻媒体做好对接,要在不同时段滚动播放节目,争取让更多的人知道有关的消息。除了新闻媒体,传统媒体中如报纸、广播、杂志,也要充分利用。

(四)加强工作人员专业化培训

通过科学、系统、创新的培训形式,引导窗口工作人员主动学习,提升窗口工作人员整体素质,提升"一窗受理"业务专业化水平,进一步提高审批效率,进而提升群众的获得感和满意度。

1.加强培训需求分析

要想做好一场培训,一开始一定要对受众的需求做调研、分析,形成报告,这样才能使培训更有针对性。

(1)成立培训需求研究小组。来自不同业务部门的业务精干被选中组建培训需求研究小组,并就有效实施培训提出建议。小组里成员的水平、视角的敏锐度会影响需求分析的准确性,是培训最终结果很重要的影响因素。研究小组的人员是培训需求分析工作顺利开展的基础,在培训相关需求的调查研究方面、分析需求问卷方面、培训课程的定制上都很重要;这个研究小组必须要保证高水平、高素质,才能为最终培训奠定坚实的团队基础,提升培训的有效性、精准度,提高需求分析的有效性。另外,在需求研究小组的前期调研工作中,参加培训的员工可以更深入地与业务骨干进行沟通,从而更好地了解培训模式,从源头上识别和解决培训难题。

(2)加强培训需求动态管理机制建设。近年来,各地政务大厅都在进行政务服务优化,业务办理流程的精简,随着一些便民利民新政的施行,当前列出行政审批事项的种类及其提供要件的要求已经无法满足要求,所以可能会进行动态的调整。这就需要在进行"一窗受理"业务培训需求分析时,考虑到各种可能变化的条件、状态,充分汇总学员需要和想法,及时地进行动态分析,建立成熟的动态的需求管理机制。首先,综窗服务中心要合理选择回收方式,如设立线下邮箱或线上反馈渠道,收集并汇总综合窗口人员的培训需求,进行定量分析,敲定可行性强的培训方案,在这个过程中,一定要保证收集到的信息是真实的、合理的。其次,在数据的处理方法上,要结合工作实际,可以采用观察、问卷调查、数据建模等方式。最后,在数据的整理方面,要从多个角度去分析数据,根据分析的数据结果对培训计划做动态调整,以确保其实用性。

2.丰富培训方式

单一、刻板的授课式培训方式,经常让参加培训的人员产生疲惫和抵触情绪,培训转化率会受影响,培训人员对工作也会丧失热情,不利于工作的开展和推进。研究表明,丰富多彩、灵活多变的培训方式会极大地提高训练效率。

(1)充分利用好在线课堂

因为大厅的性质,窗口员工不能缺位,要想开展培训,一般采用的是"轮训",有些业务尚未处理完成的员工就不能参加。现在金普新区行政服务大厅的员工,合同外包人员占大多数，具有比较大的流动性，如果课程不加以区分，新老员工用一套课程，那么培训效率会降低，也会浪费员工的时间。考虑上述问题，综合窗口服务中心要利用好在线课堂，充分利用先进技术，建立一个将视频上传到网络上，可以随时随地进行视频学习的平台。这样，工作繁忙的工作人员就可以灵活地选择自己空闲的时间进行学习。

(2) 完善"一带一"培训模式

一般大厅来了新人或者新的复杂业务，综合服务中心会协调相关部门业务主干进行"传帮带"。"一带一"这种"传帮带"的形式不仅可以进行业务学习，而且可以现场实际操作，例如交通局业务烦杂且难以短期掌握，要件上细分点众多，有专业的业务部门老师带着做，不仅能保证业务办理效率，更能使员工融会贯通，提高培训效率。大力提倡"一带一"的培训形式，综合窗口服务中心建立"传帮带"导师库，要设定老师的入驻标准，业务科室负责入驻导师库的专干的选拔、推荐工作，一定要保证质量和很强的沟通能力。

3. 分级分类及时更新培训内容

(1) 精准设计培训课程，进行分级分类。和大厅的编制内人员相比，在企业管理模式下这一部分窗口服务的外包人员具有比较强的流动性。培训的需求也有不同之处，要做到培训的持续和科学化，就必须将政务大厅培训的内容进行分门别类。考虑到上述现实情况，在进行培训内容设计的时候，金普新区行政服务大厅要进行有针对性的培训，不断精进，提高培训有效性。对于注入大厅的新鲜血液，让他们先熟悉、了解各事项涉及的法律和规章制度，服务礼仪方面的训练也要跟上，对业务知识的学习要逐步深入。因此，在对新入职的员工进行的培训中，重点包括各项规章制度、服务礼仪等方面。在进行业务培训时，重点要对各类审批系统的操作进行了解，了解各类审批业务的流程。要制定出符合知识需求和操作需求的培训方案，并严格实施。

(2) 及时更新培训内容，做到根据最新政策文件要求实时更新。由于各区市县行政大厅不断深化"放管服"改革，金普新区的"一窗受理"也在深入推进，在改革渐进的过程中，审批事项的类型、提交相关材料的要求都会根据实际情况动态调整，以期更加符合社会经济发展的需要和改革需要。比如商务局的对外贸易经营者备案登记事项，参照自贸区改革方式，就变为直接取消审批项。发改局事项粮食收购认定，相应的许可证办理由之前的审批改为备案管理。有些业务材料可以采取告知承诺方式，所以要保证及时更新。要形成内容实时更新制度，并严格执行。

4. 健全完善培训机制

窗口人员业务素质的不断提高、政务服务水平的全面提升以及各项改革的顺利落地，都离不开建立健全的人员培训长效机制和完善的培训制度建设。

(1)完善培训后的考核激励

一是要把训练评估的结果和月度绩效、季度绩效和年度绩效之间相互关联。形成培训积分制制度,调动员工参与培训的积极性。分数的累积给人一种成就感,在每一年的开始阶段,综合服务中心都会制定一份培训方案,制定出相关的评分体系,设定一些可以加分的项目;也要确定参加培训时长的最低值。规定参加培训人员要达到合格,如果不合格,会取消他们进行评优的资格。也要对于能够按照培训方案、认真按时完成培训内容的学员进行积分奖励。对于不说明原因就不参加培训的学员,要进行惩戒或者处分。每一份培训成绩,都会被记入季度绩效、年度绩效考核中。二是对于考核得分的标准进行细化分类。建立每一位参加培训人员的档案,详细记录包括参加培训的时间、培训时长、课堂表现、最终积分、在线考核得分等信息。对那些得分高、表现好的员工,要给予物质奖励和精神奖励。物质奖励方面,发奖金奖励,或者电影票奖励;精神激励方面,在每周的初始评选积分标兵,进行颁奖,月度和季度也要评选。对于积分没有达到培训最低标准,培训态度不端正的学员要进行处罚。

(2)完善培训评估机制

为了提高培训转化率,按时完成相关的培训计划,要建立评估机制。在培训开始前,要汇总一些信息,包括"一窗受理"工作人员的基本信息;年龄段,当前最高学历,参加工作时长,工作经验;以及个性化的培训需求,做好充分的评估。也要根据"一窗受理"培训的阶段性目标,评估培训方案的合理性、可操作性。还要对授课老师的风格、擅长的部分进行评估,保证资源配置合理、妥当,对于培训效果好的部门授课人员,可以考虑增加今后的培训时长,充分提高培训效能。培训开始后,要随时关注参训人员的状态,询问他们对课程的接受程度、老师的课程进度、课堂互动提问的情况,进行评估,参照培训计划看培训进度的推进情况,培训内容是否讲解到培训计划的全部,完成每一个阶段性目标。培训结束后,也要做好相应的评估。培训结束后的评估要通过发放问卷的形式,汇总参加人员对于本次培训课程的计划、培训形式、老师授课后学员的理解度、培训时长设置等指标,形成详尽完整的报告。依照报告展示的内容,分析本次培训的成果,对于打分高、体验度比较好的课程,加以推广;调整培训效果不好的课程,有些可以淘汰。对于培训后的窗口各事项完成情况进行统计,关注培训转化率,对比培训前的培训目标方案,及时完善,从而逐步提高培训效率和质量。

大连市旅顺口区政府推动社区居家养老服务研究

塔 娜

(学号:1120213419)

随着社会生产力的进一步发展,人口老龄化已成为世界性的难题。人口老龄化考验各地区政府在养老治理中的能力。如何正确地发挥好政府职能的作用以促进地区养老服务的发展,创造一个和谐、稳定的政治生态环境是各地面临的重大课题。

一、旅顺口区政府推动社区居家养老服务现状分析

旅顺口区是大连市的市辖区,拥有国家级自然保护区、风景名胜区和森林公园等得天独厚的自然资源优势,拥有历史遗迹、军港要塞以及充满异域风情的历史文化街区等深厚的历史人文底蕴优势。优越的气候和人文环境,让养老产业在旅顺口区的发展前景可期。

(一)目前所采取的举措与成效

近年来,旅顺口区政府为解决深度老龄化问题,寻找助推社区居家养老服务发展新的突破口,借助强化机构建设、完善服务供给等一系列措施,推动社区居家养老服务发展初见成效。

1.所采取的举措

旅顺口区政府坚持以规划为引领,谋划全区生命健康城功能定位,在原有城区建设的基础上,推广建立社区养老服务中心,持续完善供给,不断优化服务模式,鼓励多元主体参与社区居家养老服务建设。

(1)规划引领

旅顺口区政府"十四五"期间继续完善和提升健康养老城市服务功能。在《旅顺口区国民经济和社会发展第十四个五年规划和二〇三五年远景目标规划纲要》中,旅顺口区被定位建设成为面向东北亚的文化旅游城及生命健康城,充分利用区内和周边大学、科研院所的技术人才优势,全面布局生命健康养老产业。2020年旅顺口区以产业发展为带动的高质量发展路径,在《旅顺口区招商引资产业规划意见》(2019-1.0版)的基础上,制定了规划意见2.0版,进一步提升招商引资的针对性、指向性,以更加开放的视野、更加广阔的思维厚植高质量发展基础,立足产业大力聚焦社区居家养老服务发展。

(2)制定相关工作方案

先后于2015年出台了《旅顺口区人民政府关于加快发展养老服务业的实施意见》,旅顺口区人民政府办公室关于印发《旅顺口区关于进一步加强健康城市健康村镇建设的工作方案》的通知,对社区居家养老服务及优化健康服务,强化老年人健康管理,建设医疗养护适老服务全覆盖新兴社区提出了方向和要求。

(3)加强社区居家养老服务机构建设

在原有城区建设的基础上,自2010年起,旅顺口区政府开始在全区范围内成立社区养老服务中心,截至目前已经有11所养老服务中心,主要集中在城区街道。自2018年起,全市推行建设社区居家养老服务示范中心,旅顺口区连续3年共建立3所示范中心。

(4)坚持不断完善服务供给

加强公共设施配套,发展枢纽型社区综合为老服务设施,使中心的功能设施更加完备。推动社区标准化老年活动室、社区睦邻点和社区适老性辅助设施建设,不断增强设施服务的可及性。加大资金投入,按照国家、省、市要求,执行养老服务补贴政策,根据《关于明确我市养老服务资金补贴政策操作实施细则的通知》,落实养老床位补贴、运营补贴等,对社区居家养老机构提供财政支持。

(5)积极探索菜单式服务,为社区老年人提供"一站式"综合为老服务,从最初的日间休息、健身及文化服务,发展至目前日间照料、短期托养、长期护理、助浴与康复服务项目,为辖区内的老年人,特别是半失能、失能、80岁以上的老年人提供便利服务,让养老服务覆盖辖区内需要照护的老年人。

2.取得的成效

截至目前,除部分涉农街道外,全区已基本覆盖社区居家养老服务中心。服务中心主要集中在居民聚居的城区街道,为满足老年人不脱离熟悉环境的养老服务需求,持续增加服务设施建设投入,以提供专业化服务等方式努力满足老年人的养老需求。

(1)机构建设覆盖率较高

旅顺口区下辖9个街道,其中城区街道2个,涉农街道6个,开发区街道1个。辖区内有5个街道办事处共配置了社区居家养老服务中心11所,其中3所为示范养老服务中心。养老服务中心主要集中在2个城区街道,水师营街道和龙头街道是发展中的新城区,同样覆盖养老服务中心,更大程度上实现机构建设的覆盖率,方便老人就近养老。

(2)服务内容不断升级拓展

服务内容从最初的日间休息、健身、理发及文娱活动,拓展到涵盖健身娱乐、生活照料、理疗保健、配餐助餐、短期托养及长期照护,全方位多领域推动社区养老服务高质高标发展。在医疗服务方面,由旅顺口区卫健局提供医疗服务机构名单,统一规范模式,完善服务项目,推动社区养老服务中心与医疗服务机构进行签约合作,进一步提高社区居家养老服务中心老年人的医疗卫生服务水平。

(3)服务设施不断完善

落实财政补贴,对社区户外公共空间节点适老化改造,包括:和顺社区楼体间和社区服务设施出入口适老化改造,海花社区室外道路和居民活动广场适老化改造等。"十四五"期间,政府累计对社区居家养老服务中心发放补贴42万元,老旧小区居家养老设施适老化改造投入126万元。

(4)不断提升服务专业化水平

联络社区提供免费养老服务基础内容培训、招募志愿者为社区老人提供志愿服务,与社区居家养老服务中心通过自有员工开展专业服务相结合,保证养老服务人才储备,切实满足老年人有偿与无偿服务需求等。志愿服务主要对接社区,协助社区工作者对责任片区内老年人需求积极引导并提供帮助。

(5)引入多元主体共同参与社区居家养老服务发展建设

以政府为主导,创新服务发展。以乐椿轩养老社区为依托,实现高端社区养老。社区内为老人提供基础的养护服务,以及医疗健康、再教育、旅游等增值服务。乐椿轩长者小镇集居家养老、社区生活和机构服务于一体,打造舒适宜居老人社区居家养老的创新模式。

(二) 问卷调查与结果分析

1.问卷调查

本次问卷调查的对象为旅顺口区社区内60岁以上的老年人,通过随机发放的方式向符合条件的老人发放纸质问卷,并对反馈结果进行及时的统计分析。为了保证调查对象的覆盖面积,随机抽取了旅顺口区登峰街道、得胜街道、铁山街道、龙头街道、水师营街道、江西街道下辖7个社区的300位老年人作为调查对象,包括迎春社区、高升社区、龙河社区、友谊社区、海霞社区、三八里社区、顺乐社区,范围涵盖旅顺主城区、涉农街道及开发区,保证数据具有广泛的代表性,实际收回有效问卷286份,并对老年人进行了随机访谈。

2.结果分析

根据问卷调查结果,调查走访的7个社区中,约有55.95%的老年人表示目前独立于儿女居住,其中71%由老伴儿照顾,18%独自居住,11%由专人照顾;有子女的老年人比例占到97%;约93%的老年人有不同类型的养老保险。近16.67%的老年人对社区有没有设置养老服务中心表示不知情,这也证实了社区缺乏对养老机构的宣传,导致部分资源建设流于形式,限制了旅顺口区社区居家养老服务功能的发挥。

在被调查的老人中,对现有社区居家养老服务持非常满意态度的人数占比为8.33%,持一般满意态度的为55.59%,持基本满意态度的为13.1%,持不满意态度的为7.14%。另外从接受程度来看,在被调查的老人中,有15.48%的人表示未接受过社区居家养老服务,有61.9%的人表示知道社区居家养老这种服务,有32.15%的人表示对社区居家养老服务了解甚少,有5.95%的人表示不了解社区居家养老服务这种形式。这也再次证明了社区的宣传与服务未落实到每位老人身上,导致不少老人并未被惠及社区居家养老服务。

从养老服务需求角度看,不同的老人具有不同的养老需求,同时,大部分老年人对医疗健康保障需求的迫切程度高于其他方面的需求。从养老服务方式角度看,一部分老年人虽然对社区居家养老服务有了解,但由于没有接受过自己在社区的有关养老服务,基于谨慎性,他们更偏向参与机构养老。在进行面对面交谈后发现,部分老年人之所以对社区居家养老持质疑态度,主要是因为他们没有接受过社区养老服务或者对其不了解。

有关老年人在选择养老模式时最在意因素的调查结果排序显示,养老服务费用的高低居第1位,占比61.9%;个人信息安全居第2位,占比53.57%;完善的医疗救护居第3位,占比45.24%;周到的日常饮食和生病时期的照护以及充满人文关怀的社区环境,占比同为34.52%;无障碍设施是否齐全,占比25%;优质的健身和活动场所,占比 22.62%;舒适的环境,占比 13.1%;便利的交通条件,占比 4.76%。

从服务费用角度看,有 18.1% 的老年人认为免费的社区居家养老服务足以应对自己的老年生活;而有 12.74% 的老年人表示愿意支付的费用为 500 元/月以下;23.81% 的老年人表示愿意支付的费用为 500~1 000 元/月;24.2% 的老年人可以接受 1 000~1 500 元/月;21.15% 的老年人表示还是要依据服务内容确定价格。

(三)存在的主要问题

影响政府发挥职能有效推动社区居家养老服务发展的因素包括政治、经济、法律、地区发展水平等多个方面,目前旅顺口区社区居家养老服务依然处在发展的初级阶段,存在以下问题:

1.缺乏实施细则及配套方案

"十三五"以来,旅顺口区虽然贯彻落实了国家、省、市出台政策,但并未有地区性的社区居家养老服务相关实施细则及配套方案出台,缺乏对社区居家养老服务中心建设的整体布局与建设举措。例如,大连市民政局于 2018 年出台了《关于印发大连市 2018 年居家和社区养老服务中心建设实施方案的通知》,但是区级层面并无配套实施方案与细则,在服务设施任务与标准、中心运营管理与维护、优惠政策与补贴、明确部门职责等方面都缺乏细化,落实力度有所欠缺。政府具有行政职能,应充分发挥主导作用,推动养老服务相关制度和政策细则文件的制定,要建立与完善老年人养老服务体系,这是必要前提与保障。

2.引导社会力量参与服务主体不充分

旅顺口区社区居家养老服务模式仍主要停留在政府买单的阶段,市场主体参与社区居家养老服务相对滞后。一直以来旅顺口区政府致力于扩大招商引资路径,力图通过引入市场投资为地方经济带来活力,制定招商引资产业规划,并进一步提升招商引资的针对性、指向性,但是收效甚微。已形成品牌化的企业或相关社会组织很少参与运营。基于市场投资的项目,目前仅有乐椿轩养老社区。当前,旅顺口区主城区老年人各种养老需求比较清晰明确,呈多样化特征,老人付费购买养老服务的意愿分布较为平均。引入市场力量满足多元化的需求是非常必要的。仅仅依靠政府的力量来提供养老服务,不仅浪费资源,而且也很难管理,地方财政资金支持不足便会后续发展乏力。

3.社区居家养老服务设施不完善

由于受到土地、地方财政资金支持等因素限制,服务设施建设投入不足,社区居家养老服务设施总体不够完善,主要表现在以下三个方面:

(1）用房规划不够完善

由于社区居家养老服务中心主要集中在老城区，用房主要采用在原有房屋基础上改扩建和租赁。部分社区居家养老服务中心由社区办公用房改扩建而成，没有条件设置专门的养老用房，场地十分受限。

(2）护理设施不够完善

用房面积和资金投入的不足在一定程度上导致了设施设备的种类、老年人床位总量受限等问题，医疗设施类型不够丰富、功能不够全面使得老年人医疗照护服务受限。智慧居家养老信息化服务管理平台建设得不够完善，信息联动预警机制没有充分展现。

(3）活动设施不够完善

大部分社区居家养老中心能够提供休闲娱乐、康复锻炼设施，多以具备日间休息室、图书学习室，以及棋牌室、公共健身器材等为表现，一些社区居家养老服务机构活动房面积难以达到标准，老年服务设施设计不合理，适用性较差；室内、室外配套活动设施比较单一，没有防滑道路等安全设置，无法满足老年人需求。

4.专业人才储备不够

目前，旅顺口区社区居家养老服务呈现出人才力量薄弱、缺乏专业技术水准、留人困难的局面，社区居家养老服务人才队伍的建设还远不到位。

(1）专业护理人力资源匮乏

在医疗方面，社区卫生站是社区居家养老服务的服务供给方，专业护士多流向医院、公立养老福利院等专门机构。当前，除签约的专业医疗机构外，社区卫生站平均医护人员比例维持在1∶1左右，有的卫生站医生护士由1人兼任。

(2）护理人员专业水平低

社区养老服务机构的护理人员大多为高中以下学历且非专门院校护理专业毕业。护理人员仅能提供测血糖血压等医疗保健类服务，缺少专业护理人员针对综合性强的老年病患提供复杂的康复医疗护理功能，服务供给内容和从业人员的专业化十分欠缺。

(3）护工和志愿者群体流动明显

护工和志愿者常出现短缺的状况。志愿者因对老年群体免费提供照护，常常不具备稳定性。同时，护工群体因收入完全市场化，而旅顺口区老年人群相对稳定，具有明显的流动性。护工以提供人力照护为主，照顾对象通常为半自理、完全不能自理老人。由于市场需要，护工不固定流动于不同地区的医疗机构和养老机构之间。

5.监督职责划分不清

目前旅顺口区社区居家养老服务监督主体不清，部门职责边界不清，责任部门不清,也容易发生部门之间"踢皮球"现象。出现问题后往往只是向社区和民政部门反映。监督主体不明确,投诉渠道也相应缺乏,老年人如果需要投诉,十分不方便,只能通过"12345"平台进行反馈,老年人是弱势群体,加之老年人认知水平较低,很难对服务做出中肯的评价,越是高龄群体、困难群体的老年人越是如此。由于监督职责的缺位,难以保证服务过程的规范化,老年人对于服务的问题与品质的反映或建议,均不能获得有效的反馈,老年人的诉求很难得到有效解决。

(四)存在问题的原因分析

就当前来看,我国社区居家养老服务体系才刚刚起步,尚处于初级阶段,在各地政府贯彻、落实、执行相关政策,研究出台行之有效的实施方案,履行各项职等能方面还不够完善。

1.政策制定不健全

为促进民间资本在社区居家养老服务中的投入,政府应该制定有关优惠政策,但是,当前旅顺口区政府对这一方面做得相对较少,并没有相关费用减免政策出台。目前针对社区居家养老服务的发展,政府所鼓励的市场合作模式有民办公助、公建民营等,然而由于缺少在内容、合作机制等方面的详细规定,双方难以形成长期共赢的发展格局,导致其他市场主体也很难对政府抱有信心。

2.政府部门服务意识薄弱

一些政府部门观念落后,服务意识相对薄弱,对政策的执行力度还不够。面对人口老龄化的挑战,一些职能部门对开展和加强社区居家养老服务的重要性与迫切性认识不清,观念陈旧。未意识到养老职能已从家庭主导逐渐向社会主导过渡;没意识到社区居家养老是社会发展民情所需;没有认识到社区养老服务发展是提高老年人生活质量、构建和谐社会的需要。政府和社区未真正分开,政府职能不清,社区居家养老服务的发展依旧以政府作为主导,行政管理特征较为明显。

3.地方财政资金投入少

目前旅顺口区存在社区居家养老服务中心主要依靠政府财政支持运营的情况,而在地方财政资金支持力度不够的情况下,社区居家养老服务中心发展难以形成有效态势。为了促进社区居家养老服务更加专业化、多元化,政府在加强社会力量的引进与扶持措施外,增加经费支持也不可或缺。养老行业高投入、慢产出的特殊性,也就决定早期资金垫付不能依靠社会力量来推动,且当前养老服务供需失衡、服务效果不佳等问题产生的原因,究其根源,均是资金短缺导致的服务提升工作无从谈起。

目前全市对60周岁以上"三无"老年人、空巢老年人、低保老年人的居家养老服务实施补贴,受政府财力影响,在落实补贴、引进投资实现基础配套方面也存在困难。"十四五"时期,政府累计对社区居家养老服务中心发放补贴42万元,老旧小区居家养老设施适老化改造投入126万元。而在江苏省徐州市铜山区,仅是2022年发放政府购买居家养老服务补贴就逾213万元,旅顺口区与其相比差距巨大。

4.吸引人才力度不足

旅顺口区偏安一隅,经济发展较市内其他五区滞后,留住人才并不容易。地区薪资待遇相对较低、福利待遇不尽如人意、行业前景不好,养老产业对于大学生等高素质劳动力吸引力显著不足。受工作体面度、职业上升及其他现实原因影响,无法吸引经过系统培训的专业护理人员为老年人提供上门养老护理服务。一方面是人才来源不充足;另一方面是专业人才流失严重。一些学历高、对行业认同感强的从业者,则因机构晋升通道与福利待遇问题离开社区养老中心,加剧了人才资源的流动性。

5.缺乏完备的监督制度

未制定专门监管政策制度,政府发布的有关实施意见,并未对社区居家养老机构监管主体进行界定,亦无对责任部门和社区居家养老机构工作不到位的惩处措施,是监管主体不明确的主要原因。有关部门未针对日常监管制定相关的标准和依据,促使监管行为规范化,从而使得政府对社区居家养老服务中心监管力度不足。

由于配套监管制度缺失,监管实施细则没有明确到位,社区居家养老服务在工作管理、制度构建、服务标准等方面缺乏相关的行为规范、监管标准作为实施依据。监管主体缺乏统筹监管组织能力,只是让各服务主体自行管理与监督,难以实现监管目标。

二、国外与国内其他地区政府推动社区居家养老服务的经验借鉴

国外一些发达国家很早就步入了人口老龄化阶段,各国政府在老龄化程度不断加深中进行了社区居家养老服务事业的探索与实践,并取得了显著成就。本文参考了德国、英国、瑞士等国家社区居家养老服务模式,从这些模式中进行概括、总结,归纳出适用的经验。

(一)国外政府推动社区居家养老服务概况

1. 德国:构建完善的社区居家养老服务设施体系

养老制度最早形成于德国社会,历经上百年的演变,该国家已构建了较为健全的、人性化的养老服务设施体系。随着德国社会老龄化逐步明显,面对不同身体状况老年人的多样化需求,德国增加了包括住宅、老年公寓、家庭居住、养老机构等各类居住环境。在社区养老活动方面,大致存在三种设施:其一,广受老年人喜爱的设施,如教堂;其二,社区内公共区域活动设施;其三,老年居住建筑附属室内室外的活动设施。它们呈现出以下特点,即安全、全年龄段适用、满足不同自理程度老人的活动和心理需求,并且与完善的社区设施相融合。在社区养老护理设施方面,存在着两类服务模式:其一,脱离原生家庭,入住社区养老机构获得服务;其二,居家接受上门护理。德国的社区居家养老医疗设施多样化,在不同城市中遍布于各个社区,医疗设施种类烦杂,医疗服务具有较强的可选性。

2. 英国:建立完善的制度保障体系

英国于1950年首次构建了社区照顾养老模式。1989年,英国政府出台了多项法律政策,从法制层面对社区养老服务的功能与运作方式进行了规范,这也标志着养老服务正在向社区化养老照顾模式方向发展。在历经多年的发展之后,国家围绕社区化养老照顾构建了集政策、运行、监管为一体的综合型服务体系。1999年,以老人为主体的长期照护体制被单独讨论。2000年,英国政府又通过法律的形式对照护服务质量标准进行了规范,同时设立国家社会服务标准监督委员会作为监管主体,以保障服务质量满足相关标准并督促整体服务质量的提升。2001年,英国政府出台了《老年人全国性服务架构》,其目的是针对医疗卫生及照护服务质量标准建立强制性约束,以促使不同地区、不同服务机构所提供的服务具有同等质量水平。自21世纪起,整个社会逐渐朝着医疗和照护相融合的整合阶段发展,不仅能够降低财政支出缓解压力,同时也让老年人生活水平得到进一步提升。

3. 瑞士:打造完善的社区居家养老医疗服务体系

瑞士的养老医疗服务体系以其完善性而得到全球赞誉,其养老医疗服务体系包括三大支柱:一是养老基本保险;二是企业职工养老保障金;三是个人商业保险。瑞士养老医疗服务体系的特征集中在三个方面:第一,项目覆盖广泛、具有较高的丰富度;第二,各个组成部分互为接济,具有多样化结构;第三,配套法律具有较高的完善度,机构组织配置科学合理,福利保障及时到位。

在社区居家养老医疗服务开展过程中,完善的养老基本保险制度发挥了基础保障作用,是整个养老医疗体系正常运作的根基,所有参与养老医疗服务体系的成员均可享有最基本保障,对广大老年群体而言,职工养老保障金和个人商业保险是医疗服务的重要经济基础,老年群体可以根据自身需求选择相应的养老机构及方式,具有较大的选择空间和余地。

(二)国内其他地区政府推动社区居家养老服务概况

1.南京市鼓楼区:建设社区居家养老服务网工程

南京市鼓楼区于2003年11月起启动了"居家养老服务网"工程的建设,基于该项目,不只是洗衣做饭、日常卫生、外出采购,在精神关怀、健康理疗等方面,当地陷入生活困境的孤寡老人都能够享受到来自政府的帮助。历经多年发展,鼓楼区大大小小的社区都设立了专门的服务中心,以自身实力为出发点,积极整合社区资源,共同构建方便快捷、全面覆盖的服务体系,设置不同的有偿和无偿服务项目,老年人可结合自己的经济能力及个人偏好选择相应项目,使服务更加人性化、精准化。从具体实践来看,当地政府出资40万元,获得近千平方米房屋10年的使用权,并将其转交自发性公益组织心贴心服务中心免费使用。该组织设有养老服务人才培训机构,为社区及社会输送了大量养老服务专业人员,并且为社区服务站提供咨询与指导服务,对服务站工作内容及质量的改进有着极大的帮助。

2.徐州市鼓楼区:加强医养融合建设

近年来,徐州市鼓楼区结合全省高质量发展目标,积极响应政策落实,推动医养一体的社区居家养老服务体系建设,切实提高入住老年人的健康医疗和护理水平。下发《关于进一步推进医养融合发展的意见》,强化养老机构与医疗机构合作,鼓励养老机构从老年人实际需求出发,增设医疗服务和护理康复功能,大力推进医养融合。积极推进医疗卫生和康复护理服务与社区养老服务相结合,支持有条件的居家养老服务中心内设医疗机构,符合条件的纳入医保定点范围;要求社区卫生服务机构对其街道所辖居家社区养老服务站,给予基本卫生服务保障,为老年人建立健康档案,广泛开展精神慰藉、健康检查、保健咨询、上门巡诊等服务。

3.兰州市城关区:鼓励企业和社会组织加入社区居家养老服务中

该地区于2009年9月开始执行社区居家养老制度,同年年底,在当地政府的支持下,区民政局开办了一个专项机构,该机构被当地称为"虚拟养老院"。起初,该机构的服务项目主要围绕那些生活陷入极度困境、丧失生活能力以及对社会有着较大贡献的老年人而开展,随着项目的推进,其他老年人也被纳入了服务对象范畴。随后,城关区围绕社区居家养老服务制度不断进行优化调整,并将服务范围扩大到街道和社区,以街道、社区为中心将已有资源整合起来,成立多种形式的服务机构、服务中心、服务平台。基于与市场、社会合作的角度,政府通过多项优惠政策及购买服务的相关措施实施,积极引导社会资本流向社区居家养老服务行业,培育本辖区养老服务市场。纳入的企业多为从事餐饮、家政服务、盈利性医疗服务以及物业管理等行业的企业,在政府的带动下,积极调配社会资源,为养老服务提供支持。

(三) 经验借鉴

通过对已有的社区居家养老成功经验进行深入研究、分析发现,在该领域的研究及相关项目的建设,我国的起步时间晚于国外,但也正是因为后来发展,也更具借鉴优势。

1.建立健全相关制度和实施细则

建立健全相关制度和实施细则,是养老服务长足发展的重要保障。通过分析英国养老服务体系能够发现,该国已经建立了较为成熟的法律框架与标准规范体系。围绕老年人健康与养老需求,英国政府先后推出了多项法律法规,其代表有《国民健康服务法》《国家老年服务框架》等,另外还对服务质量进行政策性规范,代表文件有《国家黄金标准框架》。这些法律法规以及标准规范,从细节层面对养老机构的成立、服务内容的设置、服务质量的评价等进行了全方位的解释与规定,从制度层面确保了英国养老服务体系的成熟发展。①

2.丰富完善服务设施配套建设

改进养老服务设施,是提升老年群体服务质量的最直接途径。对西方发达国家以及我国部分发展状况较佳的地区而言,社区居家养老服务已拥有相对健全的基础设施,在设施建设方面,应以便捷实用为核心原则,在获知老年人实际需求的基础上,对现有设施进行改造升级,尽可能让老年人过得更加舒适。同时还要结合老年人的身心特征,通过优化设施持续维护,提高社会效益。②

3.积极调动社会力量参与服务主体

养老服务的发展离不开社会力量的支持。不仅政府参与,还需要社会公益组织、企业、社区、家庭、专业护理人员、志愿者等多方力量的共同参与。志愿者的数量规模庞大,是社会养老服务的重要提供者,这类群体的参与能够大幅度降低社区养老成本,改善其运行效率。所以,政府应通过政策以及其他宣传措施,鼓励各类社会力量参与到社区养老服务建设与发展中来,从而组成一个共同体以对抗人口老龄化给社会带来的负面冲击及风险,与政府单一渠道的供给形成互补,构建多元

---

① 王莉莉,吴子攀.英国社会养老服务建设与管理的经验与借鉴[J].老龄科学研究,2014,2(07):61-70.

② 黄少宽.国外城市社区居家养老服务的特点[J].城市问题,2013(08):83-88.

化的社区居家养老服务供给,最大限度地满足养老需求。

4.提升配套医疗服务水平

改善医疗服务质量,是优化社区居家养老医疗服务内涵质量的重要措施,有利于实现地区养老服务可持续发展。政府应以优化医疗配置,升级医疗服务和服务质量为依托,贴近地区实际,以切实满足老年人需要和期盼为目标,积极打造涵盖医疗护理和综合诊断、医疗人员专业化的社区医疗服务格局。政府要积极建立社区居家养老服务中心和大型医院之间的衔接,协调建立第三方服务载体,改善医疗服务的外部环境。

三、完善旅顺口区政府推动社区居家养老服务的对策

旅顺口区整体的社区居家养老服务体系建设只是刚刚起步,还处于初级阶段,针对当前社区居家养老服务存在的一些问题,应当采取如下措施予以解决。

(一) 强化整体规划及保障能力

政府的整体规划落实和保障能力,对引导区域内社区居家养老服务的开展十分重要,这也是当地养老产业大发展的先决条件和保证。通过对国内外相关的实践经验总结也可以得出,完善的制度体系保障,科学合理的规划,健全的实施制度和细则,是保证社区居家养老服务体系良好运行必不可少的支撑条件。

1.对社区居家养老服务体系建设进行科学的规划

地方政府应根据当地经济状况及老年人实际需要,制定出适合当地养老发展情况的实施办法,使国家出台的养老大政方针更具可操作性和针对性。应该在全国老年人权益和老年社区大的建设框架下,结合省、市工作精神,对全区社区居家养老服务发展做出长期规划。

"十四五"时期,旅顺口区政府制定了当地经济和社会发展规划纲要。以规划为引领,2020年在《旅顺口区招商引资产业规划意见》2.0版中,明确以招商引资的针对性和指向性厚植高质量产业发展。旅顺口区应结合区情,将社区居家养老服务作为老龄社会新的经济增长点,列入增加内需、促进可持续发展的经济发展规划。明确制定促进产业成长、创造公平竞争环境、引导社会资本投资方向等方面的

细分养老服务产业规划,为社区居家养老产业长足发展做好前提保证。①

2.建立健全实施细则与配套方案

由于各地区经济发展不平衡,地方养老条件存在较大差异性,这就需要地方政府从细微角度出发,因地制宜地制定更为详细、实用的政策与措施,以此加强和规范社区居家养老服务的发展。

旅顺口区政府应推动以公平竞争市场条件下高质量发展为前提,以高效规范的营商环境、公平竞争的市场规则激发养老服务企业创新、参与为目标的社区居家养老服务建设,从宏观角度看,围绕社区居家养老服务发展,设计并实施相关支持政策,如针对社区服务场所制定房屋、土地等资源使用相关的优惠政策;政府通过财政拨款向社区居家养老服务项目建设注资;针对养老服务收费项目实施税费减免政策;优化调整社区居家养老相关的管理制度与规章等。

3.完善服务评估和监督体系

健全相应监督评估体系,将工作落到实处,对于改善社区居家养老服务质量与效率而言具有重大意义。政府监管力量还比较薄弱,放权与监管并重的服务管理体系尚未形成。一方面,旅顺口区政府应充分履行公共管理职能,建立可操作性强、专业化高的评估制度。在具体实施时,要对每一项业务的评估指标进行逐级细化。另一方面,引导社会舆论与宣传,加大监督平台和投诉渠道建设。让监管和投诉更便民化、多元化,以此确保社区居家养老服务能够达到预期的效果,并实现服务模式的不断优化升级,与此同时,第三方评估和监督机构还可介入。

(二)把握社区居家养老服务发展方向

在老年人实际需求与服务资源供给之间建立良好的交流渠道,为他们提供精准化、个性化、专业化服务,是老年人生活水平不断改善、社区居家养老服务高质量发展的必经之路。

1.推动社区居家养老服务专业化

政府大力推动社区居家养老服务专业化发展,即构建社区居家养老服务主体多元化、服务方式多样化、服务队伍专业化,是对传统家庭养老模式的补充和更新,是发展社区居家养老服务的一个重要方面,同样是升级养老服务观念、改进养老服务方式、解决众多老年人养老服务问题的重要方式。

要想实现社区居家养老服务专业化发展,首先,要对相关从业人员职业观念、

---

① 张思锋.中国养老服务体系建设中的政府行为与市场机制[J].社会保障评论,2021,5(01):129-145.

职业态度、职业技能、职业纪律和职业作风提出很高的要求。旅顺口区政府要加强对社区居家养老服务人才队伍的建设,构建合理的薪酬增长机制和福利待遇体系。首先,有效地保证从业人员的劳动报酬、休息休假、社会保障及其他权益的落实,提高对养老服务工作者专业技能的培训强度,确保上岗人员均已通过考核并获得相应证书,从整体角度提高养老工作人员综合素质。其次,在具体的服务工作方面应当明确工作统筹协调部门的统一规划、统一部署和分工协作,实行专业化管理运作。

2.探索社区居家养老服务智能化

2015年以来,"智慧养老"战略稳中有进,构建以老年人、养老机构、社区为核心的物联化信息平台,依托网络技术打造智能化居家养老服务中心已成为全新的发展趋势。

加快建立旅顺口区老年群体信息库,加强系统网络智能建设,需要建立在良好的信息产业发展与经济运行基础之上。加快社区居家养老信息网络建设,为政府进一步开展人口老龄化战略提供科学的信息决策。搭设居家养老服务信息平台、应急救援服务平台、老年人居家呼叫服务平台,同时要满足事务代办、紧急服务、费用代缴、家政预约和咨询服务等老年人需求服务项目的必然要求。因此,旅顺口区政府应尽快着手建立老年群体信息库,为社区居家养老发展规划奠定基础。

3.提升社区居家养老服务精细化水平

要从精细化的层面优化旅顺口区社区居家养老服务,当地政府应当不断吸引更多社会力量的关注与投入,强化与其他服务主体间的协同功能,同时要不断推进智能化社区居家养老服务体系发展,依靠技术手段的创新来强化各主体间的信息对称性,通过合理细分市场价格机制,不断调整和优化养老服务资源分配①。

一是完善基础设施配备。完善的活动设施、养老设施和居住设施建设是推动老年群体服务精细化的关键。二是提升专业化队伍素质。用专业的人才解决专业的问题,实现照护精细化。三是积极打造信息化平台。借助大数据、人工智能等现代化信息技术,构建具有录入、维护、计算、查询等功能的信息中心,基于老年人的年龄、个性化服务要求等基本属性,针对各个老年人制定专项服务清单,或由其亲属录入所需的全部服务内容与要求,精准匹配服务人员,实现需求精细化。

(三)激发多元主体积极参与社区居家养老服务建设

福利多元主义理论认为政府并非社会福利的唯一供给者,同时也应包括家庭、

---

① 朱浩.社区居家养老服务精细化的指标评价及实现机制——以杭州市为例[J].江苏大学学报(社会科学版),2019,21(05):77-85.

市场和志愿者等。当前政府对社区居家养老服务担负着首要的职责,对社会力量介入养老服务事业有一定的影响,对此,旅顺口区政府要采取切实有效的措施,激励多元主体共同参与到养老服务中来。

1. 加强政府主导和引导作用

从根本上看,社区居家养老服务具有服务特征和保障目的,在助力本地区社区居家养老服务发展过程中,政府应起到带头和引导作用,不管是政策与制度的建立,还是财、物、人等资源的供给,都应当无所保留地支持。

旅顺口区政府在发展社区居家养老方面应明确责任,一是发挥主导功能。从政策制定、明确社区居家发展方向等方面入手,把握发起与倡导角色,同时充分调动财力、物力、人力发展社区居家养老服务。二是要重视自身引导作用。处理好与社区、家庭和市场的关系,政府应当下放一定的资金权和管理权,放权社区统一规划各主体的责任承担与参与关系,从整体角度负责对社区养老服务事项的管理,自主开展各类活动;明晰政府在社区居家养老服务中的定位,逐步将角色转换为社会福利的推动者、提供者和监管者。

2. 充分构建家庭与社区居家养老服务的沟通衔接

养老服务中的"最后一公里",需要家庭的直接参与,发挥好家庭角色,政府要全面搭建家庭和社区居家养老服务沟通衔接的桥梁。

应全力保障家庭照顾者支持政策。根据中华人民共和国第七次全国人口普查结果,旅顺口区常住人口为 355 427 人,其中 60 岁以上人口占比 24.65%,青壮年约占比 50%,家庭照护作为养老服务的"最后一公里",保障家庭照护者权益至关重要。一是政府要保障带薪休假制度落实,减轻家庭养老负担,对于失能老人和半失能老人,鼓励家庭照顾者精准对接社区居家养老服务需求;二是制定免费培训照护知识等政策制度,支持社区居家养老服务中心为家庭照顾者提供养老知识培训,宣传普及社区居家养老服务内容;三是以教育引导和强制性要求相结合,完善老年人维权机制。

3. 给予多元主体优惠政策支持

单一的供给结构与多层次的老年人需求结构不相匹配,全面支持社区居家养老服务发展,并建立各主体间共同协作关系,使其相互借鉴、互相补充,不仅可行,而且是必要的。

旅顺口区社区居家养老服务的资金绝大部分由政府提供,政府单方面地向社区居家养老服务输入资金难以维系其长期发展,这就要求政府、社会组织、社区、家庭及个体等众多主体的共同参与,主体之间协调与配合,各司其职,发挥优势,才能实现多元共治有序、高效地运行,促进社区居家养老长远发展。政府不仅要加强优惠政策制定,切实给予激励多元主体参与的政策支持,更要保证争取政策落实到位、补贴到位、费用减免到位。

(四)坚持完善服务供给

政府应该以主导者的角色,从多方入手,整合资源,切实保障社区居家养老服务建设。在不断完善服务供给的过程当中,完善的硬件设施是基础,制度细则落地落实是保障,稳定可靠的资金来源是前提。

1.布局老年群体活动区域

完善的社区养老服务机构,需要以稳定、健康的养老模式为支撑,还要有完善的硬件设施。这些硬件设施在养老工作中担负着医疗保健、知识宣传、疾病预防、运动康复等重要作用,设施是否完善,可对社区居家养老服务效果产生直接影响。科学布局老年群体活动区域,有效利用服务设施,加大财政对于社区养老基础设施建设的投入十分必要。

旅顺口区下辖9个街道23个社区,其中14个社区在老城区,也是社区居家养老服务机构集中之地。旅顺口区政府在完善服务设施配套过程中,应争取不断打造老旧小区适老环境,增设轮椅出入通道、老年扶手等设施,最大限度地为老年聚居的社区养老提供良好环境,持续改进社区生活、文化相关的基础设施条件。

2.确保出台的政策落地落实

政策设计的合理性以及政策执行力度,在很大程度上决定着政策目的的可达成性。旅顺口区政府在设计政策内容时,应重视调研,重视基础数据,考虑到它的实用性及长远性,既要对地方发展实践进行充分调研,主动向老年人等多元主体征求意见,还需要多方借鉴南京等城市社区居家养老服务开发的成功经验,政策颁布之后,及时对执行的情况进行追踪与反馈。

进一步强化政府政策落地力度。一是设立监督机构,形成长效工作机制,确保政策落地,并进行定期评估,提高群众的知晓度和认可度,提升其获得感。二是在政府机构改革的过程中,保证机构变动和职能划转的有效衔接,保持政策的连续性。三是统筹考虑全区整体养老服务水平,确保政策落地的可行性。

3.努力拓展服务建设资金来源

持续、稳定的资金供给,是促进社区居家养老服务高效发展的有力保障。纵观国外发展历程,社区养老服务的茁壮成长需要国家及社会力量的不断支持,为社区养老输入充足的资金。应拓展养老资金渠道,形成多元化、多渠道投资的发展道路。应当建立以社会融资为主、政府注资为辅的多元化、全方位的融资模式。旅顺口区人民政府应坚持加大宣传力度,提高宣传成效,吸引社会对养老事业给予更多关注,欢迎社会组织、企业、个人在人、财、物等方面给予社会养老机构进行以支持。

(五)推动老年服务专业人才队伍建设

1. 建立科学合理的人才培养路径

旅顺口区政府应建立和完善专业性服务人才培养路径,确定培养目标和培养计划。社区居家养老的医护服务,对专业性护理人员的需求巨大,因此要从根源上解决。

除在高等学校、专职院校设置养老服务学科,开展专项教育,为社会输出专业人才外,还可引入非营利组织等开展社会公共教育培训,以开办辅导班、培训班等方式,加强医疗护理相关专业知识的学习。在加大培训力度、加强人才培养外,积极改善接收条件,减少人才外流或转业。此外,还应鼓励专业人才培训机构开设相应的课程培训,激发社会人员对有关医疗护理知识的认识和研究,增强国民健康意识,同时,给希望从事这一职业的社会人员以进入渠道。

2. 设立专门机构提供专业化岗位

为保证培养人才学以致用,实现培养效果与社会实际需求能够无缝对接,在条件允许的情况下,政府应积极协调设置各类专业化岗位机构,鼓励专业院校与企业、提供社区居家养老服务的街道社区等建立深度合作。通过加强与业内的沟通交流,深入了解市场对人才需求的各项标准与定位,打通学生实习、就业通道,形成人才培养与输出的闭环管理,让学生在实践中熟悉专业、认可行业,毕业后可快速投入工作。政府还应积极打造专业的志愿者团队;同时从老年人社区居家养老现实需求出发,建立综合型人才培养和储备机构。对于人才的培养,应基于发展方向的不同,重点加强功能与服务的培训与改进。

3. 引导提升养老服务人员薪酬待遇

行业的发展需要自身增加利润,提高薪资待遇,吸引高素质人才。提升养老服务人才的薪酬待遇与从业门槛对留住专业照护人才至关重要。旅顺口区政府需要进一步强化从业人员转入资格,在开展工资指导的同时,应充分考虑养老服务属于微利行业,具有一定的公益性,第一,可采取岗位津贴、财政补贴等措施,减轻养老机构的用人压力,以及适当提升养老服务专业人才薪酬待遇等;第二,强化政府对其引导作用,尝试采用养老服务专业人才报酬政府补贴制度,提高养老人员的工资水平;第三,根据老年人的实际需要,通过设置专业化岗位差异化服务,也可以实现专业人员工资分层。

大连市长海县政府林地保护研究

刘美慧

（学号：112020338）

  林地是森林赖以生存和发展的根基，是生态文明和美丽中国建设的重要基础。加强林地保护，加强生态环境保护，创造更舒适的生产生活条件和更和谐优美的自然环境，才能全面协调推进"五位一体"发展格局。但是，由于林地管理体系不健全，林地保护工作存在较多问题，严重影响了林业生态化现代建设。本文通过研究长海县政府对林地保护举措，分析其存在的问题；结合国外以及国内发达地区对于林地保护所采取的措施，总结诸多经验，建议长海县政府通过对这些经验适当的引进吸收并将其运用到长海县政府林地保护工作中，为长海县政府林地保护工作提出合理的建议。

一、长海县林地保护现状分析

  长海县地处辽东半岛东侧，黄海北部海域，是中国唯一的海岛边境县。全县由195个岛、坨、礁组成，陆域面积为142.04平方千米，海域面积为10 324平方千米。在长海县"十三五"林地保护利用规划中，全县土地总面积为142.04平方千米，林地面积为67.4平方千米，森林面积为64.3平方千米，森林覆盖率为44.43%，林木绿化率为51.53%。

(一) 长海县林地保护措施

长海县县级林业主管部门为长海县自然资源局,加挂长海县规划局、长海县林业局、长海县自然资源行政执法队牌子,负责全县林业工作,下设长海县自然资源事务服务中心,负责全县林业事务性工作。长海县一共有5个镇,各镇政府内设林业站,与县林业主管部门衔接,负责各镇林业工作。为适应中国共产党第十五次全国代表大会以来对林业工作的新形势、新任务和新要求,长海县政府从森林生态系统修复、严格限制资源使用、森林防火队伍建设、野生动物保护等方面着手,加强林地保护。

1. 森林生态系统修复
(1) 国土绿化

县委县政府始终把国土绿化作为美丽大连建设的重要支撑,高位推动,按照全民共建、全域推进、全城统筹的思路,实施全方位、大规模、高质量国土绿化行动。其主要工作包括:一是做好宜居乡村绿化美化工作,选择适宜苗木,乔、灌、花、草科学配置,采用立体绿化的方式,对各宜居乡村进行全方位绿化美化。二是做好荒山空地的造林补植工作。"四旁"空地以美化为主,突出整体效果,以提升整体生态环境水平。三是做好造林绿化工程的管护等工作。

(2) 林木采伐

长海县林木采伐工作主要分为灾害卫生抚育和综合抚育。长海县灾害卫生抚育针对的是松材线虫病疫木除治,通过前期普查,对感染松材线虫病的病死树、枯死树、濒死树进行伐除、清运、伐桩处理、疫木粉碎、掩埋等,防止疫情蔓延,保证森林资源安全。综合抚育是通过透光抚育、修枝、清杂、割灌等手段,使现有林木分布均匀、林相整齐、郁闭度合理,林分生长环境良好,从而更好地发挥森林生态效益、社会效益和经济效益。长海县政府通过清除林内杂草、灌木、藤本植物,伐除病腐木、枯立木、被压木、霸王树等,减少林木的无益竞争,使林分通透性提高、树种结构、林木密度趋于合理,充分改善林分生长环境。

(3) 林业有害生物防治

长海县是松材线虫病的疫区。2017年,松材线虫病疫情自长海县大长山哈仙岛、广鹿岛柳条村、獐子岛沙包社区、海洋岛盐场村发生以来,长海县政府在财力比较紧张的情况下,积极加大投入,组建专业防治队伍,及时购置和补充防治机械、药品,加强对松材线虫病的检疫、监测、疫木除治和飞防等工作,防止疫情传播扩散。坚持预防为主、积极消灭的防治方针,加强监督,落实责任,较好地完成了预定的各项任务指标。同时加大了宣传工作力度,县、镇政府在每年春季开展宣传活动,通过电视、媒体、宣传车等形式广泛宣传。发动护林员、居民组长走街串巷、深入居民家中加大宣传力度。不断提高广大群众的生态意识和森林保护意识,极大激发了人们的防治积极性。

2.严格限制资源使用

按照生态优先、保护优先、守土有责、守土尽责的原则,实行最严格的森林资源保护措施,将森林资源不断向好的态势转化为高质量发展的效能。严格执行《长海县林地保护利用规划(2010—2020)》《长海县青山保护规划(2016—2020)》,不断加强森林资源管理。

严格落实林地用途管制制度,严格控制林地转为建设用地。严格林木采伐限额管理,科学控制森林采伐量。"十三五"期间长海县年森林采伐限额361.40万立方米,共使用11.38万立方米。开展森林督查及森林资源管理"一张图"年度更新工作,初步形成覆盖全县、分级负责、上下联动、齐抓共管的常态化森林资源监管机制。

3.森林防火队伍建设

近年来,随着林业生态建设工作力度的不断加大和林业资源管护工作的不断加强,长海县林分生长状况得到明显改善,林内枯枝落叶、地被植物丰富,可燃物增多,加之林中军事设施较多、部分地区仍保持土葬习俗等情况复杂,森林防火形势日趋严峻,一旦发生森林火灾,消防车辆、人员和扑救装备及物资难以及时到达火灾现场,不但威胁到森林资源和人民生命财产安全,而且危及边防军事设施安全。

为有效保护森林资源,进一步做好森林火灾的预警、扑救等工作,长海县政府建设了5支人员编制100人的专业森林消防队。购置消防车辆20余台,随时处置各类林火事件。充分利用微信等新兴媒体,广泛开展森林防火宣传,全面提高居民森林保护和科学用火意识。县政府通过周密部署,统筹安排,广泛宣传,严控火源,进一步细化工作安排,层层落实责任,并强化督导检查,落实各项森林火灾防控措施,切实做好森林防火各项工作。

4.野生动物保护

长海县的陆生野生动物保护工作以中国黄(渤)海候鸟栖息地(第二期)保护和申报世界自然遗产工作为引擎,多次邀请国家申遗团队赴长海县对候鸟栖息地开展科考,对提名地进行底栖生物和植物取样调查,编制长山群岛候鸟栖息地申遗文本和管理规划。对广鹿岛、矾砣子岛黄嘴白鹭等野生动物重点繁育区和栖息地进行24小时不间断巡查和保护,修复矾砣子鸟岛黄嘴白鹭栖息地的侵入报警和视频监控系统,实时监测岛上鸟类活动状况。加强打击破坏鸟类资源的违法犯罪行为,确保候鸟过境迁徙、繁衍和陆生野生动物整体安全。开展"爱鸟周""小手拉大手"申遗知识进校园等宣传活动,对长海县重点保护野生鸟类分布情况和长山群岛候鸟栖息地申遗工作进行重点宣传,倡导社会群体保护野生动植物和野生动物栖息地。

(二)长海县林地保护成效

通过长海县政府长期以来在林地保护工作上的投入和努力,长海县的林地保护工作取得了一系列的成效,森林资源质量和生态价值都有了显著的提升。

1.森林资源数量保持稳定

在2016年以前,长海县林地资源情况一直以《长海县"十三五"林地保护利用规划》中的数据为准。自2016年起,国家林业和草原局开展林地年度变更调查工作,每年度对上一年度发生变化的林地自然属性进行变更,逐步推行建设项目占用林地、采伐、造林等森林资源档案的电子化管理,建立以林地"一张图"为基础的森林资源档案管理平台,实时记录林地变化情况。根据2016年之后每年度的变更调查成果显示(表1),2016年之后每年林地资源状况变化微小,趋于平稳。

表1 2016年林地变更调查成果

地类	合计	有林地	疏林地	苗圃地	无立木林地	宜林地
面积(公顷)	6 700.86	5 973.55	11.98	10.82	464.35	240.16
占比	100%	89.15%	0.18%	0.16%	6.93%	3.58%

2.森林资源质量明显提高

通过各类森林生态修复工程的实施,长海县森林资源质量得到明显提高。在林业有害生物防治方面,防治后有虫株率控制在0.3%以下,成灾率控制在10‰以下,松材线虫病疫点由最初的4个镇减少为2021年的1个镇,发生面积从约3平方千米减少到1.3平方千米,呈逐年下降趋势,无公害防治率达到100%。在森林防火方面,长海县各级政府以"绿水青山就是金山银山"的政治观念为红线,以"以人为本、安全第一、预防为主、控扑结合"为中心,针对森林防火的严峻形势,加强领导、精心组织、周密部署,狠抓宣传、专业消防队建设和物资装备等各项森林防火工作,认真落实各项防范措施,取得了较好的工作成效。防火期内,全县森林火灾受灾率小于0.9‰,无重特大森林火灾和人员伤亡事故发生,圆满地完成了上级下达的工作任务。在造林抚育方面,长海县每年投资营造林500万元左右,每年植树5万株左右,组织全民义务植树1万株左右,进一步提高了长海县生态环境水平,并有效地改善了全县农村人居环境,海岛的森林景观不断提升,森林的三大效益已日益显现。

3.破坏森林资源行为得到遏制

为做好林业行政执法工作,长海县自然资源事务服务中心开展国家森林督察、打击毁林等专项行动,全面清查违法破坏森林资源行为,坚持依法查处,立行立改,及时恢复植被。严格执行《长海县自然资源局行政执法三项制度建设工作方案》和《长海县自然资源局行政执法三项制度》,并出台了《长海县自然资源行政执行案件"裁执分离"工作实施办法(试行)》。聘请专职律师作为自然资源局法律顾问,对行政执法决定和重大事项进行审核把关,充分发挥法律顾问在推进依法行政、建设法治政府中的积极作用。执法案卷标准规范,向社会公开违法行为监督举报方式,畅通举报渠道。不断提高执法人员的综合素质,规范执法人员的行为;加大依法治林力度,组织开展林地专项整治活动,严厉打击毁林开荒、非法占地行为,有效地保护林地资源。

(三)长海县林地保护存在的问题

总结近几年长海县政府在林地保护工作上的实际情况,长海县还存在林地监管体系不健全、林地供给日渐失衡、林地资源双重管理、基层队伍建设薄弱等问题。

1. 林地监管体系不健全

长海县经济发展以水产养殖为主,长年来,渔民养殖发展自由野蛮,缺乏政府的统一规束。在长海县的实践中,许多单位和个人在申请了临时用地后,在两年期满后仍继续使用森林资源,完全没有将森林资源还回去的意思。有些单位或个人,尽管不再从事生产活动,也不再使用森林资源,但是他们修建的房屋、修筑的公路等仍保留在森林资源中。更加严重的是,有些单位或个人在没有任何林地占用手续的情况下,就直接使用了林地,尽管有关部门会对他们进行行政处罚或刑事追究,但是在罚款或刑事处罚过后,当事人还是会继续占用林地。对于这种情形,有关部门也是无可奈何,法律并没有明文规定的"二次处罚"。

2. 林地供给日渐失衡

我们的政府是一种"经济人",是一种以自身利益最大化为目的的"理性人"。为了确保正常运转,为了达到 GDP 指标和政绩,在财政紧张的时候,政府不得不大力开发土地财政,进行大规模的开发和建设。长海县近几年的绿化面积一直在扩大,但大多是在公路、水沟、水渠、民房等附近种植,并没有在荒山上种植,所以并没有太大的森林覆盖率。因此,由于得不到新的森林资源的补充,长海县的森林面积一天比一天小。另外,森林部的经费都是从国家财政里拿出来的,这也是为什么森林部在经营森林的时候,会受到政府的约束。由于土地资源有限,难以满足用地需求,此时,有关政府部门就会对林业部门施压,要求他们优先使用林地转建设用地指标。

3. 林地资源双重管理

(1)林业与土地部门征地审批程序不同

2016年,辽宁省林业厅下发了《关于林地审核手续作为省政府批准批次用地前置要件的通知》,根据文件要求,批次用地报省政府农用地转用和土地征收时,涉及林地的,要先行办理林地审核手续,把林地审核手续作为省政府批准批次用地额前置要件。而在此之前,土地部门办理征地手续,无须征求林业部门意见,不需要办理林地审核手续,林业部门的林地审批职能毫无用武之地。

(2)林业与土地部门对基础资源地类划分不同

之前,长海县国土资源与城乡建设局管理全县土地,按照自然资源部的要求标准划分土地地类,长海县农林水务局管理全县林地,按照国家林业和草原局的要求标准划分林地地类。两者分类标准不统一,林地与耕地、草地等地类界限不清,导致管理范围交叉,而且土地部门的话语权大于林业部门,林业部门在林地保护管理中颇被掣肘。2019年机构改革后,长海县国土资源与城乡规划建设局与长海县农林水利局合并为长海县自然资源局,工作的沟通协调性大幅度提高,但是两个部门仍在使用各自的资源数据。2021年,根据自然资源部有关部署,将两个部门分别掌握的资源数据进行对接融合,统一地类标准,并在此基础上编制新一轮林地保护利用规划,但根据目前的工作要求来看,对接融合仍是以土地部门的资源数据为底图,融合后的数据与林草部门原先掌握的资源数据存在大量冲突矛盾,比如林地界线发生巨大变化、林地权属发生改变等,对林地管理工作提出了新的挑战。

4.基层队伍建设薄弱

长海县无独立林业站或加挂林业站牌情况。县林业主管部门为县自然资源局,林业岗位编制3人,负责全县林业行政工作;另设立县下属自然资源事务服务中心,林业岗位编制4人,负责全县林业事务工作。5个镇在编林业工作人员共5人,雇员2人,各镇政府内设涉林综合部门,如生态环保办、涉农服务办等,由专人负责林业工作,同时兼职农水牧渔等众多职责。林业行政执法队伍也存在相同的问题。在2019年机构改革前,长海县农林水务局下属的长海县农林水行政执法大队负责林业行政执法工作,在编人员2人,返岗人员3人,同时负责农业、林业和水务三项行政执法工作。2019年改革后,林业行政执法职责归并到海县自然资源局下属的长海县自然资源事务服务中心,同时负责林业、土地、海洋三项行政执法工作,人手严重不足,工作任务繁重。

(四)存在问题的原因分析

林地保护政策在落地实施的过程中出现问题存在一定的必然性,从顶层设计到规划体系,从客观条件限制到执行人员的主观理解都会影响政策的实施和效果。

1.缺少长效管理机制和规划

按照中央提出的"生态文明"的总体要求,森林资源的保护和管理工作得到了很大的改善。但是,为了追求短期的经济发展效益,对县级林地保护利用规划的规定视而不见,对林地保护等级任意调整,将高保护等级等林地调整为低保护等级林地,这对规划的权威性和管理性造成了很大的影响。而且,长海县"十三五"林地保护利用规划的规划期是2016年至2020年,现已过期。2021年根据国家林草局要求开启新一轮规划林地保护利用规划编制工作,新一轮的规划期是2021年至2025年。目前,国家的林保规划编制工作尚在前期准备阶段,大纲内容仍未定,长海县的林地保护工作处于没有具体规划的过渡期。

2.地理区位受限

长海县是个海岛县,在陆域总面积中,林地面积相对较大,其他地类面积相对较少,而林地分布分散、不集中,生产企业、机关事业单位、居民住宅、驻岛部队等均坐落其中,非常不便于管理。随着海岛经济的快速发展和各项社会事业建设的加快,特别是大连长山群岛旅游度假区和长山群岛海洋生态经济区的目标定位和快速推进,项目用地与林地的矛盾依然突出,一定程度上制约了海岛经济和社会事业的发展,不利于林地的管理、建设和长远发展。

3.产业优势不明显

(1)产业链尚未形成。在长海县,防护林的比例达到了93.9%,它的生态效益很好,对提高森林覆盖率有很大的作用,但是,防护林的经济效益很低。此外,长海县没有林下经济,所有的商品林都是果园,产业还不成熟,还没有形成一个完整的产业链。

(2)相对效益并不显著。在我国废除农业税的背景下,各类农业补贴也随之而来。退耕还林只有在符合国家标准的情况下才能获得,而且补助标准仅为每亩200元,同一块土地种树与种庄稼对承包户而言效益明显不同。

(3)征地、占地的费用相对低廉。在征收或占用林地时,需要支付林地补偿和植被恢复等费用。前者是根据土地征收情况适当调整的,而后者是一种专门用于森林恢复的费用,从2002年起一直未调整,费用偏低。

二、国外与国内其他地区经验借鉴

国外林地保护工作开展较早,开创了很多概念和思路,国内林地保护发展进程与国外情况有一定相似之处,近些年来国内一些先进地区在林地保护工作上也进行了积极的探索,这都为进一步完善林地保护管理制度提供了借鉴。

(一) 国外政府治理经验

德国作为世界林业发展的先驱,首先通过立法确立了政府在林地保护上的相关职能。澳大利亚利用联邦政府减排基金的碳信用市场,建立了规模最大、最典型的市场化森林生态补偿机制。日本则提出了森林康养等依托森林景观资源开发的森林旅游产业,促进森林康养产业标准化。

1.德国:自然保护地体系

德国的保护地体系经历了漫长的历史过程,在"规合一"的政策环境中,对自然资源进行统一管理,为科学地建立保护区制度奠定了基础。

(1)建立和完善自然保护地体系,使自然保护地法律化并纳入国土空间规划中。在全国土地与空间规划整合的时期,各类保护地都得到了法律保护,将其作为专项规划纳入国土空间规划之中。

(2)作为包含自然和人文景观的保护地景区可以与"自然公园"相得益彰。大类型保护地可以包括一些特殊类型的小面积保护区,这样更有利于生态效益和整体利用。

(3)保护地的利用和管理实行统一规划。参考生物圈保护区的保护、开发和利用,在相互交织,或人口分布密集、社会活动较多的保护地,可以开展一定旅游活动的保护区的保护、开发和利用。

2.澳大利亚:市场化森林生态效益补偿机制

澳大利亚在《2011清洁能源法》《2011碳信用(低碳农业倡议)法案》中分别制定了一项旨在节约能源、减少温室气体排放的碳排放基金,并在此基础上构建了一个以碳信用为交易标的的碳信用市场,从而实现了森林生态效益的市场化。降低排放基金是对森林经营主体为实现其碳汇功能所付出的经济代价的一种补偿。清洁能源监管者利用减排基金来建立一个碳信用交易市场,并将减排项目进行撮合,以此来激励企业、家庭和土地所有者主动降低排放。澳大利亚森林生态补偿机制主要通过对森林管理费用进行当地财政转移支付,并通过全国范围内的碳信贷市场对森林生态系统的碳储量进行补偿。目前,正对建立以市场为导向的多元化生态补偿制度进行探索。

3.日本:森林康养体系

近几年,日本的林疗基地得到了快速的发展。日本林业及荒野省于2011年年底共建立了48个以"健康保健林""康复疗养林""生活型态疾病防治林"为主要内容的疗养基地。截至2019年,日本共有63家林业医学基地获得批准,并建立起一套完善的林业医学基地的标准与资格认证制度。日本70年的森林康养发展战略主要表现为:加强对社会大众的森林康养观的政策导向,重视大众观念的引导,更重视森林康养的推广,提高人们对森林的认识;加强对"林"效应的研究,成立专门的林学协会和医学界;推进森林康养行业的规范化建设,对森林康养相关的社团组织进行规范与监管,对森林康养、森林疗养、森林养生等专业术语进行规范。

(二)国内政府治理经验

近年来,国内在林地保护政策方面主动创新,积极探索,取得了一些不错的成效,其中,河北省张家口、山东省长岛县、安徽省金寨县作为林地管理制度改革先进地区,先后推动林地保护新政策的落地实施,为其他地区林地保护工作提供了崭新的思路。

1.张家口:生态旅游助力生态保护

张家口从全国各地的扶贫、富民模式中,归纳出具有代表性的生态扶贫和富民模式:张家口金融控股公司"赤城现代农业示范基地";河北省林草局联合亿宝生态开发有限公司在沽源县建立了"金莲花村"示范园区;建设银行在张家口地区开展的森林脱贫融资服务;"河湖长+生态减贫"的发展模式;以新浪为先导,带动其他电商企业共同发展的"消费富裕"模式;"盛源"生态种养结合。生态旅游是以绿色旅游为消费导向的,它与区域可持续发展思想相一致,也符合我国"绿色发展""美丽中国"的战略目标。张家口近几年发展出一批优秀的生态旅游项目,2013—2019年,张家口的游客人数和旅游业产值都在稳步增长。

2.山东省长岛县:海岛自然保护地整合优化

长岛自然保护区综合优化技术方案主要表现在以下几个方面:明确定位,科学划界;对国家公园进行综合优化,建立国家公园;加强综合监管,提高监管能力;解决冲突,保证岛屿开发的顺利进行。在整合的过程中,对符合要求的自然保护地优先纳入国家公园体系,对其他类型的自然保护地,遵循同等保护强度优先,低等级服从高等级的原则。在此基础上,突破因行政区划和资源分级而导致的孤立,实现对同一地理单元中邻近、相互关联的保护地的统一,防止保护地片段化和孤岛化等问题。与此同时,与自然资源资产管理体制改革相结合,逐步构建出一个与全民所有自然资源资产权利行使主体相适应、权责对等的管理体制与治理体系。

3.安徽省金寨县:以"林长制"促"林长治"

安徽省金寨县林业局作为改革试点单位,在全县范围内确定了10处"林长制"改革示范区"五绿"示范点,要求每个示范点建设设置一名乡镇级林长负责推动和落实,把示范点建设工作抓细抓实抓好,确保示范点建设高标准、高质量完成。主要表现在:

(1)长岭乡桐源古树群保护。着力打造"管绿""护绿""活绿"示范点,体现古树名木保护与森林旅游发展有机结合。

(2)吴家店镇林下经济和森林康养基地建设。着力打造"护绿""用绿""活绿"多种经营示范点,体现森林资源管理和多种经营利用有机结合。

(3)花石乡大湾村森林资源保护与林业产业扶贫融合发展。着力打造"管绿""护绿""用绿""活绿"示范村,体现林业产业基地建设、林下经济发展、林特产品加工、生态旅游发展的相互融合。

(三)经验借鉴

德国建立了完善的自然保护地体系;澳大利亚有市场化森林生态效益补偿机制;日本提出了森林康养体系和标准;张家口通过林业建设生态富民;山东省长岛县建立了类型多样的保护地,有效保护长岛区域的生态系统;安徽省金寨县为全国推行"林长制"树立了"安徽样板"。结合各国家、各地区的先进举措,笔者建议借鉴以下经验。

1.整合优化资源探索生态旅游

(1)大力加强生态资源保护。首先,明确政府及主要相关领导在生态保护中的主体责任。其次,创新生态资源健康监测、调查及风险评估方法,提高监测的科技化、智能化、精细化水平。最后,加强生态保护教育,实施生态资源状况公开制度。

(2)全面提高乡村村民社会参与能力。一是要加大对广大群众的思想政治教育力度。二是要搭建一个沟通农民社会参与的机构或平台。三是要积极吸纳各类人才,为农村建设注入新的活力。

(3)充分发挥社会力量。一是要建立与社会力量的联系机制。二是拓展社会关系的地理空间。三是要让更多的社会资本参与进来。将主要从事生态工业和项目投资的业务范围扩大到每个县的发展。

(4)全方位推动乡村生态旅游发展。一是政府应该在发展农村生态旅游中发挥主导作用。二是要对农村生态旅游的道路、交通网进行优化。三是要大力推进新农村建设,使之成为一个更美好、更适合居住的地方。

2.建立森林资源管理长效机制

森林和草原是重要的自然生态系统,对维护国家生态安全,推进生态文明建设具有基础性、战略性作用。林草治理涉及国家和个人利益协调、长远和近期利益平衡,必须进一步深化改革、完善制度、优化结构、提升效能,尽快实现林草治理体系和治理能力现代化的要求十分紧迫。建立最严格的保护管理制度,把林草资源保护摆在更突出的位置,加强全过程、全方位、全领域保护,是各级林长的首要使命。

同时,通过创新制度供给,不断完善"1+N"制度体系,持续深化林草供给侧结构性改革,探索生态产品价值实现途径,推动林草生态产业化、产业生态化发展。

3.科学合理制定林业保护利用规划

编制全国林地保护利用规划,通过统筹协调林地保护与利用的关系,充分发挥森林的生态、经济和社会效益,为经济社会可持续发展奠定了坚实的基础。新一轮的林地保护和利用规划,是界定林地管理边界,实行林地用途管制,实现林地科学管理,提高林地保护和使用效益的重要基础,是保护绿水青山、保护金山银山,将"绿水青山转变为金山银山"的林业行动计划,是统筹山水林田湖草的重要组成部分,是严格守住生态红线、落实国土空间规划、全面保护天然林的最主要依据。

三、长海县林地保护对策分析

针对长海县政府在林地保护中存在的问题,深入剖析其产生的原因,立足于长海县林地的实际情况,结合长海县林地的自然环境因素和社会因素,以发挥资源优势、完善管理体系等为抓手,提出适宜长海县、具有可操作性的林地保护对策。

(一)发展多元化林业产业

充分利用长海县的自然景观资源和野生动物资源,平衡林地生态效益与旅游经济效益,科学经营,持续利用,提高林地产业效益,实现生态、经济双丰收。

1.打造世界自然遗产品牌

大连长山群岛是候鸟迁徙路线中,鸻鹬类不可替代的停歇地、觅食地和繁殖地。长海县委县政府也高度重视黄嘴白鹭的保护工作,2016年就申请获得了"中国黄嘴白鹭之乡"的称号。以矾坨子为主要繁殖栖息地的黄嘴白鹭,近年观测数量经推算约为3 000只,根据2018年黄、渤海水鸟同步调查水鸟名录,该数量约占全球总量的85.7%,远远超过世界种群总数量的1%。位于广鹿岛镇西南部海域的矾坨子,将成为长海此次申遗的核心区之一。大连长山群岛成为中国黄、渤海候鸟栖息地(第二期)申遗候选提名地,积极申请世界自然遗产,不仅仅是贯彻落实习近平生态文明思想,也是提升长海县国际生态岛建设的需要。

2.发展海岛森林康养经济

独特的资源是长海县打造国际森林康养度假区的宝贵财富,为进行森林体验及森林养生养老产业的发展奠定了良好的基础。发展海岛森林康养经济,以"绿水青山就是金山银山"、健康中国理论为指导思想,依托大连市旅游目的地的优势,整合长海县康养旅游资源产品,面向东北城市群、京津冀、环渤海城市群,着力构建"渔猎+森林康养+旅居度假"于一体的康养产品体系,通过康养旅游推动全县产业发展,促进农民增收,落实乡村振兴战略,推动长海县成为森林康养试点县。

3.完善森林生态效益补偿机制

森林生态补偿制度是平衡森林生态系统保护者以及受益者利益的重要举措,我国近几年也在不断探索建立多元化生态保护补偿机制以期望达到更好的补偿效果。虽然目前众多学者鼓励发展以市场为主导的森林生态补偿模式,但是生态补偿的受益方尚且没有明确的规定,极容易导致受损方的利益得不到保障。由此,我国更应该探求市场与政府相结合的方式。研究财政支持政策,探索建立碳汇交易市场:一是支持加快探索建立森林碳汇交易市场,完善技术支撑,加强制度建设,研究碳排放权定额管理、森林碳汇培育、交易、监测监管等标准体系;二是加强财政政策研究,引导和支持各类主体参与碳汇交易,激发政府培育提升森林碳汇的主动性、积极性,鼓励农户参加森林碳汇经营,发挥市场机制作用,推动各方积极参与碳汇开发。

(二)建立科学管理体系

构建科学合理的管理体系,建立健全林地管理制度,加快推进林地治理体系和治理能力现代化,长海县林地保护才能有章可循,走上正轨的道路,才能更好地实现和完成各项林业工程。

1.科学合理制定林地保护利用规划

需要成立各级林地保护利用领导小组,严格规划编制工作的组织管理、质量管理、技术管理等,确保基础数据和规划数据的真实性、完整性、准确性和有效性,确保林地保护利用规划的战略性、指导性、科学性、可操作性。为维护规划的严肃性,县级林地保护利用规划成果经相关部门及专家评审通过后,由县级人民政府批准实施。充分利用全县主体功能区划所确定的各镇林地保护利用目标、政策,结合社会经济发展进程、情况以及林地利用、资源环境等情况和未来发展潜力等要点,考虑各镇森林保有率、林地征占用情况等限制因素,做好对未来森林的覆盖率、林地的生产能力以及公益林和商品林的覆盖率的相关比重等要素的预计和评估,增强对各行政区域对林地保护与利用的管理效果。

2.更新完善森林资源"一张图"

充分发挥"三调"成果的"统一底版"功能,以"三调"结果为基础,厘清林地、草地、湿地现状边界,消除地类重叠,融合林地、草地、湿地等资源信息,优化国家级公益林的面积,使其降至丘陵地区,形成一幅符合"三调"要求的林草资源地图(包括湿地,下同),为建立林草生态利益补偿机制,建立林草生态网络感知系统,进行林草资源与生态状态的监测,强化林草资源的科学保护、系统修复与合理利用,促进林草治理体系与能力的现代化,提供技术支持。

3. 整合优化自然保护地体系

由于历史原因,长海县现有保护地存在重叠设置、多头管理、边界不清、权责不明、保护与发展矛盾突出等问题。将自然保护地科学合理地整合规划,重点打造海洋自然公园,保护长山群岛陆域的森林资源及水源地,海岸带的岩礁景观带、候鸟栖息地、无居民海岛周边的海洋生物资源及长山群岛南部渔业资源洄游通道;重点打造长海县海洋珍贵生物自然保护区,保护对象为刺参、皱纹盘鲍、栉孔扇贝等海洋生物物种及其生存环境;重点打造风景名胜区,建立以江豚洄游生物保护区为特色,兼具海岛森林观赏、特色海钓、滨海休闲于一体的海岛型风景名胜区。

4. 应用多种技术手段提高管理效率

建设运用"林长制"智慧平台,主要内容包括实时巡护、巡护事件上报、巡护日志、护林员考勤考核等。通过"林长制"智慧平台的运行,实现"林长制"的"一长五员"网格化管理,逐地逐片落实管理主体,能够实现打击违法使用林地及采伐林木、森林防火、古树名木保护等网络化、实时化监督管理,形成"互联网+林草资源实时监控"的森林草原资源监督体系。充分利用现代信息技术手段,不断完善森林草原资源"一张图""一套数"动态监测体系,逐步建立重点区域实时监控网络,及时掌握资源动态变化,提高预警预报和查处问题的能力,提升森林草原资源保护发展智慧化管理水平。

5. 建立县、镇、村三级林长制度

"林长制"是以习近平生态文明思想为指导的重要改革举措,是林业监管体制和领导机制的重大创新,构建由各级党政领导同志担任林长、分区负责森林资源保护发展目标责任新机制。分级设立县、镇、村林长,县、镇设立林长制办公机构,负责林长制日常工作,建立镇级林长领导下的"一长五员"网格化管理体系。出台林长制考核方案,每年度县级林长制办公室考核各镇林长制工作完成情况,重点包括国土绿化、森林资源保护管理、野生动植物保护管理、林业案件发生情况、森林病虫害防治、森林防火、林长制运行等7项林草重点工作。考核结果作为地方有关党政领导干部综合考核评价和自然资源资产离任审计的重要依据,考核结果以适当方式进行通报。

(三) 加强林业生态工程建设

通过林业生态工程建设、造林绿化、林业资源保护、林业灾害防治、林业资源调查监测等措施,加快推进长海县绿色发展,认真践行"绿水青山就是金山银山"的发展理念,为美丽长海建设筑牢生态屏障。

1.加强基层管理队伍建设

做好森林资源管理工作,关键因素在于不断提升管理人员的技术力量和管理水平。通过加强培训,切实提高森林资源管理人员的业务素质和知识水平。坚持将森林草原防火基础设施建设纳入当地国民经济和社会发展规划,将防火经费纳入同级财政预算,全面加强专业防扑火队伍装备和基础设施建设,尽快补齐工作短板。加强项目规划设计、立项审批、组织建设、日常监管、检查验收等全过程监督,确保项目进度、工程质量和资金安全,最大限度发挥资金使用效益。充分发挥生态护林员等管护人员作用,实现网格化管理。加强各镇林业(草原)工作站能力建设,强化对生态护林员管护人员的培训和日常管理。

2.加大国土空间生态修复项目投入

依据国土空间规划,科学划定生态用地,持续推进大规模国土绿化行动。实施重要生态系统保护和修复重大工程,推进京津冀协同发展、长江经济带发展、粤港澳大湾区建设、长三角一体化发展、黄河流域生态保护和高质量发展、海南自由贸易港建设等重大战略涉及区域生态系统保护和修复,深入实施退耕还林还草、三北防护林体系建设、草原生态修复等重点工程。加强森林经营和退化林修复,提升森林质量。落实部门绿化责任,创新义务植树机制,提高全民义务植树尽责率。

3.提高林地质量和抗灾能力

提高林地质量是保障生态安全的必然举措。在开发新的林地成本较高的情况下,对现有的林地进行有规划的经营,不断提高林地质量,是一项投资少、见效快的举措。特别是气候和土壤条件比较好的地区,进行森林经营可以事半功倍。根据全县森林资源现状和规划要求,长海县森林以公益林为主,全县的林地几乎都为公益林。鉴于此,全县森林的经营以提高生态效益和社会效益为主,需按照公益林管理的相关规定和要求,对全县森林进行合理管护,通过栽针补阔等造林措施,提高林分质量,提升林地利用率。加大投入力度、政策扶持和科技支撑,建立林地质量评价定级制度,科学利用林地,努力提高森林经营管理水平。

4.提高对野生动植物资源的保护力度

政府要组织专门的工作人员,对野生动物的分布区进行严密的监控,督促各地加强对野生动物的保护,按照相关的法律法规,对捕杀野生动物、破坏野生动物的生存环境、偷运野生动物、扰乱野生动物的繁殖和生存的行为进行处罚。要建立一套保护野生动物的制度,以保证野生动物的生存和发展,特别是对于濒临绝种的野生动物,有关部门要为它们设立一个自然保护区,为它们创造一个好的生存环境,同时要强化对这些动物的保护,避免由于政策上的失误而造成人为的过度捕杀,从而造成物种的灭绝。积极地运用企业的资源,加大宣传力度,让企业单位参与到野生动物的保护工作中来,认识野生动物资源的重要性,让企业能够主动地加大对野生动物的保护力度,促进对野生动物资源的开发和利用。

(四) 严格林地用途管制

在林地保护工作中,林业工作人员要严格执行林业法律法规和有关政策的规定,切实维护林地所有者的基本权益,加强与各部门的沟通协调,严格控制林地转为建设用地,规范林地管理,为维护长海县森林资源打下坚实的基础。

1. 严格林地审批制度

县级林业主管部门要严格履行自身职责,重视林地管理工作,严格把握审批关,能不批的就不批,能少批的就少批,尽可能节约和集约使用林地。有针对性地开展重点工程,优先保障工程的顺利实施。要严格遵守有关法律法规,对重点项目进行报批,持续加强对林地项目的监管,严格禁止出现不合理使用林地问题。另外,还要加强对征用地的巡查力度,对于没有手续就开工的,一律严惩,不准开工。对批少开多、批东开西的情况,要坚决予以阻止,并予以惩罚,如果已经构成了犯罪,就必须依法追究其刑事责任。

2. 建立有效监督体系

法治是林地治理体系和治理能力现代化的集中体现。进一步提升执法水平,完善执法程序,建立执法平台,健全监督机制。在完善事前审核审批的基础上,强化事中事后监督检查,监督建设单位依法使用林地。加大现代信息技术和地理信息系统运用力度,充分利用大数据、遥感等先进技术,将现代监控、监测技术与执法监督手段紧密结合,加大执法力度,提高监督检查的效率和准确性,充分运用森林资源管理"一张图",结合生态红线划定,做到早发现、早查处,以每年的森林督查为契机,努力提高督查成效。

3. 加大林地执法力度

严格依照《中华人民共和国森林法》《中华人民共和国森林实施条例》等有关规定,对毁林开荒、非法占用林地的单位和个人,依法追究其刑事责任,加强对林地的保护和管理,对毁坏林地的行为坚决予以打击。与此同时,要与土地、规划、海洋等部门保持密切的沟通与交流,及时传递最新信息。通过联合执法进行全方位的管理,不断推动森林保护与管理工作的不断发展。要强化县级林草保护队伍的建设,把态度端正、踏实肯干、积极进取的同志安排到森林的保护和管理工作中来,避免执法人员为谋取不当利益知法犯法,导致森林的损失。防止公务员贪污腐败,充当保护伞,谋取不当利益,玩忽职守,不作为。与此同时,加强监督,严厉惩处在森林保护工作中出现的腐败现象,将森林保护的风气端正起来,保证森林保护工作的落实。

4.重视林地保护利用法律法规宣传

目前,国家已制定了相应的森林资源管理法规,森林资源管理的范围也在逐步扩大,必须继续加大对森林资源保护和利用的法律法规的宣传力度。第一,需要有关部门深入基层,普及森林资源保护和管理的知识,让广大群众对森林资源的保护和管理有一个很好的认识,也需要通过有关的平台,对森林资源的状况进行全面的追踪和实时的更新;同时,也要以各种形式的社会实践活动来提高人们的自我意识,使他们能够主动地参与到社会资源的管理中来。第二,要树立典型,加大对森林资源损害的惩罚,起到警示的作用。另外,还必须持续提升执法队伍的整体素质,全方位地维护法律的权威,确保每条法律都能够得到严格的执行。

大连市住房公积金政策执行问题研究

宋子姣

(学号:1120213418)

住房是关系人民幸福保障的基本需求,关于住房的政策和消息总是引人注目。2022年12月召开的中央经济工作会议中重新提出,"房地产是支柱产业,住房更是居民消费",这是自2017年后"房地产是支柱产业"说法的再次重现,说明国家对房地产市场的重视程度没有减弱,住房公积金政策属于住房福利保障制度的具体化呈现,相关研究具有较大的现实意义和理论价值。

一、大连市住房公积金政策执行现状分析

笔者通过搜集大连市住房公积金管理中心公布的近十年的政策演变情况和近五年的业务运行数据,分析公积金政策的调整趋势和发展走向,在此基础上通过对重点人员访谈和一般人群调查问卷的结果来分析政策执行问题。

(一)大连市住房公积金政策执行情况与数据分析

大连市住房公积金管理中心的主要职能是负责全市住房公积金、售房款、住房货币补贴、廉租住房建设补充资金等各项房改资金的管理工作,是住房公积金政策的执行机构。研究政策执行问题先要弄清楚政策是什么、演变的脉络是什么,从中才能看出政策的执行目标是什么,它需要执行层具备什么样的素质和能力。对比

出实际的执行结果与预期的差距在哪里，才能找到问题的症结所在。

1. 政策演变情况及政策目标分析

大连市住房公积金政策的调整依据，一方面紧跟国家层面的政策变动；另一方面要依据自身信息化建设进度、资金使用情况做小范围、权宜性的变化。本文选取十年的政策，着重分析在政务公开范围内的业务类型，分为提取、贷款、归集和执法四大类。

（1）提取政策的主要文件依据是《大连市住房公积金提取管理办法》，其调整内容既有提取条件和要件的变化，也包括操作系统和流程的升级换代。如2013年，增加了对进行多次过户交易套取住房公积金和申请异地购房提取住房公积金的限制规定。2015年，配合落实住建部要求，大连市住房公积金管理中心印发《放宽提取住房公积金支付房租实施细则》，租房首次被列为公积金提取条件。2018年提高租房提取额度，由14 400元提高至21 600元，增加可提取住房公积金的重大疾病的范围和病种，放宽困难子女考取大学的范围。2019年发布根据四部委治理违规提取住房公积金的文件，结合我国《婚姻法》《民法典》等关于财产划分和归属问题的调整，大连市住房公积金管理中心下发了《关于进一步规范落实住房公积金提取政策的通知》，对购房时间在婚前婚后不同时间点的提取额度做出区分；对提取公积金的房屋所有权人之间的婚姻或亲属关系进行限定；对异地购房提取的限制条件由工作所在地变更为公积金缴存地；对提前偿还商业贷款的条件增加了专款专用的限制；大龄失业销户业务不再要求失业证为必备材料，这一年也是提取政策变化较大的一年。2020年大连市住房公积金管理中心配合住建部文件出台了《大连市关于既有住宅加装电梯提取住房公积金实施办法》，但此项业务并未实际开展。2021年大连市住房公积金管理中心下发了《住房公积金提取业务审核操作规程》，对各项提取业务的审核要件、审核渠道和流程、档案留存及审核职责进行了明确规范，立足于防控骗提，作为中心审计部门对办事处经营管理进行考核的依据。

（2）贷款政策的调整则更为频繁，内容也更为复杂，需要有及时、清晰的政策解读和统一标准才能保证执行效果，受房地产市场的影响也比较大。

2013年，个贷量攀升，沉淀资金不足，资金缺口问题显现，贷款可贷额度政策发生变化，贷款额度的高低受制于是否提取公积金账户余额，即提取的金额要抵消贷款额度。这条是历年政策变动中遭诟病较多的政策之一，它使得缴存时间长、余额多、贡献大的职工享受的贷款额度反而少，投诉颇多。而且操作系统并未同步变更，贷款额度的控制全依赖人工计算，加大了审核难度。2015年管理细则取消了个人住房公积金贷款额度受制于提取住房公积金账户余额与否的条款，施行缴贷挂钩的做法，将缴存余额的倍数作为确定贷款额度的因子之一。2016年受房地产市场低迷影响,将贷款所需缴存公积金时间进一步缩短至三个月,进一步激活市场需求。2018年房地产市场开始升温,贷款量提升,将贷款所需缴存公积金的时间延长;完善了不良信用的规定,增加了贷款还款能力判定标准;增加了外国人、港澳台地区居民公积金贷款政策;增加了军队士官、武警士官贷款政策。2021年,将贷款细则和贷款管理办法统一合并为贷款管理办法,主要调整内容是修改贷款审核规则和条件。2022年管理细则新增了多项贷款创新政策,政策惠及人群包括军人、灵活就业人员和高学历人才,目的是活跃房地产市场,配合大连市的户籍改革政策,为城市吸引更多人才落户。

(3)住房公积金的归集和执法政策未有大的变化,比较重要的是在2014年将公积金条款纳入劳动合同等相关规定的出台。2016年至2018年多次出台政策降低住房公积金缴存比例,以减轻企业压力和增强企业活力。2017年根据住建部要求,大连市住房公积金管理中心首次将与本市建立劳动关系的外籍人员和港澳台地区来连人员纳入缴存群体,进一步扩大缴存群体。2018年,开户、缴存比例和基数的调整、信息变更、账户托管、账户转移等单位业务实现全程网办。2019年开始加速发展,业务流程应简尽简。2020年至2022年应对新冠疫情出台临时性扶持政策,引导企业与职工自主协商缴存比例。2022年将灵活就业群体纳入缴交范围。

(4)公积金政策目标分析

笔者通过对历年住房公积金政策变化的梳理,发现住房公积金制度建立之初是为了推进住房制度改革,建立职工住房账户资金积累制度,促进城镇住房建设,提高城镇居民居住水平。在房改目标完成后,住房公积金继续发挥着支持中低收入群体解决和改善住房问题的作用,目前住房公积金的政策目标主要有以下几种方面:

首先是帮助缴存职工解决住房问题。鼓励缴存职工家庭在购买首套自住住房和二套改善型自住住房时申请住房公积金贷款。住房公积金贷款利率低于商业银行住房贷款利率,在帮助职工解决住房资金问题的同时节省职工利息支出。其次是扩大归集缴存覆盖面。按照应缴尽缴的原则,单位应依法依规为职工缴存住房公积金,鼓励个体工商户、自由职业者缴存,拓展政策受益群体,为实现保障功能奠定物质基础。最后,平衡好资金安全和提升住房公积金管理中心服务效能的关系,让两者协同发展。在最大限度地在保障资金安全的前提下,加强和改进服务,优化窗口服务流程,减少审批环节、压缩审批时限,提升窗口服务质量。

2.政策执行数据分析

梳理完政策的调整及演变脉络后,需要借助数据的变化趋势,进一步观察公积金政策执行所达到的效果与既定目标有差距。

(1)归集数据情况分析

因为公积金归集额、新开户数与当地的工资水平和经济发展情况有较大关系,其增长原因不可能脱离经济社会发展环境的影响，增长趋势也不是单纯的政策执行效果。选取距离目前时间较远的数据进行分析价值较小，因此选取近几年的数据来分析更具有实际意义。因 2022 年社会保险数据未出，笔者选取 2018—2021 年的数据。归集方面有两个指标可以反映一地公积金的缴存结构和覆盖率：一个是在职参保养老保险缴存职工数和公积金缴存职工的差异值；一个是依据公有制性质划分的企业类型中缴存人数所占百分比。

在现行的执法工作程序里，将缴存社保而不缴存住房公积金的企业纳入靶向执法数据库。从图 1 中可以分析出，公积金缴存职工数和在职参保养老保险缴存职工数的差距在逐年拉大，违规企业的数量在逐年递增，说明近几年执法任务完成不佳，扩大覆盖面进展缓慢，但缴存职工的总体结构在不断优化，除国家机关和事业单位外，其他性质企业的缴存职工占总缴存职工的比重越来越大，但是从新开户的缴存职工看，这种趋势有所回落，说明企业新增优势不明显，未来归集执法的重点还在城镇集体、外商投资、城镇私营和民办非企业单位和社会团体这类性质的企业上，可能跟近些年执法归集政策没有太多变化，且执行手段、设备僵化陈旧有关。公积金并未摆脱"'铁饭碗'专属福利"的标签。

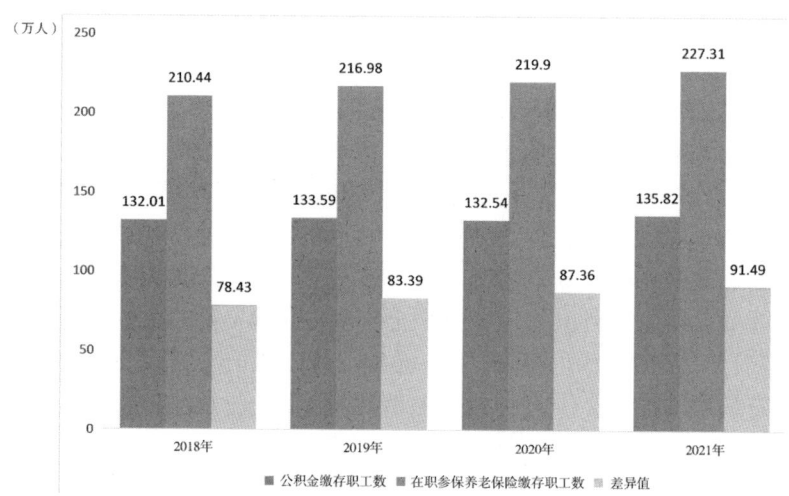

图 1　2018—2021 年大连市缴纳住房公积金和在职参保养老保险缴存职工差异图

（2）提取数据情况分析

随着房价的上涨和归集额的增长，提取额的趋势呈可预见上升状态。但是在政策没有较大变动的情况下，各项数据变化比较平稳，个别年份数据有波动的，原因大多与地产市场的变化有关。

（3）贷款数据情况分析

近五年受经济下行趋势的影响，房地产市场遭受重创，交易量明显下滑，公积金贷款数据与此紧密相关,这种下降趋势还在继续。2022 年国家出台一系列优惠政策,如降低首付比例、降低商贷利率等措施,来提高购房者意愿。为保持公贷与商贷之间的利率差和发挥住房保障作用,在 10 月 1 日,中国人民银行时隔七年以后下调了个人住房公积金贷款利率 0.15 个百分点。不过下降趋势在短时间内还没有逆转的迹象。2022 年受新冠疫情影响,房地产市场遭受重创,各项贷款数据大幅下滑。在逾期率上寻找化解风险的新路径,即借助受托银行的力量、采取先行垫款的办法减少账面风险资产,将风险承受主体转移而非源头防控的做法并非长久之计,还需开拓其他资产管理模式。

(4)资金运用情况

资金运用情况虽不是直接的业务数据,但是能反映住房公积金的流动性和运用效率。只有保证资金运转效率高,让流动性维持在合理区间,才能保证政策执行的根基不动摇。因 2022 年全国公积金年报数据未出,故截取 2018—2021 年的数据对比(见图 2),可以看出大连市资金利用率一直处于高位运行状态,收支极不平衡。

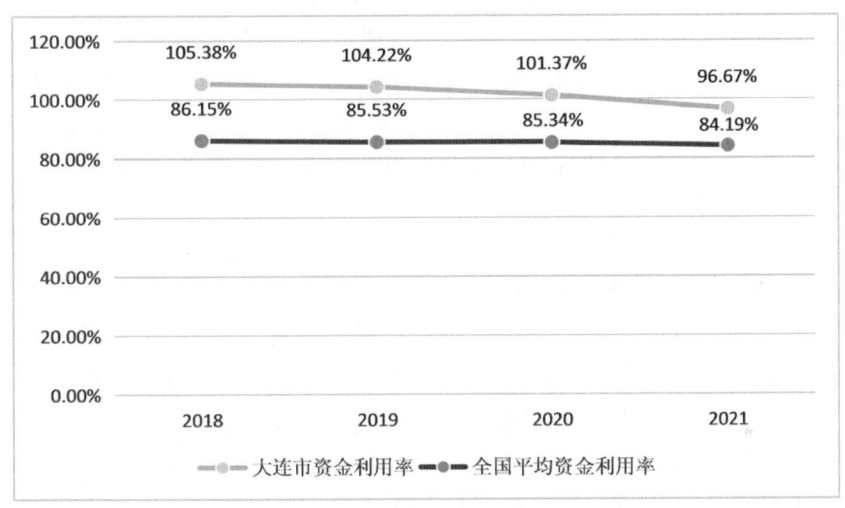

图 2 2018—2021 年大连市资金利用率与全国平均资金利用率对比情况图

反映资金运用情况的指标主要为资金利用率,它是住房贷款、项目贷款余额及购买国债余额的总和占缴存余额的比例,大连市的资金利用率要远高于全国平均水平。

2013 年,为缓解资金利用率过高的情况,大连市住房公积金管理中心临时变更贷款政策,将贷款办结后可提取的公积金账户余额算作可贷款额度的一部分,例如一名借款人综合试算后最高可贷额度为 40 万,其中公积金账户余额为 5 万,如果借款人选择提取余额,那么他只能贷款 35 万,不管借款人提取与否,都会较该政策之前少使用 5 万的公积金。这一政策在当时有效地缓解了流动性压力,同时争议也很大。因为账户余额多，说明缴存者对资金的贡献率大，反而只能享受到较低的贷款额度，有悖于公平原则。该政策在 2016 年修改为缴贷挂钩政策，即借款人的贷款额度不能超过其申请贷款时住房公积金账户缴存余额的 15 倍。正常情况下公积金贷款最高可贷额度应该随着该地区的工资水平、房价水平进行及时调整，但是大连市住房公积金贷款最高额度十年间未有大的涨幅，而大连市的商品房和存量房销售价格却逐年增长，单纯使用公积金贷款已经难以满足中低收入群体的购房需求。大连市在 2022 年建立了贷款最高额度动态调整机制，将资金利用率按照大于等于 100%、小于 100% 且大于等于 90%、小于 90% 且大于等于 85%、小于 85% 划分为四个档位，设定不同的最高贷款额度，以及时缓解资金保障作用与流动性之间的矛盾。这种动态执行模式比较考验执行者的执行能力和系统控制转换的功能是否完善。

(5) 信息化发展程度

大连市住房公积金管理中心一直致力于实现全方位的信息化建设，使政策执行的手段越来越智能、便捷、高效。运用大数据、云计算、人工智能等技术，深化综合服务平台建设，已经形成营业厅、自助终端机、网上服务厅、微信、手机 App、银行智能柜员机等多维一体的线上、线下服务渠道，并与省、市政务服务对接一体化。截至 2022 年，我市住房公积金线上用户人数达到 128 万，比上年末增加 8.65 万，微信注册率为 81.94%，省住建厅确定的 35 项公积金政务服务事项 100%"进厅上网"，91% 可全程网办。

(二) 政策执行存在的问题

为全面挖掘和总结大连市公积金政策执行中隐藏的问题，本文采用重点人群访谈和目标群体调查问卷的方式，从双向比照、互动的角度来查找问题。

针对公积金政策可能涉及的参与者类型，将访谈对象分为：一是住房公积金管理中心的机关处室工作人员 5 人；二是营业网点的工作人员，包括前台窗口人员、执法工作人员共计 11 人；三是合作机构的人员，即代办银行的临柜人员和代理公司的工作人员共计 4 人；四是企业的公积金经办人员 7 人；五是选取部分未建缴的单位负责人 2 人；六是选取与公积金签订贷款协议的开发商、房屋中介机构工作人员共计 4 人。以上共计 33 人。其中面对面访谈次数 15 次，电话访谈次数 18 次。方式为提问式访谈和自由式访谈。

考虑到公积金政策的目标群体广泛，所以发放人群也比较宽泛，对缴存与否不做严格区分。发放时间为 2022 年 8 月 1 日至 2022 年 11 月 30 日，发放地点受笔者工作地、服务地的限制，集中在大连市西岗区办事处营业大厅、甘南社区、丽城社区等地，受新冠疫情等不可抗力因素的影响，发放数量为 100 份，有效回收 95 份。

1. 政策目标的完成效果不佳
(1) 受惠群体受限
尽管公积金法规已经颁布二十余年，但是住房公积金账户至今仍没有广泛建立，这种现象在私营企业中尤为普遍。一方面，租房提取额度和贷款额度偏低，且没有依据社会经济水平的发展和房价变化做及时的调整，其保障作用被削弱。据统计，历年累计享受到住房公积金贷款的缴存职工仅占总缴存职工数的30%，即70%的缴存职工从未获得低息贷款。另一方面，跟公积金政策宣传渠道的局限性有关，过于依赖传统的宣传手段，对企业先期的引导、服务功能欠缺，被动地等待职工投诉和立案诉讼。

(2) 资金管理水平有待提高
应有完善的贷后管理机制兜底。2016年为贯彻关于减税降费的政策要求，取消了驻厅保险机构。站在防范信用风险的角度，取消保险制度后没有出台可替代的兜底机制，尤其是在2022年出台灵活就业缴存公积金的政策后，仅依靠贷前信用审查和有限的诉讼手段，难以建立贷款回收长效机制，未来资金的安全性会面临更大的挑战。就流动性来看，过高的流动性使得政策调整和转向的空间收窄，资金供给和需求不平衡的问题难以解决。

(3) 违规追责难度大、政策威慑力不足
在与执法人员的访谈中可以看出，《大连市住房公积金行政执法管理办法》颁布多年，其中针对骗提骗贷的处罚条款仅执行个例。企业不缴存住房公积金行为的违规成本很低。此外，执法工作人员在执法过程中要秉持注重营商环境建设的理念，以服务型执法为主，对服务性和权威性之间的平衡很难把控。

2. 政策资源利用不充分
(1) 核实手段匮乏、外联功能薄弱
大连市住房公积金管理中心的大数据联网核查功能在最初只有婚姻信息核实功能，于2019年才发展到包括户籍、社保、医保、低保、残联、不动产权属登记、工商登记等全方位联网核查，但是地域只限于大连市内，而对大连市外尤其是本省其他城市，这类执行者不甚熟悉，借助联网核实的信息反而缺乏核验渠道。

(2) 风险防控过度依赖"人防"
一方面是操作系统设计落后于政策要求，操作系统对政策风险点的控制力薄弱，审核过于依赖人工。不仅浪费人力、失误率高，而且容易在纠错的过程中引发办事群众不满情绪。另一方面是审核人员数量少，工作承载量大，与"人防"的要求之间矛盾突出。

(3) 信息化发展不充分、系统承载力弱
通过运用信息化手段来提高服务质量的项目、课题的进程总是停滞不前。大连市目前网上办理贷款的流程是申请人通过微网大厅提交和临柜审核所需相同的材料影像，等待审核通过后，还需要本人携带证件到办事大厅签署合同，并不是真正意义上的"不见面"办结。在业务办理的高峰期，系统承载力明显不足。在月初的一周内，不管是营业大厅还是网上操作系统，都会面临客流高峰，业务量可以占当月总量的一半以上，分布极不均衡。这就对前台操作系统、网上办理系统和对公业务系统的承载力带来很大挑战。

3.公积金管理中心内部组织管理不完善
（1）部门间沟通不畅
组织内各个部门间缺乏良好的沟通意识和氛围，各自为政的问题比较普遍，经常出现因信息不对称造成的低效率和形式主义问题。业务指导部门制定操作规程时往往不考虑前台柜员的工作承载量，以及办事群众负面情绪对执行效果的影响，而办事处在提需求的时候也不了解系统开发的智能化边界，经常性提出一些现阶段技术无法实现的功能要求。说明机关处室与办事处之间沟通存在问题，缺乏互信互助机制。

（2）执行者内在驱动力不足
在与前台人员的访谈中得知，在便民服务要求逐年增加的情况下，非编制员工待遇并没有得到相应提升。越来越多的编制内员工调整至工作内容相对轻松的业务指导岗和行政后勤岗，前台业务审核人员急剧减少，服务质量和效率难以保障，工作积极性出现下滑。管理层缺乏对员工的系统性培训和长远性规划指导，员工对自身职业前景普遍缺乏信心，同时被机器和人工智能取代的担忧一直存在。

4.窗口服务水平和效能低下
（1）宣传的辐射半径有限
大连市住房公积金管理中心的政策宣传途径中，传统类型有大厅人工咨询台、官方网站、公积金热线"12329"和短信平台。通过调查发现传统方式依旧是宣传的主要途径。出台一项新政策需要广泛宣传时，前台窗口人员、咨询台窗口和公积金热线"12329"的压力会成倍增加，尤其是临柜员工又要办理业务，又要"点对点"地宣讲政策，工作量超负荷后，就会尽可能快速地完成业务办理，服务的质量难以保证，也不会主动承担咨询、宣传政策的工作。制定宣传内容的多为业务指导部门，而非一线工作人员，对群众的业务盲区不甚了解。

（2）空间和时间上的服务水平有待提高
大连市住房公积金管理中心的服务机构设置按行政区域划分，每个行政区域设置一个营业网点。2012年，取消了市内五区贷款受理和全市范围内还款的区域限制，职工可以就近选择在市内办事处办理各类型贷款和还款。因西岗区的营业大厅毗邻不动产登记中心和众多银行、房产中介机构，具备天然地理优势，导致市内几近一半以上的存量房贷款业务由其承揽，而中山区、沙河口区营业网点的贷款量急剧萎缩,但人力、设备又无法按照业务量的改变而做及时的调整,这势必会造成一种"忙的忙死、闲的闲死"的不均衡状态出现,导致服务能力和水平的不统一。

5.执行标准和专业概念具有随意性

业务的审核标准存在模棱两可、"看人下菜碟"等损害公信力的情况,让前台员工无所适从。机关处室下发的业务指导文件过于宽泛、模糊,还有和政策条款不一致的地方,导致每个办事处对政策的解读不同;关于房屋产权登记、备案、变更等和公积金业务密切相关的其他政策,业务指导部门疏于指导和培训,员工的专业知识储备欠缺;此外,容缺办理的政策文件颁布后,却一直没有执行,这也容易导致出现缺乏制约的自由裁量权。

(三)存在问题的原因分析

政策执行研究聚焦于对影响目标实现的障碍以及背后原因的分析,以下通过政策目标、政策资源、组织间沟通、执行机构的特性与执行者偏好等要素来分析产生问题的原因。

1.政策执行过程与原定目标相背离

(1)公积金政策想要扩大保障能力,需要以拓面增额为基础,否则就是缘木求鱼。而住房公积金执法部门的执法力量十分薄弱,不管是人员设置、配套设施,还是规章制度,都显示出执法工作在整体工作内容中被忽视。

(2)从发挥福利保障作用的政策目标来看,住房公积金政策规定的缴交和使用模式并没有起到"扶弱济贫"的作用。一方面,收入越高,公积金缴存越多,能贷款的额度也越高;另一方面,公积金不能作为首付使用,使得公积金政策只能让收入高、负担得起首付的人受益,而将收入不足以支付购房首付的低收入群体拒之门外。

(3)大连市住房公积金管理中心是不以营利为目的公益性事业单位,相关的制度和法规需要服从三部委文件和上级主管部门的领导,业务立项需要报项目主管部门审批,不以自身意志为转移。

(4)公积金制度一直未能比肩医保和社保等其他社会保障制度的权威和重要性,根源在于其强制力并没有有效的法律环境为依托,而且在《中华人民共和国劳动法》中也没有明文规定。

2.政策资源的开发手段不足

(1)外联部门利益协调不畅

住房公积金政策执行过程中不仅涉及缴存单位、缴存职工,还与不动产登记部门、住建部门、人民银行等联系密切。在实际操作中,各部门基于自身理性和利益最大化的经济人原则,倾向于执行一些简单容易且能给自己带来较大政治效益的政策，对于涉及面较广、推进有难度、短期无法见效的政策参与的积极性较低。

(2) 人力资源配置不合理

大连市住房公积金管理中心的在编人员数量是 236 人，目前从事一线窗口服务工作的人员数量是 21 人，仅占全体人员总数的 8.90%，已无法满足业务运转需求，而机关处室人员数量畸重。住房公积金管理中心属于窗口服务型单位，但这种"头重脚轻"的人员分化问题却逐年加剧。

(3) 资源购买行为不规范

大连市公积金管理中心业务操作系统的升级换代和日常维护除了本身的科技信息部门外，主要依赖长期合作的第三方计算机公司，十余年未更换合作对象，缺乏对合作企业的公开考核与评价机制。

3. 组织间沟通成本高

(1) 人员属性固化

部分重点岗位的人员在岗时间超过十年以上，不符合金融机构的岗位设置要求。在同一岗位时间过长容易产生经验主义和惯性思维，当新情况和新问题出现时，各部门惯用老经验处理，而不会主动交流新方法。

(2) 绩效机制缺乏刺激共振作用

大连市住房公积金管理中心的组织结构间存在着一般体制内单位比较常见的弊病，即权责划分不清晰，这同样是因为没有建立起公平合理的责任机制、绩效考核机制，员工干好干坏、干多干少的物质报酬差别很小。当面临需要解决的新问题时，员工就没有动力与别的部门积极沟通、推进问题的解决。久而久之就形成了缺乏交流意识和氛围的单位文化。

4. 执行机构的低效率特性

(1) 执行管理层的低效率决策

管理层对于已经变化的技术环境和发展趋势缺少敏感度，倾向于固守传统的执行方式。在传统的政策宣传手段运行比较成熟时，就没有动力去开拓效率更高的政策宣传渠道，缺少对政策宣传效果的检验和考量办法。

(2) 执行模式的低效率表现

各区办事处营业大厅的初始业务受理环节由非在编员工和劳务派遣员工担任，第二道复审环节由在编员工担任。随着核实方式的不断多样化和网上办理业务的比重越来越高，双人审核模式已经慢慢失去原有的意义，反而暴露了一些弊端。多一道人工环节就多一层沟通成本，无用的审核工序太多，会导致排队时间过长，群众服务体验感不佳。

5.执行者偏好影响

部分业务指导部门的人员缺乏前台实际操作经验,在碰到政策条款无法具体描述操作细节的情况时,缺乏及时、权威的培训、解读政策条款的意识和责任感,且缺乏协调政策与目标群体间冲突的能力和手段。以上情况就会导致在业务指导环节中出现执行标准不统一、变更随意的问题。

二、国内其他城市住房公积金先进政策执行经验借鉴

大连市住房公积金管理中心的执行数据、操作系统和智能化发展一直走在全国前列,但还是应直面自身管理和发展上的短板,需要向国内其他城市学习其先进的政策执行方式、管理手段和服务理念,以期更加完善。

(一)其他城市住房公积金政策执行方式

以下有针对性地选取大连市可以借鉴的,如上海、北京、成都等有代表性的城市的住房公积金政策执行方式,进行分析以资借鉴。

1.上海市:推进智能化发展、开拓外联一体化服务

(1)线上、线下深度融合,以数字赋能智慧风险防控体系

上海市住房公积金管理中心部门持续将各项服务事项从"网上能办"向"网上好办"转变,为用户提供个性化指南和全过程智能办事的辅助服务。逐渐完善风险防控系统,建立完备的风险核查指标规则,实现贯穿前、中、后的全方位疑点数据识别和风险防控监测,使风险防控安全网不留死角;不断提升业务系统的智能化水平,推动风险防控从"人防"向"智防"转变。

(2)建立信息协查与服务联动机制

上海市异地信息协查联动建设成果显著,在江浙沪三地跨地区信息互通协查的基础上,2018年新增了其他省份的信息共享合作成员。2019年搭建了多部门的住房公积金跨地区信息协查平台,包括不动产产权信息、房屋交易合同信息等多部门异地核查。此外,多部门信息协助机制还大大提升了服务效率。

(3)打造长三角住房公积金一体化发展服务品牌

2020年,长三角住房公积金一体化战略合作框架协议签约仪式暨第一次联席会议在上海顺利召开,包含上海市、江苏省、浙江省和安徽省等在内的三省一市在当年就实现了跨地区购房信息协查、异地贷款证明信息互认、购房提取异常地区警示公告等一体化服务项目。成功打造了信息数据共享、业务标准统一、风险防范协

同的长三角住房公积金一体化发展服务品牌。

2.北京市:提升执法效能和拓展智能化服务领域

(1)加强行政执法体系建设和持续增强执法效能

建立高标准执法体系,在标准、系统、制度、队伍的设立标准上达到规范统一。制定《重大行政执法决定审核办法》等7项制度细节性文件;执法人员增至132人,完成"全程留痕、可查可控、主动提醒"的执法业务系统建设,实现投诉案件闭环管理。

(2)推进"智慧公积金"建设和全面提升信息化支撑能力

运用大数据、区块链等技术,扩大信息共享和业务联动范围。完成具备智能识别、智能互动、人机交互功能的自助系统建设,开展"自助终端机+服务指导员"业务模式试点;实现应用人脸识别和电子签章、电子证照;政务网站开通智能问答。

3.成都市:创新福利性举措和扩大保障功能

(1)实施差异化缴存政策和助力"后疫情时代"经济复苏

进一步降低困难企业降比缓缴的申请门槛,制定出提成、承包制单位可协商确定缴存基数的政策,使得新冠疫情结束后亟待恢复经济活力的民营企业得到喘息。

(2)灵活调整业务规则

突破传统使用公积金的周期限制,进一步发挥制度保障作用,将购房、还贷、租房三类占比最多的业务类型实现按月办理。2021年办理按月提取86万人次,提取金额超122亿元。

(二)经验启示与借鉴

1.进一步提升操作系统智能化水平

面临越来越复杂的政策出台和受众分群的变化趋势,单纯的人工审核从效率和质量上已经难以保证业务的正常流转。未来从提高人证核验设备入手,替代原有人工核验的方式,提高客户身份验证的准确度与便捷度。尽快采用电子印章、机授代替人授等方式,全方位控制风险。在政策出台之前及时更新系统条目,定期公示系统升级进展和攻坚难题,将有效减轻前台审核人员负担作为重点主抓工作。

2.多维度拓展数据资源

在部门信息共享上主动让利,在确保企业个人隐私安全的前提下,确定可提供的项目,敲定数据内容、传输方式和更新频率。"点对点"沟通协商,梳理共享需求应用场景和信息项,整理共享难点,调研对外数据需求,彻底将共享数据应用于对应业务之中。

3.重点发展主要业务领域

北京市注重执法队伍建设,着重加大执法力度,使得执法队伍的建设朝着正规化迈进。在挖掘政策福利性方面,成都市采用灵活精准的方式制定公积金的使用政策,创新性地拓展公积金使用的范围和周期。同时充分考虑对不同市场主体的差异化支持,制定分类和差别化政策,拓宽融资渠道,进一步强化政策的普惠性。

三、完善公积金政策执行问题的对策建议

(一)比照目标矫正执行路径

公积金管理部门虽然无法改变现有的收入分配体制,但是可以从调整政策执行的关键环节入手,灵活变通执行步骤,纠正偏离政策目标的执行行为。

1.推动业务流程再造

一是赋予公积金充当首付的功能,因支付不起购房首付款的低收入群体往往办理不了公积金贷款,享受不到低息贷款的福利。若提前允许这部分群体提取账户余额,或者在核验完购房行为真实后将借款人公积金账户余额转移到开发商账户或者存量房卖方账户,则可以帮助他们尽早享受公积金这项福利。二是在充分考察借款人信用、收入稳定程度的前提下,向信用良好、有持续还款能力的借款人开放首付款贷款业务。为了保证资金安全,贷款对象应更具有倾向性,比如刚毕业不久、可预见未来收入稳定的新市民等。三是根据当地每年的租金上涨水平及时调整租房提取公积金的额度。大连市现行政策的一年提取额是21 600元,这个额度是2018年制定的,4年未做调整,已不能覆盖基础房租支出。四是尽快推出租房和商贷还款按月提取公积金业务,缩短提取间隔,提高保障效率。

2.健全资金管理政策

公积金管理中心在通过诉讼手段追缴不良信用贷款的过程中有着诸多限制因素,采取强制追缴手段的同时还要考虑欠款人的基本生活等。鉴于此,一直空缺的贷款保险和担保机制,不能一停了之。可以竞标费率低、理赔迅速、服务优良的保险或担保公司,从公积金增值收益里拨出相应款项,根据借款人的信用情况划分等级来对应不同的保险或担保费率,采取费用由公积金管理中心全担、中心和借款人共担、借款人全担等三种形式,灵活多变地分摊风险,还可以根据借款人在一段时间内的还款表现退返部分费用。这样做既能贯彻上级关于减轻借款人负担的政策

要求,又能起到引导借款人保持良好信用习惯的作用,还能最大程度地防范信用风险。重视员工培训和鼓励员工学历提升,提升从业人员职业素养,尤其是培养具备财务管理、分析和资金风险预警方面的人才,进一步提升资金管理和运用水平。

3.创新执法和归集手段

(1)将分散在各个区的执法力量集合起来,并将指导提取业务和常规对公业务的职能剥离出来,构建专门的执法、拓面部门。人员不再兼任复核柜员职责,专职组建执法队伍,执法人力由分散转为合力,并配备齐全的执法设备和办公场所,进行全面的法律法规和政策培训。

(2)改变执法理念,前置教育功能。公积金中心应在企业开立公积金账户时就进行法规培训和警示,将诸如以上的真实案件通过生动的方式宣传普及,坚持以前置教育为主、后期惩罚为辅。在执法的过程中以服务和帮扶为主,避免手段简单粗暴,做好企业和职工沟通的桥梁,同时也要坚守底线思维,保证法规执行的权威性和公平性。

(3)建设中心手持移动终端企业版App,实现单位业务"移动办",助力企业方便快捷办理公积金单位业务,全面融合线上、线下业务;率先在住房公积金行业实现电子执法,利用互联网来开展执法检查、送达执法文书以及调查取证,实现行政执法全流程线上办理,在提高工作效率的同时达到服务便民的目的。

(二)丰富资源利用手段

1.打通外部信息交互的堵点

这项短板长期存在,其背后原因是主管部门在外联过程中存在沟通障碍,缺乏对该项目成果的激励考核机制,所涉业务的相关风险一直由一线员工承担,导致推进动力不足。要根本解决这些"卡脖子"的难点,可以效仿上海市住房公积金管理中心的做法,将该项目列入重点工作计划,在业绩考核中加大权重,联合上级部门的力量,通过利益互换的方式,如向银行等金融机构购买,与民政、残联、社保等部门进行数据交换,与不动产登记中心合作共管业务的方式,化解各个部门间的利益分歧,推动大连市共享平台的构建。同时发挥住房公积金辽宁一体化发展的"排头兵"的重要作用,协同省内其他城市的公积金管理部门发展互通机制,打破"信息孤岛",建设类似长三角住房公积金一体化发展的服务品牌。

2.着力提质系统的研发升级

要解决日常系统承载量满足不了实际需求的问题,要从改进购买服务入手。一是对系统外包项目采取定期招标、择优入选的方式,充分激发研发团队的主动性和危机意识。二是由一线员工代表组建评审小组,从便捷性、安全性、实用性等多个角度评价研发成果,作为下一阶段是否继续采购的依据。定期将系统使用过程中遇到的问题、与政策不同步的漏洞等汇总反馈,形成新的研发诉求。

(三)构建组织内部沟通渠道

1.建立部门交流平台

建立定期轮岗制度,驱使员工积累不同岗位的经验和技能。研发内部即时通信平台,代替落后的电子邮件通信方式,连接机关处室、办事处营业网点和归口科室、"12329"客服部、集中审核中心等,不仅可以用文字,也可以用语音、视频等交流方式实现实时交流。除了PC端还有手机端,可以摆脱办公区域和设备的限制。疑难问题处理的全过程可留存电子记录,方便追溯和审计,也方便业务指导科室将出现频率较高的问题的解决方式及时共享,风险及时预警。

2.重视人才管理和建设

组织内低效率的大部分因素是人员管理的问题。应当改革绩效激励方案,将工作成果量化考量,给员工个人印象打分的方式转换为对工作实绩计分的方式,对于新增的工作任务,采取自愿报名制。充分发挥员工干事创业的热情。将绩效分配比例向执法拓面岗位、系统优化岗位、前台服务岗位倾斜;建立严格的职责考核体系,通过研发跟踪审计程序来真实记录归口科室和机关处室的履职过程,对于逃避职责的人员在绩效和晋升方面给予惩戒。

(四)改进执行方式和服务效率

1.通过新兴媒介提高宣传效率

鼓励适时开通住房公积金政策宣传短视频账号,从传统的"点对点""点对线"的宣传模式,升级成"点对面""点对体"的量级扩容,大胆尝试采用直播的方式解答政策问题,并及时得到政策体验感反馈,极大地缩短了政策普及距离,全面提升了服务体验感。可以将公积金法规和执法工作内容通过短视频广泛宣传,提高企业的守法意识,增强目标群体的认同感。账号成长的过程中要做好视频内容的及时更新,避免成为"面子工程",定位要符合主流价值观和健康向上的政务服务形象。

2.依托智能化延伸服务触角

将发展眼光跳脱出现有办公场所的局限。一是推进银行端交互平台的建设,与建行、工行、交行、农行、招行开展共享渠道业务,将公积金业务延伸至银行的网点、自助设备、移动服务设备及线上渠道,借助银行强大的覆盖网络,更好地实现业务"就近办理",服务"触手可及"。二是与社区加强合作,经过周密地调研和试点运行,尝试将政策宣传、自助终端设备投放社区，打造零距离服务体验。

改革前台审核模式。在不断完善大数据核实途径的基础上逐渐将双人审核模式改革为单人审核模式，以"机审"为主、"人审"为辅，以简洁高效为原则，节约人力、缩短用时，增加多元化服务角色。人工办理转智能办理的趋势不可逆转，打破业务必须经过排队临柜办理的观念，将更多的业务操作置入智能柜员机，设置专门的岗位指导职工操作，显然在营业大厅仅单独设置人工咨询窗口已经不能满足这种需求。

（五）用制度手段提高执行者履职水平

1.规范执行标准和业务操作规程

全面梳理各类服务事项，建立并定期更新住房公积金知识库，统一业务解答口径与受理标准，实现同一服务事项在不同服务渠道上的无差别办理。着力减少政策执行出现偏差和"钻空子"的行为，做到每一个执行动作都有据可依，一是由业务指导部门牵头，重新梳理每种业务的处理步骤和依据，汇总各个区办事处处理同一业务的不同做法，挑选出最合理、最高效的处理方式来制定统一规程。二是建立包括但不限于房地产经济、金融、银行、行政法等业务相关常识的电子数据库，对含混不清的术语、概念予以统一释义，所有业务统一培训、统一指导，不再通过纯口头培训的方式，减少随意性。

2.建立统一权责清单

制作统一性权责清单，业务指导部门定期重新梳理所有办事处业务办理的各个环节和细节流程，划分初审柜员、复核柜员、业务主管、分管负责人的具体分工。在广泛征求员工意见并论证其明晰性、公平性后，形成清单，在各个宣传渠道公示执行。后续根据政策内容的变更及时调整责任划分。根据失职、渎职程度划分等级，建立内部仲裁机制，保证员工的自我申诉权利，始终将规则的公平性摆在首位。依靠制度而非职业道德感来整治互相推责、扯皮的不良风气，最大限度地消除"三不管"地带。将自由裁量权保持在可控范围内，规避权力寻租和道德风险。

大数据背景下地方政府公共危机治理能力提升路径研究

乐花薇

(学号:1120213336)

随着全面深化改革的深入,公共危机事件发生的可能性越来越大,与此同时大数据时代的到来催生了新的工具、方法和思路,它作为一个新的突破口可以帮助地方政府运用信息化手段更好地对公共危机进行治理,为此,地方政府积极响应,进行了一系列改革措施,也取得了一定的成效。然而,不同地区对公共危机治理的能力存在一定的差异,部分地方政府公共危机治理的能力并未有效跟上。因此,有必要进一步探讨大数据背景下地方政府公共危机治理能力的差异的内在运作机制,以提高地方政府公共危机治理能力。

一、基于 fsQCA 的实证研究设计

本文选取了定性比较分析的方法,再结合 TOE 框架综合现有的研究成果,探讨并提炼出客观、准确的结果变量和条件变量,最终构建出本研究的实证研究框架。

(一)研究方法与案例库的选取

fsQCA 可以更全面地分析出社会现象的多样性、因果关系的复杂性,以及不同因素组合对结果的影响,为研究人员能够更深入地研究变量与结果之间的作用机

理提供一个切入点。

1. fsQCA 的适用性分析

fsQCA 的基本原理是分析条件要素之间的相互配合和差异性组合构成的多重并发因果关系。① fsQCA 可以通过对多种因果条件组合的分析，以整体性的思维和组合式的认识进一步厘清该研究课题的因果链，并在其原因分析和解释层面上产生新的结论。

由于本研究的研究变量需要连续性地被测量，难以直接用简单的二分变量"完全隶属"或者"完全不隶属"来界定变量的隶属关系，csQCA 和 mvQCA 都无法很好地处理类似这样的数据组态分析，因此本文采用 fsQCA 的方式通过允许变量采用 0～1 的数值以进行更为细致的数值确定和划分，也就是说评估条件是在"完全隶属"和"完全不隶属"之间的隶属度，从而达到更强的解释力度。除此之外，每个省份中不论是内部还是外部环境都会存在较大的差异，而且每个省份在大数据背景下的公共危机治理的成效也有高有低，这些差异是满足 fsQCA 所要求的正向与负向趋势的。

本研究选取的 31 个样本变量以及 6 个条件变量，明显符合 fsQCA 对案例数量为中小规模和对条件变量数量的要求，且研究所选取的省市均属于同一行政层级，具有相似性，也各有其地域特征，这与 fsQCA 方法在案例选择上应该既具有相似性又具有多样性特征相匹配。

根据以上简述，fsQCA 方法与本研究高度契合，采用该方法可以有效指导本研究的进行，借助"不同条件因素协同组合"的视角开展研究，有助于深化不同地方政府治理能力背后的复杂机理和驱动路径的理解。

2. 案例选取

本研究是以我国 31 个省级（自治区、直辖市、不包括港澳台地区）政府为例，对多案例和跨案例做展开的定性比较分析，案例选取原则从以下五个方面入手。

（1）从样本数量来看，fsQCA 的样本容量相比较于要求 200～300 样本量的传统定量研究方法而言，对样本的要求是中小规模的就可以，通常是 15～60 个范围内，因此在案例数量上是可行的。

（2）从案例的代表性来看，31 个省级政府的案例是基于各地的独特实践，不同省级政府治理水平存在差异并且各有发展模式，基本能够代表以及覆盖我国不同区域的具体实践成果，这更具有模范作用和代表性，也能满足定性比较分析方法对案例的多样性和覆盖度要求。

（3）从地位的重要性来看，省级政府在我国政府体系结构中发挥着独特的作

---

① 查尔斯·C.拉金.重新设计社会科学研究[M].杜运周,译.北京:机械工业出版社,2019.

用。省级政府是落实中央战略部署的重要纽带和中间节点,是中央与地市之间的有效桥梁,作为国家政策执行者的同时也对地方政策的制定赋予了特殊的角色意义,研究省级政府在大数据背景下的公共危机治理能力,对中央和地市级政府都可以提供一定的参考价值。

(4)从对象的可比性来看,根据定性比较分析的案例比较原则,省级政府属于同一行政层级,具有同质性,在各个省级案例中开展多案例以及跨案例的比较是非常适合的。

(5)从数据的可得性来看,省级政府公开的资料或者数据更加全面,数据搜集方式也丰富多样,政府网站、统计年鉴、政府工作报告等都可以获取一手资料,这对定性比较分析中对数据的完整性和准确性提供了保障。

(二)分析框架

本文将研究案例的实际情况与 TOE 框架相结合,从技术、组织和环境三个角度出发建立了本研究的分析框架,综合这三个因素探讨其复杂驱动机理,以展开更全面和多层次的研究。

1.技术因素

TOE 框架在技术层面着重关注的是对基于技术实践场景的多重要素、对技术本身特点、技术与组织之间的关系,还涵盖了技术是否与组织结构相协调匹配等综合要点的考量,以及未来能否为组织带来显著收益等。本研究中对技术层面的关注强调的是,地方政府在大数据时代背景下对相关信息技术的运用对其公共危机治理能力有什么影响。在大数据背景下,本研究的技术因素分为政务大数据发展水平和基础设施建设两个方面。

2.组织因素

在本研究中组织因素强调的是在大数据背景下,组织条件为大数据等一系列相关技术应用提供结构性支撑对地方政府公共危机治理水平的影响。在国内的现实情境下,在机构建设和制度保障这两个层面上,政府对其采取的行为措施是对某项技术政策或者是在实际项目推动实施过程中产生影响的不可或缺的变量,本研究的组织因素分为组织机构支撑和制度构建两个方面。

3.环境因素

在环境层面,注重的是组织处于的具体外部环境,比如有行业结构、需求压力、同侪压力(本研究指的是处于同一经济地带且接壤的省份之间的竞争压力),以及宏观政治、经济等方面。在大数据背景下,本研究的环境因素分为同侪压力和经济发展水平两个方面。

(三) 变量设计

在变量设计方面,本文最终确定了"政务大数据发展水平""基础设施建设""组织机构支撑""制度构建""同侪压力""经济发展水平"等六个变量作为本文研究的条件变量,并选取"地方政府公共危机治理能力"作为结果变量,构建出大数据背景下地方政府公共危机治理能力的研究模型,如图1所示。

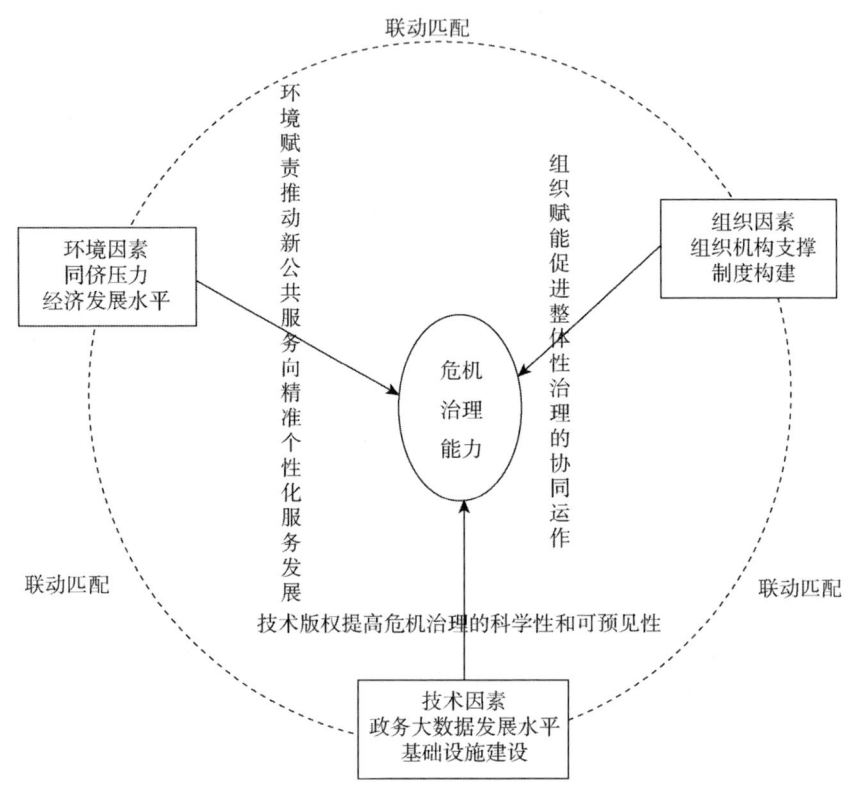

图 1　模型构建图

1. 结果变量

本研究选取了由国际危机与应急管理学会在中国科学院科技战略咨询研究院发布的《中国应急报告》作为结果变量的主要依据,由于能力的建设需要一定的时间才能发挥效用,所以结果变量数据的时间选择滞后一期的方式。以辽宁省为例,《中国应急管理发展报告(2021)》包含的《中国区域应急表现能力评价报告》中给出其应急能力表现为一般,为Ⅲ级别,排名21。

2.条件变量

(1)政务大数据发展水平体现在各个不同维度上,如数据资源存量、数据开放质量、数据互联共享等。学者高志华在政务大数据赋能政府治理现代化的逻辑中指出,要实现政务大数据对政府治理现代化的赋能,需要从以下三个着力点出发:数据的利用、平台的建设、数据的开放程度①。

(2)基础设施建设作为大数据技术的重要承载者,为公共危机治理过程中的资源配置提供更多可能性,不仅可以提高政府间的协作服务能力,还可以将政府拥有的海量数据资源开放给社会使用,为公民提供更多的安全信息,最大限度地挖掘数据价值,也为地方政府公共危机治理主体多元化提供最为基本的技术支持。

(3)组织机构支撑能为政府在公共危机治理过程中更加专业地应对危机问题,科学化、标准化的工作机制和管理模式有利于提升公共危机治理的可预见性、主动性和有效性,也是影响地方政府数据治理公共危机的关键性因素。

(4)制度构建有利于公共危机治理过程中对数据的有效管控,如强化数据安全保障、规范大数据使用和开放边界等②。

(5)同侪压力意味着政府间存在竞争行为,同级竞争对手的出色表现会给本级政府带来额外的激励,从而推动治理能力。具体衡量指标则为与该省处于同一经济地带(以国家统计局划分的八大经济地带为标准)且接壤的省份的应急表现平均得分③。

(6)经济发展水平反映出地方政府是否有足够的财政能力在公共危机治理过程中在软硬件设施上进行更多的投入,用以防御各种突发事件。总的来说,地方政府的经济发展水平越高,政府获得和使用的社会资源也就越多。通常利用人均GDP来反映各省的经济发展实力④。因此,本研究以人均GDP来衡量各省的经济发展水平。

综合上述对本研究的结果变量和条件变量的设定,条件与结果变量概况如表1所示。

---

① 高志华,谢标.政务大数据赋能政府治理现代化的逻辑、现实困境与调适对策[J].决策与信息,2021(12):80-86.

② 赵伟聪.大数据背景下地方政府公共危机治理能力研究[D].北京:北京邮电大学,2019.

③ 黎江平.TOE框架下的省级政务大数据发展水平影响因素与发展路径——基于fsQCA实证研究[J].情报杂志,2022(01):200-207.

④ 李艳飞.地方政府应急能力影响因素及其提升路径探究——基于31省面板数据的实证研究[J].中国安全生产科学技术,2022(04):47-53.

表 1 条件与结果变量概况

变量类型		变量名称	衡量指标	数据来源
条件变量	技术因素	政务大数据发展水平	数据互联、政务服务水平	《2020数字政府发展指数报告》
		基础设施建设	互联网普及情况	《2020中国数字政府建设白皮书》
	组织因素	组织机构支撑	数字治理的组织机构建设得分	《2020数字政府发展指数报告》
		制度构建	数据管理、安全等政策颁布情况	《2020数字政府发展指数报告》
	环境因素	同侪压力	同一经济地带且接壤的省份的应急评估平均得分	《中国应急管理发展报告（2021）》
		经济发展水平	人均GDP水平	《中国城市统计年鉴—2020》
结果变量		地方政府公共危机治理能力	危机中预警、预防、响应、重建能力	《中国应急管理发展报告（2021）》

3.案例数据来源

《2020数字政府发展指数报告》来自清华大学数据治理研究中心,其中对一级评价指标的评定是从组织结构、制度体系、治理能力和治理效果等四个方面得出的,原创性地设计了中国数字政府发展指数评估指标体系,评估结果全面展示了我国数字政府在组织、制度等方面取得的阶段性成果,具有较强的国际可比性和对话点。

《2020中国数字政府建设白皮书》来自赛迪顾问股份有限公司,是对区域数字政府建设水平进行的评估,评估并分析了我国除港澳台地区外各省(自治区、直辖市)的数字政府建设的潜力、深度和水平,通过此项工作能够为促进我国中央和地方数字政府发展提供一份有用的报告指南。

《中国应急管理发展报告(2021)》是全面分析和展示我国应急管理发展的年度报告,包括两大常规报告和若干年度热点报告,即《中国区域应急表现能力评价报告》《中国自然灾害风险评价报告》《新冠疫情区域散发风险与应急研究报告》。此份报告根据智库DIIS理论方法,遵循"收集数据—揭示信息—综合研判—形成方案"的研究思路,在2020年对中国各省(自治区、直辖市)应急表现能力进行评价,提出了有关我国应急能力建设、综合风险管理、散发疫情防控等问题的诸多建议和策略。

二、基于 fsQCA 的实证研究

本部分将依据模糊集定性比较方法进行数据收集、必要性分析、条件组态分析、稳健性校验等一系列实证研究步骤,探讨上述分析框架中所涉及的条件变量如何组合去影响大数据背景下地方政府公共危机治理能力,进而得出地方政府高水平公共危机治理能力的几条路径,并分析它们之间的差异。

(一)数据收集与处理

1.数据收集

本研究分别在技术、组织、环境因素下设置了六个因素变量,为了便于分析和表达,技术因素中的"政务大数据发展水平"用"TA"来表示;"基础设施建设"用"TB"来表示,组织因素中的"组织机构支撑"用"OA"来表示;"制度构建"用"OB"来表示;环境因素中的"同侪压力"用"EA"来表示;"经济发展水平"用"EB"来表示;而结果变量"地方政府公共危机治理能力"用"R"来表示。对于条件变量,选取了报告中已有赋值数据作为基础数据,而结果变量由于是按照级别划分(优秀、良好、一般、较差)来进行排名的,定性比较分析需要量化的数据,因此这里如果等级是优秀那么赋值为4,是良好则为3,是一般则为2,是较差则为1,数值越大,其表现的危机治理能力越高。由此便得到了定性比较分析所需要的全部基础数据,基础数据的汇总情况如表2所示。

表2 基础数据的汇总情况

省份	TA	TB	OA	OB	EA	EB	R
北京	35.1	73.5	9	8.8	3	164 220	4
天津	33.1	49.4	6	10	3.5	90 371	3
河北	25.3	60	5	8.8	3	46 348	3
山东	31.3	76.9	9	13.1	3	70 653	2
上海	37.2	70.9	9	13.1	2.5	157 279	4
江苏	35.2	68.9	10	10	3	123 607	3
浙江	37.2	77.2	7	15	3.5	107 624	2
福建	36.3	72.9	7	13.1	2	107 139	3

续表

省份	TA	TB	OA	OB	EA	EB	R
广东	35.2	86	10	13.1	2.5	94 192	2
海南	38.1	40.3	6	7.5	2	56 507	2
辽宁	24.4	54.2	8	6.3	2	57 191	2
吉林	28.2	39.3	8	10.6	2	43 475	2
黑龙江	20.3	39.4	10	8.8	2	36 183	2
陕西	25.2	53.6	6	8.8	2.6	66 649	2
山西	25.3	47.5	6	10	3	45 724	1
河南	29.3	54.6	9	11.3	1.5	56 388	3
内蒙古	27.2	47.2	8	8.8	1.5	67 852	4
湖北	34.3	48	8	8.8	2.3	77 387	2
湖南	29.2	47.2	7	10	2.5	57 540	1
江西	35.2	43.9	8	9.4	2	53 164	3
安徽	27.1	42.8	10	11.9	2.5	58 496	3
云南	19.3	37.7	5	7.5	2	47 944	2
贵州	36.3	42.3	8	11.9	1.75	46 433	2
四川	38.1	54.4	9	8.8	1.6	55 774	1
重庆	28.1	49.1	8	9.4	1.5	75 828	1
广西	30.3	43.7	8	11.9	2	42 964	3
甘肃	20.2	41	5	7.5	2.3	32 995	2
青海	19.3	37	6	5.0	3.3	48 981	1
宁夏	31.1	42.2	5	10	2	54 217	2
西藏	25.3	29.6	5	2.5	2.5	48 902	4
新疆	26.3	39.3	5	5.0	2.3	54 280	4

2.数据处理

本研究采用直接校准法对数据进行处理。该方法采用了统计模型,因而更具有正式性,利用此方法确定了三个定性锚点:在完全不隶属的情况下,0.05 是相应的锚点数值;如果是交叉点的情况,其锚点数值为 0.5。而在完全隶属的情况下,锚点会用数值 0.95 为其赋值。利用微软软件 EXCEL 中的 PERCENTLITE 公式计算得到的所有变量的校准锚点如表3所示：

表3 变量的校准锚点

变量类型	变量名称	完全隶属(0.95)	交叉点(0.5)	完全不隶属(0.05)
条件变量	政务大数据发展水平	37.65	29.35	19.75
	基础设施建设	77.05	47.55	37.35
	组织机构支撑	9.95	8.05	5.01
	制度构建	13.15	9.45	5.05
	同侪压力	3.4	2.35	1.51
	经济发展水平	140 443	56 507.05	39 573.5
结果变量	地方政府公共危机治理能力	3.95	2.05	1.01

值得注意的是，原始基础数据数值与计算得到的锚点结果一样，是在数据校准过程中可能出现的情况。基于这种情况，为了避免对数据校准后的缺失，可以对锚点数据做一些调整，比如可以对数据进行加减相关数值的操作。具体而言，是根据锚点数据的数值上下分布情况来判定的，比如在变量数据中，结果变量危机治理能力隶属度为0.95和0.5的计算值，分别是4和2。由于4已经是最高值，不再有向上分布的数值，那么针对这种情况可以将锚点数值减去0.05，最终得到隶属度为0.95的锚点值是3.95；而由于数值2的分布情况较多，不适合做减法，则采用加0.05得到了隶属度为0.5的锚点值为2.05。用这样的方式，对整个基础数据与锚点结果对比调整后得到了上述校准锚点结果。

基于运算和调整后的锚点结果，再通过软件fsQCA3.0中的calibrate(x,n1,n2,n3)功能函数继续对变量校准，以得出用于fsQCA后续分析的校准数据，由于0.5代表交叉点，变量校准后的数据如果出现0.5的情况，在软件分析过程中无法判断是偏向完全隶属还是偏向完全不隶属，案例可能会被剔除，为保证数据完整性会将其调整为0.501。变量校准后如表4所示：

表4 变量校准后的数据

省份	TA	TB	OA	OB	EA	EB	R
北京	0.89	0.93	0.82	0.39	0.86	0.98	0.96
天津	0.8	0.55	0.12	0.61	0.96	0.77	0.82
河北	0.22	0.78	0.05	0.39	0.86	0.14	0.82
山东	0.67	0.95	0.82	0.95	0.86	0.62	0.46
上海	0.94	0.91	0.82	0.95	0.61	0.97	0.96

续表

省份	TA	TB	OA	OB	EA	EB	R
江苏	0.89	0.9	0.96	0.61	0.86	0.92	0.82
浙江	0.94	0.95	0.26	0.99	0.96	0.86	0.46
福建	0.92	0.93	0.26	0.95	0.22	0.86	0.82
广东	0.89	0.98	0.96	0.95	0.61	0.79	0.46
海南	0.96	0.11	0.12	0.21	0.22	0.501	0.46
辽宁	0.18	0.66	0.49	0.1	0.22	0.51	0.46
吉林	0.41	0.08	0.49	0.72	0.22	0.09	0.46
黑龙江	0.06	0.08	0.96	0.39	0.22	0.03	0.46
陕西	0.21	0.65	0.12	0.39	0.67	0.59	0.46
山西	0.22	0.501	0.12	0.61	0.86	0.13	0.05
河南	0.501	0.67	0.82	0.82	0.05	0.49	0.82
内蒙古	0.34	0.47	0.49	0.39	0.05	0.6	0.96
湖北	0.86	0.51	0.49	0.39	0.46	0.68	0.46
湖南	0.49	0.47	0.26	0.61	0.61	0.51	0.05
江西	0.89	0.25	0.49	0.49	0.22	0.36	0.82
安徽	0.33	0.2	0.96	0.88	0.61	0.52	0.82
云南	0.04	0.05	0.05	0.21	0.22	0.18	0.46
贵州	0.92	0.18	0.49	0.88	0.11	0.14	0.46
四川	0.96	0.67	0.82	0.39	0.06	0.47	0.05
重庆	0.4	0.54	0.49	0.49	0.05	0.67	0.05
广西	0.59	0.24	0.49	0.88	0.22	0.08	0.82
甘肃	0.05	0.13	0.05	0.21	0.46	0.02	0.46
青海	0.04	0.04	0.12	0.05	0.94	0.21	0.05
宁夏	0.65	0.17	0.05	0.61	0.22	0.4	0.46
西藏	0.22	0.01	0.05	0.01	0.61	0.21	0.96
新疆	0.28	0.08	0.05	0.05	0.46	0.4	0.96

(二)必要性分析

通过 fsQCA3.0 软件分析后会得出条件变量的一致性和覆盖率两个数值,通常认为一致性阈值达到 0.9 及以上就会被认为是必要条件。在后续的组态分析中,即便这个条件没有出现在简约解中,也理应在中间解的分析过程中将其纳入核心条件。一致性小于 0.9 的条件则认为该条件无法作为结果变量的必要条件,需要进一步展开条件的充分性分析。表 5 为必要条件分析结果。

表 5 必要条件分析结果

条件变量	高公共危机治理能力		低公共危机治理能力	
	一致性	覆盖率	一致性	覆盖率
高政务大数据发展水平	0.681	0.714	0.631	0.505
非高政务大数据发展水平	0.528	0.653	0.643	0.606
高基础设施建设	0.598	0.719	0.584	0.535
非高基础设施建设	0.613	0.659	0.693	0.568
高组织机构支撑	0.581	0.754	0.558	0.553
非高组织机构支撑	0.656	0.660	0.752	0.577
高制度构建	0.686	0.729	0.663	0.537
非高制度构建	0.563	0.687	0.665	0.618
高同侪压力	0.614	0.742	0.636	0.586
非高同侪压力	0.657	0.703	0.720	0.587
高经济发展水平	0.651	0.779	0.601	0.548
非高经济发展水平	0.622	0.671	0.758	0.623

根据必要条件分析的结果,没有一个条件变量的一致性数值是大于 0.9 的,表明没有满足单独构成高和非高地方政府公共危机治理能力的必要条件,这也进一步说明了地方政府公共危机治理的综合性和复杂性。

(三)条件组态分析

利用 fsQCA3.0 软件对校准后的数据进行运算,生成了真值表。其中 number 表示最小案例频数,即原始案例中有多少个案例满足该条件组态;raw consist 即为原始一致性,是充分性一致性水平,表示的是一种可能性;PRI(Proportional Reduction in Inconsistency) consist 即为 PRI 一致性水平,是子集关系一致性的替代测量,它的值可以用来避免某一组合路径既能导致结果,又能导致结果非集的同时子集关系,表示的是同因异果的一致性水平;SYM consist 即为对称性一致性水平。在具体分析中最令人关注的是原始的一致性水平,在生成的真值表基础上筛选出了最小案例频数大于1,原始一致性水平大于0.8,PRI一致性水平大于0.51的将R栏编码为1,其余为0,最终得到真值表如表6所示。

表6 真值表

TA	TB	OA	OB	EA	EB	number	R	raw consist	PRI consist	SYM consist
1	1	1	0	1	1	1	1	0.921 409	0.745 614	0.745 614
1	1	1	1	1	1	4	1	0.895 288	0.710 145	0.765 625
0	0	1	1	1	1	1	1	0.896 296	0.594 203	0.594 203
1	1	0	1	0	1	1	1	0.815 574	0.567 307	0.567 307
0	0	0	0	0	1	1	1	0.820 513	0.553 191	0.553 191
1	1	0	0	0	0	1	1	0.834 12	0.544 324	0.544 323
0	0	0	0	0	0	3	0	0.815 182	0.519 314	0.578 948
1	1	0	0	0	1	1	0	0.812 222	0.489 216	0.489 216
1	1	0	1	1	1	2	0	0.834 728	0.487 012	0.559 701
1	1	0	1	0	0	3	0	0.817 376	0.479 798	0.494 792
1	1	1	1	0	0	1	0	0.803 964	0.464 604	0.464 604
0	0	0	1	0	0	1	0	0.834 783	0.437 037	0.437 037
0	0	0	0	1	0	2	0	0.752 182	0.427 419	0.427 419
0	1	0	0	1	0	1	0	0.820 106	0.423 729	0.423 729
0	1	0	0	0	1	2	0	0.770 936	0.371 621	0.371 622
1	1	0	0	1	1	1	0	0.771 084	0.353 742	0.353 741
0	0	1	0	0	1	1	0	0.817 721	0.345 454	0.353 741
1	1	1	0	0	1	1	0	0.730 57	0.267 606	0.267 606
0	1	0	1	1	0	1	0	0.776 15	0.249 785	0.249 785
0	1	0	1	1	1	1	0	0.827 044	0.214 286	0.230 769
0	0	0	1	1	1	1	0	0.826 923	0.142 857	0.142 857

从表中可以看出没有同一条件组合路径下出现不同结果的情况,即没有出现矛盾组合路径,因此可以进行下一步的模糊集定性比较分析,以确定最能解释目标案例的条件组合,并探讨具有相同条件组合的情况在何种程度上导致相同的结果。

接下来对得到的真值表做标准化分析,通过 fsQCA3.0 软件分析运算后得到了复杂解(complex solution)、简约解(parsimonious solution)、中间解(intermediate solution)三种解。本研究将选取中间解作为汇报的方案,并使用简约解加以辅助做解释和分析。软件分析得到的简约解和中间解分别如表 6 和表 7 所示。

表 6 简约解

条件组态	原始覆盖度 (raw coverage)	唯一覆盖度 (unique coverage)	一致性 (consistency)
OA * EA	0.394 542	0.014 212 5	0.884 077
OA * EB	0.449 119	0.018 760 6	0.809 426
OB * ~EA * EB	0.347 356	0.002 842 49	0.835 841
TA * ~OA * ~OB * ~EB	0.267 766	0	0.830 834
TA * ~TB * ~OB * EB	0.274 588	0	0.813 268
~TA * ~TB * ~EA * EB	0.25 469	0	0.842 105
~TA * ~TB * ~OB * EB	0.237 635	0.001 136 96	0.808 511
TB * ~OA * OB * ~EA	0.25 469	0.007 959 01	0.817 518
解的覆盖度 (solution coverage)		0.638 999	
解的一致性 (solution consistency)		0.822 901	

注:在定性比较分析中,"*"表示和,"~"表示非,即不存在。

表 7 中间解

条件组态	原始覆盖度 (raw coverage)	唯一覆盖度 (unique coverage)	一致性 (consistency)
TA * TB * OA * EA * EB	0.336 555	0.162 024	0.902 439
TA * ~TB * ~OA * ~OB * ~EA * ~EB	0.251 279	0.052 871	0.834 12
~TA * ~TB * ~OA * ~OB * ~EA * EB	0.218 306	0.0 397 954	0.820 513
TA * TB * ~OA * OB * ~EA * EB	0.226 265	0.0 306 993	0.815 574
~TA * ~TB * OA * OB * EA * EB	0.137 578	0.018 192 1	0.896 296
解的覆盖度 (solution coverage)		0.557 703	
解的一致性 (solution consistency)		0.877 538	

在解的覆盖度方面,目前没有可接受的最小值,但可以肯定的是,较低的值(例如 0.1)很难被研究人员接受。而一致性的阈值上述提到应不低于 0.75。从得到的简约解和中间解来看,两种解的一致性均高于 0.75,由此表明给出解的条件组合对大数据背景下,地方政府公共危机治理能力的解释力度较高,分析结果具备可

靠性。

由简约解可以看出软件分析包含了 8 条路径,这将辅助中间解进一步分析出大数据背景下地方政府公共危机治理能力提升路径的核心条件与边缘条件。通过对中间解的分析结果可知,解中的 5 条路径是后续进行路径分析的主要内容。高公共危机治理能力路径所覆盖的省份如表 8 所示。

表 8 高公共危机治理能力路径所覆盖的省份

条件组合	覆盖省份
TA * TB * OA * EA * EB	北京(0.82,0.96),江苏(0.86,0.82),山东(0.62,0.46),上海(0.61,0.96),广东(0.61,0.46)
TA * ~TB * ~OA * ~OB * ~EA * ~EB	江西(0.51,0.82)
~TA * ~TB * ~OA * ~OB * ~EA * EB	内蒙古(0.51,0.96)
TA * TB * ~OA * OB * ~EA * EB	福建(0.74,0.82)
~TA * ~TB * OA * OB * EA * EB	安徽(0.52,0.82)

覆盖省份的内容以"省份(X,Y)"的格式呈现。X 表示案例在解中的隶属度,Y 表示案例在结果中的隶属度(即校准数据的结果变量)。

结合中间解与简约解的分析得出存在 5 条不同路径,这 5 条路径可以视为高地方政府公共危机治理能力的充分条件组合,这也充分传达了在大数据背景下对地方政府公共危机治理能力产生影响的因素是多种多样的。高公共危机治理能力组态分析如表 9 所示。

表 9 高公共危机治理能力组态分析

路径	路径 1	路径 2	路径 3	路径 4	路径 5
政务大数据发展水平(TA)	●	●	◎	●	◎
基础设施建设(TB)	●	◎	◎	●	◎
组织机构支撑(OA)	●	◎	◎	◎	●
制度构建(OB)			◎	●	●
同侪压力(EA)	●	◎	◎	◎	●
经济发展水平(EB)	●	◎	●	●	●
原始覆盖度(raw coverage)	0.336 555	0.251 279	0.218 306	0.226 265	0.137 578
唯一覆盖度(unique coverage)	0.162 024	0.052 871	0.039 795 4	0.030 699 3	0.018 192 1

续表

路径	路径1	路径2	路径3	路径4	路径5
一致性(consistency)	0.902 439	0.834 12	0.820 513	0.815 574	0.896 296
解的覆盖度(solution coverage)			0.557 703		
解的一致性(solution consistency)			0.877 538		

注:●●表示条件存在,◎◎表示条件不存在;●◎表示核心条件,●◎表示边缘条件;空白处表示条件无关紧要,可有可无。

从组态分析表中可以看出,解的覆盖度为0.557 703,意味着这5条路径能够解释约55.8%的公共危机治理高能力应用案例;解的一致性为0.877 538,意味着在满足这5条路径的案例当中,有约88.8%的案例呈现出高水平公共危机的治理能力。表中可见政务大数据发展水平、基础设施建设、组织机构支撑、制度构建、同侪压力、经济发展水平6个条件变量分别出现在5条不同的路径中作为核心条件的存在。

路径1表明无论是否有完善的制度构建,拥有较高的同侪压力和经济发展水平,结合政务大数据发展水平和基础设施建设的辅助作用,可以产生高的地方政府公共危机治理成效。其中同侪压力(环境)和经济发展水平(环境)是核心条件,政务大数据发展水平(技术)和基础设施建设(技术)是边缘条件。这条路径能够解释约33.7%的高水平地方政府公共危机治理能力案例,在这其中约16.2%的高水平案例仅能被这条路径解释。

路径2表明当政府的政务大数据发展水平较强时,即使没有完善的基础设施建设、组织机构支撑、制度构建、高经济发展水平等作为核心条件,辅助同侪压力不存在的情况下,同样产生高的地方政府公共危机治理成效。其中政务大数据发展水平(技术)是作为核心条件存在的,同侪压力(环境)是边缘不存在条件,其他的基础设施建设(技术)、组织机构支撑(组织)、制度构建(组织)、经济发展水平(环境)都是核心不存在条件。这条路径能够解释约25.1%的高水平地方政府公共危机治理能力案例,在这其中约5.3%的高水平案例仅能被这条路径所解释。

路径3表明当政府有着高的经济发展水平时,即使没有高的政府大数据发展水平、基础设施建设、制度构建、同侪压力作为核心条件,在辅助没有完善的组织机构支撑条件下,也可以产生高的地方政府公共治理成效。其中经济发展水平(环境)是核心条件,组织机构支撑(组织)作为边缘不存在的条件出现,而政务大数据发展水平(技术)、基础设施建设(技术)、制度构建(组织)、同侪压力(环境)都是核心不存在的条件。这条路径能够解释约21.8%的高水平地方政府公共危机治理能力案例,在这其中约4%的高水平案例仅能被这条路径所解释。

路径4表明当政府有完善的基础设施建设和制度构建时,加上较高的经济发展水平,以及在高政务大数据发展水平的辅助作用下,即便没有组织机构支撑和同侪压力,同样可以产生高的地方政府公共危机治理成效。其中基础设施建设(技术)、制度构建(组织)、经济发展水平(环境)是核心条件,政务大数据发展水平(技术)是边缘条件,组织机构支撑(组织)、同侪压力(环境)是作为边缘不存在条件。这条路径能够解释约22.6%的高水平地方政府公共危机治理能力案例,在这其中约有3%的高水平案例仅能被这条路径所解释。

路径5表明当政府存在组织机构支撑、同侪压力和经济发展水平高的情况时,存在完善的制度构建加以辅助,即便没有高的政务大数据发展水平和完善的基础设施建设,同样会产生高的地方政府公共危机治理成效。其中组织机构支撑(组织)、同侪压力(环境)、经济发展水平(环境)都是作为核心条件存在的,制度构建(组织)则作为边缘条件存在,而政务大数据发展水平(技术)、基础设施建设(技术)是作为边缘不存在的条件。这条路径可以解释约13.8%的高水平地方政府公共危机治理能力案例,其中有约2%的高水平案例仅能被这条路径所解释。

(四)条件间的潜在替代关系

通过对比路径1和路径4可以得出对于政务大数据发展水平较高、基础设施建设较好、经济发展水平较高的省份,组织机构支撑(组织)与同侪压力(环境)的条件组合可以与制度构建(组织)互相代替,推动着地方政府公共危机治理能力的提升,如图2所示。

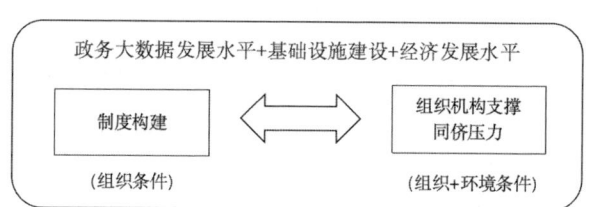

图2 组织与"组织+环境"间的替代关系

通过对比路径1和路径5可以得出对于组织机构较完善、同侪压力较大、经济发展水平高的省份,制度构建(组织)可以与政务大数据发展水平(技术)与基础设施建设(技术)的条件组合互相代替,推动着地方政府公共危机治理能力的提升,如图3所示。

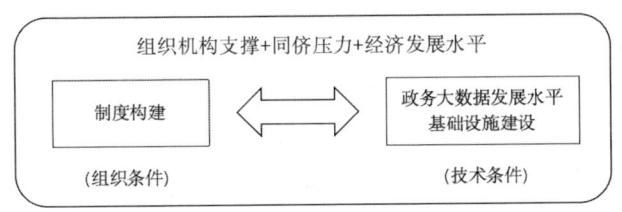

图 3　组织与技术间的替代关系

通过对比路径4和路径5可以得出对于制度构建较完善和经济发展水平高的省份,组织机构支撑(组织)与同侪压力(环境)的条件组合可以跟政务大数据发展水平(技术)与基础设施建设(技术)互相代替,推动着地方政府公共危机治理能力的提升,如图4所示。

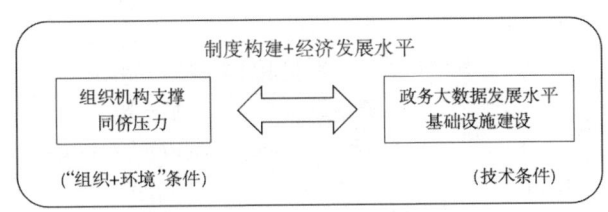

图 4　"组织+环境"与技术间的替代关系

由此说明,大数据背景下,技术、组织和环境对地方政府公共危机治理能力起作用的影响因素之间具有潜在的替代关系。这意味着,如果政府处于某些条件不具备的情况时,可以通过利用其他潜在同等的因素产生的效用来达到同样的目的。在梳理、归纳和分析上述得出的潜在替代关系后,能够察觉到制度构建(组织)在特定情况下可以通过单一条件的形式发挥着条件组合的作用,这表明在实现高水平公共危机治理能力的过程中,健全完善的制度构建扮演着不可或缺的关键角色。此外,本研究中的条件变量可以将其划分为两种类型:第一类是同侪压力与经济发展水平,地方政府仅靠自身意向和努力在短期内就想收获有实际效果的变化在此类客观要素禀赋中是难以实现的;第二类是政务大数据发展水平、基础设施建设、组织机构支撑、制度构建,地方政府可以在一定时间周期内通过加大重视程度和增加投入等主观努力,获得有效成果。

(五)稳健性检验

结合已有文献与本研究的实际情况,本研究分别采用修改一致性阈值和案例频数的方式来进行稳健性检验。

1.将原始一致性阈值从0.81上调为0.89,将PRI一致性阈值从0.54上调为0.59,然后建构真值表做分析,呈现的中间解如表10所示。

2.将案例频数从 1 上调为 2,然后建构真值表做分析,呈现的中间解如表 11 所示。

表 10 稳健性检验——调整一致性阈值呈现的中间解

条件组态	原始覆盖度 (raw coverage)	唯一覆盖度 (unique coverage)	一致性 (consistency)
TA * TB * OA * EA * EB	0.336 555	0.218 875	0.902 439

表 10 稳健性校验——调整一致性阈值(续表)

条件组态	原始覆盖度	唯一覆盖度	一致性
~TA * ~TB * OA * OB * EA * EB	0.137 578	0.019 897 7	0.896 296
解的覆盖度 (solution coverage)	0.356 453		
解的一致性 (solution consistency)	0.907 381		

表 11 稳健性检验——调整案例频数呈现的中间解

条件组态	原始覆盖度 (raw coverage)	唯一覆盖度 (unique coverage)	一致性 (consistency)
TA * TB * OA * OB * EA * EB	0.291 643	0.291 643	0.895 288
解的覆盖度 (solution coverage)	0.291 64		
解的一致性 (solution consistency)	0.895 288		

从两类稳健性要求检验的结果来看,依据上述稳健性检验的评估维度要求,首先从解的覆盖度和解的一致性差异来看,调整一致性阈值的稳健性检验结果分别为 0.35 和 0.90,调整案例频数的稳健性校验结果分别为 0.29 和 0.89,这两组参数的差异相差不大,无显著区别,从而也不会存在有意义且不同的实质性解释;其次从稳健性结果之间的条件组合路径关系来看,调整一致性阈值相比于调整案例频数的稳健性检验结果多出一条路径,该路径为~TA * ~TB * OA * OB * EA * EB,这两种稳健性检验结果的另一条路径分别是 TA * TB * OA * EA * EB 和 TA * TB * OA * OB * EA * EB,可以发现两条路径只相差一项变量 OB,整体从集合关系上来看,它们具有相对清晰的子集关系,调整案例频数后的分析结果是调整一致性阈值分析结果的子集。因此,结合这两个方面的评估分析可以得出,上述对大数据背景下地方政府公共危机治理能力的组态分析是稳健的。

借助 QCA 的实证研究表明发展大数据背景下的高水平地方政府公共危机治理能力的路径并非只有一条,这些不同路径都能通过"殊途同归"(即可以通过不同的方法)达到同一个目标的方式实现对危机的有效治理。各地方政府由于地区条件的差异,应结合自身实际,选择最符合自身发展模式和实践的路径。

三、对策建议

(一) 推动政务大数据发展,完善组织机构支撑

在党中央、国务院决策推动下,各地区、各部门均认真贯彻落实和部署政务平台建设和数据共享的建设,在各方的努力下,政务大数据在许多方面都发挥了重要作用。

1. 加强政务平台建设,统筹数据共享

(1) 梳理网站逻辑

加强完善和优化地方政府相关门户网站等互联网终端的建设,特别是疾控中心、卫健委等部门,应与公众开诚布公地沟通和交流,让各社会群体了解危机形势的最新进展,在危机预防及应对知识线上传播上可以制作高质量、易传播的内容,以加深用户印象;重视地方政府门户网站的健全性、便利性、互动性与安全性,有序地开展便民政务服务,如线上政务 App、小程序、网上服务大厅等渠道,发挥各类数字平台的效能,建立应急社会动员、物资调配等信息化管理系统。

(2) 建立健全数据平台

加强应用的技术革新,巩固对基础能力的建设,构建集成现代化技术和高水平政务数据服务的门户平台,并通过优化资源配置、规范组织结构、充分协调和整合资源、优化服务流程和质量,构建和完善综合性政务大数据服务体系。通过建立统一的数据开放平台,以打破各个地区、部门、组织之间的"数字烟囱"和"数字鸿沟",实现跨地区、跨部门、跨组织的危机信息共享,提供跨层级的数据开放共享,再建立专门的数据库,以为更好地应对突发公共危机提供丰富的数据保障。

2. 加强组织领导,统筹协调发展

建立统一、权威、专业的政府职能机构,能强力高效地推动社会组织的建立与发展,发挥统筹职能以配置各方资源,目的是构建明确职责、组织分工,各地区、各部门紧密配合的全国一体化政务大数据管理新架构。分级的政务机构需要接受上级部门与地方政府的双重统管,在政务数据管理的职责分工与协调机制方面需要进一步明确和梳理。各地各层要致力推动大数据发展和管理体制机制创新,在机构设立、职能定位、上下对应、部门分工四个层面做积极深入的探索,不断为国家实施大数据战略体制机制积累经验。

地方政府需要主动对接大数据领域的科技企业,支持相关科技产业并对其释

放互联网各个终端的产品研发需求,加大与基层治理需求相关联的移动终端产品科技研发力度,政府部门还应帮助科技企业推广相关联的终端产品。在大数据背景下的公共危机治理过程中,一些专业的非政府组织可以完成很多政府需做却难做的事情。突发公共危机期间,相关的应急物资、救灾抢险等数据的可用性以及对其准确的分配是地方政府公共危机治理能力一定程度的指标体现。

(二)大力推动经济发展

经济发展与人们的行为、社会的稳定密切相关。经济增长可以改善人民生活,提高社会就业率,减轻社会成员的税收负担;经济发展能够克服导致社会动荡的经济原因,并防止相关社会问题的出现。

1.优化营商环境

良好的营商环境宛如水、空气和土壤一样对城市的经济发展起着至关重要的作用,与经济增长和市场主体活力直接相关,所以要持续优化改善营商环境,全力促进经济健康活力发展。当前,我国正处于推动高质量发展的关键时期,重点关注营商环境尤为重要。营商环境是当前地方政府公共经济治理过程的重要组成部分,是地方政府提升综合素质和经济竞争力的重要领域,也是成功实现区域经济治理目标的有效途径。持续改善营商环境,加快建设经济强省,必须果断行动。

主要表现为:落实政策,细化落实招商引资激励政策,制定全面细化、可操作的法规,以平等对待市场参与者;严守法律,公正维护市场主体的合法权益,营造出严谨科学、稳定且可持续、与地方发展相适应的营商环境;建立企业信任,深入推进诚信政府建设,健全政府守信保障体系;建立合适的政务环境,加快政务服务规范化与人性化以及办事流程的标准化,打造重大项目代理服务团队,建立容错机制以避免或减少因"容缺受理"带来的责任问题。

2.紧抓数字经济发展

(1)牢牢掌握数字技术发展的主动权

深入推进新基建建设,持续推进5G网络规模化、融合化建设,聚焦人工智能、先进计算等重要产业,形成具有全球竞争力、掌握着重要核心技术的生态主导型企业;要释放数字技术对经济增长的放大叠加倍增效应,推进"5G+工业互联网"融合发展,通过鼓励企业建设5G全连接工厂和发展这些类型的企业,推动经济转型升级、提升产业竞争力;加大数字出版发行行业公共服务平台建设,打造一流科研设施,迈向数字技术巅峰。

(2)完善制度体系并统筹其发展与安全

建立工业互联网安全分类分级管理体系,积极开展数字经济的国际合作,构建网络空间命运共同体,持续不断地深化对数字经济发展规律的研究,聚焦基础研发,加大基础研发力度。完善科技成果赋能,建立新的奖励制度,对科技创新成果建立长效保障机制,优化科研机构技术转移机制。为补偿数字经济中的风险制定法规,设立政府风险补偿基金以提升数字经济企业在融资过程中的信用度,在政府奉行补偿金的基础上按其比例分割逾期信贷本金。

(3)培养企业的风险判断以及主动合规意识

没有政府监管机构等外部监管力量的支持与推动,任何企业都不会主动建立合规管理体系。因此,应通过提供合规指南等监管制度,提高数字企业的风险防控知识和合规意识。首先,政府可以通过奖励等形式引导和鼓励企业建立数字经济发展的专业合规体系,关注已有法律体系中数字经济发展的法律法规;其次,数字企业应培养积极主动的风险意识和合规意识。

(三)政策支持优化发展环境

通过不断的研究与创新,大数据等信息技术可以有效帮助并克服地方政府在公共危机治理过程中遇到的技术难题与瓶颈,健全的制度体系建设是有效推动地方政府公共危机治理能力提升的重要保障,大数据背景下政府治理转型能取得多大成效、能推进到什么水平在很大程度上取决于其是否构建了完善的制度体系。

1.健全数据管理体系保障制度

建立健全数据生命周期质量管理制度体系,加大数据资源整合和安全保护力度,鼓励政务数据开放共享和高效利用。数据是公共危机治理的重要基石,把握政务大数据整体应用流程中的方方面面,政府才能真正实现将数据有效应用在公共危机的治理过程当中。

地方政府应加强统筹规划、综合布局和全面推进,重点抓好政务数据的采集、处理、共享、开放、应用、安全、存储、归档等全流程,切合实际地打破制约政务数据共享开放的制度壁垒,统筹推进数据的共建共治与共享,支持数据有序流动、开发和使用,从而更好地提升数据资源配置效能。具体来说,创建全覆盖、各领域、各部门互联互通的全国一体化的质量高的政务数据目录,实现数据目录的整合与一体化;推进政务数据融合,形成统筹管理、调度有序、合理布局的政务数据资源一体化;制定数据治理、运维管理、供需对接等守则规范,推动政务大数据标准规范一体化;强化安全主体责任的追究,健全完善数据安全保障体系,推动安全保障一体化。

2.完善数字生态政策法规建设

首先,加强各级政府职能部门对大数据、物联网、人工智能等新兴技术领域的理论知识的掌握,从综合角度考虑各个方面及各组成部分的要求,增加数字技术的使用,在此基础上,再确立行动目标,制订计划步骤与建设路线,开发新的政策规章并确立实施方式,推动体制机制改革与数字技术应用深度融合。

其次，建立完善的制度框架，加快完善实施办法、监管办法、评估办法等综合制度体系，并对所有需审视的要素做全面检查，加强对权力使用的控制和监督，推动实现省级政府大数据技术与公共危机治理的有序融合。

最后，明确省政府在开展公共危机治理工作中的主导作用，提高责任清单梳理速度，通过省级统筹规划、整体部署、分步推进，明确各机构、各部门的职能权限和责任分配，高效开展工作，更有效地执行政府行政职能，从而循序渐进地解决各个层面的问题，提高建设效率，降低风险和成本。

(四)因地制宜选择合适的发展模式

各地省级政府受不同因素，比如经济发展水平、地理位置、资源禀赋等影响，表现出明显的差异性，地方政府要积极克服根深蒂固的传统发展模式，结合自身特色因地制宜地制定发展战略，主动突破去尝试最适合的模式路径。

1.学习并借鉴条件相似的省份经验

在大数据背景下，为提升自身公共危机治理能力，地方政府应加强与同级政府的信息共享与交流，协同解决数据治理改革中的各种问题和困惑。地方政府之间的合作与竞争关系促进着自身发展，竞争可以通过比较激励自身取长补短，合作则达到共赢提高双方的整体绩效，各个地方政府之间特别是同一经济地带区地方政府之间的考核压力、资源禀赋都具有极高的相似性，因此其可借鉴性也较高。

地方政府还需依据不同模式填补自身缺失要素。一方面，在结合毗邻同级政府先进经验与自身具体实际发展的基础上，尽可能地要选择一个可行性高且实施成本低的治理模式来提升该省的公共危机治理能力；另一方面，深入理解大数据背景下高水平公共危机治理的几种模式中技术因素、组织因素、环境因素彼此之间的联动协同作用，重点关注高水平公共危机治理能力的每个驱动模式下的核心条件，对模式中自身缺失的资源条件或重视程度不够的资源条件进行有针对性的补充，开辟一条独具特色的公共危机治理能力提升路径。

2.灵活借助条件间的潜在替代关系削弱客观禀赋约束

为了弥补各个先天条件的缺乏对公共危机能力建设所带来的负面作用，地方政府应该对不同条件之间的替代效应多加关注。例如，当一个省份在制度构建方面不够完善，但如果该省具有较好的政务大数据发展水平、基础设施建设和经济发展水平，那么可以充分利用组织机构支撑和同侪压力与制度构建间的替代效应，即通过提高地方政策支持完善制度构建来弥补组织机构支撑程度不高和同侪压力较小的负面效应，进而生成高水平的公共危机治理能力。当一个省份有着完善的组织机构支撑、较高的同侪压力与经济发展水平时，如果没有足够完善的技术条件，那么也可以通过完善制度构建的方式来弥补政务大数据发展水平与基础设施建设不足,进而生成高水平的公共危机治理能力。

  核心要点是地方政府可以根据当地实际发展的情况,结合分析出路径内其他可替代的条件做相互取代的操作,再加大地方政府对这些特定条件的重视程度和投入力度,以政府部门的主观努力尽力去消除客观禀赋对公共危机治理能力建设的约束,最终,通过"殊途同归"的多元化的路径组合方式实现对公共危机治理的能力的提升。

河南省永城市农村社区网格化治理研究

徐珂

(学号:1120213372)

自十八届三中全会首次提出"国家治理体系和治理能力现代化"的重大改革目标以来,农村社区治理作为实现国家治理体系和治理能力现代化的基础工程而备受重视。本文通过重点研究河南省永城市农村社区"五+五"网格化治理机制,分析其存在的问题,结合国内城市社区和发达的农村社区网格化治理的实践成效,总结出值得借鉴的先进经验,并结合永城市实际情况,提出改善的建议,以期提高永城市农村社区的治理水平。

一、永城市农村社区网格化治理现状分析

结合永城市农村社区网格化治理的实施进程,笔者采取实地走访、问卷调查等方式进行了调研。通过分析永城市农村社区网格化治理的实践过程和取得初步成效,本文列出存在的主要问题并进行分析,为下一步优化农村社区网格化治理体系奠定基础。

(一)永城市农村社区网格化治理目前所采取的举措与成效

自永城市实施农村社区网格化治理以来,农村社区总体平稳发展、富有活力,但在加强基层治理体系和治理能力现代化建设的新要求下,农村社区治理还存在许多不足,需要优化和升级。

1.所采取的举措

经过前期的探索和规划,永城市合理划分农村社区治理网格,通过"五+五"网格化治理模式,基本实现了工作上下联动配合、任务统筹同步推进的运行机制,基层网格化治理体系初步建立。

(1)建立"五级"网格机制

永城市根据乡镇现有行政区进行网格划分,以现有的行政管理层次为基础,建立由乡镇(街道)—管区—行政村(社区)—自然村—村民小组五级组成的网格架构,每个网格原则上不超过20户,以12~15户为最佳。永城市给予乡镇最大的自主权,让乡镇根据自身的实际情况建立"五级"网格架构,根据"五级"网格的建设标准,建立有机构、有人员、有经费、有机制,上下畅通、高效运转的网格化治理体系,努力实现网格全覆盖、治理无盲区,变末端处置为源头治理,不断织密织牢基层治理网络,健全共建、共治、共享的基层现代化治理体系。

(2)推行"五星"网格工作办法

经过前期"五级"网格建立的数据反馈和大量的实地调研,永城市创新推行"五星"网格工作办法。"五星"网格工作办法是将每一个五级网格看作一个独立的组织机构,赋予其更多的权利和空间,不再将网格治理的责任和任务拘泥于网格长和网格员,要让每一个社区居民参与到网格建设和治理中来。星级的评定采用自主申报、综合考评、拟定星级、动态管理等方式,每年度确定并公布一次,评定的结果作为网格资金补助的重要依据,并与网格工作人员的工资绩效挂钩。"五星"网格的星级制定涉及农村社区的方方面面,具体分为致富发展星、文明幸福星、平安建设星、生态宜居星、团结稳定星。"五星"网格工作办法发挥五级网格治理功能,充分利用密切联系社区居民的优势,切实把农村社区应急管理、社会治安、安全排查、矛盾调解等各项工作融入网格化治理之中,做到应融尽融、功能拓展,让网格持续发挥作用,筑牢基层社会治理基础。

(3)建立工作清单,落实网格职责

永城市农村社区网格化治理实行层级负责制,每个层级网格责任人即网格长,负责本级网格工作,并结合每级网格的实际情况,对每级网格长工作的具体职责、工作重点等内容做了详细规定,并要求每名网格长熟悉各自网格的基本情况和工作内容,适应新的工作要求,夯实主体责任。为了提升治理服务的精细化水平,永城市根据各网格的实际情况,结合社区居民的居住分布,张贴包联表,明确网格长、网格员等责任人的联系方式,督促网格工作人员常态化开展治理服务,进一步促进服务水平的提升,助力农村社区经济社会高质量发展。

(4)整合部门资源,实现多网融合

为进一步提升农村社区治理精细化水平,永城市整合多方资源,协同发力,让网格化治理与"智慧永城"相结合，并依托"云上永城"和"一中心四平台"，将大数据融入"小网格"，推动农村社区治理多网融合、数据共享。统筹民政、公安、综治等职能部门组织力量下沉，广泛动员各类组织，整合各方资源参与网格化治理服务，推动农村社区治理服务触角前移，并以网格化治理体系为载体，把人、事、物等要素全部纳入网格，依托大数据智慧平台，把政府职能部门融入网格里，实现多项事务，一网办理。

2.取得的成效

自永城市实行农村社区网格化治理以来，逐步实现治理范围的全覆盖、公共服务的全方位，提升了全市的基层治理与服务水平。

(1)有效实现密切联系群众

永城市大力推进的"五级"网格层级模式，提供了政府和社区居民双向互动的渠道，架起了服务社区居民的桥梁，实现了网格联系群众全覆盖。综合分析各农村社区的人才储备情况，在充分调研和广泛征求社区居民意见的基础上，合理设置五级网格长。各乡镇(街道)积极开拓思路、创新治理手段，依据现有的信息技术手段，以"一格一群""一户至少一人"的标准，建立五级网格群。

(2)治理网络更全面有效

永城市在"一中心四平台"的基础上建立综合指挥中心，根据农村社区治理工作任务要求，成立社会治安、安全生产、化解矛盾纠纷、整治人居环境等多个工作专班，确保农村社区治理的各项工作任务及时下达，网格长上报的疑难问题集中处置，做到上下信息畅通，左右协同有序。各网格员通过线下走访和线上办事相结合的方式，准确收集社区居民的意见，及时处置发现的问题，切实提高农村社区治理能力和治理水平，实现基层治理无盲区。各乡镇(街道)根据自身情况，成立网格化治理办公室，以市级综合指挥中心和农村社区网格化治理服务平台为基础，设立工作小组，做好上传下达，保证信息的上下流动，实现农村社区网格化治理工作的有效进行。

(3)公共服务能力显著提升

永城市实施农村社区网格化治理之后，整合了各职能部门的治理资源，加强了各级职能部门之间的联动，实现从单一管理到综合治理、多元参与的转变，提升了农村社区治理效率。通过应用现代信息技术，农村社区治理和服务基本上实现无盲区、无死角，民情信息也可以更快、更全面地被掌握。社区居民的各类公共需求可以通过与网格长面对面交流、网格群等方式直接进行反馈，这样各级职能部门就能够在接收到社区居民的诉求后的第一时间做出统筹部署，高效地解决问题，提高公共服务水平。

(4)公共卫生事件处置见实效

通过全市五级网格群的快速反应、高效运作,可以更快地掌握网格内居民的动态信息,全面梳理各类风险隐患。在公共卫生事件处置中,各级网格长充分发挥人熟、地熟、情况熟的优势,盯紧重点人员,封锁重点场所,扎实推进排查、宣传、防控等工作。网格长对网格内人员逐户逐人排查,对来返人员严格落实分类管控措施,确保不漏一人。在排查的同时通过宣传手册、大喇叭等手段,向社区居民宣传公共卫生事件处置政策和知识,引导社区居民养成健康良好的卫生习惯,做好公共卫生事件处置的各项举措。

(二)问卷调查与结果分析

为了更好地分析永城市农村社区网格化治理的情况,采取查看工作资料和实地走访的方式,通过与网格工作人员和社区居民面对面的交谈和发放调查问卷,了解他们的真实感受以及农村社区网格化治理的情况,并对问卷结果进行定量分析,为发现问题和分析原因提供数据支撑。

1.问卷调查

调查问卷(一)以网格工作人员为调查对象,采取线上调查方法,共收集调查问卷 115 份。调查问卷分两部分,共设计问题 12 个,其中客观题 11 个、主观题 1 个。第一部分为网格工作人员的基本情况,包括性别、职业、年龄、学历以及在网格中的职位;第二部分为网格工作人员的工作情况,包括参与到农村社区网格化治理的途径、了解与应用网格化治理手段的情况以及对于推行网格化治理的评价与建议。

调查问卷(二)以永城市农村社区居民为调查对象,并采取线上与线下相结合的调查方法,共收集调查问卷 272 份。线上调查问卷面向农村社区各类主体,范围广且随机性较强。线下调查问卷则是与实地走访同步进行,考虑到目前农村社区多以老年人为主,填写问卷存在一定的困难,所以会在面对面的交流过程中协助其完成问卷调查,调查对象多以党员、乡贤、脱贫户等为主,范围精确且具有代表性。调查问卷分两部分,共设计问题 20 个,其中客观题 19 个、主观题 1 个。第一部分为农村社区居民的基本情况,包括性别、职业、年龄以及学历;第二部分为针对永城市农村社区网格化治理设计的问题,包括社区居民对于农村社区网格化治理的了解、参与意愿和情况以及评价与建议。

2.结果分析

通过对调查问卷(一)的结果进行分析发现,受访人员中,男性占比 72.17%,女性占比 27.83%;年龄在 45 岁以下的占比 21.74%,45 岁以上的有 78.26%,60 岁以上的占比 11.3%,说明农村社区网格化工作人员以 45~60 岁的男性为主,符合目前农村社区人才结构的现实情况。受访人员的职业占比较高的为村组干部、农业生产者、个体经营、自由职业，分别为45.22%、13.91%、10.43%、8.7%，如图1所示，各职业类别均有涉及，说明农村社区的多元主体已经参与到网格化治理当中。受教育程度方面，专科以下、专科、本科、研究生学历的占比分别为73.04%、14.78%、11.30%、0.87%，总体受教育程度较低，但专科以下多为村组干部和农业生产者，他们熟悉农村社区情况，现场处理和协调能力较强。受访人员中仅有26.96%的人将网格化治理工作视为全职，15.65%的人为主动报名参与网格化治理的，可以看出农村社区网格化治理多以政府为主进行推进，社区居民主动参与网格化治理的积极性不足。但受访人员中有62.61%的人愿意长期从事网格化治理工作，95.65%的人认为网格化治理可以提升农村社区工作，可以看出开展农村社区网格化治理是可行的。受访人员所提的建议主要集中于加强培训指导和提高岗位待遇等，这些正是下一步农村社区网格化治理工作需要加强的方面。

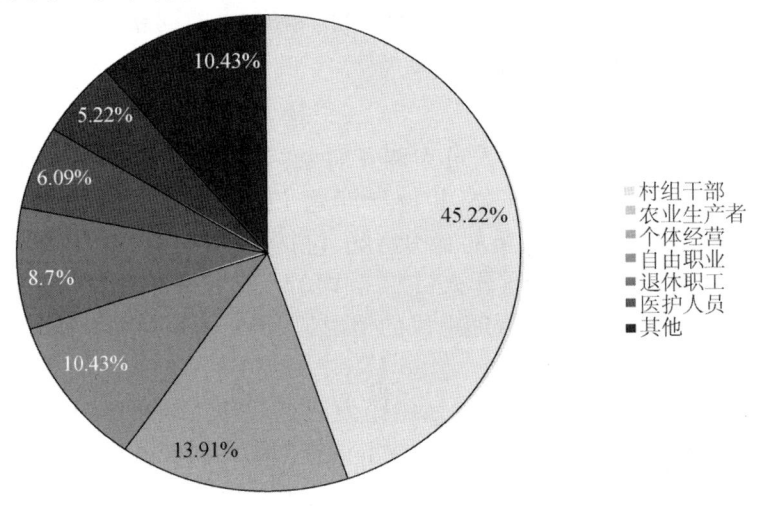

图1　网格工作人员职业类别分布

通过对调查问卷(二)的结果进行分析发现，受访人员中，男性占比66.18%，女性占比33.82%；年龄在45岁以下的占比31.62%，45岁以上的占比68.38%，60岁以上的占比8.46%。说明农村社区常住人口以中老年为主，符合目前农村社区常住人口年龄段现状。受访人员的职业占比较高的为农业生产者、个体经营、退休干部、医护人员，分别为48.53%、8.09%、6.25%、5.88%。抽样的社区居民职业种类比较齐全，且以农业生产者为主，如图2所示，符合永城市农村社区居民结构特征。受访人员中有72.43%的人对永城市农村社区网格化治理有所了解，69.49%的人了解自身所在网格的基本情况，64.71%的人了解其网格长，相当一部分农村社区居民不了解网格化治理，说明宣传力度不足，但受访人员中对农村社区网格化治理服务团队的工作态度、网格化治理的宣传指导工作、网格化治理实施的制度和政策以及网格化治理运行的工作效率的满意度基本都在良好及以上,占比分别为77.2%、62.87%、81.2%、76.47%,如图3所示,说明社区居民对于农村社区网格化治理这项工作是普遍认可的,而且通过网格化治理的实施,社区居民对于网格化治理提升政府治理能力的满意度基本都在良好及以上,占比87.87%,侧面反映出在农村社区推行网格化治理是切实可行的,但在实施过程中仍存在许多不足,诸如受访人员所提出的增加专业人员、简化工作流程等建议,都是需要在接下来的工作中进行改进的,从而提升农村社区居民的满意度,增强其幸福感。

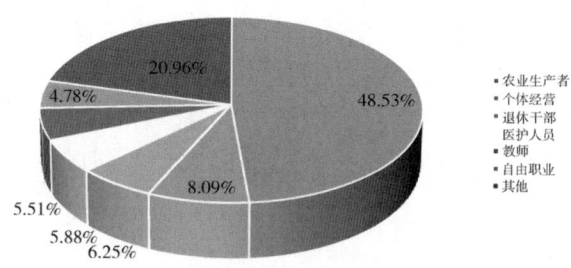

图2 农村社区居民职业类别分布

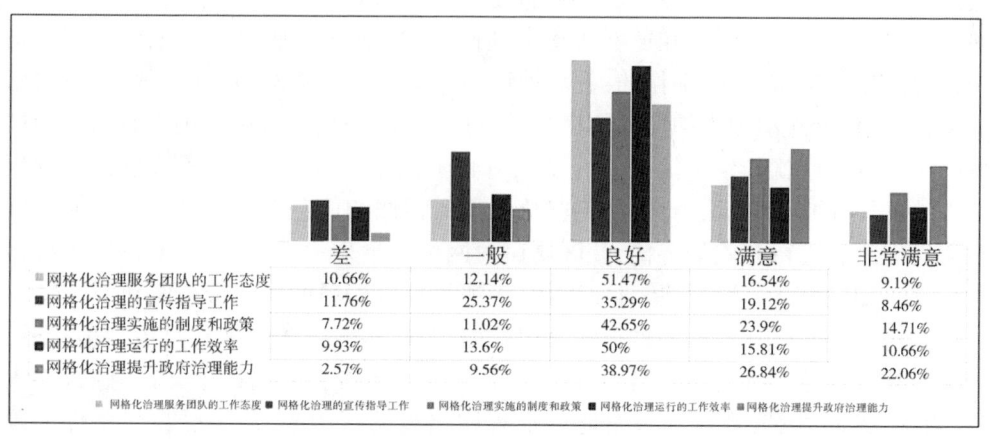

图3 网格化治理工作各方面评价

(三)永城市农村社区网格化治理中出现的主要问题

永城市农村社区网格化治理在推行过程中不断总结、不断完善,虽然在农村社区治理工作取得了一些成果,但是受经济发展水平、社区居民文化程度、社区复杂的情况等诸多因素影响,农村社区的治理效果与实现乡村振兴战略中治理有效的目标还有一段距离。

1. 网格划分大而化之

大部分乡镇(街道)对于市里给出的五级网格指导意见,只是机械地按照户数进行基础网格划分。在划分的过程中虽然也考虑到社区居民楼栋的位置和亲缘关系,但是没有统筹考虑人口数量、人员配备、资源配置等诸多因素,因此出现了很多不利于网格治理的情况。例如有的自然庄人口多,基础网格划分了十几个,导致五级网格长选不出来,出现一个五级网格长要管理多个基础网格等现象。有的基础网格里户数虽然足够,但是居民基本上都外出打工,五级网格长只能靠网格群传达一些政策和消息。调查问卷显示有 22.61% 的网格所包含的户数在 15 个以上,五级网格长工作压力大,只能完成部分工作。一些经济基础较好的农村社区存在新开发的小区和市场,小区居民和商户很多都是周围社区的,由于被划分在原来社区的网格内,导致无法享受到所在社区的网格服务。社区居民还会按照以往的习惯寻求村组干部的帮助,久而久之,五级网格长就会形同虚设,基础网格难以发挥作用。

2. 多元主体参与度不高

在农村社区网格化治理的工作过程中,永城市并没有采取有效的方式对网格化治理模式进行充分的宣传。通过调查走访和发放的调查问卷结果发现,27.57%的社区居民不了解甚至不知道网格化治理模式;35.29%的居民不认识自己的网格长,不知道网格长是如何工作的;有的社区居民只是在五级网格群内浏览一下网格长发布的消息,并不知道如何向网格长反映问题;29.78%的社区居民没有通过网格解决过问题。这就导致了信息的流动只有自上而下的传递,缺少了从下到上的反馈,社区居民的诉求无法传递,使网格化治理所强调的信息双向互动失去意义。网格化治理没有进行有效的宣传,社区居民对网格化治理不了解,自然谈不上积极地参与,使得网格化治理的优势难以发挥,无法给社区居民的生活带来便利。

农村社区网格化治理的推行一直由政府主导,多元主体大多只是被动地接受,主动参与的途径非常有限。虽然在五级网格长和网格员的选拔中,将一些医护人员、教师、无职党员、乡贤和致富能手加入网格员队伍中来,但是受自身条件的限制,他们很难全身心地投入网格化治理工作中来。调查问卷显示 73.04%的网格工作人员将其视为兼职,他们不愿长期参与网格化治理工作的原因为时间不足、工资待遇低、没有发展前景等,占比分别为 13.04%、18.26%、6.09%。

3. 网格员队伍建设不完善

网格员的工作能力直接影响到工作的成效。各乡镇(街道)的网格员都是自主选派的,对于网格员的选拔并没有一个明确的标准。调查问卷结果显示,网格员队伍中 46.09% 的人员在 55 岁以上,高中及以下学历占比 57.39%,由于年龄偏大,学习和接受能力较低,很难利用智能设备进行操作;也有一部分网格员由于生活的压力,经常不在社区,只能通过电话和五级网格群进行工作;也存在很多四级网格长兼任五级网格长的现象。这些问题都导致网格员难以全身心地投入工作。网格员对于工作的态度也是影响工作成效的一个因素。网格管理工作涉及面较广,且工作繁重,目前关于网格员的待遇并没有明确和统一的标准。如果没有相当的待遇和荣誉,网格员就难以坚持长时间认真地工作。很多网格员没有参加系统培训,对于农村社区治理的工作方法和经验不足,基本素质难以和岗位匹配,很难有效地开展工作。

4.信息交互不通畅

农村社区网格化治理的推进就是依靠现代信息技术来实现的,但是由于信息壁垒的存在,资源共享进度较慢,并且目前对于网格化治理服务平台的建设尚不完善,许多网格的基础信息还在上传之中,涉及公安、综治、医疗卫生、安全生产等端口还未对接,信息传输的设备尤其是网格员的终端还未投放。在当前实际工作中,五级网格群发挥了很大的作用,但是由于网格化涉及的职能部门较多,依靠五级网格群难以做到资源的整合,协同工作仍未展开,导致网格员排查上报出现问题,需要再次录入相对应的职能部门系统,降低工作效率。社区居民得不到及时的回应,再有其他问题就不会上报了,五级网格群就会成为一个单纯的信息传达群,无法让网格化治理服务在农村社区治理中发挥最大效果。

(四)存在问题的原因分析

本文针对永城市农村社区网格化治理推进过程中的问题进行深入的分析和研究,发现导致这些问题存在的原因主要为以下几个方面:

1.未充分考虑农村社区特殊情况

在城市社区内往往把一栋楼作为一个基础网格,可是农村社区地域广阔,人员居住不集中,不能照搬城市社区划分的模式,因此永城市决定采用将村民小组作为基本单元的方式进行网格划分。这种划分方式是以居民的户数为标准的,虽然可以使覆盖面无死角,使社区居民应纳尽纳,但是仍会出现相同层级的网格内人数不均、资源不同的情况,造成网格长治理服务的人数和任务差别较大,影响社区治理服务的质量。加之农村社区多以散村为主,依照居民的户数进行划分会使一个村落的人被划分在不同的网格内,增加了网格长工作的难度,致使社区精细化治理服务无法落地。在网格划分的过程中,虽然将环境,比如道路走向、楼房位置等考虑在内,但是忽略了农村社区传统的乡土性,没有考虑社区常年以来的风俗人情和社区居民之间的亲缘关系,在网格资源配备方面,同样忽略了农村社区长期存在的熟人社会的价值理念,这就导致网格很难进行自我治理服务。

2.忽略多元主体参与的重要性

永城市农村社区网格化治理的推行从一开始就是自上而下的，政府始终处于主导地位，始终扮演着管理者的角色，网格的划分标准、人员分配、工作流程、制度考核等重要环节全部由政府掌控。政府的主要目的是完成上级分配的工作任务，网格的工作多为被动地执行政府的安排部署，缺乏自主性，对于多方主体的关注和回应较少，使得多方主体对于网格化治理的信任度下降。长期以来，包括社区居民在内的多方主体一直处于被管理的状态，缺乏自治意识，对于网格化治理工作参与较少。在农村社区网格化治理的前期，宣传动员工作不足，导致很大一部分社区居民不了解网格化治理的内容，不清楚自己的角色定位，认为社区工作由干部完成就行，也有些社区居民认为社区公共事务是政府的事情，自己用不着操心，没有认识到自己在网格化治理过程中的重要地位。

3.忽视人员选拔和培养机制的建立

农村社区工作涉及广泛，因此对于各级网格长和网格员的素质要求较高。虽然在五级网格长和网格员的选拔工作中，着重强调了要以中青年和大学生等为主，但是目前农村社区居民多为留守老人和儿童，选择性较少。而且由于资金问题，尚不具备公开招聘专职网格员的能力，因此网格员队伍的选拔难度很大。目前对于网格员的培养机制尚不完善，只是开展了一些网格员当前工作上的培训，没有建立长期的培养计划。要解决以上问题，首先应该解决网格员的待遇问题，目前网格员的待遇低，导致网格员做事的热情不高。其次是网格员的晋升问题，网格员地位的不明确和身份的不落实，导致网格员缺乏社区的认同。最后就是管理和考核的问题，尚未建立起科学的对网格员的管理和考核机制。

4.信息平台搭建落后

农村社区经济基础薄弱在一定程度上制约了信息平台的应用。虽然农村经济近年来充满活力，但是仍未解决农村社区经济基础薄弱的问题，由于缺少资金，各乡镇(街道)对于网格化治理推进力度方面有所欠缺。由于各乡镇(街道)对网格化治理服务指挥中心建设投入不足，难以保障网格员的队伍建设和运行，导致无法开展信息收集、协同联动等网格化治理相关的工作。

资源整合不足，导致各部门之间无法实现有效联动。永城市农村社区网格化治理是以各乡镇(街道)政府为主体对网格进行管理的，这就导致对于各职能部门人员的调动能力不足，且各职能部门之间长期以来缺少沟通交流，存在信息壁垒，很难实现统筹管理。信息平台的搭建一定要考虑到农村社区的实际情况，尤其是目前终端使用者即各级五级网格长和网格员，他们的年龄都相对偏大，对于终端的操作需要学习和适应。

二、国内其他地区农村社区网格化治理的经验借鉴

网格化治理模式在城市社区取得显著成效后被运用到农村社区治理,为多地的实践提供了许多可借鉴的经验。

(一)国内其他地区农村社区网格化治理概况

浙江省舟山市、山西省平遥县、安徽省查湾村积极探索,敢于实践,形成了独具特色的农村社区网格化治理模式,这些成功的案例能够为永城市开展农村社区网格化治理提供了有益的参考。

1.浙江省舟山桃花镇:"组团式服务"下沉模式

桃花镇位于浙江省舟山市普陀区,随着社区居民日益多样化的公共服务需求,桃花镇农村社区出现了公共服务供给短缺和质量不足的问题,为解决这一困境,桃花镇结合本地农村社区工作现状,提出一种"组团式服务"的网格化治理下沉服务模式,主要做法如下:

(1)利用"网格化"划分

桃花镇是在乡镇(街道)、村(社区)行政区划不变的前提下,根据村(社区)所辖范围、分布特点、人口数量、居住集散程度、群众生产生活习惯等情况,以家庭为基本单位,把乡镇(街道)划分成若干个单元网格。并在此基础上,重新编排了基层党组织关系,使全市的党员共同参与进来。

(2)开展"组团式"服务

农村社区为每个网格配备一个网格治理服务团队。网格治理服务团队是以镇村干部为主,以网格小组组长、辖区民警为辅,吸收教师、大学生、退休干部和退役军人等各方面人才组建而成,每个网格治理服务团队都能够很好地发挥每个队员的优势。

(3)推行主动式服务

规定每个网格一周至少三日走访社区居民,并充分发挥每个网格内党员的先锋作用。各网格每月召开一次网格工作会议,汇报总结社区治理和服务信息。

(4)运用信息技术

实施信息化管理,建立社区治理与服务的信息化平台,将网格中所有社区居民的信息录入平台,建立数据库,并授权专人进行日常的管理、维护和更新,确保重要信息的使用安全。

2. 山西省平遥县："四级网格化"融合模式

平遥是一座历史悠久的文化名城，旅游业十分兴旺。平遥县政府办牵头，在全县各乡镇开展"四级网格化"治理模式，县级社会综合治理服务中心为一级网格，镇级综合治理服务中心为二级网格，行政村为三级网格，四级网格则为基础网格。"四级网格化"融合模式的主要做法如下：

（1）上下联动的体系机制

网格长的日常工作就是在网格内进行巡查走访，在了解群众的需求和发现群众关心的问题之后，及时上报给上级网格，最后汇总于县级社会综合治理服务中心。县级社会综合治理服务中心通过整合相关职能部门资源，分类建立了事项的处理方案。

（2）充分发挥网格长的作用

网格长是网格运行的关键，是上下联动的中枢。首先，网格长要以身作则，在基层工作中为群众做好表率，积极引导群众参与到基层工作中。其次，网格长要利用好自己的优势，大部分网格长都是长期工作在基层，对基础网格内群众的所思、所想、所盼更加了解，要及时收集群众的问题并上报，做好群众的知心人。

（3）做好宣传工作

利用条幅、传单、座谈会、广播会等方式，大力宣传网格化工作和各项惠民政策，尤其是网格长在工作时，要做好网格化工作的宣传，积极引导群众利用网格解决问题。

3. 安徽省查湾村："非线性"嵌入模式

查湾村位于安徽省黄山市祁门县芦溪乡，2019年被列入第五批中国传统村落名录。查湾村打破常规，探索创新，在农村社区网格化治理中嵌入协同治理，建立一种全新的"非线性"嵌入模式网格治理体系。"非线性"的主要做法如下：

（1）"非线性"体系的建立

结合基层党组织，发挥党建引领农村社区治理的作用，形成纵向到底的协同治理，并与横向到边的网格化组织交叉统一，形成一张新的农村社区治理大网格。以党建引领农村社区网格化治理，既最大化地发挥了基层党组织的作用，又突破了原先单一的治理线条。

（2）治理主体的多样化

社区居民和其他组织不再是被动的接受者，通过网格化的赋权，社区居民和其他组织已经成为农村社区治理的参与者。查湾村建立起一个协商交流平台，可以更好地发挥多元主体协同治理的效果，实现多元主体参与常态化。

（3）加强法治建设

农村社区网格化治理的推进一定要有制度的约束，查湾村在原有制度的基础上,着重加强了法治建设。用法制化的思想推进农村社区网格化治理,强化法律法规保障,发挥村规民约作用,保障网格化治理合理推行,确保农村社区和谐稳定。

(二) 经验借鉴

笔者在对国内不同地区农村社区网格化治理情况分析之后发现,虽然各地有很多相同的做法,但是有些做法却很具有本地特色,这其中就有许多的先进经验和做法值得永城市去借鉴。

1.因地制宜开展网格化治理

各地在农村社区网格化治理的实践中,大多数都是在推进过程中进行不断优化、不断完善的,但无一例外,在实施农村社区网格化治理的过程中,各地都将当地的实际情况,例如地域分布、传统习俗、经济发展水平等各种因素充分考虑在内,并且在推行的过程中适时调整和优化,久而久之,便形成了一种具有自身特色的网格化治理模式。

目前农村社区以血缘、地缘关系为基础所形成的熟人关系网络仍然对日常事务处理有很大的影响,处理方式也更多依赖于传统的风俗习惯和村规民约。因此,要推动农村社区网格化治理的实施就需要考虑到这种熟人关系网络,并努力利用这种熟人或半熟人的人际关系来实现农村社区的礼治秩序与现代法治秩序的有序整合。要挖掘当地积极的地域文化,并在网格化治理过程中以一定的方式呈现出来,这样既充分发挥了农村社区礼治资源的积极作用,也让社区居民有了更多的认同感。

2.促进多元治理主体形成合力

在各地的农村社区网格化治理实践中不难发现,原来单一的参与主体已经不能适用当前农村社区治理的需求,必须向多元治理主体联动方向转变。

目前,各地农村社区网格化治理在促进多元治理主体参与时所采取的举措,大致都遵循"党政主导、社会协同、公众参与"的网格化治理模式。在党建引领和政府主导的推动下,社区居民、党员、退役军人、大学生、各类社会组织等主体的参与,使网格化治理力量显著提升。在促进多元主体参与农村社区网格化治理的过程中,要充分利用关键主体的引领作用,同时也要整合农村社区乡贤、退役军人、大学生、志愿者等参与,深化社区服务,将社区服务覆盖到网格的每个角落。在吸引多元主体参与农村社区网格化治理时,要采用一些社区居民喜闻乐见的形式,吸引更多的治理主体为农村社区的治理出谋划策。

3.建立完善的制度体系

农村社区网格化治理取得成效的关键就是完善的制度体系。从各地取得成效的案例中分析发现,他们都建立了较为完善的制度体系。普遍所采用的方式是党政部门主导,在市、乡镇、村成立专业的网格化治理服务部门,并配备相应的工作人员进行统筹管理。这样一来,就确保了农村社区网格化治理在市级层面有顶层设计,各级之间能够顺利衔接,在村级层面能够具体落实。其中市级网格化治理服务部门是整个网格化系统的核心,主要负责全辖区范围内网格化治理服务的统筹和协调,不仅要对乡镇、行政村的农村社区网格化治理工作的实施方案和网格化治理服务团队的人员选拔、岗位职责、考核评估以及监督管理等制度做出明确的要求,还要保证市、乡镇、村三级网格化治理服务部门之间的信息通畅,以及相关职能部门的协同合作。

4.加强一体化信息平台建设

网格化治理效能的发挥需要多方面的信息资源,只有构建全面的信息数据平台,才能保证网格化治理的信息需求,进而为工作方案的设计和实施提供数据支撑。一是要建立农村社区信息资源库。在开发农村社区网格化治理综合信息平台时,要遵循实用性和安全性的原则,将农村社区内的人口、环境、设施等各类基础信息完整采集。二是整合相关职能部门之间的行政资源,形成行政化的供给网络。网格化治理服务部门要牵头对政府融媒体、公共安全信息指挥中心、综合治理中心、行政服务中心等职能部门的数字化信息平台进行优化升级,进而整合构建成一个统一的多功能的网格化治理综合信息平台。

三、进一步加强永城市农村社区网格化治理的对策分析

笔者从永城市农村社区网格化治理过程中遇到的问题出发,运用公共管理相关理论,对优化永城市农村社区网格化治理工作提出具有针对性、可操作性的对策建议。

(一)优化农村社区网格化治理的整体规划和保障能力

要想实现农村社区网格化治理工作的有效开展,首先就要有科学的整体规划和优质的保障能力。科学的整体规划可以使农村社区网格化工作有条不紊地铺开,优质的保障能力可以使农村社区网格化治理体系有效地运行。

1.对网格划分进行科学的研判和规划

首先,应明确网格划分的主体责任。对于市级提供的五级网格划分方式,各乡镇(街道)应根据自身情况,邀请专家研讨其适应度和可行度,并将需要调整的内

容上报市里,由市级研讨后进行批复,然后将确定的网格划分方案向社区居民进行公示,在充分收集和综合社区居民意见之后确定最终方案。

其次,应明确网格划分的原则。网格划分要遵循整体性、可行性的原则,做到标准划分清晰、网格规模适度、工作任务相当、利于整体管理。网格划分要综合人、事、物和组织等因素,统筹考虑人口数量、人员分布、资源配置率、网格管理水平等方面,兼顾道路、居民楼栋的分布等自然环境以及人文环境。不能简单地以某一种指标作为划分原则,应充分考虑到每个网格的户数、公共服务基础设施情况、网格员的工作量、业态分布以及历史渊源等因素,尤其做好新开发居民小区、安置小区等特殊位置的网格划分。

2. 加强政策、制度保障

强化制度保障可以使好政策落地、落实、落细。健全农村社区网格化治理法规政策体系,坚持依法治理,强化政策保障,进一步完善治理服务标准和网格治理服务队伍管理制度,加快构建刚性约束和软性激励引导协同统一的考核体系。目前大多数网格治理服务人员都是兼职,要出台一整套考核机制,促进兼职变专职。强化工作保障支撑,重点推动多元主体参与治理的法律保障,加强多元主体治理权责标准制定的统筹规划,聚焦农村社区内的企事业单位、社会组织等主体,规范多元主体参与治理的渠道,同时加大宣传力度,建立试点,让多元主体真正看到治理效果。

3. 提高专项资金投入

农村社区网格化治理的高效运行需要充足的资金支持。目前农村社区相对来说经济基础较差,资金的投入是制约网格化治理推进的重要因素。政府应增加财政拨款,建立市、乡镇(街道)、行政村三级财政预算投入,统筹考虑治理服务项目,满足农村社区网格化治理服务的资金需求。网格化治理的资金来源不能仅仅依靠政府的财政投入,需要建立多元投资模式,积极拓宽资金筹措渠道,充分发挥本地的资源优势,吸引民间投资、开展社区募捐、增加集体经济收入等,使农村社区网格化治理资金保障更加充足。同时要提高专项资金的使用率,建立规范有序的网格化治理资金管理制度,保障整个网格化治理体系的可持续运转,并制定合理的资金使用方案,使筹集到的资金第一时间投到最需要的地方,保障整个资金链的良性运转。

(二)促进多元主体协同治理

1. 加强党建引领

推行农村社区网格化治理,应当依托现有的农村社区党支部,充分发挥党员干部的模范带头作用,以党员为旗帜,在农村社区网格化治理服务中带领和引导社区居民全面参与,形成共同建设维护家园的良好氛围。加强农村社区党支部建设,提高战斗力。首先要加强党建活动阵地建设,要改变以往单纯党员学习活动的功能,增加创业培训、服务管理等多项业务。其次要优化农村社区党支部的组织结构,提高其成员的政治素质和文化水平。确定党员干部联系对象,做到党员进网格,户户有干部,使党员干部直面农村社区的各种矛盾和问题,尤其要高度重视农村社会治安管理和矛盾纠纷排查化解工作,抓住重点和难点问题,坚持预防为主,把各类问题隐患消灭在萌芽状态,从根本上保障农村社区的平安稳定,提高人民群众的安全感。

2.引导各类社会主体参与

为了促使社会主体积极参与到社区治理中来,必须加大宣传社会主体合作共治的益处,激发其内在动力。政府可以采取购买服务的方式,鼓励支持社会组织、社会工作者和志愿者在内的社会主体参与农村社区治理,进一步完善农村社区综合治理机制。放宽社会主体的准入条件,尤其是为老年人、妇女儿童、残疾人等特殊群体服务的社会主体,支持社会主体开展政策宣传、致富培训、医疗诊断等为民服务的活动。政府提供平台,组织集中开展形式多样的社区活动,各社会主体可根据自身特长和工作实际参与其中,例如普法宣传、垃圾分类等主题活动。

3.提升社区居民参与度

农村社区网格化治理是与社区所有居民的利益直接相关的,必须充分发挥社区居民在农村社区网格化治理中的主体作用,提升社区居民的参与度。

首先应加大宣传,让社区居民了解网格化治理,通过召开居民大会进行讲解,使社区居民知道如何通过网格来解决自己的问题。其次需要完善相应的制度,明确社区居民参与治理的权利和义务的同时,也要厘清社区居民和其他治理主体之间的权责关系和职能范围,切实保障社区居民有效参与治理。最后利用信息平台,拓展社区居民参与渠道。社区居民可以通过终端,在网格化治理服务平台上发表诉求,查看反馈进度,也可以参与政策的制定商讨,监督各项事务等。现代信息技术在农村社区网格化治理中的应用,打通了社区居民线上与线下的参与渠道,改进了治理和服务的方式,促进了各级之间的沟通交流。

(三)打造专业的农村社区网格化治理团队

1.建立合理的选拔制度

网格治理服务人员的选拔要根据农村社区人才短缺的实际情况,不断创新选拔方式,拓宽选拔渠道,做到知人善任、用当其时、人尽其才。网格治理服务人员应设置为专职和兼职。专职网格治理服务人员主要是采取面向社会进行招聘的方式组建,招聘应由各乡镇(街道)自主开展,市级审核把关,以推进网格化治理为契机,补足专职网格治理服务队伍的缺口。政府在招收人才的计划中,也应适度向农村社区网格化治理的方向倾斜,例如大学生村官、政府购岗等。兼职网格治理服务人员应以农村社区的中青年为主,积极挖掘本村的大学生、乡贤、退役军人等,通过落实薪酬和社会保障待遇全力吸收他们参与到治理中来。

2.建立专业的培养体系

网格治理服务人员的综合素质直接影响到农村社区网格化治理的有效运转。提高网格治理服务人员的综合素质之前,首先要让其清楚自己的职责所在。通过制定科学的网格化治理服务工作清单,使网格治理服务人员更好地了解网格化治理的基础性工作。其次就是提升农村社区网格治理服务人员的工作能力。为提升网格治理服务人员的工作能力,使其适应网格工作多样化的要求,应当采取专业的培训,定期对其进行技能培训。同时应强化激励机制,提高网格治理服务人员的薪资待遇,其中补贴可以根据工作年限按照适当的比例提高,津贴则由工作数量和业绩决定。

3.建立科学的考核评价机制

完善考核评价机制,让农村社区的问题真正在网格内化解。首先也是最重要的一点就是对网格治理服务人员的政治素质考核。公开选拔进入工作岗位的网格治理服务人员,必须不存在任何政治上的问题,在日常的考核中,要丰富考察网格治理服务人员的政治标准内容,加强对政治理论、政治纪律遵守等方面的深入考核。其次要强化网格治理服务人员日常工作面考核。进一步细化网格化治理服务的考核问责机制,可以采用日常检查、月度自查、季度督查和年终集中检查相结合的方式进行动态考核,重点督查办结满意率、矛盾化解率、走访入户率、信息报送率和问题处理率等情况,并及时予以公开,接受社区居民监督。

(四)加强农村社区网格化治理平台建设

1.构建一体化信息平台

目前永城市农村社区网格化治理服务一体化信息平台正在建设中,在开发设置网格化治理服务一体化信息平台时,应该充分考虑平台的实用性和高效性。平台功能的设定既要保证各项网格治理事项整合有序,把基层治理中的事项逐条理顺设计到治理服务平台中,便于工作中使用,又不能设计得太过烦琐,不利于网格治理服务人员和参与社区居民的使用。一方面,平台的规划建设要实现治理资源的集中化、一体化设置,这是网格化治理过程中信息化建设水平的重要体现,建设过程中要实现治理资源的共建共享。各治理职能部门的信息资源,要通过信息平台统一汇总,把各部门的治理数据进行分析汇总,利于各部门之间的协同使用。这样可以避免各部门之间的信息不对称,反复录入信息数据,造成治理资源的浪费。另一方面,要整合管理模式。通过流程再造,梳理各部门的治理职能,把各部门间的相近职能通过反复研判,进行统一的管理,并在治理平台模块设置时,减少多余的功能模块,这样更便于信息共享,方便操作。

2. 加强各部门之间联动

各职能部门通过网格治理流程再造,使上下联动、无缝对接,提高工作效率。在这个过程中,要充分发挥平台的集成化作用,把相关职能部门的信息资源进行整合,实现治理数据的联动、对接和共享,提升行政管理和政务服务的协同能力,变群众"来回跑"为政府"一网办"。首先要加强信息沟通。各部门获得信息后及时反馈,实现信息互通共享,提高信息的利用效率,协同推进重大事项落实。其次要强化协调统筹。对涉及多职能部门的工作任务,网格化治理服务平台要统筹考虑,充分发挥指导作用,协调引导各职能部门将各项工作任务落到实处。最后要增加联合会商。对确定的重大事项,根据实际工作需要,由网格化治理服务中心组织相关职能部门联合会商,分析存在的突出问题和困难,会商研究提出解决问题的对策。最后要加强监督检查。

3. 大数据统计分析应用

为积极回应民生诉求,通过农村社区网格化治理服务平台建设,整合大数据技术,从社区居民最关心的问题入手,将"大数据+人工智能技术"与民生诉求领域结合,打造大数据民生诉求分析平台,实现诉求数据的全面融合、民生诉求的精准分析、热点问题的预测预判,为网格化治理在民生领域精准施策提供支撑。推行"一次采集、多方共享"的数据质量长效机制,推动单一体系的民生诉求收集回应向系统化、前瞻性的社会治理和民生服务转变。引入人工智能对比分析、建模测算,实现诉求主体的精准定位和可视识别,自动甄别出数量较大的具体诉求问题,以及问题所在社区、街道等,亦能同步实时推送所涉及的各类问题的相关解决方案。通过大数据对比分析,对重复、集中、短期内投诉增多等情况,进行实时预警。

菏泽市牡丹区社区网格化管理优化研究

潘慧璇

（学号：1120213349）

随着城市建设不断发展，过去的社区网格化管理模式已经不能满足当前社会治理的需要和新时代社区居民的需求。为了积极引导居民以理性、合法的方式表达诉求，为居民多样化的需求和个性化的发展提供支持和保障，进一步创新信息化时代居民工作机制，全面提升社区网格化管理能力水平，全面推进社区治理创新工作，网格化管理优化迫在眉睫。

一、菏泽市牡丹区社区网格化管理现状分析

菏泽市牡丹区现辖7个街道，11个乡镇，57个城市社区，525个村（居），城区共划分网格405个，其中专属网格27个，实现了城区内网格100%全覆盖，配备了专职网格员323名，但依然存在网格管理政策落实不到位、网格治理队伍动力不足、多元主体参与不够和智慧平台建设不完善等问题，需进一步优化。

（一）菏泽市牡丹区社区网格化管理目前所采取的举措与成效

在社区网格化管理方面，菏泽市牡丹区由区委牵头部门联动，分工明确，科学划分网格，探索创新出了"1+3+N"模式，构建了多元参与的城市社区网格化管理新格局，建立了"多元合一、一员多用"的网格员队伍，使社区服务环境更加舒适、社

区服务功能更加健全、社区居民更加满意和社区治理效能更加完善。

1. 菏泽市牡丹区社区网格化管理基本情况

在网格队伍上,根据房屋数量、小区分布和机关企业驻地等实际情况,按照每300~500户划分为一个网格的标准,菏泽市牡丹区城区共划分网格405个,其中专属网格27个,实现了城区内网格100%全覆盖。专职网格员323名,在职双报到党员7 558名,因网格员数量较少,未能达到一个网格配备一名专职网格员的需求。

在信息平台上,为提升社区网格化管理数字化、智能化、精细化水平,牡丹区结合自身实际,确立了"信息支撑、四级联动、部门协同、集成高效"的总体思路,探索实践了"大数据推动大治理"的智慧模式,着力打造了牡丹区社区网格化管理智慧平台,形成了"天上一片云、地上一张网、区域一片红"的城市治理新格局。通过整合党的建设、综合治理、社区治理和城市管理等分散在各系统、各部门的信息资源,采集社区各种基础信息,打造集党建引领、网格管理、平安建设、街呼区应、综合执法、指挥调度、政务服务、考核督办、领导研判和移动应用等10个模块为一体的"十位一体"智慧信息系统和综合指挥平台,为城市基层治理信息流转、监督考核、分析研判和领导决策,提供了全方位数字化、信息化支撑。

2. 所采取的举措

菏泽市牡丹区在实行社区网格化管理方面,采取了区委牵头部门联动推进网格化管理;科学划分织密网格;搭建智慧平台,推进智慧化社区建设;建立"多元合一、一员多用"的网格员队伍;提升老旧小区治理品质等举措将网格化管理工作做实做细。

(1) 区委牵头部门联动推进网格化管理

在网格化管理过程中,牡丹区突出发挥主体作用,围绕解决制约城市基层党建工作开展的困难和问题,成立了由区委书记任组长,区委组织部长、政法委书记和相关副区长任副组长,组织、政法、民政、财政和住建等20余个部门主要负责同志担任委员的社区网格化管理协调领导小组,把条块分割、资源分散的"各自为政"变为一体领导、纵横贯通的"管理共同体"。定期召开社区网格化服务管理工作会议,总结经验、部署会议,研究制定了《关于全面加强城市社区网格化管理的实施方案》,指导各街道、社区相应成立领导小组,街道成立以党工委书记任组长、副书记委员任副组长,社区以党委书记主任任组长、副书记任副组长的领导小组,发挥基层党组织在社区网格化管理中的领导核心作用。①

(2) 科学划分织密网格

菏泽市牡丹区共划分网格405个。围绕社区网格化管理"为民服务五项工作

---

① 周腾飞.城市社区网格化治理问题研究——以济南市Q区为例[D].济南:山东大学,2021.

机制"要求,聚焦重点任务、积极探索创新出了"1+3+N"模式,构建了多元参与的城市社区网格化管理新格局。围绕实现社区网格化管理"有人干事,有阵地做事,有钱办事"3项核心工作目标,全面推进社区工作者职业体系建设、党群服务矩阵建设和小区为民服务经费保障建设等3项基础工作。围绕提升社区精细化治理、精准化服务水平,指导每个社区按照300~500户标准,以住宅小区、若干楼院为单元划分N个社区网格,结合辖区实际将城市社区内的商圈市场、商务楼宇、学校、医院、企事业单位等设立专属网格,来推动资源力量下沉网格、实施小区与网格一体化管理。

(3)搭建智慧平台,推进智慧化社区建设

菏泽市牡丹区自上而下整合现有网格信息资源,充分利用网格阵地优势,结合实际统筹兼顾,打造建立了一体化的"牡丹区社区网格化管理智慧平台"实现网格治理"云运行",为全区社会治理信息流转、便民服务、指挥调度、监督考核、分析研判和领导决策等提供信息化支撑,推动社区网格化管理数字化、智能化。注重线上、线下相融合,充分运用智慧平台拓宽社情民意表达和居民参与治理渠道,做好网上群众工作。该平台还建立了基层数据库,掌握房屋土地信息、人口信息和重点人群信息,进一步加强网格内人员及重点人员服务管理、信息录入共享,复核辖区户籍人口、工作对象,排查无户籍人员和去向不明人员。

(4)建立"多元合一、一员多用"的网格员队伍

菏泽市牡丹区按照"多元合一、一员多用"的思路,实行定岗定责的网格管理服务模式,网格员在街道、社区党组织的领导下,综合履行各项网格管理服务职责。社区党委书记任总网格长,落实第一责任人职责,全面负责网格内工作,牵头负责网格日常事务,协调专职网格员、志愿网格员、楼栋长等人开展网格服务;社区两委成员、派出所民警和小区志愿者、在职党员、退休党员、物业工作人员和退休老干部等人任网格员,主要负责各网格具体事务,每天巡查走访,协助网格长落实网格内有关工作;同时,街道选派党员志愿者、精干工作人员、区机关"双报到"在职党员等作为网格工作指导专员,打造"全科网格"建设。

(5)提升老旧小区治理品质

菏泽市牡丹区创新"一核双驱"治理服务机制,坚持党建引领、多元治理、整体提升,聚焦老旧小区治理难题,推动老旧小区治理工作提质增效,有效地提升了基层治理水平。深入开展在职党员和退休党员"亮身份、展风采"活动,400余名党员被评为党小组长、楼栋长、单元长和党员中心户。坚持"一网格一阵地",高标准打造58处"家门口"党群服务中心。建立小区事务"小区网格先议"制度,建立"3+X"联席会议机制,使小区网格成为小区治理的"桥头堡"、党员群众的"主心骨"。

3.所取得的成效

菏泽市牡丹区在社区网格化管理方面通过实行一系列的举措取得了社区服务

功能更加健全、居民满意度得到提高、社区治理效能得以提升等成效,管理成效明显,得到了广大居民群众的认可。

(1)社区服务功能更加健全

菏泽市牡丹区通过实行社区网格化管理,发挥网格员联系服务群众的纽带和桥梁作用,对于群众反映的问题,积极实行"走访登记—上报问题—后续跟进—结果反馈"的处理工作方式,完善服务体制,提高服务质量,推动社区管理向社区服务转变。建立信息动态采集机制,摸清辖区居民基本信息,建立电子信息台账,重要信息做到及时掌握、及时处理;建立社情民意走访机制,明确走访目的,通过微信群、信访窗口等渠道进行问题反馈,解答居民问题,如实上报居民诉求,做到真走访、真入户、真了解;建立"线上+线下"服务机制,按照"网上参与、线下推动"的工作原则推出"微信群+网格化"相融合的社区治理模式。

(2)居民满意度得到提高

社区网格化管理倡导社区居民、政府组织、两新企业等多元主体共同参与,形成多元主体共同参与的社区网格化管理的合作治理机制。实行社区网格化管理,改变了政府唱独角戏的状况,促进了政府部门和社区自治力量的有效衔接,提高了社区居民的满意度。近年来,菏泽市牡丹区的网格员们开展入户走访活动,全面走访所在辖区的居民,及时做好记录,建立入户走访台账,及时了解居民思想动态,了解居民现实需求,讲解各种民生实事,积极宣传各类政策、法律法规和治安防范知识,做到居不漏巷、巷不漏户,走访居民全覆盖。

(3)社区治理效能得以提升

运用好社区网格管理的方式方法,在疫情防控、安全生产、自然灾害和创建文明城市等方面明确岗位职责和分工,提高了社区防灾减灾和重大突发公共事件处置保障能力;将党建、宣传、安全、综合治理、食药、卫生健康、环保和信访等部门涉及基层社会治理的工作事项纳入网格化管理服务,将网格治理与服务代办有机结合,大大提高了工作效率;在加强对重点区域、重点人群管控时,发挥好网格的作用,使牡丹区摸排扫黑除恶案件的线索同比降低了13%,收集的居民诉求反映下降了11%,居民的满意度、安全指数均得到提升,热线投诉、警情量均得以下降。

(二)菏泽市牡丹区社区网格化管理中出现的主要问题

1.网格化管理政策落实不到位

从全区整体来看,政策落实效果不够明显。部分镇街的社区网格化管理工作乏力,管理政策落实不到位,管理缺乏资金支持,无法聘请专职网格员,只能由社区两委成员、派出所民警兼任网格员,使网格员工作效果大打折扣。网格化管理宣传效果尚待加强。牡丹区虽然印发了适合本区实际的社区网格化管理实施方案,各街道也将文件精神传达了下去,但是街道社区领导宣传相关政策不到位,动员居民融入和参与网格化管理较难,积极性不高。基层两委干部主动参与和推进社区网格化管理的积极性不高,对社区网格化管理宣传不到位、成效不明显,未能营造出网格化管理工作的浓厚氛围,因此居民对社区网格化管理工作的知晓度和满意度不高。

2.网格治理队伍动力不足

(1)年龄结构不均衡

牡丹区社区网格员323名,其中60岁以上5人,50~60岁44人,50岁以上49人,这三类人员约占网格员总数的15.2%;40~50岁138人,约占网格员总数的42.7%。从年龄数据来看,40岁以上人数占比较大,这些人对配套的网格智慧平台不会使用或者使用不熟练,在一定程度上影响了社区网格化管理信息化工作,不利于提高工作效率;相对年轻的网格员,由于薪酬待遇低、社会认同低、自我价值难以实现等原因,不愿意从事网格员工作,导致此工作留不住年轻网格员,这样不利于工作开展的延续性。

(2)专业性不强

在文化程度方面,初中毕业38人,约占网格员总数的11.8%;高中及中专毕业101人,占比32.2%;大专毕业130人,占比40.2%;大学及以上毕业54人,占比16.7%。可以看出,网格员普遍学历不高,学习能力差,然而网格化管理离不开信息技术的使用,受限于知识水平,很多大龄且文化程度较低的网格员开展工作不顺畅。再加上网格员缺少专业的培训,社区管理经验不足,大部分人只能被动地完成分配的工作任务,面对、处理复杂问题时明显能力不足。

3.多元主体参与不够

网格化管理主要依托的力量是社会组织、志愿者组织、社区居民等,但在网格化管理工作中,多元主体参与还不够。一方面社会组织参与不足。网格化管理需要的是多元主体参与,以政府单位为主导,社会组织、社区居民和企事业单位都要参与进来,当前社会组织参与不足导致多元主体发挥有限,社会组织参与网格化管理积极性远低于其他参与主体。另一方面社区居民参与度低。社区居民缺乏志愿服务意识,主动参与网格化管理意识薄弱,因缺乏必要的利益关联性,除了与自身利益密切相关的事务工作,不愿参与其他活动,志愿者活动参与率较低。

4.网格智慧平台建设不完善

菏泽市牡丹区虽已建设了一体化的"牡丹区党建引领城市基层治理智慧平台",但对于平安建设、街呼区应、综合执法、指挥调度、考核督办等动态信息的上传、响应、反馈和评价等工作还存在空当,导致区直职能部门之间信息共享、工作互动率不高，未能实现上下贯通。单位和单位之间、部门与部门之间存在壁垒，一些数据难以相互融合，无法统一到信息平台中。加之，有的信息数据与平台要求的格式不一致，不能够直接拷贝进去，需要工作人员手动录入，既费时费力又使数据库包含的信息不全。

(三) 存在问题的原因分析

1. 网格化管理政策执行出现偏差

政策执行偏差指的是政策敷衍、附加和替换，究其原因是没有真正做到因地制宜地制定适合当地网格化管理实际的相关政策。菏泽市牡丹区在辖区进行网格划分时，严格按照"300~500 户"的机械条框，以及"属地管理、地理分布、条块结合"的划分原则，进行网格的划分并录入网格化系统进行管理。这一机械的网格划分政策制约着网格化管理这一创新模式在基层的高效实施。同时，政策执行的监督机制不健全。政策执行缺少长效的监督评估机制，无法对政策实施情况进行定期监督和评估，无法发现问题及时解决；政策执行监督评估、群众满意度等配套机制不够完善，政策执行效果环节空缺，无法保证政策实施的效果。

2. 网格员队伍相关制度和机制不够健全

(1) 网格员人才培养制度不完善

现有的培训缺乏专门针对网格员人才的培训制度，培训内容笼统、培训技能不专业，与实践有一定的区别，使基层的网格员不能接受专业化的培训；在网格员培训过程中缺乏对网格员电子工具操作和综合办公能力的专业培训机制，导致网格员对网格化管理工作流程不熟悉，综合工作能力水平不高。

(2) 网格员人才激励机制不健全

由于缺少客观公正的评价机制，网格管理工作处于无法评估、无从评估的尴尬境地，网格员人才的地位和作用没有得到足够的认同。网格员人才的薪酬、奖励难以兑现，其基本工资、五险一金等福利难以得到保障，这在很大程度上制约了社区网格化管理效果。网格员在职务晋升、职称评定和培养使用等方面存在体制性障碍。

(3) 网格员队伍监督考核机制不完善

现有的网格员队伍监督考核机制不健全，与网格员实际履职情况存在断层现象，对网格员的日常考核主要以智慧平台中采集的信息量、事件的上报数量、问题的处理数量等上传情况为主，仅仅靠数字评价网格员工作的优良，缺少正确的网格员工作业绩考评制。

3. 网格化管理的要素保障不足

社区网格化管理因其治理面对的是社区居民，网格覆盖涉及面积大、网格内事务烦杂的原因,需要政府、社会各界给予大量人、财、物的支持,但是目前对网格化管理的行政投入明显不足。虽然对社区网格化管理每年政府投入的资金一直在增加,但是随着社会发展速度越来越快,政府分配给社区的工作经费和预算有限,加之,居民、企业、社会组织想要为社区网格化管理贡献力量,但又缺少配套的体制机制,缺乏监管,极易滋生腐败问题。社区网格化管理工作也缺乏一套协调其各个环节的、系统全面的法律规范,网格化社区管理的内容就是基层社会事务,涉及各类社会矛盾纠纷等,然而当前我国基层社区管理的相关法律进程较慢,尚不成体系。

4.网格智慧平台建设重视度不够

社区网格化管理需要智慧平台等信息化的支持,运行对管理人员技术、后期维护管理成本的要求较高、较大,因此牡丹区的网格化智慧平台的智慧平台功能相对单一,条块分割严重,设置模块简单,数据录入不全面,只简单地依据网格的划分对信息进行分类处理,简单地录入医院、商超、便民类的信息,这些杂乱的信息会影响网格员反馈信息处理的时效性。现在社区居民对自己的信息重视程度越来越高,而平台防御手段能力建设还处于起步阶段,一旦网格化智慧平台遭到黑客攻击,都有可能泄露居民或商家信息,造成信任危机。

二、国内其他地区社区网格化管理的经验借鉴

社区网格化管理自北京市东城区开始,随后在全国其他地区推广,开启了"数字城管"的新篇章。当前,全国各地都在推行社区网格化管理模式,并取得了很好的基层治理效果,不但充分整合了城市资源、提高了政府行政效率,而且提升了居民满意度,提高了社区提供服务和解决问题的工作效率。

(一)国内其他地区社区网格化管理概况

1.北京市东城区:不断创新网格管理政策

2004年北京市东城区创新了以"万米单元网格管理法"和城市部件管理法等为代表的"东城区网格化城市管理新模式"。2018年,为夯实城市治理的基层基础,破解服务居民"最后一公里"的难题,东城区以构建网格化综合监督体系、整合管理资源、形成合力为目标制定了《网格化综合监督体系实施方案》,以网格管理平台强化"吹哨报到"工作机制,通过建立挂账问题台账、逐项销号解决,明显增强了街道统筹协调能力。2019年,为进一步推动城市治理重心下移、资源下沉,畅通社会治理的"最后一公里",北京市东城区在继续深化"街道吹哨、部门报到"工作

机制的基础上,建立"接诉即办"机制,着力树立到基层一线解决问题的工作导向。2021年,北京市出台了《东城区深化"热线+网格"为民服务模式推动即时办理向深度治理转变的工作意见》,充分发挥社区网格的优势,以解决城市管理类问题为抓手,从完善指挥、监督、执法"三位一体"的工作体系,设定捆绑考核方案等方面明确具体举措,加强对区域内城市管理类问题分析研判,持续推动专项督办机制落实。

2.上海市长宁区:加强网格员队伍建设

上海市长宁区网格化管理始于2005年10月,它在借鉴了北京市东城区网格化管理方面的经验后,构建了符合自己城市特点的网格化管理模式。2010年,长宁区以世博会为契机,对网格化管理提出了"门责制"管理模式,要求每名网格员管好自己负责的网格,配合街道社区、区级职能部门做好相关工作。长宁区长宁社区根据居民人口结构,将小区划分为17个片区,以点带面,为每个片区配备了网格员、网格长,每栋楼配备了楼栋长,建立"谁负责、管理哪个区域、哪些工作职责、找哪个部门"的"4W"网格化联动工作机制;点面结合,定期召开居民联络员会议,网格员与居民面对面,收集居民对社区治理的意见和建议,做好问题处理和结果反馈,搭建起与居民沟通交流的桥梁,建立完善社区网格制度。北新泾街道按照党员属地管理和就近原则,把党员分配到每个网格中担任网格员,进一步拓宽党员活动渠道,使党组织的影响力延伸到基层治理的末梢。充分挖掘网格内部资源与社会资源,严格落实网格长选任机制,由驻区单位党组织负责人、居民区金奖标兵书记、区属企业单位党组织负责人担任网格长,发挥多方优势,引领各支队伍共同参与到网格工作中。

3.湖北宜昌市:多方力量共同参与

湖北宜昌市2011年4月开始开展网格化管理探索,探索出多方力量共同参与的社区网格化管理工作模式。构建大网格,宜昌市将全市共划分11 000个网格,构建了以空间、人才、技术、责任全覆盖的"大网格";汇集大数据,通过网格员采集大量的信息和数据逐步集成了人口、法人、房屋和部件四大基础数据库;搭建大平台,根据"共建共享,互联互通"的原则打破了部门信息壁垒,以四个基础信息数据库为依托,搭建了社会治理综合服务平台;服务"大民生",在大网格、大数据、大平台的保障下,政府各职能部门形成了平台对接、数据共享、机制协同及工作联动的"大治理格局"。宜昌市积极引导多方力量参与社区网格化管理工作,调动社会组织主动参与自治的积极性,鼓励企事业单位机关工作人员下沉到社区参与网格化管理工作,动员广大党员干部到居住地社区报到,这样既缓解了网格员人手不足的问题,又发挥了网格员作用,激发了社区活力。

4.浙江省舟山市：依托信息化智慧平台

2007年年底,浙江省舟山市普陀区在桃花镇试点实行"网格化管理、组团式服务"的信息化管理体系,配备专职网格员,负责信息化智慧平台管理维护及信息输入、反馈工作。该信息化智慧平台具有语音上报功能、信息共享功能、智能感知功能、智能识别功能、双向评价功能等,网格员可通过网格化App进行语音上报,软件能将本地方言准确识别,转换成文字描述。鼓励和督促网格员们利用信息化智慧平台撰写工作日志,记录工作情况和发现的问题,并以此作为考核网格员发挥职能作用的重要依据。网格化信息化智慧平台有效地解决了基层社会治理元素越来越复杂、各部门数据孤立、事件处理效率不高、缺乏统一的指挥调度、治理系统重复建设等一系列痛点问题。

(二) 经验借鉴

通过对北京市东城区、上海市长宁区、湖北省宜昌市和浙江省舟山市的社区网格化管理深入分析,找出了其管理特色,更有利于发现较为先进的城市在社区网格化管理的过程中具有的优势,并及时加以借鉴。

1.因地制宜创新网格化管理政策

社区网格化管理政策创新,就要改变原有分散的管理方式,创新一种新的管理模式,不断建立健全网格管理机制,才能及时有效地应对新形势下社会基层治理难题,提高社会基层管理服务效率和质量。要建立科学的监督评价制度,把深化社区网格化管理工作纳入目标管理考核体系,将网格化管理日常工作开展情况、网格员化解矛盾情况、智慧平台事件上报情况等作为考核内容,通过考核倒逼社区、网格员履职,调动起网格员的工作积极性,使居民群众的问题能够得到有效解决,实现网格化工作长久发展。

2.健全网格员队伍建设机制

在网格化管理初期,网格员存在身兼数职"多面人"的现象,如由部分机关干部、社区两委成员兼任等,但随着网格化的发展,对专职网格员的需求在数量和质量方面越来越大,因此,要立足实际,激发社会活力,调动社区居民、企事业单位、社会专业人才和离退休干部等人参与社区网格化管理的积极性和主动性,构建起社会组织与政府管理互联、互动、互补、互助、互促的良好局面。同时,要加强对网格员的培训,采用奖惩制,鼓励网格员加强业务学习,提升工作能力和水平,发挥网格员为民办实事、办好事的干事精神,积极参与社区为民服务活动,在服务中促进社区治理工作见成效。

3.完善网格化管理保障机制

社区网格化管理要强化体制、制度、队伍、经费和机制五个方面的保障:

(1) 强化体制保障。推进街道赋权增能减负,赋予街道"五项权力",强化基层治理,突出街道社区党组织的领导核心作用。

(2) 强化制度保障。依托城市基层党建工作联席会议制度,建立由区委组织部、区政法委、综合治理等部门牵头,区直相关职能部门参与的议事协调专项推进机制。

(3) 强化队伍保障。小区党支部、社区工作者和网格员共同参与社区治理,放权赋能夯实基层社会治理基础,加强社区网格化服务管理。

(4) 强化经费保障。推进社区工作者职业体系建设,加大财政投入保障力度,全面落实社区工作者"三岗十八级"薪酬待遇。

(5) 建立完善社区网格化管理机制。突出党建引领,实行多方力量共同参与,小区实现无缝隙全覆盖,推行"三议为民服务"工作法。

4. 高度重视智慧平台建设

要依托信息化平台,将社区信息进行监控和数据收集整理,对政府信息进行公开,将社区事务透明化,真正体现用数据解决问题的能力。要搭建网格化管理智慧平台,完善公共安全视频监控联网应用、多元矛盾纠纷化解应用、网格员工作开展情况应用及社区事务公开应用等,提升对安全生产、自然灾害和社会治理水平,有效化解各类矛盾纠纷,形成"小事网格解决、大事全网联动""街道吹哨、部门报到"的全新网格化服务管理体系,打通"数据壁垒",运用好信息数据资源,为提高社区网格和社会治理整体水平提供有力保障。

三、菏泽市牡丹区社区网格化管理优化对策建议

(一) 网格化管理政策方面

网格化管理政策对于推进社区治理,提升基层治理精细化水平具有重要的现实意义。因此,要优化政策制定,强化顶层设计,加强调研成果应用,合力将政策落实到位。

1. 优化政策的制定

为了避免社区网格化管理政策落实不到位的问题,在政策制定时就要注意以下几点:

(1) 网格化管理政策制定要注重因地制宜

网格化管理应充分考虑社区实际情况,因地制宜地划分社区网格、明确网格员

职责、健全管理制度,要注意到社区本身所具有的差异性特征,对其可行性进行梳理分析,加强网格化管理政策可行性研究。

(2)网格化管理政策制定要完善责任体系

社区网格化管理政策制定前,要在充分考虑社区实际情况的基础上,形成"多网合一、统一领导、工作整合"的政策责任体系,明晰网格长、网格员工作职责、服务管理事项和日常管理考核机制。

(3)网格化管理政策制定要健全部门配合机制

一方面,加强上级政府在政策制定实施等方面的扩散、转移和学习,以降低在社区网格化管理政策制定中的成本;另一方面,要加大与社区网格化管理相对成熟的地区政策主体间的联合发文力度,打出政策"组合拳",形成政策工作合力,确保社区网格化管理政策的顺利落地落实。

2.加强调研成果应用

为实现社区网格化管理比之前更有成效,基层治理比之前更加扎实,就要多下基层开展调研,加强调研结果的应用。

(1)社区网格化管理政策出台前要成立调研领导小组,到辖区、社区实地查看各网格办公场所、职能设置情况,详细了解辖区内的基本情况,坚持问题导向、目标导向,找准找实问题,系统推进成果转化,根据调研情况和结果进行科学决策。

(2)对调研中反映和发现的问题,进行梳理分类,形成问题责任任务清单,逐一列出解决措施、责任单位、责任人和完成时限。对短期能够解决的,第一时间研究解决问题的办法并推动落实,加强调研成果的应用;对一时难以解决、需要持续推进的明确目标,紧盯不放,一抓到底,做到问题不解决不松劲、解决不彻底不放手。

3.强化政策制度执行监督机制

为了加强社区网格化管理优化,需要制定完善的政策法规,强化政策制度执行监督机制,为社区网格化管理提供相应的依据。

(1)要完善政策执行的监督机制

社区网格化管理既要加强内部监督,也要加强外部监督。内部要建立网格监督流程,全面落实定岗、定职、定人,确保工作量化到人、责任到位,形成统一、规范、有效的网格化监管格局;外部要定期公开工作信息、公开监督电话、设置网上留言板等方式让群众监督,运用好新媒体的监督手段,建立好意见台账,做好问题反馈。

(2)要完善政策执行责任追究制

建立包括志愿者、网格员队伍、社区两委干部和政府工作人员的责任捆绑机制,明确工作职责、岗位职责,要明晰了解并履行个人职责。落实网格员责任倒查追究机制,对网格员履职不力、责任意识淡薄的,严格按照有关规定追究责任。

（二）网格队伍建设方面

优化网格员队伍建设，完善社区网格化服务管理，在推进城市社区基层治理过程中，实现网格化服务管理互惠互利、资源共享和社会共治，提升基层社会治理水平和群众自我服务、自我管理水平方面具有重要意义。

1.提高网格治理队伍专业性

加强社区网格化管理关键在人，网格员只有具备了专业化水平，才能适应社区的工作需要，才能达到网格化治理要求。

（1）进一步明确网格员职责

要明确网格员工作职责，规范网格员队伍管理，将网格员工作梳理顺畅，明确日常网格工作内容和要求，拉出工作任务清单。要始终坚持"服务就是最好的治理"的工作理念，采取进一步行之有效的为民举措，优化服务水平。

（2）根据新的指示批示定期开展专题培训

建立网格员队伍培训长效机制，围绕社区治理、业务能力、平台运用、安全治安等方面召开培训会，提高业务工作技能和学习工作方法技巧；聘请相关领域专家和部门领导、业务骨干结合工作实际，开展专题授课，现场指导学、帮助学、督促学，确保学习培训取得实效。

（3）引进高素质人才

加大人才引进力度，吸引专业社区工作者参与社区网格化管理工作，改变当前网格员队伍学历低、年龄偏大和专业性差的问题。

2.创新网格治理队伍管理制度

为充分发挥社区网格化管理作用，扎实做好网格力量整合工作，需要进一步完善社区网格治理队伍管理制度。

（1）完善例会制度

每月定期召开一次管理例会，及时了解情况，掌握工作进度，破解工作难题。会议由社区总网格长（社区党委书记）主持，各网格长及全体网格员按时参加，对网格工作中遇到的疑难杂问题，特别是针对当前重点工作，分享好思路、好方法。

（2）建立新的走访巡察制度

网格员要坚持"每日必巡、一日双巡"，合理规划巡查走访计划、路线，实现每日网格内区域的巡查达到全覆盖，每月对网格内住户的走访达到全覆盖，及时掌握社情动态和治安问题，掌握网格内各类服务治理对象的基本情况。定期排查矛盾纠纷，防患于未然。

（3）完善选人用人制度

招录专业性较强的年轻大学生，构建"横向到边、纵向到底"的基层网格化管理服务体系。同时,也要科学制定、公开发布相关招录、待遇、管理和考核等方面的制度,细分好"责任田"。

3.提升网格治理服务质效

实行社区网格化管理,组建专业网格员队伍,构建覆盖全面、配置合理、服务高效的网格化管理服务体系,全面提升社区治理水平。

(1)优化网格队伍年龄

为解决当前网格员队伍年龄偏大的问题,要调整网格员选聘条件,提高网格员学历要求,让年轻人员担任各小区负责人,且全部进网格,让他们深入社区,在实践中培养他们敢于担当、敢于作为和创新的精神,提升业务能力,培养实用型人才。

(2)重新制定网格员奖励办法

完善《菏泽市牡丹区专职网格员考核激励工作指引》文件,在薪酬待遇、考核制度、激励保障等方面重新制定新政策,激发网格员们干事创业的内在动力,激发网格员们开拓进取的工作热情。探索使用智能化考核方式,对兼职网格员到社区报到、事件上报、服务时长、积分管理和履职能力等综合表现进行积分量化评定。

(3)组建网格员志愿服务队

为提升网格动员群众和服务群众的能力,针对网格事项清单成立网格志愿服务队,提供专项服务,最大限度满足居民需求,可以建立纠纷调解、治安巡查和医疗卫生等专业服务志愿队。

(三) 管理机制方面

为进一步细化城市社区网格化管理,提升为民服务水平,菏泽市牡丹区应积极推进网格化管理模式优化升级,建立健全运行机制。

1.加大资金的投入与使用

当前社区网格化管理的资金来源渠道较为单一,保障力度不足。为保证今后社区网格化管理工作正常运行,一方面,各区职能部门、两新组织应加大对基层社区网格化管理的经费投入,推进社区工作建设,保障社区基层服务能力不断提升,为鼓励基层社区投身社区网格化管理,经费投入标准可以以社区网格化管理年底考核为依据,实行差异化拨款,按照排名依次递减分配金额。街道办事处要在依法依规的前提下,积极吸纳辖区内企业、社会组织为社区网格化管理提供资金保障,以满足服务居民和社区发展的需要。另一方面,优化资金投入配置体制。设立社区网格化管理专项经费,主要用于社会治理法治化、智能化、专业化的水平提升和网格员培训,支持社会组织开展社会公益服务和社区正常运转及考核奖补等方面;对社区网格化管理经费给予政策倾斜、优先安排,有力地保障了基层治理各项工作的顺利开展。

2.加大网格化管理宣传力度

为使网格化管理服务更加深入人心,夯实网格工作基础,凝聚各方力量积极参与到社区网格化管理中来,要加强对社区网格化管理工作的宣传。一方面,创新宣传方式。以户为单位,通过发放宣传资料《致广大居民朋友的一封信》、微信群、公众号、社区宣传栏、LED屏、面对面讲解等"线上+线下相结合"的方式,以通俗易懂的方式向居民宣传网格化服务工作的进展、方法和取得的成效等,让社区居民群众对社区网格化管理有更深层次的认识,吸引更多居民参与其中;同时在小区门口、楼道口等醒目位置设置网格划分图,公示网格员姓名、电话、照片和职责等信息,让居民能够快速便捷地找到网格员反馈问题,争取获得居民的认可和支持。另一方面,宣传典型榜样。加大典型榜样的培养力度,通过电视、微博和抖音等媒介对为社区网格化管理工作做出贡献的网格员、居民、社会组织进行报道宣传,将网格员日常工作、感人事迹和典型做法等进行总结提炼、大力推广,营造良好的社会舆论环境;同时要积极参加区里每年对网格进行的评比表彰活动,积极创建安全网格、平安网格、党建网格及环保网格,打造省市区级示范点,从而推动整个网格工作前进。

3.凝聚多方力量共同参与

实践证明,仅仅依靠政府管理社区有点力不从心,很多问题难以帮助居民群众解决,这就需要我们进一步完善网格管理机制,引导多方力量共同参与,激发社区治理活力。第一,增强居民社区意识。居民作为社区的主人,是最应该参与到社区网格化管理中来的。鼓励居民加入网格志愿者队伍,引导志愿者根据自己的时间、特长、爱好发挥自己的作用,主动认领一个或多个志愿服务岗位,通过志愿者自主认领、群众自主选择,引导居民参与共治,进一步增强志愿服务的针对性和实效性,提升精细化服务水平。第二,调动社会组织力量。社区要继续加大与"双报到"、共驻共建单位的互联共建力度,将各单位参与社区网格化管理列入志愿服务项目,通过严格的制度考评最大限度调动单位、党员干部参与社会治理的积极性,主动性,创造性。要激发社会组织参与基层社区治理的内生活力,可通过购买服务的方式鼓励动员社会组织深入社区网格内开展服务。社区还可以招募有各类特长的志愿者,根据志愿者的特长,分别组建不同功能的社会组织。如由社工和网格内有威望的老党员、退休干部、社区民警、热心居民等人员组成"热心工组队",帮助网格内居民解决矛盾纠纷;由社区法律顾问和居住在社区网格内的法律工作人员组成"法律咨询队",为居民宣传法律知识、开展法律服务、解答法律咨询、提供法律意见。

(四)智慧平台建设方面

在数据时代下,科技发展日新月异,牡丹区社区网格化管理自实施以来,牡丹区结合自身实际,确立了"信息支撑、四级联动、部门协同、集成高效"的总体思路,探索实践了"'大党建'引领'大融合','大数据'推动'大治理'"的智慧党建模式,着力打造了牡丹区党建引领基层治理智慧平台,形成了"天上一片云、地上一张网、区域一片红"的城市治理新格局,打造出了上下贯通、左右联通的社区网格化管理智慧平台。

1. 持续整合信息资源

利用网格智慧平台,将社区信息进行监控和数据收集整理,让信息"活"起来,这样遇到社区事务可以方便快捷地通过大数据了解情况,进行多方互动。首先,进一步整合各方信息资源。横向上,整合区直相关行业部门延伸到网格的各类社会治理信息资源,实行"一体采集",共融共建,变"各建各网、分散作战"为"多网合一、一网打尽";纵向上,下联街道、社区,通过网格员采集,建立"人、地、事、物、情和组织"六大基本要素信息数据库,将所有数据信息均纳入智慧平台管理,实行在平台上查人、找物,以地图的形式体现网格化脉络,达到人在网中、网在图中,以图查人、以图显网,实现全区数据信息"一张图""一张网""一盘棋",确保"一张地图管到底"。其次,整合已有的零散资源。把双报到党员、双联双创单位和社区志愿者等人员编入社区网格化管理范畴中,将这些人员根据工作类别、工作时长和自身特长等进行分配,让其也充实到社区网格员队伍中去;社区也可以整合利用社区资源,加强与社会组织、社工、社区志愿者、社区公益资源的联动,对网格内人员和周边人员产生影响带动作用。最后,通过智慧平台以网格为单元标准,划分网格,集中全区资源提供服务,吸引社区居民参与到网格化管理中来,实现与街道、社区、区直部门之间的高效互动。在疫情防控期间,社区可依靠社区网格化管理智慧平台的信息库做好人员登记工作、依靠"牡丹云"APP实现高效地调度、指挥工作,智慧平台为疫情防控提供了全面而有效的信息化管理工具,帮助社区实现了社区疫情防控信息化管理。

2. 升级智慧平台系统

持续优化系统,构建"上下贯通、左右衔接、要素集成、全面融合"的社区网格化智慧工作平台。第一,升级智慧平台,完善相关功能。对社区网格化管理智慧平台进行升级改造,在原有实有房屋、实有人口、实有单位、事件上报等模块的基础上增加特殊人群、数据分析等功能模块,可将社区综治、警务工作引入网格化管理智慧平台,把与群众日常生活息息相关的物业、商超等信息都纳入平台中。把社区网格化管理智慧平台与公安部门视频云平台以及统战、民政、生态环境、市场监管、交通、政务热线等部门的视频监控或系统信息平台对接,实现信息互联互通。第二,开发为民服务移动应用。在移动端开发建设网格员和其他工作人员使用的 App,党员群众使用的"牡丹云服务"微信小程序和"牡丹云服务"微信公众号。通过公众号,可以快速了解社区动态、小区事务和办事流程,享受各级提供的网上服务,推动党的工作迅速传递到每名党员、每位群众。特别是"牡丹云服务"微信小程序和"牡丹云服务"微信公众号,搭建了小区共商、共建、共治和自治平台,居民入住自己的小区可以深度参与小区的治理、服务、议事、投诉和建议等事情,党员通过微信小程序或公众号进行报到,参加小区各类自愿服务活动,系统自动积分并上传区智慧平台;小区党支部、业主委员会和物业公司通过小程序直接与居民进行沟通和互动,将小区党建工作与小区治理服务深度融合,推动小区党支部做实做强,提升居民的满意度、获得感及幸福感。

3.完善网格化运作机制

网格化管理既是基层管理体制机制的创新,也是依托信息技术的理念、体制和机制的整合性革命。第一,强化信息安全。信息化智慧平台内容庞大,使用者范围广,公民信息、政府决策都包含在内,如果存在安全漏洞,很容易造成信息泄露,数据被修改或者导致系统中毒,最终导致系统瘫痪。因此,要加强平台定期维护,配备专业技术人员对网格化智慧平台定期进行升级维护,加强平台的安全防护系统,健全平台安全管理体系,提升平台安全技术防护能力,实施平台数据安全分类分级管理,加强安全检查评估,一旦有黑客攻击,平台会自动处理;另外,要提高网格员的安全防范意识和应急处理能力,注重教育宣传,定期开展信息安全培训会议,培训信息泄露的危险,增强应对处置信息安全风险的能力,如发现信息泄露及时上报。第二,定期督导考核。为加强社区网格信息化建设,规范使用网格智慧平台,提高网格员工作效率,要定期对智慧平台的使用情况进行督导考核。考核可分为平台信息收集和处理情况、网格员走访工作情况和服务对象反馈情况等,对平台实行量化积分考评,成绩突出的年底通报表扬,成绩垫底的年底通报批评。第三,建设智慧预警指挥中心,与社区网格化管理智慧平台有机结合、相互补充,形成政府管理与对外服务相互协同的多级应急联动平台体系。与各镇街、各部门互联互通,依托网格化信息智慧平台实现问题"第一时间发现、快速响应处置、立刻反馈处理"的协调联动机制。

黑龙江省大兴安岭地区动物疫病防控研究

刘卉

（学号：1120213343）

动物疫病制约着畜牧业健康以及现代化发展，我国对动物疫病防控工作探索了十几年。这十几年来，我国畜牧业领域不断转型升级，与此同时，我国动物疫病防控策略和防控技术不断更新升级，动物疫病防控工作成效显著，推动我国畜牧养殖产业持续向好发展，但是在动物疫病防控工作发展过程中，受社会经济发展不均衡和地理环境等多方面的制约，在动物疫病防控以及动物疫病防控体系方面仍存在动物疫病防控体系不完善、动物疫病监测开展不全面等现象。

一、黑龙江省大兴安岭地区动物疫病防控现状分析

黑龙江省大兴安岭地区地处偏远、人口流失严重，虽然当地畜禽养殖量较少，但各乡镇之间距离远，养殖户分布比较分散，受地理条件、温度气候、交通运输等外在因素以及体制改革、专业人员短缺等内在因素的影响，全区动物疫病防控工作落实存在一定的困难。近几年当地动物疫情控制比较稳定，未发生禽流感、口蹄疫等重大动物疫情。

(一)黑龙江省大兴安岭地区基本情况

1.行政区位及畜牧业发展情况

黑龙江省大兴安岭地区疆域广阔,位于北纬 50°07′02″至 53°33′42″、东经 121°10′53″至 127°01′21″,是中国最北、纬度最高的边境地区,与俄罗斯隔江相望。黑龙江省大兴安岭地区共有 7 个县级行政区,包括 4 个区分别是加格达奇区、呼中区、松岭区、新林区,一个县级市是漠河市,两个县是塔河县、呼玛县。黑龙江省大兴安岭地区气候特别,属寒温带大陆性季风气候,有高寒禁区之称。

2022 年大兴安岭地区各类养殖户 2 000 余个,规模养殖场 5 个,其中,年出栏 500 头以上的生猪养殖场 3 个;年出栏 100 头以上的肉牛养殖场户 2 个。根据 2021 年黑龙江省大兴安岭地区国民经济和社会发展统计公报的统计信息,畜牧业生产:全区生猪存栏 67 955 头,比上年下降 3.2%;生猪出栏 92 153 头,比上年增长 19.4%。牛和羊出栏量分别为 7 937 头和 24 093 只,比上年分别下降 5.7%和 17.5%;家禽出栏 42.2 万只,下降 19%。猪肉产量比上年增长 9%,牛肉、禽肉和羊肉产量分别比上年下降 1.5%、26.4%和 36.3%;禽蛋产量为 3 609 吨,下降 28.8%;生牛奶产量为 770 吨,下降 7.4%。对比近四年黑龙江省大兴安岭地区畜牧生产情况,受 2019 年 8 月非洲猪瘟疫情影响,2020 年、2021 年全区畜禽养殖量均有所下降,由此可见,动物疫病的暴发尤其是重大动物疫病的暴发,对畜牧业生产影响极大。

2.区域内动物疫病流行情况

据统计,2017 年 1 月至 2023 年 3 月,黑龙江省大兴安岭地区未发生重大动物疫情,但其他常见动物疫病在区域内存在不同程度、不同范围的流行。一是牛病,新生牛犊在呼玛县、加格达奇区、漠河市、松岭区、塔河县共发病 78 头,病死 3 头,呼玛县发生牛皮蝇蛆病 1 次,发病 1 头,治疗后痊愈。二是绵羊和山羊病,在塔河县散养羊中发生肝片吸虫病,发病 6 只,治疗后痊愈。三是猪病,从总体流行情况来看,在各县(市)、区区域内猪病主要为猪流行性感冒和猪流行性腹泻两种,发病数总计 708 头,病死 68 头,采取紧急免疫 617 头,治愈 640 头。四是禽病,在各县(市)、区总体流行情况来看,禽病主要为禽大肠杆菌病、鸡白痢、鸡球虫病三种。禽大肠杆菌病发病 183 羽,死亡 10 羽,鸡白痢发病 1 306 羽,死亡 112 羽,鸡球虫病发病 1 016 羽,死亡 20 羽。五是其他动物疫病,加格达奇区和呼中区曾上报过犬细小病毒以及猫泛白细胞减少症,松岭区发生过一次猫流行性感冒,均未出现死亡现象。

3.动物疫病防控情况

(1)完善防疫制度

大兴安岭地区根据实际情况制定《大兴安岭地区突发重大动物疫情应急预

案》《大兴安岭地区免疫实施方案和免疫技术方案》《大兴安岭地区动物疫病监测与流行病学调查计划》《"两病"检疫净化工作实施方案》等工作制度,细化工作安排,从而确保各项动物疫病防控措施落实到位。

(2)落实防疫措施

除了常规的动物疫病防控措施,如免疫、监测以外,大兴安岭地区还严格落实疫情排查责任制,逐级明确排查负责人和排查人,构建"横到边、竖到底"的排查责任体系,聘请省级专家对应急防疫队进行疫病防控和人员防护技术培训、建立基层动植物疫病防控体系等。

(3)强化实验室建设

截至2022年,大兴安岭地区共有5个实验室通过省级兽医实验室考核,分别是大兴安岭地区地本级实验室、呼玛县实验室、漠河市实验室、塔河县实验室、加格达奇区实验室。根据大兴安岭地区地本级动物疫病监测与流行病学调查计划,组织开展口蹄疫、禽流感、猪瘟等动物疫病免疫抗体和病原学监测。

(4)信息平台运行管理

动物防疫信息平台建设工作的推进,能够有效提高动物疫病防控科学管理能力以及畜禽产品质量安全监管能力水平,提高非洲猪瘟等动物疫病防控能力。目前大兴安岭地区使用兽医卫生综合信息平台上报动物疫病监测情况、动物疫病流调情况、生猪调运等信息。

(二)黑龙江省大兴安岭地区动物疫病防控存在的主要问题

大兴安岭地区规模饲养与普遍散养的饲养方式相混杂,以散养方式养殖的畜禽数量占90%以上,散养户在动物疫病预防与治疗方面往往专业知识较少,依赖以往的养殖经验,动物疫病防控意识薄弱,加上当地特殊自然环境条件,种种因素均导致当地动物疫病防控措施推进困难、防疫工作存在落实不到位的问题。

1.动物疫病防控体制不健全

在2019年改革前,林场动物疫病防控职责由林业和草原局承担,大部分林业和草原局都没有动物卫生防疫机构,林场(管护区)在动物防疫方面的技术人员配备更是空白。在改革后,当地政府承接林业部门防疫工作后,动物防疫体系不健全的问题更加突出。

大兴安岭地区地本级在大兴安岭畜牧水产服务中心内明确设置了动物疫病预防与控制科室,科室共有3个编制,现有2人承担相关工作;呼玛县、塔河县、漠河市、加格达奇区、新林区畜牧兽医部门承担动物疫病预防控制职能,除新林区外均有专门人员承担相关工作,但没有明确设定动物疫病预防与控制科室。呼中区、松岭区的动物疫病预防控制职能在当地农业农村局内,呼中区的动物疫病预防控制部门在综合机构里非明确的内设机构或科室,动物疫病防控工作由指定的人员完成。该工作人员同时还担任其他部门工作,存在一人多岗多责的问题。

2.防疫机构队伍力量薄弱

大兴安岭地区动物疫病防控机构队伍力量薄弱主要体现在三个方面:

(1)防疫人员数量不足

乡镇综合中心从事兽医工作人员大部分在岗不在编,按照一个村须有一个村级防疫员的标准,塔河县、新林区均不满足该标准。虽然漠河市、松岭区达到了该标准,但是在承接林业和草原局(管护区)防疫职能后,并没有为管护区增加相应的防疫人员。综上所述,全区基层防疫人员短缺。

(2)防疫队伍老龄化严重

据了解,现有的乡镇防疫人员老龄化严重,而基层防疫工作往往比较艰苦,因此也会增加防疫的困难。

(3)防疫人员专业水平参差不齐

呼玛县 56 名村级防疫员、漠河市 12 名村级防疫员、松岭区 4 名村级防疫员均为非畜牧兽医专业人员;塔河县 4 名防疫员中有 2 人是兽医专业人员;加格达奇区 12 个防疫员中有 2 人是兽医专业人员,1 人曾参加过兽医培训,其余 9 人均为非专业人员,全区村级防疫员中专业人员仅占 4.8%,现有村级防疫员更依赖于过往的工作经验,防疫工作时间长、个人善于钻研的防疫员往往经验更丰富、技术水平相对来说较高。

3.兽医实验室建设不均衡

实验室建设与设施设备方面存在一定的不足。根据相关要求,实验室专职技术人员不少于 3 人,只有加格达奇区实验室专职人员大于 3 人,其他 4 个实验室专职人员都不足 3 人,人手短缺会导致监测工作不全面或人员工作压力大,烦杂的实验检测也会导致颈椎、腰肌劳损等职业病。

县级实验室仪器设备配备较低,除呼玛县实验室外,其他县级实验室实时荧光 PCR 仪通量较小,漠河市并未配备疫苗免疫抗体检测所需的酶标仪与洗板机,其他县级实验室血清学检测实验仪器使用年限也较长,一般已经达到 5 年以上。县级实验室布局也不够完善,根据兽医实验室考核标准,县级兽医实验室面积应达到 200 平方米,开展荧光 PCR 检测要进行实验分区,漠河市实验室面积不足 200 平方米,塔河县实验室面积虽达到 200 平方米,但由于是在原有的办公室内建设的实验室,格局受到原有建筑结构限制,难以进行分子实验室分区布局,漠河市与塔河县兽医实验室亟须投入经费进行改扩建。

4.防疫信息化建设滞后

在信息化建设过程中,除了受到系统本身操作是否简洁、程序是否稳定等原因影响外,还会因为基层工作人员对电脑使用不熟练,相关人员积极性不高,电脑系统级别低,基站信号不稳定等影响推进,新的信息平台在推进、运行、维护等方面面临着重重困难。

在2018年推行国家兽药信息网时就出现了很多现实问题,该系统的使用首先需要在电脑端进行人员注册,在塔河县十八站唯一一家兽药店就出现了店主没有电脑且不会使用电脑的情况。此外,该系统需要电脑和手机配合使用,手机登录扫码后才能确认电脑登录,且在实际操作中手机端不可以通过手机短信验证码登录,所以导致密码容易丢失或者忘记。兽药店、动物诊疗机构使用该系统录入信息还需要购买某厂家的配套设备,对此大家也产生了一定的抵制情绪,原因是在2018年以前也推行过类似的系统设备,但是系统设备到后来没有实际运行下去。2019年推行非洲猪瘟网报系统、2021年计划建设的实验室监测报告平台等,也因各种因素而停滞,像这样的事情不是个例,在不同的地区、不同的领域都会发生。

(三)存在问题的原因分析

大兴安岭地区动物疫病防控工作中所出现的问题有一定的必然性,从改革到现在,各项工作的梳理和交接还没有完全理顺,在人、财、物的配备上需要根据实际情况进行探索和完善,除此之外,其特殊的地理位置以及气候条件也是影响大兴安岭地区动物疫病防控不可忽视的因素。

1.组织建设不完善

2019年全国上下开始改革,为深入贯彻落实国家、省、地关于重点国有林区改革的决策部署,规范有序地推进林业企业承担涉农政府行政职能全面移交工作,2019年大兴安岭地区行政公署与大兴安岭林业管理局开始实施职能移交,政企分开后,各县(市)、区人民政府承接了10个林业和草原局管辖的100个资源管护区(林场)所承担的动物防疫行政职能,包括动物疫病的监测、流行病学调查、诊断、疫情报告以及其他防控等事项。在职能移交以后,虽然各县(市)、区政府动物防疫部门的工作范围扩大,防疫任务加重,但部分县(市)、区动物疫病防疫体系没有随之调整,人员编制也没有相应地增加,各级动物疫病体系建设不健全的问题更加凸显,一定程度上影响着动物防疫工作的上下对接、推进落实,并且由于改革人员岗位变化较大,也在一定程度上导致机构工作一时间难以理顺。

2.人才吸引力度不够

全区人才流出严重,特别是兽医方面的人才,据统计目前在大兴安岭备案的执业兽医不足10人,受当地经济发展限制,未出台兽医方面的人才优惠政策。

(1)资金吸引不足

除了加格达奇区政府、松岭区政府、呼玛县乡镇政府为聘用乡村防疫人员拨付相应的补助资金外,塔河县、漠河市仅靠国家拨付的每村每年 1 900 元的防疫补助经费开展乡村防疫员聘用工作,新林区、呼中区、松岭区防疫人员以及各县(市)、区政府接管的全部林业局和草原防疫均没有纳入中央村级动物防疫补贴范围。

(2)晋升空间不足

各县(市)、区畜牧部门大部分为正科级或副科级单位,单位晋升指数不足,虽然在基层从事兽医工作多年,却没有相应的人才激励政策且工资待遇不高,导致兽医工作人员一旦有机会就会选择转到其他机关事业单位岗位。

3.财政经费支持不足

中央财政历年下拨动物防疫等补助经费至各省,2020 年中央下拨给黑龙江省 12 511 万元,省财政下拨给大兴安岭共 35.4 万元,占全省的 0.28%;2021 年中央下拨给黑龙江省 13 108 万元,省财政下拨给大兴安岭共 23.8 万元,占全省 0.18%;2022 年中央下拨给黑龙江省 11 991 万元,省财政下拨给大兴安岭共 43.35 万元,占全省的 0.36%。该资金包含五项内容分别是:村级动物防疫员补助、免疫抗体监测效果评价经费、人员防护补助、养殖环节无害化处理补助、强制免疫疫苗资金。

4.环境条件限制

大兴安岭地区属于东北地区的最北部,区位优势不足显而易见,因地域特点的不同,对于动物防疫工作来说有以下四点影响:

(1)由于大兴安岭地区边境线较长,与俄罗斯隔江相望,边境线长达 791.5 千米,冬季时间长。俄罗斯境内的野猪会在河水结冰时越过边境线进入大兴安岭地区,导致动物疫病尤其是非洲猪瘟病毒的传播,外来疫病防控责任大。

(2)大兴安岭地区行政区域面积大,牲畜散养多、养殖半径大,养殖场户分布比较分散,动物防疫工作战线长,有的乡镇政府所在地与所辖村屯之间相距上百千米,人口少,动物防疫难度大,容易存在防疫漏洞,从而增加了动物疫病传播的风险。

(3)冬季时间长且温度低。黑龙江省大兴安岭地区全年平均温度是-6~8℃,每年 9 月末迎来秋季第一场雪,而春雪会持续到次年 5 月末,天气寒冷影响了各项防疫工作的落实效果,如春季动物疫病集中免疫在每年 3 月初至 5 月末,秋季集中免疫在 9 月中旬到 10 月末,在此期间大兴安岭气候寒冷,为疫苗注射工作带来极大的不便,也影响免疫抗体的产生。

二、国外与国内其他地区动物疫病防控的经验借鉴

动物疫病流行的不断变化影响着防疫政策、防疫措施等方面的变化。在国外动物疫病防控发展过程中,其防疫政策变化、防疫手段与当前我国动物疫病防控情况具有一定的相似之处,故而国外动物疫病防控经验对于当前国内动物疫病防控工作具有一定的参考价值。国内一些省市对各地动物疫病防控工作进行了积极的探索,这都为进一步完善和改进我国动物疫病防控提供了有益的借鉴。

(一)国外动物疫病防控概况

在欧美地区,尤其是一些养殖大国,动物疫病防控一直是一项重要的工作。动物疫病的防控是一项随着病毒的传播变异不断革新的复杂工程,也是国外学者研究的热门方向。一些重大动物疫情在欧美地区发生时期较早、危害严重,通过一系列的努力得到了有效的控制,因此国外对动物疫情防治的手段值得我们学习、借鉴。

1. 美国:培育职业兽医和兽医协会

美国在培育职业兽医方面拥有成熟的经验,学生在美国申请兽医院校,要求其具有兽医学前教育学历背景,包括:普通大学本科的畜牧专业、生物专业等相关专业且取得相应的学士学位,或者是完成职业技术学院的两年至三年的兽医预科学业。学生在进入兽医学院之前,要有在动物医院实习或其他与动物活动相关的工作经验。学生在校期间,临床教学和实践能力在课程中占比较大,在毕业前兽医学院会根据学生的志愿将专业研究方向分为大动物兽医研究和小动物兽医研究,在学生实习时可以根据研究方向有针对性地学习相关的知识和技术。在美国要拿到执业兽医资格,必须经过多年的理论知识学习和兽医临床实践,还要通过严格的国家统一执业兽医专业考试。

美国兽医协会(American Veterinary Medical Association,AVMA)负责管理除官方兽医以外的其他所有从业兽医,协会设置国家、州、郡、县四级。AVMA主要职能包括以下几点:第一,代表兽医利益,AVMA可以通过宣传、倡议为兽医会员以及兽医行业发声;第二,组织兽医继续教育学习,及时更新并宣传行业知识;第三,开展兽医资格认证;第四,通过进行行业内数据统计、创办杂志、宣传兽医行业知识及信息等方法促进兽医行业发展,同时也为公众提供行业相关的信息。

2. 法国:动物及动物产品全程可追溯

法国疫情防控情况良好,作为欧盟的养猪大国,2007年生猪屠宰2 490万头,猪肉产量186.62万吨[①],法国曾在1964年、1967年和1977年暴发了三次非洲猪瘟疫情,但三次疫情很快被控制,并未造成较大的影响。目前法国生猪养殖主要存在两种模式:一种是由企业牵头,掌握包括育种、繁育、养殖、屠宰、加工等全产业链;另一种是成立养殖合作社,由各农场场主作为经营联合主体,以合同的方式进行各环节的合作管理。目前法国大部分的猪肉由合作社生产,两种养殖模式使生猪养殖以及生猪产品运输销售全程可追溯。从法国疫病防控体系来看,追溯体系完善是动物疫病防控的有效手段,法国建立了从农场到餐桌的全过程追溯体系[②],在养殖过程中牲畜均有佩戴耳标,耳标内记录着牲畜的养殖信息以及动物产品的交易信息,屠宰环节将耳标信息转化为胴体个体编号,出售时会增加经销商的经营信息,从养殖、运输、屠宰、销售等全部环节均通过网络串联起来,所以在发生疫情后政府防疫部门可以通过网络系统第一时间追溯到动物养殖、屠宰、运输、销售信息,落实防疫措施,高效地防止疫情扩散。

3. 澳大利亚:外来动物疫病防控体系

澳大利亚是畜牧业较为发达的国家,其畜产品质量在全球的认可度比较高,出口到全球70多个国家。澳大利亚政府为了防止外来动物疫病传入,建立了先进的生物安全风险评估系统、检验检疫制度以及严格的进出口管理措施,其中生物安全风险评估包括出口国动物疫病传入的风险和对人、动物、环境等可能造成的危险以及损失,通过系统的风险评估以及贸易风险审核,从而有效地防范外来动物疫病入侵。此外,澳大利亚的国家消费者声明制度在动物疫病防控中也具有一定的重要作用,国家立法强制要求生产者、销售者声明畜产品状况,同时要对其声明负责。通过这种制度,可以有效地提高生产者、销售者的责任意识,使其在生产加工过程中,不敢随意添加化学物品,从而保证畜产品的质量。

(二)国内其他地区动物疫病防控概况

我国动物疫病防控相关研究范围稍晚于西方国家,但是随着多年动物疫病防控的科学研究以及实践,在不断调整我国动物疫病防控各项措施的过程中,我们在动物疫病防控工作中取得了显著的成效。

1. 山东:"1+1+6"动物疫病防控模式

山东省济宁市兖州区的"1+1+6"是指:1个指挥调度中心,1个执法保障,6条专

---

① 张莉.法国畜牧业发展现状[J].国际资讯,2011(47):47-51.
② 蔺东,张健,张银田,等.法国动物疫病防控工作概述[J].中国动物检疫,2014.31(2):14-18.

班工作线①。指挥调度中心是畜牧兽医部门根据实际养殖情况以及区域动物疫病流行情况,制定全年动物疫病防控方案,统筹全局,提供物资,资金保障;执法保障是成立执法队,对防疫工作开展全面的执法监督检查,通过法律管控为动物防疫工作创造良好的环境;6条专班工作线是6个职能科室:兽医实验室、兽药饲料监察、兽医专家服务团、法治宣传科普、无害化处理,负责免疫效果评价、病原学检测、兽药饲料抽检、防疫技术指导、防疫法律宣传、检疫等各项工作。该区的防疫发展模式职责分工明确,6个专班相互配合,有利于动物防疫体系有效有序运转。该体系与大兴安岭地区防疫体系有部分相似之处,相比较之下,值得学习的是兖州区设置专家服务团、法律宣传科普两条专班工作线,体现了动物防疫工作转换思维,积极创新发展。

2.武汉:动物疫病净化探索

武汉市自2016年开始由农业农村局牵头开展动物疫病净化工作,地方财政调拨专项资金扶持畜禽场进行动物疫病净化,采取以奖代补的方式,针对企业自主开展动物疫病净化并且主动申请考核,经有资质的第三方检测机构验收,如达到净化考核指标,则给予一个净化病种一次性补助20万元。此外,2022年武汉市农业农村局与财政局联合印发支持农业农村发展有关政策意见,2022—2025年,武汉市动物疫病净化工作具体目标是建成3个国家级、8个省级动物疫病净化创建场或示范场,对新认定的动物疫病净化创建场或示范场按每个场分别给予一次性50万元、30万元奖补②。

武汉市江夏区在区域净化方面主要开展猪瘟、猪蓝耳病、伪狂犬病净化示范区创建工作,该区域积极与大学合作,依托学校研发项目,通过"点连成线、线连成片"的方式,开展区域范围内规模净化、多种动物疫病共同净化,规范建设区域生物安全体系,打造先进企业区域性防疫屏障保护体系,建立具有本地特点的动物疫病净化示范区。

3.陕西:一条主线,两个加强和三项提升

陕西省提出了"突出一条主线,着力两个加强和实施三项提升"工作部署,其中一条主线是指突出技术支持主线。两个加强是指一是加强疫情信息收集与报送,增强技术服务与指导工作,提升动物疫病疫情监测预警能力;二要加强非洲猪瘟、新城疫等重大动物疫病和口蹄疫、布病等人畜共患病防控措施,落实常态化动物疫病防控措施,确保不发生区域性重大动物疫情和重大公共卫生事件。三项提升是指:一要提升动物疫病区域防控,抓好无疫区(小区)、净化场和布病净化示范

---

① 李海英,郭海深.山东省济宁市兖州区"1+1+6"动物疫病防控模式[J].中国动物检疫,2022(1):60-63.

② 肖冉,黎巧,张四化,等.武汉市主要动物疫病净化工作探索[J].中南农业科技,2022(1):65-67.

区建设,巩固拓展无规定动物疫病小区创建和动物疫病净化示范成效;二要提升兽医实验室监测能力,确保兽医实验室检测质量水平,推进建设非洲猪瘟检测县级实验室,兽医实验室积极开展生物安全专项检查,确保兽医实验室生物安全;三要提升动物疫控队伍能力建设,加强动物疫病防控技术研究与推广,提升区域内整体动物疫病防控水平,组织实施好动物疫病防治员职业技能比赛。

(三)经验借鉴

美国有成熟的兽医培养体系,法国建立完善的动物疫病追溯体系,山东省动物疫病防控体系职能与新时代新理念相契合,广东省从充分考虑养殖户的利益角度出发进行动物疫病防控管理。结合国内外的动物疫病防控的先进理念与措施,在此基础上我们应借鉴以下经验。

1. 科学规划防控体系

过去我们动物疫病防控强调的更多的是动物监督,但是现在我们应更加强调服务群众,一方面通过组织专家服务团,为养殖场户提供专业的指导,可以有效地提高养殖人员的科学养殖意识,有效地建立动物疫病防护屏障,从源头切断动物疫情的发生与传播。另一方面成立法律科普宣传小组,通过定期开展面向群众的法律宣传,可以使养殖人员认识到动物防疫关乎其养殖环境的安全与稳定,使养殖人员能够积极配合防疫人员,并且也可以使养殖人员通过法律了解各部门的工作职责,积极主动地要求工作人员履职尽责,形成群众监督,倒逼责任落实,防止基层工作人员不作为,从而形成双向督促、双向促进的良好机制。

2. 结合自身特色完善激励政策

(1)政策应更多地考虑如何提高补偿水平以激励养殖户与基层动物防疫人员上报疫情。可以定期在官网以及官方公众号公布基层动物疫病防控工作简报,表扬一些先进动物防疫工作者,树立动物防疫工作的学习典型,提高养殖户对于疫病防控的意识和能力,形成群防群控的良好防控氛围。

(2)制定区别化的补偿标准,针对不同品种以及不同生长阶段的畜禽根据市场价格制定有区别的补偿标准。

(3)未来政策管理目标需要逐渐向社会福利最大化转变,可以减少信息不对称下的资源损耗,动物扑杀补偿需要各地政府部门根据各地经济发展情况以及当地市场价格,针对散养户与规模养殖场制定不同的政府补助标准。

3. 加强综合智慧信息化平台建设

(1)信息录入平台要简便易操作

充分调动大家录入信息的积极性,像山东动物信息平台就可以通过手机 App

注册登录,使用手机录入的信息可以同时同步到电脑端,平台操作简便。

(2)丰富数据平台功能

一方面通过网络平台可以设置远程问诊功能,为养殖户提供兽医诊断、治疗、科学指导等服务;另一方面平台通过大数据分析,准确了解疫情传播规模,一旦发生疫情能够有效地控制消杀规模,降低对养殖场户不必要的利益损害。

(3)拓宽数据采集的来源

不仅限于动物卫生管理机构、动物疫病防控中心等政府部门,还可以将动物诊疗机构、养殖户、乡村兽医等社会相关人员调动起来,采集第一手动物疫病数据,确保能够第一时间获取动物疫病信息,及时进行干预。

(4)做好平台保密与维护工作

数据平台一定要做好保密工作,确保相关涉密信息不泄露,必须通过定期维护、查找漏洞、修补完善,确保平台能够安全且有序地运转。

4.开展无规定疫病区建设

无规定动物疫病生物安全隔离区划是通过建立统一的生物安全管理体系,实施生物安全管理措施且建设必要的人工屏障以及地理屏障,对特定的某种动物疫病实施监测、控制和生物安全管理,防范这种动物疫病发生、传播,从而实现对特定动物疫病进行防控的目的,保持养殖场区持续不发生某种特定动物疫病。建设无疫小区有利于提高畜禽规模养殖场的生物安全管理能力,控制或净化某种动物疫病,保证畜禽及其产品的质量安全,促进畜禽及其产品进行国内以及国际贸易。动物疫病净化和无疫小区建设是提高规模养殖企业生物安全管理能力,区域性控制和消灭动物疫病的重要抓手,无疫小区作为兽医领域为数不多的此类示范,是社会公众认识兽医工作的重要窗口。

三、加强黑龙江省大兴安岭地区动物疫病防控建设的对策分析

紧紧围绕"确保不发生区域性重大动物疫情,确保动物疫情持续保持稳定"的工作目标,理顺大兴安岭地区畜牧兽医管理体制,配齐、配强畜牧兽医专业人员,加强基层畜牧兽医部门工作软、硬件建设,改善工作条件,突出工作重点,强化各项措施,不断提升重大动物疫病防控工作能力,才能有力地促进大兴安岭地区特色畜牧业持续健康发展。

（一）强化动物疫病防控体系的科学规划

1. 整体规划动物疫病防控体系

首先，要对基层动物疫病防控体系的基本情况进行全面调查摸底。重点了解县级农业农村部门及其动物疫病预防控制机构、动物卫生监督机构的编制和人员情况，以及乡镇负责动物疫病防控工作的机构、编制和人员等情况，积极协调机构编制部门，采取切实有效的措施，配齐人员。

其次，要明确动物防疫工作目标、工作要求。根据法律法规，建立健全政府负总责、相关部门各负其责和养殖经营者负主体责任的动物防疫责任制，明确重大动物疫病防控工作的属地管理责任和部门责任分工，将林业养殖防疫工作进行科学规划，明确防疫实施方案。

最后，加强政府各部门之间的沟通协调，加强动物疫病防控部门与野生动物保护处、疫病预防控制中心、交通运输等相关部门的联防联控，强化信息通报，定期开展会商，各司其职、各负其责，确保一旦出现突发疫情，能够按照"早、快、严、小"的原则及时有效处治。

2. 组织开展无疫区建设

（1）要保证大兴安岭地区无疫区建设工作高效有序地开展，要认识到口蹄疫和高致病性禽流感免疫无疫区建设工作的重要性，安排专门工作人员参加各省份举办的免疫无疫区建设培训班以及免疫无疫区建设考察，为大兴安岭地区免疫无疫区建设工作奠定良好的基础。

（2）依照《黑龙江省牲畜口蹄疫和高致病性禽流感免疫无疫区建设工作指南》和《无规定动物疫病现场考核标准》，找出大兴安岭地区无疫区建设工作的重点和难点，建立工作台账逐步梳理，确保如期实现"清净无疫"的目标。

（3）应根据自身养殖特点积极探索，如塔河县一家森林猪养殖企业，其经营理念为打造原生态养殖模式，生产有机畜产品，在无疫区建设时可以根据森林猪比家猪免疫力高这一特点，规划以建设无规定疫动物病小区为突破点带动全区无规定动物疫病区建设。

3. 扶持发展兽医社会化服务组织

（1）充分发挥兽医协会的作用，制定团体标准，开展服务活动，加强兽医与人医之间的交流学习，提供资金或物资上的帮助，扩展服务范围，提高兽医人员社会服务意识。

鼓励全区执业兽医、乡村兽医在乡村动物疫病防控体系中发挥重要作用，鼓励其在乡村对畜禽牲畜开展动物诊疗，为畜禽养殖户提供动物疫病诊断治疗、疫苗免疫注射等防疫服务。

（2）支持具备条件的事业单位，如加格达奇区畜牧兽医站、呼玛县畜牧服务中心，由常年在基层工作经验丰富的防疫员面向社会开展动物疫病防治技术咨询、业务培训等兽医服务，促进兽医社会化服务需求和服务供给有效衔接。

（二）完善动物疫病防控体系人才队伍建设

1. 建立科学合理的人才激励制度

一方面是提高防疫人员待遇，基层动物疫病防疫人员特别是乡镇的动物疫病防疫人员的待遇极低，各级政府应大幅度增加动物疫病防控财政预算，提高基层动物疫病防疫人员的工资待遇，或者将乡镇的防疫人员纳入社保统筹，提高动物疫病防控工作积极性，留住人才，稳定基层动物防疫队伍。另一方面要严格进行绩效考核，要在保留当前考核方式的情况下，强化对防疫工作质量的考核，明确工作职责和考核内容，第一将动物防疫工作进行分解考核，如对免疫时效、免疫效果、免疫技术、档案真实准确性等进行专门的检查；第二实行动物防疫巡查制度，由市级农业农村相关部门成立专门的动物疫病防控巡查工作小组；第三实行动物防疫考核结果公开制度，以季度或者年为时间单位将考核结果公开，为考核优异的单位或者表现突出的个人争取省级防疫先进单位和省级防疫先进个人等奖项。

2. 优化基层配制人才结构

（1）优化人员配置，按照专业能力与担负任务相匹配的原则，合理确定综合部门和业务部门各环节的人员比例，根据干部的年龄层次、知识层次、专业水平特长，参考个人意愿，将每个干部安排到最合适的岗位，实现专业与岗位匹配，针对人员面临退休的问题要及时通过考录补充新人，平衡岗位年龄，也有利于工作的交接。

（2）合理搭配业务岗位人才，解决年轻同志没有经验、不懂业务，老同志难以接受新技术的问题，以人员合理搭配的方式织牢动物疫情防控网，严格落实动物疫情排查责任制，逐级明确负责人和排查人，构建"横到边、竖到底"的责任体系。

（3）对优秀年轻干部进行渐进式培养，要牢固树立"人才是第一资源"的理念，与人力资源部门组织合作，实施优秀年轻干部进修计划，优化基层组织人才队伍建设。

3. 完善兽医人才培养体系

兽医人才培养要打破过去那种我讲你听、我说你做的生硬培训模式，要创造好的学习交流氛围，除了聘请畜牧兽医权威专家对防疫队伍进行疫病防控技术培训外，还可以邀请动物防疫先进个人以及基层防疫技能竞赛中成绩优异者分享在实际工作中总结的个人经验。在实践得出的经验以及工作上的窍门往往是书本上空缺的，通过这种方式充分调动防疫人员尤其是基层防疫人员学习的热情，努力形成良性互动的局面。同时，除了线上理论培训外，在条件允许的情况下，还可以开设疫苗免疫实操课、现场解剖课、采血等实操课，并且录制视频扩大传播范围，举办大兴安岭地区防疫人员技能比赛，由每个县区选派1~2名防疫员参加，增强防疫人员的职业自信，强化培训效果。

(三) 强化动物疫病防控体系基础设施

1.基础设施建设均等化

建设兽医实验室、加强应急物资储备在动物防疫中是必不可少的，一旦动物感染病毒、出现病症或死亡，除了现场解剖外，还需要实验室检测确定病因或者排除高致病性病毒感染，从而预防高致病性动物疫病的传播、扩散，加快动物防疫基础设施建设步伐，更要注重基础设施建设的均等化，针对地本级、加格达奇区、呼玛县、塔河县实验室需要，在其现有基础上充实更新疫病检测设备，如县区的酶标仪、移液枪、洗板机采购时间基本在5年以上，使用时间较久需要及时更新淘汰，通过仪器设备的更新换代可以有效提高实验操作的简便性和检测结果的准确性，实现动物疫情信息的快速、准确、全面、可靠的收集、汇总、分析、储存和传输。而针对新林区、松岭区、呼中区、漠河市实验室则需完善基础设施条件，改善实验室检测环境，对于面积不足的实验室需要扩展面积，生物一级实验室面积要达到200平方米才能保障实验室科学分区，防止实验操作时出现交叉污染的问题，配齐血清学实验所需的酶标仪、洗板机、移液枪、恒温箱等基础实验仪器设备，培养实验室专职人员，逐步建设检测能力全面的动物疫病诊断实验室，充分发挥实验室在动物疫病防控中的作用，全面开展动物疫情检测工作，加强疫情监测、检测与报告，提高动物疫病预警预报能力，不断增强重大动物疫病防控能力和水平。除实验室建设以外，还需加大对基层动物防疫监督机构的投入，在资源配置上，配备、配齐基层动物卫生监督机构执法队伍所需的人员、便携仪器、车辆等，保障基层动物疫病检疫、隔离、消毒等设施充足，确保应急物资储备齐全，能够随时应对突发动物疫情。

2.加强信息化平台建设

(1)用好现有的信息平台

我国已经建立全国动物疫情监测信息系统、全国动物疫情预警平台，但是对于平台上报信息的要求还有些模糊，需要通过培训宣传，提高大家对信息平台的重视程度，要认识到通过建立动物疫病监测网络，能够加强动物疫情预警，能够及时对动物疫病实施干预。

(2)扩展信息化平台使用范围

在平台使用时我们也应探索如何让养殖人员、调运人员、屠宰环节等相关人员参与进来,通过相关人员自主上报,基层防疫部门工作者对上报的动物疫病情况、疫病源头进行调查、核实,对动物疫病传播情况进行分析,提高信息上报的真实性与及时性,快速评估动物疫病传播风险,确保采取快速动物疫病防控应对措施。

(3)创新开发新程序

目前微信小程序、微信公众号、腾讯会议等迅速发展,可以通过相关程序建立大兴安岭地区动物疫病远程咨询诊断服务平台;通过拍照的方式请相关部门进行初步诊断,提供用药治疗指导,已解决兽医人员不足的问题;对于重症但非传染病的疾病可以通过视频会议提供远程兽医医疗会诊服务;通过建立专家信息库,诊断病例数据库的方式,全方位立体地掌握全区易感畜禽的区域、范围;通过先进的科学技术来支持建立"从源头到餐桌"的动物产品安全及质量全流程监控和监督体系。

(4)提高边境疫情监测站信息化水平

大兴安岭地区有三个边境县,目前三个边境疫情监测站上报信息仍采用传统方式,没有形成系统的边境疫情防控数据库。对于边境地区动物疫病的巡查信息以及动物健康信息应探索建立电子数据库,通过大数据算法对排查信息进行科学分析,以现代化的方式筑牢边境地区动物疫病防线。

(四)建立财政防疫财政经费保障机制

1.完善财政支持政策

国家、省级均出台了动物疫病防控支持政策,但是据了解,截至目前,大兴安岭地区以及其管辖的县区财政部门并没有出台专门的财政支持政策,因此大兴安岭地区政府也应根据国家、省级动物疫病防控指示精神,结合各县区基础数据因素,如畜禽饲养量、畜禽补助标准、县级财政补助等情况,以及政策任务因素,如各县区的养殖任务、特色养殖业发展等,出台符合大兴安岭地区实际情况的动物疫病防控支持政策,特别是要针对各县区村级防疫员补助差距较大的问题进行研究分析。

(1)针对呼中区、新林区没有村级防疫员补助的问题,结合国家村级防疫员补助标准以及呼中区、新林区经济发展情况,制定合理的最低财政补助标准,从而层层落实责任,提高基层政府重视程度,避免出现基层政府忽视动物防疫人员补助的问题。

(2)针对地方政府承担林业部门动物疫病防控的工作,地方财政部门与农业农村部门应仔细梳理地方政府承担林业部门防疫职能后各项工作所需的支出,制定应急物资储备、防疫人员防护与培训、疫苗采购、无害化处理等各经费实施方案,明确各项经费使用管理细则,在政策上为全区动物疫病防控工作提供保障。

2.加大防疫经费投入

增加基层动物防疫机构的投入资金,在各级财政预算中应相应地增加动物疫病防控专项经费,在畜牧兽医资金配置上向基层动物疫病防控倾斜,保障基层动物疫病检疫、监测、免疫等工作设施齐备。

(1)全面改善和提升基层动物疫病防疫队伍的工作条件和待遇,如加格达奇区、呼玛县、呼中区、松岭区基层防疫部门为公益性事业单位的,从事动物防疫工作的人员会接触到口蹄疫病毒、布鲁氏菌病毒等人畜共患病的病毒,符合事业单位岗位卫生津贴中的有毒有害类补助标准,在单位内部要对各部门人员工作性质进行区分,对于直接从事防疫工作人员,应积极为其争取这部分补助,提高人员待遇。针对漠河市、塔河县每年仅靠国家补助的 1 900 元聘用村级防疫员的问题,基层政府应积极帮其解决防疫经费较少的问题,根据养殖量以及地方特色畜禽产业发展规划,下拨地方财政对防疫人员的补助经费,从而解决漠河市、塔河县等县区招聘防疫员难的问题。

(2)应急物资储备按省要求纳入财政预算,做到应急储备物资及时更换。据统计,目前基层应急物资储备情况参差不齐,尤其是常用的消毒药与消毒设备,对此应根据养殖量的多少以及养殖畜禽种类的不同,合理配备配齐应急物资,由于消毒药、防护服、口罩、隔离带等应急物资保质期有限,此项资金应长久纳入财政预算,根据物价的波动及时调整,如 2018 年、2019 年非洲猪瘟导致兽用消毒药涨价,二氯异氰尿酸钠粉(含氯20%)一吨在 18 000 元左右,2020—2022 年虽然动物疫情情况好转,但是由于新冠疫情影响,二氯异氰尿酸钠粉(含氯20%)虽然降价,但每吨仍在 16 000 元左右。虽然动物疫情稳定,但是要考虑到应急物资市场价,对应急物资经费合理调整,而不是一味地缩减。

(3)加强兽医实验室等基础设施建设。根据每年的省、市两级动物疫病监测方案,基层兽医实验室应满足血清学检测的功能,根据生物实验要求,配齐相应的仪器设备,需要财政根据实验仪器使用寿命下拨仪器设备采购资金以及更新换代的资金,同时还要保障实验室仪器设备定期维护的资金落实到位,提高实验室检测结果的准确性,切实改善各级畜牧兽医工作部门的工作条件。加强财政经费保障,确保疫情监测检测、动物检疫、应急保障、人员培训、技术指导服务等业务工作经费,才能保证各级畜牧兽医工作部门的各项业务工作正常有序开展。

呼伦贝尔市残疾人就业保障问题与对策研究

文芃芃

(学号:1120213367)

一直以来,党和国家在残疾人就业问题上都给予了极大的关注,习近平总书记指出:"残疾人是社会大家庭的平等成员,也是人类文明发展的一支重要力量。残疾人完全有志向、有能力为人类社会做出重大贡献。古今中外,残疾人身残志不残、自尊自立、奉献社会的奋斗事迹不胜枚举。"[①],帮助残疾人实现更加稳定和高质量的就业,需要国家、政府甚至整个社会的合力支持,因此,对残疾人就业保障的研究是十分必要的。

一、呼伦贝尔市残疾人就业保障现状分析

近年来,呼伦贝尔市残疾人就业保障方面的工作取得了长足进步,但在经济发展日新月异、人力资源市场需求快速更新的今天,对残疾人就业工作要求也越来越细致化,呼伦贝尔市残疾人就业保障工作仍旧存在着政策落实阻滞、残疾人就业的措施缺乏、残疾人和用人单位信息不对称、职业培训效果不佳等问题,残疾人就业率和受教育程度等方面还存在较大的上升空间。

---

① 徐晓兵.同心筑梦开创残疾人工作新局面[N].兰州日报,2018-7.

(一) 呼伦贝尔市残疾人就业保障现状

为深入探讨呼伦贝尔市残疾人就业保障问题，有必要对呼伦贝尔市残疾人就业情况以及就业保障工作的现实状况进行分析，对政策落实情况、所采取的措施及取得的成效进行详细的梳理。

1.呼伦贝尔市残疾人就业基本情况

《残疾人就业条例》中规定，残疾人就业是指在就业年龄段（男性 16~59 周岁，女性 16~54 周岁）同时有就业意愿的残疾人从事有报酬的劳动。截至 2022 年 8 月 18 日，呼伦贝尔市就业年龄段残疾人为 42 591 人，16~29 岁有 3 477 人，30~39 岁有 6 416 人，40~49 岁有 13 661 人，50~59 岁有 19 037 人。在就业年龄段残疾人中，已就业残疾人为 16 752 人，就业率为 39.33%。男性已就业 11 600 人，就业率为 39.97%；女性已就业 5 152 人，就业率为 37.96%。

目前，我国残疾人就业形式主要包括七个分类，包括按比例就业形式、集中就业形式、个体就业创业形式、公益性岗位就业形式、辅助性就业形式、农村种养加就业形式、灵活就业形式。呼伦贝尔市在已就业的 16 752 名残疾人中，农村种养加就业人数最多，为 6 445 人；其次是灵活就业，为 5 621 人；个体就业 2 400 人；按比例就业 1 092 人；集中就业 1 006 人；公益性岗位就业和辅助性就业人数较少，分别为 127 人和 61 人。

从已就业残疾人福利待遇来看，在已就业残疾人中，拥有养老保险的人数为 5 444 人，有医疗保险的人数为 9 644 人；有失业保险的人数为 862 人；有生育险的人数为 557 人；有工伤保险的人数为 717 人；有公积金的人数为 549 人。可见，有近七成的已就业残疾人没有最基本的养老保险，已就业残疾人福利水平很低。

2.呼伦贝尔市残疾人就业保障采取的措施

呼伦贝尔市有市级残联 1 个，旗县（市、区）残联 13 个（除满洲里），乡镇苏木残联 137 个，已建嘎查村（社区）残疾人协会 1 131 个，有专职委员 1 129 人。关于残疾人就业相关政策的落实，主要体现为：

(1) 按比例安排残疾人就业情况

2002 年，呼伦贝尔市实行全市财政全额拨款单位的保障金由财政部门代扣，企业、差额拨款和自收自支事业单位等各类用人单位的残疾人就业保障金由各级地税部门代收。"十一五"期间，呼伦贝尔市将按比例安排残疾人就业纳入劳动监察范围，有效地提高了保障金征收工作效率。"十二五"期间，呼伦贝尔市规定用人单位安排残疾人就业比例不得低于本单位在职职工总数的 15‰，安排残疾人就业未能达到比例的用人单位，应缴纳残疾人就业保障金。"十三五"期间，呼伦贝尔市建立了用人单位按比例安排残疾人就业公示制度。

(2) 公益性岗位安排残疾人就业情况

2016年,内蒙古自治区人民政府发布《关于加快推进残疾人小康进程的实施意见》,呼伦贝尔市人民政府同年发布了《呼伦贝尔市人民政府关于加快推进残疾人小康进程的实施意见》。2021年,呼伦贝尔市残联制定了《呼伦贝尔市开发残疾人公益性岗位工作实施方案》,全年全市共开发残疾人公益性岗位64个,选聘工作坚持"公开竞争、择优录取"的原则,按照个人报名、资格初审、笔试面试、体检考核、公示聘用等程序进行,截至2022年7月已招聘47人。

(3) 残疾人职业技能培训情况

呼伦贝尔市利用社会教育培训资源,每年落实中央、自治区残疾人技能培训资金20万元~60万元,用于残疾人实用技能培训。培训主体主要包括残联挂牌的残疾人培训基地、残疾人就业服务机构、人社部门及所属培训机构、社会民办培训机构、教育机构、用人单位等,接受残联挂牌的残疾人培训基地和残疾人就业服务机构的培训人数最多,占总人数的54%。培训项目包括农村种植养殖类、计算机类、按摩医疗类、手工类、维修类、烹饪面点类、服装类、服务类、创业培训类、电子商务类等,参与农村种植养殖类培训人数最多,占培训总人数的50%以上。呼伦贝尔市残疾人就业扶贫培训基地建在呼伦贝尔市特殊教育中心,基地培训在校学生的同时,接纳全市各类残疾人参加职业技能培训、职业资格认定,到2015年年底,基地已有3 000平方米,实训教室17间,共设洗车、皮鞋美容、面点、服装设计、社区服务、美容美发、保健按摩、种植、烹饪等11个专业,采取校校联合、校店联合、校企联合的形式开展针对性、定单式培训。

(4) 盲人按摩工作情况

呼伦贝尔市残联与卫生、税务、工商等部门协调配合,申请盲人医疗按摩所扶持资金、办理盲人保健按摩所转医疗按摩所等。目前,呼伦贝尔市共有盲人医疗按摩机构26家,盲人保健按摩机构21家。

(5) 残疾人就业服务工作开展情况

呼伦贝尔市共建立残疾人就业服务机构10个,设有残疾人职业技能评估室6个。残疾人就业服务中心负责按比例安排残疾人就业情况年度审核、办理盲人按摩、残疾人职业介绍、职业咨询、求职登记等工作。2021年,呼伦贝尔市残疾人康复中心和残疾人就业中心合并为"残疾人康复和就业服务中心",共有事业编制12名,残疾人公益岗位2名。根据2022年统计,全市办理求职登记24人、职业指导28人、职业心理咨询9次、职业适应性评估5次、协理社会保障273次、职业介绍71人、推荐就业成功35人、跟踪回访39人、扶持创业98人、劳动技能培训645人、多形式安排就业178人。

2. 呼伦贝尔市残疾人就业保障取得的成效

呼伦贝尔市委、市政府深入贯彻落实中央决策部署和自治区工作部署,残疾人的获得感、幸福感、安全感明显增强,3.06万困难残疾人得到生活补贴,2.13万重度残疾人得到护理补贴,残疾人意外伤害保险实现全覆盖,义务教育阶段残疾儿童入学率达到92%,新增残疾人就业人数6 374人,助残志愿者注册人数达千余人。

在残疾人就业创业工作实践中,呼伦贝尔市以扶持残疾人就业创业企业为抓手,在对全市残疾人就业创业状况调研的基础上,结合城镇和农牧区特点及资源优势,培育了一批残疾人就业创业企业和就业扶贫基地,落实自治区残疾人就业创业项目资金,对海拉尔区、牙克石市、阿荣旗、莫旗、新右旗等地的残疾人就业创业企业和陈旗西乌珠尔苏木残疾人就业创业基地给予补助资金,通过扶持残疾人就业企业辐射带动有劳动能力的残疾人稳定就业。

加大残疾人技能培训力度,提高其就业能力,落实中央、自治区残疾人技能培训资金,为农村牧区和城镇14 000余名残疾人进行职业培训,总培训率为33.24%。970名残疾人开展实用技术培训和职业技能培训。联合民政等部门重点推进重度残疾人托养照护服务工作,加强托养服务管理、服务人员培养、规范从业人员资格管理工作。落实"阳光家园计划项目"托养服务补助资金,为426名残疾人提供托养服务。与民政部门推动残疾人两项补贴"跨省通办",为27 772名困难残疾人落实生活补贴,为24 858名重度残疾人落实护理补贴。截至2022年7月,呼伦贝尔市共有机关单位741家,安置残疾人单位92家,安置残疾人123人;事业单位2 097家,安置残疾人单位180家,安置残疾人249人;团体共有264家,安置残疾人团体1家,安置残疾人1人;国有企业580家,安置残疾人单位64家,安置残疾人547人。

(二) 呼伦贝尔市残疾人就业保障存在的主要问题

根据各省市公开数据,呼伦贝尔市残疾人就业率明显偏低。2020年,呼伦贝尔市统计局通过问卷的形式对1 139个残疾人家庭进行就业情况调查,报告显示,呼伦贝尔市残疾人收入明显低于居民人均月收入水平。本文从政策落实、就业措施、就业信息、就业培训四个方面总结出呼伦贝尔市残疾人就业保障存在的主要问题。

1. 残疾人就业保障政策落实阻滞

从政策层面来说,落实残疾人就业政策的困难不小。例如,为了促进机关、事业单位、国有企业带头安排残疾人就业,2021年10月,中组部、中央编办、人力资源和社会保障部、国资委、中国残联联合印发《机关、事业单位、国有企业带头安排残疾人就业办法》。内蒙古自治区相关部门联合转发,呼伦贝尔市残疾人联合会会同相关部门联合转发,对接沟通,但在2022年公务员、事业编及国企单位招录考试中,依然没有单位设置针对残疾人的岗位,政策推进困难。又比如,2021年,呼伦贝尔市残联和人社局联合印发了《呼伦贝尔市开发残疾人公益性岗位工作实施方案》，计划在全市开发 64 个残疾人公益性岗位。残疾人公益性岗位薪资由残疾人公益性岗位补贴和社会保险补贴组成，每月到手为 1 570 元，根据《呼伦贝尔市 2021 年国民经济和社会发展统计公报》数据显示，人均消费性支出 1 870 元左右/月。这样的最低工资显然无法满足残疾人的基本生活需要。虽然短期内落实了文件的要求，完成了目标，但长期看来，这项政策依然只是"缓兵之计"，无法解决残疾人就业困难的根本问题。

2.缺乏推进残疾人就业的措施

残疾人基本状况调查年度需求统计数据显示，截至 2022 年 8 月，呼伦贝尔市未就业残疾人的基本生活来源主要通过家庭供养、社会救助与社会福利、财产性收入、退休金等途径，在这些生活来源中，家庭其他成员的供养费占大部分。

虽然呼伦贝尔市残疾人高校毕业生就业率呈现逐年递增趋势，但从残疾人大学生就业人数来看，却并不像就业率一样逐年递增。从就业形式上来看，按比例就业是质量最高的残疾人就业形式，但目前呼伦贝尔市按比例就业占比仅为 6.5%，并没有跟上全国的发展步伐。以 2021 年为例，市残联对全市 17 831 家单位进行残疾人就业保障金审核，其中，达到按比例安排残疾人就业单位仅 230 家。而从近年呼伦贝尔市残疾人高校毕业生就业类型可以看出，很大一部分已就业的高校残疾人毕业生是通过个体就业和灵活就业的形式，就业不稳定，每年还有很多有就业能力和就业意愿的残疾人毕业生始终处于求职状态，未能找到合适的工作。自从 2021 年开始，公益性岗位的安置残疾人毕业生数量明显增加，这与《呼伦贝尔市开发残疾人公益性岗位工作实施方案》的制定和实施有很大的关系，可见，残联等相关部门对于残疾人就业措施的推进可以有力地解决残疾人大学生的就业问题。

3.残疾人和用人单位信息不对称

一名残疾人想要找一份适合自己身体情况的工作，往往会第一时间考虑通过残疾人联合会、残疾人就业服务中心等服务自己所属群体的组织寻求帮助，他能够想到的渠道包括残联的官方网站、公众号、残疾人就业服务中心办事窗口、通过 114 查询相关电话等，但事实上，呼伦贝尔市残疾人联合会的官方网站和微信公众号，并没有服务于残疾人的就业信息板块，通过呼伦贝尔市残疾人联合会官方网站，可以看到呼伦贝尔市残疾人就业服务中心官方网站链接，但该网站已停止使用。通过 114 可以查询到残疾人就业服务中心电话，但大多数情况下该电话只能为残疾人提供求职登记，很少能提供职位推荐。残疾人还可以通过"中国残疾人就业创业服务平台"发布求职简历，寻找岗位，很多残疾人难以完成复杂的注册流程，需要就业中心工作人员代为注册网站、录入简历，但网站上合适的岗位依然非常稀少。

4.残疾人职业技能培训内容与市场需求不匹配

呼伦贝尔持证残疾人中,拥有大专以上学历的残疾人比例不足 2.2%，已就业的残疾人中,绝大多数并没有大学文凭,所从事的工作并不需要高等教育的知识水平和职业能力,可替代性强。从就业率上来看,学历越高就业率也越高,这说明接受高等教育对于残疾人就业具有一定的促进作用。

针对于受教育水平低导致的就业难问题,呼伦贝尔市每年都会落实中央、自治区残疾人技能培训资金20万元~60万元,用于残疾人实用技能培训,2016年培训人数2 357人到2022年培训人数1 142人,培训人数呈逐年递减趋势。

笔者通过电话沟通等方式,对25名参加过培训的残疾人进行了回访,设置问题包括:参加过培训的次数、培训内容、培训时长、知识掌握程度、培训对就业的帮助程度等。其中9人参加过农村种植养殖类培训,6人参加过手工类培训,4人参加过烹饪面点类培训,3人参加过计算机类培训,3人参加过保健按摩类培训。仅有4名参加过农村种养殖类培训的残疾人表示,培训内容对日常工作有一定帮助,其余21人均表示,培训不能帮助他们实现就业或是提升已有就业层次,同时,残疾人普遍希望参加培训后能获得相应的就业推荐。

(三)呼伦贝尔市残疾人就业保障存在问题的原因分析

笔者结合实际工作,对呼伦贝尔市残疾人就业保障存在的问题进行深入挖掘,将这些问题所产生的原因归纳为四个方面。

1.残疾人就业相关政策缺乏配套实施细则

2022年之前,呼伦贝尔市对于不按时、不定额交纳残疾人就业保障金的企业仅实施"滞纳金"和"公示"两种手段,对于不愿意承担社会责任的企业来说,这种消减其"社会形象"的惩罚方式,很难产生理想的效果。从奖励层面,近两年呼伦贝尔市仅有新左旗发放了14.58万元超比例安置残疾人奖励金,呼伦贝尔市本级发放了4万元,可以看出,并没有充分发挥出超比例安置残疾人奖励政策的作用。2022年,依据国务院办公厅印发的《关于印发促进残疾人就业三年行动方案(2022—2024年)的通知》,内蒙古自治区发布《关于进一步做好残疾人就业保障金审核征收工作的通知》和《机关、事业单位、国有企业带头安排残疾人就业办法》,要求"对未按比例安排残疾人就业且拒缴、少缴残保金的用人单位的失信行为记入信用记录,机关、事业单位、国有企业未按比例安排残疾人就业,且未采取缴纳残疾人就业保障金等其他方式履行法定义务的,不能参评先进单位,其主要负责同志不能参评先进个人。"[①]但记入信用记录的方式具体如何落实?需要哪些部门通力合作?怎样强制实施?单位补缴罚款后是否恢复信用记录和评优资格?在这些具体事项没有规定的情况下,政策依然很难推进。

---

① 机关、事业单位、国有企业带头安排残疾人就业办法[Z].残联发(2021)51号,2021-10-27.

2. 部门间缺乏有效沟通和实地调研

在残疾人就业政策落实的过程中,上下级单位、本级各部门之间,均存在沟通不到位和调研不充分的情况。

(1)上级单位对基层工作缺乏客观的实地调研

因为对基层工作了解不深入,一些政策或任务要求在很多地方较难达到,比如,前文所述的"圆梦家园"计划,初衷是帮助残疾人就业创业,但政策制定的前期,有关单位并没有深入基层,做出实际的可行性调研,对基层快递驿站的饱和情况不了解,也没有站在残疾人的角度计算投入产出比,以致政策推进过程中阻碍重重,只能以"权宜之计"解决。从任务下发的角度同样存在此类问题,每年中残联会对各省下发残疾人新增就业、残疾人培训、高校残疾人毕业生就业、未就业状况调查等任务指标,各省再下发给各盟市,各盟市再下发给各旗县。把任务层层加码的现象在通过数据确定工作完成度的部门中非常常见。

(2)政策落实过程中残联与本级各单位沟通不到位

从残保金审核缴纳这一项工作来说,首先,残联与财政部门的沟通不到位,导致有的预算单位符合残疾人安置要求,财政部门却为其拨付了残保金,造成资金闲置,或者相反,有的预算单位不符合残疾人安置要求,财政部门却没有拨付残保金,造成该单位无法缴纳残保金;其次,残联与人社部门的沟通也不够充分,人社部门并不清晰知晓该为企业开具什么样的证明;再次,残联与税务部门也没能实现良好对接,大多数企业没有接受过税务软件使用的培训,也不知道现场办理需要哪些手续,往往需要反复沟通。

3. 残疾人就业服务体系不健全

呼伦贝尔市残联下设残疾人康复和就业服务中心,受科层制限制,需要处理大量流程繁复的汇报、审批、上传下达、计划总结等行政事务性工作,这就导致了很多关于残疾人就业的实质性工作无法细化开展,如岗位开发、信息公布、就业指导等,更无法实现工作上的创新。而一些旗市区虽然成立了就业服务中心,但就业服务工作人员非常少,往往只有一名残疾人公益岗位人员或一名专职委员,除每年必须完成的残疾人保障金征收审核工作、就业数据录入工作等,其他如残疾人能力评估、职业指导、岗位开发、职位介绍等工作大多无暇顾及,缺乏稳定的专业服务人才,在对残疾人就业服务需求的评估上,无法形成一个长期稳定的评估环境和系统的评估标准,也难以在较为宏观和中观的层面对残疾人就业服务进行介入。

4. 残疾人职业技能培训缺乏与就业的衔接机制

呼伦贝尔市残疾人培训主体主要是残联挂牌的残疾人培训基地和社会民办培训机构等,因为受培训时间和场地的限制,培训内容的选择以"短时间可以完成"

的项目为主，即简单的种植养殖知识、不复杂的手工艺品、食品制作等。这些几天甚至几个小时就可以结课的项目，技术门槛低、无系统性、缺乏市场竞争力，残疾人来参加培训很大程度是因为能报销路费、给予补助，而行动不便的残疾人则会直接拒绝参加培训。这些培训机构没有进行市场调研，不能根据市场需求进行培训内容调整，对于残疾人参加培训后的就业情况没有进行后续跟进，在就业培训内容与就业需求不符的情况下，没有就业培训补充服务，这也就造成了残疾人职业技能培训形式化、效果差，无疑是对培训项目资金的浪费。

二、国外与国内其他地区残疾人就业保障的经验借鉴

残疾人就业保障是一项重要的民生工作，许多发达国家经过多年发展拥有较多值得借鉴的经验；而从国内来看，一些一二线城市在残疾人就业保障方面也进行了很多有益的探索。

（一）国外残疾人就业保障经验

每个国家因其国情、经济等方面的不同，在残疾人就业保障方面的做法也不尽相同，本文选取美国、澳大利亚、英国三个国家进行研究与借鉴。

1. 美国：全面且精准的残疾人就业保障体系

美国在反就业歧视方面开创了"适格制度"，意为只要残疾人具有能够适合应聘工作要求的职业资格就应当雇用，否则就构成歧视。判断残疾人是否适格的基本标准是否具备岗位要求的相关条件以及是否会对他人安全构成直接威胁。适格制度对残疾人就业时是否遭受歧视有良好定义，为残疾人的平等就业提供了便利，同时也考虑到了雇主的利益。

美国拥有类型多样的残疾人保障计划，以此为基础组成了一个健全完善的社会保障体系，如"补充收入保障计划""自我支持实现计划""减值相关工作开支""盲人工作开支"等，一些保障计划要求残疾人必须首先实现"就业"，也就是以"就业"作为享受保障的必要条件，这有效地推动了当地的残疾人就业工作。

美国残疾人就业机构的设置，分工协作，专业性较强，残疾人委员会负责监督法律政策的落实，平等就业委员会负责反就业歧视相关政策推进，残疾人就业政策办公室负责残疾人就业促进工作，推动政府、企业和社会组织的协作和技能培训等。

2. 澳大利亚：着力培养残疾人职业型人才

在职业教育方面，澳大利亚的职业教育行业支持产学研一体化发展，推行企业参

与职业教育,充分发挥行业的主导作用,行业技能委员会的成员都来自企业,职业教育课程根据行业技能委员会的能力标准制定,职业院校的董事很大比例来自各行业组织,他们更加清楚市场发展和企业需求,对职业院校的专业设置更有话语权。

澳大利亚积极推动残疾人职业型人才培养,在各项支持政策中不仅有明确的政策目标诉求、价值导向,更有对细节详细的规定,如经费预算及执行、责任主体、运行机制、保障措施等,这有效地提高了政策的可操作性。针对残疾人技能培训,政府积极推动成人和社区教育等社会力量参与进来,倡导个性化的技能培训,在职前、职中与职后都有相应的适应调整,帮助残疾人在职业上可持续性发展。

3.英国:实施量体裁衣式可持续性就业支持计划

英国的残疾人就业支持计划采用分阶段的方式,包括"两步成功阶梯计划""成功训练计划""工作获得计划""工作过程中支持计划""工作介绍计划"等,在工作前、工作中和工作后都有相应的计划支持残疾人就业。

在"两步成功阶梯计划"中,每位残疾人都会对接一名个人顾问,帮助他分析个人现状、总结工作经验、规划职业发展方向,顾问会在残疾人找到工作后,继续提供支持,使残疾人保持成长进步的工作状态;"成功训练计划"则是为24岁以内的残疾人提供职业训练服务的计划,在训练期间,残疾人可以与教练协商制订一套适自己的个人训练计划,体验不同的工作环境,进而获得必要的技能;除此之外,"工作获得计划"主要帮助有就业意愿的残疾人与企业雇主进行对接,"工作过程中支持计划"则是对就业中的残疾人进行继续教育培训,帮助残疾人就工作环境等特殊需求与雇主进行沟通,"状态管理计划"帮助享受国家津贴待遇的残疾人重返工作,"社区家庭支持计划"对需要接受教育的残疾人家属进行帮助。

(二)国内其他地区残疾人就业保障经验

在学习国外优秀经验的同时,我国的部分城市在推动残疾人就业方面进行了诸多有益尝试,这些做法对现阶段呼伦贝尔市残疾人就业工作具有更大的参考价值。

1.北京市:兜底扶持保障残疾人稳定就业

残疾人获得稳定就业的基础,是相对完善的社会保障扶持,在这方面,北京市实现了较为完善的兜底保障。

重度残疾人一般无法从事劳动,需要来自家庭和社会更多的照顾,北京市实施"特困人员救助供养制度",为一类残疾人提供护理、治疗、住房等基本的托底救助。部分重度残疾人在满足一定的条件后,可在享受低保政策的同时,多发放30%左右的低保金,这项措施为重度残疾人和家庭减轻很大的经济负担。北京也建立了"残疾人寄宿托养补助制度",与此同时,鼓励"以老养残",为接纳残疾人养老的相关机构发放补助津贴。

在残疾人就业方面,北京市也加大了补贴力度,用人单位每录用一名残疾人就奖励6倍月最低工资的岗位补贴,如果能够连续招用三年以上,这项补贴可以上浮至8倍。另外,对招用残疾人毕业生或者重度残疾人的企业,还会给予额外的社会保险补贴,这种方式能够很好地激励用人单位稳定地招用残疾人就业。

2.深圳市:细化政策加大残疾人就业资金扶持力度

2022年3月29日,深圳市残联联合市财政局、市人力资源保障局印发实施了《深圳市促进残疾人就业办法》(以下简称(就业办法))。《就业办法》涵盖就业促进、创业扶持、职业培训、保障措施等六个方面29条,新增了7项条款内容。比如"将超比例安排残疾人就业奖励也同样贯彻到集中安置残疾人就业单位;增加残疾人支持性就业服务奖励,明确每例按照3 000元的标准给予奖励;增加了"互联网+"创业的平台费补贴;增加了有关遴选就业创业优秀助残项目进行资助,明确经专家评审后每个项目可给予不超过20万元的配套资助经费;定期举办残疾人自强及助残项目评选大赛,对获奖项目可给予不超过20万元的资助;在盲人就业中增加对盲人开办并取得本市医疗保险定点单位资格的机构给予每年1万元软件及网络费用补贴;增加高校残疾人、学生在毕业实习中的见习补贴等[①]"。

3.厦门市:超比例奖励"免申即享"助力企业稳岗留工

厦门市充分利用"全国残疾人按比例就业情况联网认证"年审系统的便利,对接行政审批局、财政局、工信局等相关单位,通过完善制度、简化程序的方式,首创了超比例安排残疾人就业奖励"免申即享"模式。系统根据公司申报联网认证结果自动推送了超比例奖励信息,在公司进行确认操作后,奖励资金当天发放到位,企业无须跑腿,不用准备申请材料,资金便可自动发放到用人单位账户。让数据多跑路,爱心企业零跑腿,做到审批"不见面",这种高效便捷的模式让企业更有动力提供更多岗位安置残疾人就业,真正实现了"互联网+政务服务"的便民初衷。

(三)经验借鉴

1.重视政策细化与创新

从残疾人就业保障政策上看,美国的"补充收入保障计划"等政策以就业作为享受的前提条件,加上"收入计算减免额度"等配套措施,残疾人享有福利金的同时也可以通过工作获得更高的收入,这充分体现了制度的人性化,也为我国残疾人福利保障和就业意愿相冲突的情况提供了有益的借鉴思路。

在国内,深圳、北京等地的做法也值得学习。一方面,2022年印发的《深圳市

---

① 深圳市促进残疾人就业办法[Z].深残规〔2022〕2号,2022-4-6.

促进残疾人就业办法》根据当地实际情况,结合了对残疾人就业工作的经验和创新,在《残疾人就业条例》的基础上,对各项政策进行细化,尤其对于各种助残就业创业项目进行了明确梳理,提出组建就业辅导员队伍等。另一方面,残疾人就业保障也要建立在完善的兜底扶持政策基础上,北京市则在此方面加大力度,除残疾人就业补贴以外,在特困人员救助、最低社会保障、残疾人参保、残疾人托养等方面均走在全国前列,为各地起到示范作用。

2.残疾人就业服务精准可持续

相较于政策制定,在具体的服务体系设计与搭建上,市级单位有更多的自主性和发挥空间,呼伦贝尔市可以借鉴英国的"可持续性保障",在制订就业支持计划时充分考虑残疾人个体的实际需求,采用分阶段帮扶的方法为残疾人提供个性化服务,从残疾人就业前、中、后三个阶段,根据残疾人就业欲望和就业能力的不同,实施不同的针对性就业计划,并为他们分配职业顾问,提供"量体裁衣式"定制化全程指导服务,让残疾人可以得到长期、稳定的就业服务。

在"可持续"的同时,也要充分发挥"便民"的理念,借鉴厦门的超比例奖励"免申即享"服务,以简化程序的方式最大程度为企业提供便利,免除企业申请、审核等麻烦,在一定程度上增加企业雇佣残疾人的意愿,正是在这种点滴的改善中,残疾人就业保障工作才能提高质量,日益完善。

3.残疾人职业技能培训与就业有效衔接

在职业培训方面,呼伦贝尔市可以借鉴澳大利亚的做法,将残疾人职业教育与企业在架构上紧密联系起来,政府出面推动工商与教育两个体系的相互支持,搭建企业与职业教育学院之间的桥梁,企业可以通过资金支持、提供岗位等方式,增加在学校专业设置上的话语权,为学校提供行业能力标准和培训效果评估,增加学校课程与市场的衔接程度,达到学院与企业相互依赖、相互支持、共同发展的效果。

呼伦贝尔最大的特色是国内知名的旅游城市,自然资源优越,在进行常规技术培训的同时,可以充分发挥地缘特色,帮助农牧区残疾人将种植养殖技术与旅游产业结合起来,在政府的支持下与旅游公司合作,开发农家乐、草原牧民生活体验等项目,通过手工艺品制作培训课程让残疾人学习制作民族特色纪念品,在旅游项目或特色直播中售卖,让培训技能得以落地,帮助残疾人创业增收。

三、促进呼伦贝尔市残疾人就业保障对策分析

针对呼伦贝尔市残疾人就业保障存在的问题,剖析问题产生的原因,结合国内

外先进经验,对呼伦贝尔市残疾人就业保障提出相应的对策。

(一)细化完善政策落地的配套措施

宏观政策的有力执行,需要详细且可执行性强的配套细则和办法加以辅助。残疾人就业权益、残疾人就业创业政策法规以及残保金的征收使用管理制度,都应该进一步细化,提高可执行性,让政策能够有效落实。

1.保障残疾人就业权益

在保障残疾人就业权益、消除残疾人就业歧视方面,应当在原有国家法律框架的基础上制定符合当地实际情况的地方性法规及相关规章制度,参考国外"适格制度"等特色制度,从法律层面对残疾人歧视行为加以界定,明确责任部门和歧视者应当负有的法律责任等,细化组织办法、工作流程以及残疾人的维权流程,让残疾人在就业权益受到损害时,知道第一时间可以找哪个部门去申诉,申诉流程是什么,维权得到的结果会有哪些。通过制度细化提高全社会对残疾人权益保护的重视,了解到残疾人就业歧视的危害,从而规范自身行为。

2.健全残疾人就业创业政策法规

在促进残疾人就业方面,健全残疾人就业创业相关政策法规,出台地方性促进残疾人就业创业办法,使残疾人就业创业有法可依、有法可循。梳理当前所有关于促进残疾人就业的相关政策,加以整理汇编,全面了解发现问题。与此同时,实事求是地做好调研工作,客观全面地了解残疾人目前的就业创业情况、实际困难等,同样要充分征询基层一线残疾人工作者的意见,了解他们以往在执行政策的过程中所面临的实际困难,结合当地实际,融入创新性做法,增强政策制定的科学性和合理性。

3.细化残保金征收使用管理制度

残保金制度是落实按比例就业的关键抓手,充分细化残保金征收、使用、管理制度,才能发挥出促进残疾人就业的效果。探索根据企业不同规模、不同行业以及按安排残疾人就业比例差异,进行分类分档征收的可行性,制定更为细致的残保金征缴标准;细化奖惩机制和具体措施,将拒缴、少缴残保金用人单位列入失信名单,对未按比例安排残疾人就业对机关、事业单位、国有企业负责任单位及负责人,禁止其参与任何形式的先进评优活动等;将超比例安排残疾人就业奖励覆盖到集中安置残疾人就业单位,对超比例安排就业的用人单位加大奖励力度,利用"全国残疾人按比例就业情况联网认证"年审系统,实现"免申即享";从制度上保障残保金能够专款专用,用于残疾人就业、培训、补贴等,严格规范支出,建立公开透明的运行机制。

(二)加强各部门间的沟通与协作

1.明确责任提高残保金征收审核效率

在残保金征收缴纳事项上,应尽快理顺各部门的职责和任务,明确残联下设残疾人就业服务中心,负责对有残疾人就业的单位进行审核,税务部门负责残保金的征收、退税等,应提高征收力度,发现用人单位申报不实、未足额缴纳残保金时,应及时追缴;税务、财政部门应当就残保金征收情况进行及时对接沟通,让征收数据"透明化";各部门优化协作配合,及时共享信息,简化行政程序,加强政策宣传,使用人单位在审核、开具证明、缴费、退税、申请预算等各个环节都能顺利进行,使符合条件的用人单位充分享受应享的政策,提高社会各界助残就业的积极性和责任感。

2.推进残疾人社会保险体系建设

在残疾人社会保险工作上,残联应及时与人社部门对接,共同处理好残疾人职工和用人单位的劳资关系,建立起残疾人职工养老保险的代缴机制,降低残疾人医保缴费的门槛,提高医疗保险、失业保险、工伤保险覆盖率;通过失业保险返还、税收减免、就业补贴、社会保险费减免或补贴等残疾人就业帮扶政策,减轻企业负担;扩大盲人按摩机构纳入医保的范围,人社窗口应当明确为企业出具哪些接纳残疾人就业相关证明材料,避免企业多跑弯路;在公益性岗位就业的应届毕业生如无法提供毕业证,可接受学校开具应届毕业生证明,或在提供毕业证后补发工资等,解决相应的政策互斥问题。

3.完善残疾人社会救助机制

在残疾人社会救助方面,残联应当与民政部门充分沟通协商,对没有就业能力的残疾人,尽可能提高社会救助标准,加大残疾人救助资金投入力度,让普惠性政策与针对性的救助政策结合起来,确保困难残疾人能够足额享受到最低生活保障和相应的生活救助;对有就业能力的残疾人,借鉴国外"收入减免额度"等方式,探索只有就业的残疾人才可以享受的鼓励就业性福利补贴政策,让积极就业的残疾人可以获得更多的生活保障,多劳多得,解决残疾人因担心就业会失去低保而就业意愿较低的问题。

(三)优化残疾人就业创业服务体系

1.为残疾人提供一站式精准化就业服务

有就业能力的残疾人可分为三类:一类是有就业欲望但就业能力不足的残疾人,对这一类型的残疾人应重点提高他们的就业能力,为他们赋能,通过职业能力测评挖掘他们的就业潜能；二类是有就业能力但无就业欲望的残疾人，要重点对他们进行心理疏导，培训内容也要更多关注自我效能感、自信心的提升，建立正确的就业观；三类是有就业能力且有就业欲望的残疾人，在帮助他们的过程中，要尽可能精准地为他们推荐合适的岗位，与用人单位沟通好，避免因反复面试被拒绝而伤害到他们的自尊心和自信心。

残疾人就业服务的精准化也要体现在残疾人就业的前、中、后三个阶段。前期要对残疾人就业需求和企业招聘需求进行登记、分类匹配，帮助残疾人通过培训等方式建立职业技能和就业信心；中期即残疾人就业过程中，要帮助接纳残疾人就业的企业针对残疾人特点进行无障碍工作环境建设，相关补贴申请，薪酬待遇协商等，处理可能发生的劳动纠纷；后期则是要对残疾人就业情况进行回访，了解残疾人工作适应度，为之后更好地服务残疾人积累经验，进行复盘总结。

2.提高用人单位接纳残疾人就业意愿

帮助用人单位明晰招聘残疾人优惠政策和奖惩机制。残疾人就业服务工作人员要熟悉政策，将政策宣传日常化、简洁化，在与用人单位对接的过程中，首先要让他们充分了解接纳残疾人所带来的社会效益和经济收益，比如残疾人社会保障金、增值税、企业所得税、城镇土地使用税等优惠或减免；推进超比例安排残疾人就业奖励"免审即享"，为企业提供便利；让用人单位充分了解没有履行该项社会责任所带来的负面影响和经济损失等。

建立与用人单位的长效沟通机制和信息互通渠道。残疾人就业服务中心设置专门的对外沟通职位，专门负责与企业对接，与当地各用人单位保持联系，并积极拓展新的用人单位和适合残疾人的岗位。建立爱心企业交流平台，企业招聘残疾人需求和残疾人求职意向可随时在平台更新，便于工作人员进行及时的收集整理，进行匹配，残疾人就业相关政策等信息也可及时在该平台进行交流与反馈。

通过劳务派遣减少用人单位负担和顾虑。残疾人就业服务中心可以通过政府购买的方式采购劳务派遣服务，通过劳务派遣的方式将残疾人输送到用人单位就业，虽然劳动关系不在用人单位，但用人单位依然可以享受残保金减免等政策，通过这种方式，可以大幅度降低用人单位的负担和顾虑，提高用人单位接纳残疾人就业意愿。

3.重视残疾人就业服务人才培养

残联工作人员人数对残疾人就业人数有显著影响，残联工作人员人数的增加，能够有效促进残疾人就业率的提高，充足且专业的人才配备是做好残疾人就业服务的基础。呼伦贝尔市应探索建立残疾人就业辅导员服务制度，明确辅导员的基本要求、服务规范，科学设置工作内容、合理进行人才培训、引导社会力量参与，为残疾人提供就业咨询、就业辅导、适应性评估和能力提升指导等服务。

要做好做细残疾人就业服务工作,就必须加快培养残疾人就业服务专门人才,增加残疾人就业服务工作人员编制,建立起残疾人就业工作专业人才库,除了配备专业全职的残疾人就业辅导员,还应配备职业评估、政策宣讲、心理咨询、法律援助等专业人员。

(四)推进残疾人职业教育产教融合

1.优化残疾人职业技能培训模式与内容

呼伦贝尔市残疾人职业技能培训主要依靠残联及合作的社会培训机构、特殊教育中心下设残疾人培训基地,培训形式以短期培训为主,这种短期培训显然已经不能满足市场需求,要改进原有的培训模式、整合培训资源,紧跟劳动力市场就业方向和用工需求。

(1)积极建议政府及教育部门加大资金投入,建设专门的残疾人职业教育学校,广泛接纳特教学校毕业的残疾人学生和想要提升学历、学习职业技能的残疾人,专门开发面向残疾人的多层次、多类型、系统性、实用性强的残疾人就业创业课程体系。

(2)通过政府购买的方式,让更加了解市场的就业培训机构参与进来,淘汰课程落后的培训机构,以市场需求为导向,以残疾人职业能力评估结果为依据,以实现高质量就业为目的持续开展"量体裁衣"式的精准化残疾人职业技能培训服务。

(3)推进政企合作,让企业积极参与到残疾人职业培训体系建设中,通过聘请企业培训导师等方式,让企业认识到残疾人人力资源也有很大的价值,引导用人单位开发更多适合残疾人的岗位,采取定向、定岗的订单式培训模式,由企业和残疾人职业技能培训机构合作进行岗位技能培训,推动培训与就业充分衔接。

2.通过职业康复开发残疾人就业潜能

职业康复培训内容相较于其他职业培训,更为精准细致,很多课程需要根据生产的产品进行设置,在培训过程中,就业辅导员发挥着至关重要的作用,他们需要全流程支持陪伴残疾人,一直到残疾人在就业岗位稳定后,才能逐步退出工作场所,提供不定期的跟踪支持,最终使他们实现融合就业。

呼伦贝尔作为著名的旅游城市,拥有太阳花、皮雕、烙画、毡绣、桦树皮工艺品等非物质文化遗产,可以聘请专业设计师和手工艺老师,将这些工艺融入产品中,进行品牌化设计,打造成精致的特色伴手礼、旅游纪念品等。政府通过优先购买的方式为产品背书,以城市名片的方式进行宣传推广,提高市场接受度。

3.支持残疾人探索互联网就业创业新模式

(1)为残疾人互联网就业创业提供有力支持

申请资金为残疾人提供互联网就业创业的场地、设备和补贴等,帮助他们迈出互联网就业创业的第一步;对残疾人互联网创业项目给予融资贷款、资金补助、法律援助等方面的支持;残联、人社、工商联等部门合作搭建残疾人网上就业平台,企业可以将劳动项目在平台上公布,如设计、录音、客服等,残疾人可以领取自己擅长的项目完成;树立残疾人互联网创业典型,邀请创业成功残疾人作为导师为其他残疾人提供专业指导和心理建设,增加残疾人通过互联网就业创业的积极性和信心。

(2)充分发挥残疾人就业创业基地助残作用

呼伦贝尔市残疾人就业创业基地由一家接纳残疾人就业的贺卡制作公司经营,除固定残疾人员工外,也为其他残疾人提供日结工作,但这种形式并没有充分发挥出残疾人就业创业基地应有的作用,残疾人就业创业基地应当以互联网创业为主要方向,从培训、接纳就业、平台搭建三方面帮助残疾人。残疾人就业创业基地应当充分发挥桥梁作用,设置残疾人就业辅导员岗位,通过直播、网店、自媒体等方式帮助残疾人推广销售产品,而前文中提到的职康产品同样可以通过此渠道进行集中销售。另外,也可以定期为残疾人提供互联网、市场营销、创业指导等方面的课程,为参加过系统培训的残疾人以及高校残疾人毕业生提供实习机会。

基于 DEA 的公共数据开放效率研究

吴晓琳

(学号:1120213427)

公共数据作为一种公共产品,对创造公共价值具有重大意义。2022 年 6 月,《国务院关于加强数字政府建设的指导意见》明确指出:"要促进数据有序开放利用,构建统一规范、互联互通、安全可控的国家公共数据开放平台。"对我国公共数据开放平台进行研究,依据投入、产出评估其效率,分析影响公共数据开放效率的因素,提出改进建议,对促进公共数据开放和数字政府建设,具有一定的理论价值和现实意义。

一、基于数据包络分析(DEA)的公共数据开放效率评估体系构建

本文选取 DEA 作为评估方法,分析了 DEA 的公共数据开放效率评价中的适用性,构建了 DEA 模型,作为评估的基本依据和工具。

(一)DEA 在公共数据开放效率评价中的适用性分析

随着公共数据开放评估的深入开展,国内外已经产生了一些公认的评价指标和比较成熟的评估体系。复旦大学数字与移动治理实验室从 2017 年 5 月以来,每半年发布一次"中国开放树林指数",对我国省级、城市级政府数据开放水平进行

评价,是目前国内比较成熟的评估项目。

DEA 模型的优势在于无须对数据进行标准化处理,在输入投入指标、产出指标后,通过计算,可以自动确定一组能够使每个评估对象都产生最高效率的最佳权重,将评估对象的效率进行排名,并给出改进方向。运用 DEA 开展公共数据开放效率评估,能够建立一套对可比较的公共数据开放平台的客观评估体系。此外,DEA 方法还有助于对平台绩效的发展进行纵向的比较,具有标准的不变性和评估结果的可量化性。

(二)DEA 模型构建

本文试图选取与公共数据开放关系紧密、指标容易采集、有代表性,且指标之间关联度不高、能够全面反映投入和产出情况的指标构建 DEA 模型。

1.投入维度及指标设置

投入维度的指标分为数据广度、数据数量、数据质量和用户友好四个类别。

(1)数据广度从提供数据的机构数量和关键数据集数量两个角度进行评估。决策单元 A1:提供数据的机构数量;决策单元 A2:关键数据集数量。

(2)数据数量从数据集总量、按承诺更新的数据集数量和数据集更新频率三个角度进行评估。决策单元 A3:数据集总量。决策单元 A4:按照承诺更新的数据集数量。决策单元 A5:数据集更新频率。

(3)数据质量从错误情况、可机读数据集和应用程序接口(API)数量三个角度进行评估。决策单元 A6:错误情况。决策单元 A7:可机读数据集。决策单元 A8:应用程序接口(API)数量。

(4)用户友好从数据可达性、数据可视化功能和及时响应用户反馈三个角度进行评估。决策单元 A9:数据可达性。决策单元 A10:数据可视化功能。决策单元 A11:及时响应的用户反馈数。

2.产出维度及指标设置

产出维度的指标分为直接利用和拓展应用两个类别。

(1)直接利用从访问量和下载量两个角度进行评估。决策单元 B1:访问量。决策单元 B2:下载量。

(2)拓展应用从基于平台数据资源开发的应用数量的角度进行评估。决策单元 B3:基于平台数据资源开发的应用数量。

综上,建立基于 DEA 的公共数据开放效率评估体系如表 1 所示:

表1 基于DEA的公共数据开放效率评估体系

逻辑维度	指标类别	决策单元代码	指标描述	取值
投入	数据广度	A1	提供数据的机构数量	数值
		A2	关键数据集(每个平台下载量前20名的数据集出现频率最高的10种数据集)数量	1~10
	数据数量	A3	数据集总量	数值
		A4	按照承诺更新的数据集数量	数值
		A5	数据更新频率	数值
	数据质量	A6	错误情况	1~10
		A7	可机读数据集(格式为csv、json、xml、rdf)数量	数值
		A8	应用程序接口(API)数量	数值
	用户友好	A9	数据可达性(①搜索引擎搜索"地名+数据开放/开放数据/公共数据",可搜到计1分;②政府门户网站在首页显要位置提供链接计1分;③站内提供按领域、部门、格式等2种及以上的分类计1分;④提供按更新时间、访问量、下载量等2种及以上的排序计1分;⑤无须注册登录即可下载无条件开放数据计1分)	1~5
		A10	数据可视化功能	数值
		A11	及时响应(在15日内响应)的用户反馈数	数值
产出	直接利用	B1	访问量	数值
		B2	下载量	数值
	拓展应用	B3	基于平台数据资源开发的应用数量	数值

二、公共数据开放效率评估

本文选择有代表性的评估对象,采取人工观察和网络数据爬取相结合的方式获取指标数据,运用DEA模型进行实证研究,得出各公共数据开放平台的效率,并对结果进行分析。

(一)评估对象的选取

本文以全部可正常访问的省级平台和《2022 中国地方政府数据开放报告——城市指数》①中"中国开放数林指数城市综合排名前五十名"的城市平台为评估对象,数量为 64,占我国全部可访问数据开放平台的 31%。

(二)数据获取及计量方法

主要采取人工观察和利用网络爬虫软件爬取数据的方法获取指标数据。大部分数据采集时间为 2022 年 10 月 19 日至 12 月 2 日,2022 年下半年新进入"中国开放数林指数城市综合排名前五十名"的平台数据采集时间为 2023 年 1 月 29 日至 2 月 2 日。具体获取方法如表 2 所示:

表 2 数据获取及计量方法

决策单元代码	指标描述	获取方式
A1	提供数据的机构数量	根据平台显示的提供数据的机构计数
A2	关键数据集(每个平台下载量前 20 名的数据集出现频率最高的 10 种数据集)数量	经统计,10 种关键数据集为:学校数据、医疗机构数据、气象数据、人口数据、企业注册登记数据、新冠疫情数据、年鉴(史志)、空气质量数据、行政处罚数据、水质数据
A3	数据集总量	通过网络爬虫爬取可点击的数据链接并去重后得出
A4	按照承诺更新的数据集数量	根据数据集更新频率要求和更新时间判断是否按照承诺更新并计数,没有给出更新频率承诺的数据集不计数
A5	数据更新频率	根据高频更新数据集更新要求和更新时间判断是否按承诺更新并计数
A6	错误情况	下载并检查每个平台下载量前 10 名的数据集,不存在明显错误的计数,无法下载或无法打开的不计数
A7	可机读数据集(格式为 csv、json、xml、rdf)	根据网络爬虫爬取的数据计数有可机读数据开放的数据集数量
A8	应用接序接口(API)数量	计数平台显示的提供数据接口的数据集数量或网络爬虫爬取的有数据接口的数据集数量计数

---

① 复旦大学数字与移动治理实验室.2022 中国地方政府数据开放报告——城市指数[R/OL]. http://ifopendata.fudan.edu.cn/report.

续表

决策单元代码	指标描述	获取方式
A9	数据可达性(①搜索引擎搜索"地名+数据开放/开放数据/公共数据",可搜到计1分;②政府门户网站在首页显要位置提供链接计1分;③站内提供按领域、部门、格式等2种及以上的分类计1分;④提供按更新时间、访问量、下载量等2种及以上的排序计1分;⑤无须注册登录即可下载无条件开放数据计1分)	①搜索并计分;②访问政府门户网站人工观察并计分;③、④人工观察并计分;⑤尝试下载,观察是否需要注册登录并计分
A10	数据可视化功能	根据网络爬虫爬取的数据计数有可视化功能的数据集数量
A11	及时响应(在15日内响应)的用户反馈数	根据网络爬虫爬取的数据,比较用户留言与平台反馈之间的时间是否超过15日并计数。没有显示回复时间的记为0
B1	访问量	根据网络爬虫爬取的数据集访问量计数
B2	下载量	根据网络爬虫爬取的数据集下载量计数
B3	基于平台数据资源开发的应用数量	根据平台显示的应用数量计数

(三)模型求解和结果分析

根据前文所述方法,经过观察和采集,得出地方政府数据开放平台指标数据如表3所示:

表3 地方政府数据开放平台指标数据

DMU	A1	A2	A3	A4	A5	A6	A7	A8	A9	A10	A11	B1	B2	B3
浙江省	54	7	1 258	1 024	242	4	1 258	1 258	4	1 258	473	10 468 194	504 996	78
山东省	54	8	855	478	0	8	809	481	5	686	717	2 025 230	146 530	110
贵州省	82	8	4 762	681	18	8	90	4 160	4	602	158	122 162	17 668	110
广东省	55	9	481	308	0	6	140	24	3	0	0	4 741 765	478 696	28
四川省	48	8	731	731	0	8	520	203	5	529	0	527 989	97 058	12
广西壮族自治区	87	7	1 420	1 015	50	9	1 029	304	4	578	0	1 713 585	12 910	140

续表

DMU	A1	A2	A3	A4	A5	A6	A7	A8	A9	A10	A11	B1	B2	B3
福建省	38	7	949	260	54	5	523	852	3	533	0	6 600 691	23 051	50
海南省	35	9	1 442	916	351	6	1 442	1 382	4	0	0	48 951	16 013	4
江苏省	36	7	959	527	74	9	178	10	2	753	64	351 417	7 666	19
河北省	66	8	945	101	0	6	0	30	3	0	0	9 925	358	0
陕西省	11	5	141	0	0	8	0	0	2	0	0	1 208	1 208	9
辽宁省	14	2	71	17	0	10	38	32	4	30	0	6 353	626	0
吉林省	22	6	224	98	0	9	0	0	2	0	0	6 052	2 059	0
江西省	27	6	290	74	4	6	9	8	2	0	0	3 203	496	2
上海市	51	10	4 490	3 105	515	10	2 108	2 248	4	801	0	6 605 502	2 172 575	72
青岛市	57	10	7 594	5 001	28	5	7 527	788	5	7 562	201	1 592 641	240 361	35
烟台市	73	10	9 632	6 874	35	5	9 377	2 666	5	8 926	110	1 421 012	387 720	91
福州市	44	8	729	358	0	7	729	729	5	582	47	1 136 377	176 891	2
深圳市	47	10	2 909	2 663	53	8	2 884	2 886	4	2 885	245	16 298 973	534 529	11
济南市	85	9	3 345	2 541	59	4	3 222	858	5	3 163	88	1 899 011	220 444	70
杭州市	69	8	3 391	3 219	997	5	3 389	3 374	5	3 389	216	7 754 439	5 986 659	12
临沂市	53	8	7 807	7 598	0	5	7 803	68	5	7 587	49	270 576	105 016	37
日照市	66	9	4 250	2 176	0	9	4 248	394	4	4 245	143	561 267	204 446	21
潍坊市	60	9	7 081	7 006	0	8	7 079	837	5	7 034	55	860 064	147 588	6
德州市	59	9	5 165	5 162	0	7	5 098	1 180	5	5 154	49	933 865	191 695	14
台州市	67	7	1 168	1 117	259	3	1 168	1 168	5	1 168	44	268 040	954 653	51
温州市	46	8	1 149	0	0	6	1 144	1 149	5	1 031	109	214 739	25 625	16
贵阳市	57	8	2 572	2 218	9	8	2 572	359	4	0	16	17 128 862	1 902 061	12
无锡市	66	9	2 795	1 341	7	10	2 516	2 795	5	0	0	0	0	99
武汉市	59	9	1 359	861	51	7	1 226	1 033	4	1 024	146	208 475	367 733	51
威海市	98	10	6 756	4 817	206	4	6 739	1 445	5	3 302	76	195 3571	328 952	89
宁波市	57	9	1 574	1 568	0	5	1 574	1 574	5	0	4	75 114	35 841	49
济宁市	116	8	9 210	8 305	0	6	9 187	44	4	9 103	48	809 373	118 349	57
聊城市	48	9	8 673	6 288	0	4	8 566	434	4	8 654	4	549 223	108 230	10

续表

DMU	A1	A2	A3	A4	A5	A6	A7	A8	A9	A10	A11	B1	B2	B3
滨州市	57	10	12 284	10 813	749	10	12 250	4 684	5	12 266	25	2 652 111	249 801	41
东营市	58	8	4 315	3 477	0	8	4 311	615	4	4 305	33	1 006 861	175 991	35
枣庄市	49	8	9 987	7 842	36	5	9 981	84	5	8 838	19	825 105	148 529	19
厦门市	46	6	998	698	17	3	936	28	4	0	0	129 684	41 693	13
丽水市	50	7	903	806	1	6	891	487	5	815	30	1 006 418	238 727	20
泰安市	50	9	9 988	9 071	0	7	9 986	507	4	9 957	15	927 126	160 889	24
广州市	65	9	1 320	1 057	29	8	1 307	1 078	4	0	91	1 250 490	305 554	21
成都市	80	10	6 624	4 508	2	2	6 584	2 735	5	6 574	0	1 280 835	378 183	14
嘉兴市	37	6	371	371	80	8	363	371	5	347	47	605 472	535 078	14
金华市	49	8	984	972	117	5	984	353	4	947	32	378 650	91 130	23
菏泽市	44	9	6 659	4 279	0	5	6 558	395	5	6 657	4	254 951	97 595	10
衢州市	55	9	1 103	1 103	113	8	1 103	1 103	4	1 089	31	705 944	576 525	8
淄博市	58	10	5 057	4 960	1	7	5 053	94	5	5 053	15	407 411	58 264	57
北京市	113	10	13 786	0	0	7	13 537	13 786	3	8	22	2 140 673	212 419	107
天津市	61	10	2 617	2 208	16	9	31	3	4	0	5	375 945	47 145	16
哈尔滨市	52	10	2 415	1 421	3	6	559	1 238	5	1 324	0	657 595	169 365	20
东莞市	61	6	631	165	59	9	631	631	4	0	0	30 055	5 740 362	10
贵港市	35	6	426	426	0	4	396	0	3	104	0	6 533	5 466	12
南宁市	63	7	549	496	10	5	525	1	4	435	0	1 210 997	6 248	11
百色市	40	6	387	387	31	8	378	0	4	253	0	512 325	7 501	0
桂林市	20	2	150	35	0	1	146	27	3	150	0	85 386	4 752	5
来宾市	39	6	717	716	14	7	694	18	3	466	0	443 819	3 234	8
重庆市	101	9	5 583	1 409	0	9	6	5 069	2	0	42	65 389	1 247	15
佛山市	1	9	3 684	3 104	0	6	99	5	2	0	0	1 506 684	378 247	0
遵义市	80	9	1 524	152	25	10	0	1 478	2	0	2	41 933	4 552	0
湖州市	51	9	963	476	14	4	924	787	4	0	5	22 479	2 035	31
绍兴市	59	10	768	655	94	3	768	768	4	768	0	565 561	73 437	30
德阳市	51	10	1 940	557	0	9	1 858	1 882	2	0	3	2 474 254	24 821	25

续表

DMU	A1	A2	A3	A4	A5	A6	A7	A8	A9	A10	A11	B1	B2	B3
眉山市	43	10	6 552	5 436	0	8	16	4 075	4	0	0	137 364	16 355	19
巴中市	45	9	9 167	8 235	0	9	7 561	1 608	4	0	0	32 873	79 944	0

1.数据统计分析

对地方政府数据开放平台指标数据进行简单统计分析,得出统计数据如表 4 所示:

表 4 指标数据统计分析表

指标	A1	A2	A3	A4	A5	A6	A7
最小值	1	2	71	0	0	1	0
最大值	116	10	13 786	10 813	997	10	13 537
平均值	55.00	8.14	341 6.08	241 0.67	69.11	6.69	285 3.56
标准差	21.53	1.75	343 5.13	275 5.27	172.66	2.18	350 7.57

指标	A8	A9	A10	A11	B1	B2	B3
最小值	0	2	0	0	0	0	0
最大值	13 786	5	12 266	717	17 128 862	5 986 659	140
平均值	1 229.42	3.98	2202.11	54.42	1 701 699.56	396 153.00	30.86
标准差	2 010.03	0.95	3 211.97	115.23	3 352 010.12	1 059 934.09	33.00

由统计分析结果可知,评估对象的投入、产出情况差异性较大,A4、A5 等 6 个投入指标和全部产出指标均有为"0"的情况。从数据广度看,提供数据的机构数量从 1~116 不等,平均在 55 个机构;关键数据集大部分平台开放情况较好。从数据数量看,各平台差距明显,有的平台仅有不足 100 个数据集,而最多的数据集超过 1.3 万个;按照承诺频率更新的数据集情况参差不齐,但平均达到了 2 000 余个,而高频更新数据集情况较差,与全部按承诺频率更新的数据集相比非常有限。从数据质量看,下载 10 名中没有明显错误的数据集平均值在 6.69,说明错误情况较为严重;可机读数据集、数据接口的开放情况存在明显差距,最大值均超过 1.3 万个,标准差较大。从用户友好看,各平台可达性平均得分接近 4 分,整体情况较好;数据可视化、用户反馈在部分平台得到了重视,但也有很多平台并没有提供。从数据直接利用看,虽然个别平台没有给出访问和下载情况,但总的来说利用程度较高,各平台之间差距较大。从数据拓展应用看,平均每个平台能够产出 30 个应用,数据开放取得一定的实用效果。

2. 标准 DEA 模型计算

DEA 的 CCR 模型即规模报酬不变模型,假设每一单位投入可得到的产出量是固定的,不会因规模大小而改变,其得出的效率包含规模效率的成分,通常被称为综合技术效率。BCC 模型即规模报酬可变模型,将决策单元是否达到有效的规模也纳入评估,可以得出纯技术效率。通过对综合技术效率和纯技术效率的计算,可以得出规模效率。

根据对效率的测量方式不同,DEA 模型分为投入导向、产出导向和非导向。对公共数据开放的评估将增加产出作为提高效率的效果,因而选择产出导向的模型。

本文采用 DEA-Solver 软件进行计算,根据产出导向的 CCR 模型和 BCC 模型计算,得出结果如表 5 所示:

表 5 采用标准 DEA 模型的效率计算结果

DMU	综合效率	纯技术效率	规模报酬	DMU	综合效率	纯技术效率	规模报酬	DMU	综合效率	纯技术效率	规模报酬
浙江省	1	1	不变	淄博市	1	1	不变	哈尔滨市	0.500 7	0.550 3	递增
山东省	1	1	不变	北京市	1	1	不变	日照市	0.488	0.508 1	递增
贵州省	1	1	不变	天津市	1	1	不变	四川省	0.487 7	0.495 3	不变
广东省	1	1	不变	东莞市	1	1	递增	滨州市	0.483 3	0.488	不变
广西壮族自治区	1	1	不变	贵港市	1	1	不变	福州市	0.446 2	0.483 7	递增
福建省	1	1	不变	南宁市	1	1	递增	枣庄市	0.440 5	0.470 5	递增
江苏省	1	1	不变	百色市	1	1	递增	德州市	0.418 2	0.469 5	递增
陕西省	1	1	不变	桂林市	1	1	不变	广州市	0.415 5	0.431 7	递增
上海市	1	1	递增	重庆市	1	1	不变	聊城市	0.414 5	0.427 7	递增
烟台市	1	1	不变	佛山市	1	1	递增	来宾市	0.410 3	0.418 2	不变
深圳市	1	1	递增	遵义市	1	1	递增	菏泽市	0.354 2	0.415 5	递增
济南市	1	1	不变	德阳市	1	1	不变	潍坊市	0.308 3	0.358 2	递增
杭州市	1	1	递增	眉山市	1	1	不变	金华市	0.308	0.354 2	递增
临沂市	1	1	不变	湖州市	0.930 3	1	递增	江西省	0.246 5	0.308 3	不变
台州市	1	1	不变	厦门市	0.908 2	1	递增	衢州市	0.195 7	0.197 1	递增
温州市	1	1	不变	东营市	0.877 8	0.999 9	递增	巴中市	0.173 8	0.173 8	递增

续表

DMU	综合效率	纯技术效率	规模报酬	DMU	综合效率	纯技术效率	规模报酬	DMU	综合效率	纯技术效率	规模报酬
贵阳市	1	1	递增	泰安市	0.699 6	0.891 8	递增	海南省	0.088 2	0.155 4	递增
无锡市	1	1	不变	绍兴市	0.696 6	0.826 8	递增	辽宁省	0.000 3	0.000 3	不变
威海市	1	1	不变	丽水市	0.627 8	0.699 6	递增	河北省	0.000 2	0.000 2	不变
宁波市	1	1	不变	武汉市	0.560 9	0.649 6	递增	吉林省	0.000 2	0.000 2	不变
济宁市	1	1	不变	青岛市	0.535	0.592 9	递增				
成都市	1	1	递增	嘉兴市	0.529 2	0.575 1	递增				

从计算结果看,64 个平台中有 35 个综合效率和纯技术效率均为 1,属于 DEA 有效,占评估对象的 54.7%。29 个平台的综合效率小于 1,属于 DEA 无效,其中湖州市、厦门市的纯技术效率为 1,但综合效率小于 1,说明规模效率没有达到最优。其中上海市、深圳市等 32 个平台处于规模报酬递增状态,说明增加投入规模能够使效率得到提升;其他 32 个平台处于规模报酬不变状态,说明增加投入规模将无法提升效率。

DEA 无效平台的指标改进比率如表 6 所示:

表 6 DEA 无效平台的指标改进比率(%)

DMU	A1	A2	A3	A4	A5	A6	A7	A8	A9	A10	A11	B1	B2	B3
湖州市	-42	-52	-9	-8	-86	0	-21	0	-50	0	-100	4 122	4 608	7
厦门市	-41	-26	-75	-77	-100	0	-91	0	-63	0	0	1 692	463	10
东营市	0	0	-48	-41	0	-36	-51	0	-15	-66	0	81	14	14
泰安市	0	-3	-68	-67	0	-23	-73	0	-6	-79	0	91	43	43
绍兴市	-52	-75	-39	-53	-81	0	-57	-82	-66	-75	0	44	44	44
丽水市	-10	0	0	-45	0	-13	-25	0	-47	-93	0	269	59	59
武汉市	0	-35	-22	-18	0	0	-36	-62	-15	-56	0	609	78	78
青岛市	0	-31	-63	-59	0	0	-64	0	-23	-69	0	87	87	87
嘉兴市	-16	-38	0	-45	-83	-52	-25	-56	-63	-72	0	89	89	89
哈尔滨市	-3	-23	-65	-67	0	0	0	-59	-40	-99	0	385	100	100
日照市	-15	-2	-81	-85	0	-29	-87	0	-17	-97	-18	656	105	105
四川省	0	0	-42	-64	0	-31	-77	-89	-46	-100	0	675	326	105

续表

DMU	A1	A2	A3	A4	A5	A6	A7	A8	A9	A10	A11	B1	B2	B3
滨州市	0	0	-68	-74	-50	0	-86	-64	-17	-94	0	107	533	107
福州市	0	-6	-29	0	0	-28	-84	-97	-51	-100	-100	239	124	1 019
枣庄市	0	-24	-91	-91	-70	0	-93	0	-51	-94	-89	215	127	127
德州市	-3	0	-82	-94	0	-13	-88	-57	-23	-100	-49	388	139	139
广州市	-9	-3	0	-35	-76	-5	-21	-5	-6	0	-100	141	141	141
聊城市	-11	-33	-85	-87	0	0	-87	0	-46	-93	0	363	141	141
来宾市	-5	0	-54	-71	-97	-42	-86	0	-33	-99	0	609	9 690	144
菏泽市	0	-7	-78	-69	0	-34	-86	0	-37	-93	0	835	182	182
潍坊市	-8	0	-93	-96	0	-25	-98	-97	-40	-100	-100	451	224	367
金华市	0	-48	-8	-29	-36	0	-28	-4	-40	-49	0	273	224	224
江西省	-58	-32	-52	-62	-100	0	0	0	-47	0	0	9 322	6 197	306
衢州市	0	-19	0	-60	-23	-1	-33	-21	-2	-69	0	411	411	411
巴中市	0	0	-88	-90	0	-33	-98	-99	-30	0	0	12 502	476	0
海南省	0	-41	0	-17	-99	-11	-23	-12	-35	0	0	1 033	1 033	1 033
辽宁省	-55	0	0	0	0	-72	-73	-86	-81	-100	0	305 867	305 867	0
河北省	-87	-53	-87	-89	0	0	0	-71	-50	0	0	483 603	483 603	0
吉林省	-50	-17	-37	-100	0	-11	0	0	0	0	0	642 757	642 757	0

DEA 无效率平台中，东营市、泰安市、绍兴市纯技术效率接近1，但规模效率较低，导致综合效率排名靠后，说明在投入规模上还有较大提升空间。其余平台较 DEA 有效差距较大，例如厦门高频更新数据集数量只有17，投入不足率为100%；福州市基于平台数据资源开发的应用数量只有2，产出不足率高达1 019%。

3.超效率 DEA 计算

对于 DEA 有效的 DMU，可以通过超效率模型计算进一步得出各 DMU 之间的排序。超效率 DEA 的计算是从生产前沿面中删除被评价的有效 DMU，然后度量评估对象与生产前沿面的距离。产出导向的 CCR 超效率模型计算结果如表7所示：

表 7 产出导向的 CCR 超效率模型计算结果

排名	DMU	超效率值	排名	DMU	超效率值	排名	DMU	超效率值
1	北京市	788.11	23	重庆市	1.56	45	青岛市	0.53
2	百色市	79.55	24	温州市	1.47	46	嘉兴市	0.53
3	佛山市	43.46	25	桂林市	1.41	47	哈尔滨市	0.5
4	广东省	31.54	26	上海市	1.38	48	四川省	0.49
5	东莞市	22.38	27	成都市	1.36	49	滨州市	0.48
6	贵港市	6.88	28	威海市	1.28	50	日照市	0.48
7	遵义市	6.48	29	台州市	1.25	51	福州市	0.45
8	吉林省	5.01	30	天津市	1.25	52	枣庄市	0.44
9	贵州省	4.77	31	江苏省	1.25	53	德州市	0.42
10	广西壮族自治区	4.45	32	德阳市	1.21	54	聊城市	0.41
11	贵阳市	4.09	33	烟台市	1.2	55	来宾市	0.41
12	山东省	3.73	34	临沂市	1.16	56	广州市	0.41
13	无锡市	3.54	35	深圳市	1.13	57	菏泽市	0.35
14	南宁市	2.95	36	济南市	1.04	58	潍坊市	0.31
15	河北省	2.46	37	陕西省	1(无可行解)	59	金华市	0.31
16	杭州市	2.33	38	湖州市	0.93	60	江西省	0.25
17	福建省	2.14	39	厦门市	0.91	61	衢州市	0.2
18	宁波市	2.1	40	东营市	0.88	62	巴中市	0.17
19	浙江省	1.96	41	绍兴市	0.7	63	海南省	0.09
20	济宁市	1.85	42	泰安市	0.69	64	辽宁省	0.02
21	眉山市	1.66	43	丽水市	0.63			
22	淄博市	1.59	44	武汉市	0.56			

北京市的超效率值远远超出其他平台，说明其保持有效的稳定性较强，也可以看出各平台的效率水平不均衡。陕西省投入指标中有 6 项为 0，虽然属于 DEA 有效，但超效率计算无可行解，因此将其列为有效的最后一名。

三、公共数据开放效率的影响因素分析

基于上一部分DEA模型对64个公共数据开放平台的效率和排名的计算结果,运用TOE框架理论和组织制度分析,笔者提出了开放效率的影响因素的假设,并通过数据获取和多元回归分析,进行针对性的验证和解释。

(一)影响因素指标体系构建

本研究基于TOE框架,从技术、组织、环境选取了技术采纳能力、技术管理能力、组织能力、组织支持、财政资源供给、法规政策、经济发展水平、受教育水平八个方面的变量进行影响因素分析。客观数据均采用官方统计年鉴或公报中2021年度数据,其他数据采集时间为2023年1月。

1.技术因素

变量A1 技术采纳能力:公共数据开放平台的主要用户为电脑端用户,而宽带是用户上网的必要设施,地区的互联网接入用户或对公共数据开放效率产生影响。本指标取值为地区人均互联网宽带接入用户数。

变量A2 技术管理能力:对有1个专业的事业单位,同时有企业专业能力支持,编码为3;有1个专业的国企/事业单位,编码为2;仅有政府内设机构或私企进行技术管理的,编码为1。

2.组织因素

变量B1 组织能力:本指标取值为累计分值:平台主办单位是政府办事机构或数字政府和数据治理主管机构,且职责范围涵盖政务服务改革、数字政府、政务公开和信息公开等综合职责的,编码为4;职责范围不涉及行政改革、政务服务和信息公开的,编码为3;主要单位为其他政府组成部门或政府直属机构,职责范围涉及政务服务改革或数字政府等综合事项的,编码为2,仅涉及大数据和电子政务建设或互联网治理的,编码为1。管理和运行机构是专属事业单位,属政府直属机构或规格较所属部门内设机构高一个行政级别的,编码为3;管理和运行机构是专属事业单位,规格与所属部门内设机构平行,或是国有企业的,编码为2;管理和运行机构是政府内设机构或私企的,编码为1。主办机构与管理和运维机构具有隶属或领导关系的,编码为2;其他编码为1。

变量B2 制度规范:政府出台法律法规、政策或指导意见等对公共数据开放进行规范和引导,或对开放效率产生影响。本指标取值为累计分值:有现行公共数开放方面的地方性法规的编码为 3，政府规章或规范性文件编码为 2；在规划、政策中对数据开放做出强调或提出要求的编码为 1。法律法规获取方法为"北大法宝"网站搜索、判断；政策获取方法为搜索引擎搜索"地名+公共数据政策"并判断。

3.环境因素

变量 C1 经济发展水平：经济发展的程度可能影响地区用户对公共数据的关注和利用程度，从而影响公共数据开放效率。本指标取值为地区人均 GDP。

变量 C2 受教育水平：公共数据的利用需要一定程度的知识基础，地区人口的受教育水平或将影响公共数据开放效率。本指标取值为每十万人口拥有大专及以上学历者数量。

4.指标体系

根据上述变量收集各地区数据，得出影响因素指标体系如表 8 所示：

表 8　影响因素指标体系

条件变量		指标描述	取值
技术因素	A1 技术采纳能力	人均互联网宽带接入用户数	客观数据
	A2 技术管理能力	专业的企/事业单位数量	2023 年 1 月 3 日
组织因素	B1 组织能力	主办和管理运维机构的级别、权力和关系距离	2023 年 1 月 9 日
	B2 制度规范	有关数据开放法律法规、政策或指导意见的完备度	2023 年 1 月 3 日
环境因素	C1 经济发展水平	人均 GDP	客观数据
	C2 受教育水平	每十万人口拥有大专及以上学历者数量	客观数据

(二) 结果分析

1.总体分析

根据上述变量收集各地区数据，得出总体效率排名及影响因素分值如表 9 所示：

表 9　总体效率排名及影响因素分值

地区	效率排名	A1	A2	B1	B2	C1	C2
北京市	1	0.37	2	9	2	183 980	41 980
百色市	2	0.35	2	9	0	43 892	8 685

续表

地区	效率排名	A1	A2	B1	B2	C1	C2
佛山市	3	0.34	3	9	3	127 978	16 143
广东省	4	0.34	2	8	3	98 285	15 699
东莞市	5	0.38	3	9	3	103 284	13 241
贵港市	6	0.25	2	9	2	34 632	6 499
遵义市	7	0.31	3	8	3	63 170	9 343
吉林省	8	0.29	2	8	3	54 979.73	16 738
贵州省	9	0.33	3	9	3	50 808	10 952
广西壮族自治区	10	0.32	2	9	3	49 206	10 806
贵阳市	11	0.41	3	9	2	77 919	23 440
山东省	12	0.38	2	9	3	81 727	14 384
无锡市	13	0.6	2	9	2	187 415	21 867
南宁市	14	0.38	2	9	3	58 241	18 845
河北省	15	0.38	1	8	1	54 172	12 418
杭州市	16	0.47	2	9	2	149 857	29 317
福建省	17	0.47	2	8	3	116 939	14 148
宁波市	18	0.49	2	9	2	153 922	17 838
浙江省	19	0.48	2	9	4	113 032	16 990
济宁市	20	0.33	2	9	3	60 728	11 061
眉山市	21	0.42	2	6	0	52 308	9 600
淄博市	22	0.37	2	9	1	89 238	18 729
重庆市	23	0.57	2	8	3	86 879	15 412
温州市	24	0.46	2	9	3	78 879	12 637
桂林市	25	0.42	2	7	0	46 767	13 065
上海市	26	0.37	2	9	2	173 756	33 872
成都市	27	0.27	2	8	2	95 069	25 582
威海市	28	0.48	2	9	2	118 925	16 779
台州市	29	0.43	3	9	3	87 089	11 565

续表

地区	效率排名	A1	A2	B1	B2	C1	C2
天津市	30	0.43	2	9	2	113 732	26 940
江苏省	31	0.48	2	8	3	137 039	18 663
德阳市	32	0.41	3	9	2	76 862	11 882
烟台市	33	0.42	2	9	0	122 818	16 572
临沂市	34	0.34	2	8	1	49 585	8 721
深圳市	35	0.36	2	7	3	173 663	28 849
济南市	36	0.5	2	8	3	123 075	25 931
陕西省	37	0.4	1	7	2	75 390	18 397
湖州市	38	0.72	2	9	0	107 534	13 669
厦门市	39	0.5	2	7	1	134 491	26 940
东营市	40	0.45	2	9	3	156 852	21 994
绍兴市	41	0.45	3	9	0	127 875	15 248
泰安市	42	0.34	2	9	0	54 917	13 107
丽水市	43	0.44	3	7	3	68 101	11 748
武汉市	44	0.38	2	9	2	135 251	33 867
青岛市	45	0.49	2	9	3	138 849	22 551
嘉兴市	46	0.38	2	9	1	116 323	15 250
哈尔滨市	47	0.32	2	7	2	56 580	20 455
四川省	48	0.36	2	7	0	64 322	13 267
滨州市	49	0.39	2	9	0	73 078	11 439
日照市	50	0.4	2	8	2	74 434	13 538
福州市	51	0.5	2	6	3	135 298	18 589
枣庄市	52	0.36	2	9	0	50 613	10 620
德州市	53	0.34	2	9	0	62 223	9 233
聊城市	54	0.33	2	8	1	44 485	9 350
来宾市	55	0.65	2	9	0	40 091	7 562
广州市	56	0.37	3	8	1	150 366	27 277
菏泽市	57	0.3	2	9	0	45 366	7 087

续表

地区	效率排名	A1	A2	B1	B2	C1	C2
潍坊市	58	0.35	2	9	3	74 606	14 451
金华市	59	0.28	2	8	2	75 524	13 396
江西省	60	0.38	2	6	3	65 560	11 897
衢州市	61	0.44	2	7	0	82 174	12 367
巴中市	62	0.35	2	9	0	27 747	8 615
海南省	63	0.46	2	5	1	63 707	13 919
辽宁省	64	0.35	2	7	2	65 026	18 216

求解平台的效率排名与各影响因素之间的相关系数,结果如表10所示：

表10　总体影响因素相关系数

	效率排名	A1	A2	B1	B2	C1	C2
效率排名	1						
A1	0.076 994	1					
A2	−0.155 06	−0.063 29	1				
B1	−0.349 42	−0.009 82	0.178 023	1			
B2	−0.396 06	−0.038 13	0.176 476	0.024 699	1		
C1	−0.152 69	0.386 041	0.066 513	0.135 922	0.288 04	1	
C2	−0.130 29	0.121 113	−0.064 93	0.035 576	0.256 841	0.779 012	1

因影响因素与排名之间的假设均为负相关,即影响因素取值越大,排名越靠前,因此拒绝正相关的指标因素假设,排除A1技术采纳能力。利用SPSS软件,以效率排名为因变量,影响因素指标为自变量,进行后退法回归分析。输入全部自变量后,软件依次自动除去最不相关的一个自变量。除去的顺序为A2、C1、C2,留下的变量为B1、B2,总体回归分析结果如表11所示：

表11　总体回归分析结果

被预测变量	进入回归方程的变量	未标准化系数（B）	标准化系数（Beta）	t	显著性(p)
效率排名	B1	−6.412	−0.340	−3.111	0.003
	B2	−5.961	−0.388	−3.548	0.001

注：回归方程的 $F = 11.412, p<0.001, R^2 = 0.272$,调整后 $R^2 = 0.248$。

从结果看,方程的显著性水平小于0.001,说明B1和B2对效率排名的影响显著。调整后 R^2 为 0.248,该方程能够说明 24.8%的因变量变化。其中 B1 组织能力 Beta = -0.340,p = 0.003;B2 制度规范 Beta = -0.388,p = 0.001,都能够显著影响效率排名,B2 的影响程度比 B1 稍大。

进行回归分析后发现,技术采纳能力不是影响公共数据开放平台效率的因素,技术管理能力、经济发展水平、受教育水平对效率的影响非常低。组织能力和制度规范对效率的影响显著,能够说明平台效率排名变化的 24.8%。提高组织能力,制定出台相关政策措施,都能够提升公共数据开放效率。

2.分组分析

(1)基于效率值有效/无效分组

根据各平台的 DEA 效率情况,对有效组无效组分别进行影响因素分析,如表 12 所示。

①有效组

表 12　有效组效率排名及影响因素分值

地区	效率排名	A1	A2	B1	B2	C1	C2
北京市	1	0.37	2	9	2	183 980	41 980
百色市	2	0.35	2	9	0	43 892	8 685
佛山市	3	0.34	3	9	3	127 978	16 143
广东省	4	0.34	2	8	3	98 285	15 699
东莞市	5	0.38	3	9	3	103 284	13 241
贵港市	6	0.25	2	9	2	34 632	6 499
遵义市	7	0.31	3	8	3	63 170	9 343
吉林省	8	0.29	2	8	3	54 979.73	16 738
贵州省	9	0.33	3	9	3	50 808	10 952
广西壮族自治区	10	0.32	2	9	3	49 206	10 806
贵阳市	11	0.41	2	9	2	77 919	23 440
山东省	12	0.38	2	9	3	81 727	14 384
无锡市	13	0.6	2	9	2	187 415	21 867
南宁市	14	0.38	2	9	3	58 241	18 845
河北省	15	0.38	1	8	1	54 172	12 418
杭州市	16	0.47	2	9	2	149 857	29 317
福建省	17	0.47	2	8	3	116 939	14 148

续表

地区	效率排名	A1	A2	B1	B2	C1	C2
宁波市	18	0.49	2	9	2	153 922	17 838
浙江省	19	0.48	2	9	4	113 032	16 990
济宁市	20	0.33	2	9	3	60 728	11 061
眉山市	21	0.42	2	6	0	52 308	9 600
淄博市	22	0.37	2	9	1	89 238	18 729
重庆市	23	0.57	2	8	3	86 879	15 412
温州市	24	0.46	2	9	3	78 879	12 637
桂林市	25	0.42	2	7	0	46 767	13 065
上海市	26	0.37	2	9	2	173 756	33 872
成都市	27	0.27	2	8	2	95 069	25 582
威海市	28	0.48	2	9	2	118 925	16 779
台州市	29	0.43	3	9	3	87 089	11 565
天津市	30	0.43	2	9	2	113 732	26 940
江苏省	31	0.48	2	8	3	137 039	18 663
德阳市	32	0.41	3	9	2	76 862	11 882
烟台市	33	0.42	2	9	0	122 818	16 572
临沂市	34	0.34	2	8	1	49 585	8 721
深圳市	35	0.36	2	7	3	173 663	28 849
济南市	36	0.5	2	8	3	123 075	25 931
陕西省	37	0.4	1	7	2	75 390	18 397

求解平台的效率排名与各影响因素之间的相关系数,结果如表 13 所示：

表 13 有效组影响因素相关系数

	效率排名	A1	A2	B1	B2	C1	C2
效率排名	1						
A1	0.343 124 014	1					
A2	−0.272 171 34	−0.126 254 099	1				
B1	−0.327 387 714	0.013 947 035	0.343 478 908	1			

续表

效率排名	A1	A2	B1	B2	C1	C2
B2	-0.149 336 923	0.041 564 403	0.275 590 602	0.249 294 587	1	
C1	0.149 641 876	0.476 177 427	-0.032 602 103	0.170 938 975	0.177 261 668	1
C2	0.133 731 842	0.187 778 012	-0.158 941 573	0.086 341 39	0.082 196 352	0.769 547 923	1

根据因变量与自变量的变动方向,排除 A1 技术采纳能力、C1 经济发展水平和 C2 受教育水平变量。利用 SPSS 软件,以效率排名为因变量,影响因素指标为自变量,进行后退法回归分析。输入全部自变量后,软件依次自动除去最不相关的一个自变量。除去的顺序为:B2、A2,说明制度规范、技术管理能力对有效组的排名的影响不显著且依次减少。

留下的变量为 B1,回归结果如表 14 所示:

表 14 有效组回归分析结果

被预测变量	进入回归方程的变量	未标准化系数(B)	标准化系数(Beta)	t	显著性(p)
效率排名	B1	-4.613	-0.327	-2.05	0.048

注:回归方程的 $F=4.202, p=0.048, R^2=0.107$,调整后 $R^2=0.082$。

从结果看,方程的显著性水平 0.048 小于 0.05,说明 B1 组织能力对效率排名的影响显著。调整后 R^2 为 0.082,说明 B1 只能说明 8.2%的因变量变化。

②无效组

无效组影响因素相关系数如表 15 所示:

表 15 无效组影响因素相关系数

地区	效率排名	A1	A2	B1	B2	C1	C2
湖州市	38	0.72	2	9	0	107 534	13 669
厦门市	39	0.5	2	7	1	134 491	26 940
东营市	40	0.45	2	9	3	156 852	21 994
绍兴市	41	0.45	3	9	0	127 875	15 248
泰安市	42	0.34	2	9	0	54 917	13 107
丽水市	43	0.44	3	7	3	68 101	11 748
武汉市	44	0.38	2	9	2	135 251	33 867
青岛市	45	0.49	2	9	3	138 849	22 551
嘉兴市	46	0.38	2	9	1	116 323	15 250

续表

地区	效率排名	A1	A2	B1	B2	C1	C2
哈尔滨市	47	0.32	2	7	2	56 580	20 455
四川省	48	0.36	2	7	0	64 322	13 267
滨州市	49	0.39	2	9	0	73 078	11 439
日照市	50	0.4	2	8	2	74 434	13 538
福州市	51	0.5	2	6	3	135 298	18 589
枣庄市	52	0.36	2	9	0	50 613	10 620
德州市	53	0.34	2	9	0	62 223	9 233
聊城市	54	0.33	2	8	1	44 485	9 350
来宾市	55	0.65	2	9	0	40 091	7 562
广州市	56	0.37	3	8	1	150 366	27 277
菏泽市	57	0.3	2	9	0	45 366	7 087
潍坊市	58	0.35	2	9	3	74 606	14 451
金华市	59	0.28	2	8	2	75 524	13 396
江西省	60	0.38	2	6	3	65 560	11 897
衢州市	61	0.44	2	7	0	82 174	12 367
巴中市	62	0.35	2	9	0	27 747	8 615
海南省	63	0.46	2	5	1	63 707	13 919
辽宁省	64	0.35	2	7	2	65 026	18 216

求解平台的效率排名与各影响因素之间的相关系数,结果如表16所示:

表16 无效组影响因素相关系数

	效率排名	A1	A2	B1	B2	C1	C2
效率排名	1						
A1	−0.375 76	1					
A2	−0.196 7	0.034 849	1				
B1	−0.333 25	−0.003 36	−0.011 19	1			
B2	−0.023 84	−0.067 23	0.032 827	−0.32 329	1		
C1	−0.524 5	0.319 43	0.290 154	0.053 456	0.365 621	1	
C2	−0.379 71	0.064 005	0.149 258	−0.081 39	0.423 256	0.784 79	1

对无效组同样进行后退法回归分析,除去的顺序为:B2、A2、C2、A1,说明制度规范、技术管理能力、受教育水平、技术采纳能力对效率排名的影响不显著且依次减少。

留下的变量为 B1、C1,回归结果如表 17 所示:

表 17 无效组回归分析结果

被预测变量	进入回归方程的变量	未标准化系数（B）	标准化系数（Beta）	t	显著性(p)
效率排名	B1	−2.038	−0.306	−1.884	0.072
	C1	<0.000 1	−0.508	−3.128	0.005

注:回归方程的 $F=7.003$，$p=0.004$，$R^2=0.369$，调整后 $R^2=0.316$。

从结果看,方程的显著性水平 0.004 小于 0.05,说明回归方程显著。调整后 R^2 为 0.316,说明该方程能够说明 31.6% 的因变量变化。其中 B1 组织能力 Beta = −0.306,$p=0.072$,显著性较低；C1 经济发展水平 Beta = −0.508,$p=0.005$,显著影响效率排名。

③影响因素分析结果

对有效组、无效组分别进行回归分析后发现,如果公共数据开放平台的效率已经达到了 DEA 有效,提高组织能力能够进一步提高效率水平;如果处于 DEA 无效状态,经济发展水平将显著影响效率。

(2)基于相对数据规模分组

在各地公共数据开放平台的调查分析中,发现各平台的开放体量存在重大差距,为此,根据各公共数据开放平台所对应的政府层级,区分为省级、副省级城市和省会城市,以及一般地级城市,综合考虑城市层次、人口等,将开放数据集目录体量相近的平台作为一组,其他的作为另一组,分别进行检验。

①第 1 组

首先进行 DEA 超效率计算,得出第 1 组的组内排名如表 18 所示:

表 18 第 1 组排名及影响因素指标体系

地区	效率排名	超效率值	A1	A2	B1	B2	C1	C2
北京市	1	1 284.718 615	0.37	2	9	2	183 980	41 980
佛山市	2	43.458 865 33	0.34	3	9	3	127 978	16 143
东莞市	3	22.384 441 07	0.38	3	9	3	103 284	13 241
重庆市	4	12.5	0.57	2	8	3	86 879	15 412
贵州省	5	5.004 826 965	0.33	3	9	3	50 808	10 952

续表

地区	效率排名	超效率值	A1	A2	B1	B2	C1	C2
天津市	6	4.571 428 571	0.43	2	9	2	113 732	26 940
广西壮族自治区	7	4.452 775 139	0.32	2	9	3	49 206	10 806
贵阳市	8	4.086 261 695	0.41	3	9	2	77 919	23 440
山东省	9	3.729 831 701	0.38	2	9	3	81 727	14 384
无锡市	10	3.535 714 286	0.6	2	9	2	187 415	21 867
杭州市	11	2.329 987 062	0.47	2	9	2	149 857	29 317
福建省	12	2.141 171 835	0.47	2	8	3	116 939	14 148
宁波市	13	2.1	0.49	2	9	2	153 922	17 838
浙江省	14	1.991 052 696	0.48	2	9	4	113 032	16 990
温州市	15	1.794 132 24	0.46	2	9	3	78 879	12 637
上海市	16	1.376 084 188	0.37	2	9	2	173 756	33 872
临沂市	17	1.294 551 833	0.34	2	8	1	49 585	8 721
台州市	18	1.270 754 903	0.43	3	9	3	87 089	11 565
深圳市	19	1.133 047 699	0.36	2	7	3	173 663	28 849
济南市	20	1.116 797 874	0.5	2	8	3	123 075	25 931
广东省	21	1(无可行解)	0.34	2	8	3	98 285	15 699
遵义市	22	1(无可行解)	0.31	3	8	3	63 170	9 343
湖州市	23	0.930 584 36	0.72	2	9	0	107 534	13 669
厦门市	24	0.908 840 994	0.5	2	7	1	134 491	26 940
泰安市	25	0.699 437 931	0.34	2	9	0	54 917	13 107
绍兴市	26	0.696 688 076	0.45	3	9	0	127 875	15 248
丽水市	27	0.627 856 793	0.44	3	7	3	68 101	11 748
武汉市	28	0.560 902 228	0.38	2	9	2	135 251	33 867
哈尔滨市	29	0.500 596 525	0.32	2	7	2	56 580	20 455
四川省	30	0.491 071 429	0.36	2	7	0	64 322	13 267
金华市	31	0.308 258 013	0.28	2	8	2	75 524	13 396
衢州市	32	0.195 721 89	0.44	2	7	0	82 174	12 367
海南省	33	0.088 268 365	0.46	2	5	1	63 707	13 919

求解平台的效率排名与各影响因素之间的相关系数,结果如表 19 所示:

表 19　第 1 组影响因素相关系数

	效率排名	A1	A2	B1	B2	C1	C2
效率排名	1						
A1	-0.045 011 721	1					
A2	-0.185 652 664	-0.203 985 427	1				
B1	-0.624 172 066	0.053 111 414	0.188 008 931	1			
B2	-0.529 966 319	-0.174 554 877	0.208 309 522	0.227 817 027	1		
C1	-0.277 077 195	0.342 091 408	-0.211 063 151	0.271 082 77	0.069 180 38	1	
C2	-0.184 190 761	0.059 031 705	-0.311 339 508	0.147 334 944	0.015 678 317	0.758 179 894	1

利用 SPSS 软件,以效率排名为因变量,影响因素指标为自变量,进行后退法回归分析。输入全部自变量后,软件依次自动除去最不相关的一个自变量。除去的顺序为:C1、A2、A1、C2,说明经济发展水平、技术管理能力、技术采纳能力、受教育水平对第 1 组的排名的影响不显著且依次减少。

留下的变量为 B1、B2,回归结果如表 20 所示:

表 20　第 1 组回归分析结果

被预测变量	进入回归方程的变量	未标准化系数（B）	标准化系数（Beta）	t	显著性(p)
效率排名	B1	-5.219	-0.531	-4.213	<0.001
	B2	-3.506	-0.409	-3.245	0.003

注:回归方程的 $F=18.2$,$p<0.001$,$R^2=0.548$,调整后 $R^2=0.518$。

从结果看,方程的显著性水平小于 0.001,说明 B1 和 B2 对效率排名的影响显著。调整后 R^2 为 0.518,说明该方程能够说明 51.8% 的因变量变化。其中 B1 组织能力 Beta = -0.531,$p<0.001$,显著影响排名;B2 制度规范 Beta = -0.409,$p=0.003$,显著影响排名。

②第 2 组

通过 DEA 超效率计算,得出第 2 组的组内排名如表 21 所示:

表 21　第 2 组排名及影响因素指标体系

地区	效率排名	超效率值	A1	A2	B1	B2	C1	C2
德阳市	1	136.833 63	0.41	3	9	2	76 862	11 882
百色市	2	79.551 881	0.35	2	9	0	43 892	8 685

续表

地区	效率排名	超效率值	A1	A2	B1	B2	C1	C2
桂林市	3	44.087 314	0.42	2	7	0	46 767	13 065
成都市	4	23.362 816	0.27	2	8	2	95 069	25 582
广州市	5	19.161 073	0.37	3	8	1	150 366	27 277
眉山市	6	17.744 083	0.42	2	6	0	52 308	9 600
巴中市	7	10.261 589	0.35	2	9	0	27 747	8 615
济宁市	8	7.428 627 7	0.33	2	9	3	60 728	11 061
贵港市	9	6.879 516 9	0.25	2	9	2	34 632	6 499
南宁市	10	6.701 224 7	0.38	2	9	3	58 241	18 845
嘉兴市	11	6.108 473 3	0.38	2	9	1	116 323	15 250
福州市	12	5.915 681 7	0.5	2	6	3	135 298	18 589
吉林省	13	5.009 952 1	0.29	2	8	3	54 979.73	16 738
河北省	14	2.459 923 3	0.38	1	8	1	54 172	12 418
聊城市	15	2.259 112 5	0.33	2	8	1	44 485	9 350
威海市	16	2.196 571 4	0.48	2	9	2	118 925	16 779
江苏省	17	2.102 883 7	0.48	2	8	3	137 039	18 663
淄博市	18	2.050 944 2	0.37	2	9	1	89 238	18 729
烟台市	19	1.867 450 4	0.42	2	9	0	122 818	16 572
日照市	20	1.680 985 5	0.4	2	8	2	74 434	13 538
东营市	21	1.567 470 3	0.45	2	9	3	156 852	21 994
青岛市	22	1.377 918 9	0.49	2	9	3	138 849	22 551
滨州市	23	1.252 142 5	0.39	2	9	0	73 078	11 439
菏泽市	24	1.210 533 9	0.3	2	9	0	45 366	7 087
德州市	25	1.173 178 2	0.34	2	9	0	62 223	9 233
枣庄市	26	1.160 817	0.36	2	9	0	50 613	10 620
陕西省	27	1(无可行解)	0.4	1	7	2	75 390	18 397
来宾市	28	0.788 289 793	0.65	2	9	0	40 091	7 562
江西省	29	0.786 989 683	0.38	2	6	3	65 560	11 897
潍坊市	30	0.747 908 65	0.35	2	9	3	74 606	14 451

续表

地区	效率排名	超效率值	A1	A2	B1	B2	C1	C2
辽宁省	31	0.475 714 461	0.35	2	7	2	65 026	18 216

求解平台的效率排名与各影响因素之间的相关系数,结果如表 22 所示:

表 22　第 2 组影响因素相关系数

	效率排名	A1	A2	B1	B2	C1	C2
效率排名	1						
A1	0.218 262 237	1					
A2	−0.351 408 456	6.487 86E−17	1				
B1	0.003 642 752	−0.091 373 793	0.181 407 566	1			
B2	0.086 102 327	0.011 817 848	0	−0.170 452 219	1		
C1	0.025 724 861	0.370 793 226	0.239 791 341	−0.010 148 13	0.405 232 877	1	
C2	−0.052 170 061	0.112 500 495	0.139 622 789	−0.139 543 651	0.493 235 989	0.785 804 287	1

根据因变量与自变量的变动方向,排除 A1 技术采纳能力、B1 组织能力、B2 制度规范、C1 经济发展水平因素。对第 2 组同样进行后退法回归分析,除去 C2,说明受教育水平对第 2 组效率排名的影响不显著。

留下的变量为 A2,回归结果如表 23 所示:

表 23　第 2 组回归分析结果

被预测变量	进入回归方程的变量	未标准化系数（B）	标准化系数（Beta）	t	显著性(p)
效率排名	A2	−8.75	−0.351	−2.021	0.053

注:回归方程的 $F=4.086$,$p=0.053$,$R^2=0.123$,调整后 $R^2=0.093$。

从结果看,方程的显著性水平 0.053 略大于 0.05,说明回归方程比较显著。调整后 R^2 为 0.093,说明该方程能够说明 9.3% 的因变量变化。A2 技术管理能力 Beta = −0.351,$p=0.053$,比较显著影响效率排名。

③影响因素分析结果

对两个组分别进行回归分析后发现,当数据开放平台的数据集达到一定规模后,组织能力的提升将显著影响平台的效率,而数据开放的规模较小的平台应在技术管理能力方面进行改进。

四、提升公共数据开放效率的建议

基于以上的分析,笔者提出注重数据开放的效率评价,持续扩大公共数据开放有效投入规模,选取适合情境的数据开放发展路径等三方面的意见和建议,以期为提高公共数据开放平台建设和运行的水平提供借鉴和参考。

(一)注重数据开放的效率评价

1.构建科学的评估标准

在研究中发现,平台有可视化功能的数据集数量、有及时响应的用户反馈数等指标得分为"0"的平台较多,可以考虑暂时不作为评估项,待公共数据开放水平进一步提高后再进行评价。另外,随着各平台的不断完善,可以考虑对关联数据情况、元数据背景描述、开放协议许可情况等更加高标准的指标进行评估。

2.应用客观的评估方法

数据开放中主要采用的主观评估受专家的学术背景、职业经验等方面的因素影响,其结果同样可能存在一定的主观性。作为一种替代性或补充性的评估方法,DEA模型不失为一种合适的选择。利用DEA模型进行计算时,每个DMU的优势都能够得到充分的重视,有效与无效的界限可以清晰划定,超效率模型还能够对有效率模型进一步区分排序,得出总体排名。但是DEA分析也存在一定不足,例如对异常值非常敏感,无法得出直接的改善建议等。因此,在采用此方法时也应扬长避短、谨慎处理,并与其他评估方法和标准相互对照,推动开放数据评估方法、评估过程和评估结果的科学化。

3.提升评估项目的影响力

评估项目可采取每半年一次或每年一次的频率,由国家数字政府建设相关权威部门组织,邀请业内专家参与评估体系建构,参考"开放树林指数""数字政府评估"等现有影响力较大的项目,在数据开放评估的发布和社会宣传上形成合力,以最大化发挥对公共部门和用户的正向作用。评估结果的规范化和社会化,将有助于提高各地区对公共数据开放的重视程度,对标评估标准和高效率平台提升本地的数据开放效率,形成良性竞争的局面。

（二）持续扩大有效数据开放投入规模

1. 扩大数据广度

（1）增加数据提供的机构数量

机构数量体现了开放数据的全面性，参与数据开放的机构数量不足会导致部分应公开的数据缺失。建议所有拥有公共数据，特别是与经济发展、社会民生密切相关的公共部门都应参与到平台的数据开放之中。

（2）增加关键数据集开放规模

关键数据集体现了用户对公共数据的关注度和应用度。在研究中发现，"学校信息"在63个平台中下载量都达到了前20名，反映了其被关注的程度很高。然而部分平台没有开放相关数据，甚至有的平台在10种关键数据集中仅开放了2种。建议从用户需求角度出发，提高关键数据集的覆盖程度。

2. 增加数据数量

（1）扩大开放数据集总量

数据集总量代表了数据开放平台的基础规模，数据资源应遵循"开放为常态、不开放为例外"的原则向用户开放。建议对标高效率的地区，补足未开放的数据资源。

（2）遵守数据更新频率承诺

大部分平台的数据集均承诺了更新频率，按照频率更新既是基本的信用要求，又是数据本身特点的要求，但部分数据开放平台的相当一部分数据成为"静态数据"。建议依据数据集特点重新核定数据更新的频率，并按承诺进行更新。

（3）增加高频更新数据集

高频更新数据集体现数据的加工价值，用户利用高频更新数据能够及时加工新的数据产品，但在这方面，绝大多数平台的绩效表现较低。笔者建议增加高频更新数据集数量，为数据加工提供良好条件。

3. 提升数据质量

（1）提高数据准确度

数据集准确、可理解也是公共数据开放的基本要求，数据的错漏将会影响公共部门权威性和数据集开放的价值。本研究中"下载量前10名的数据集不存在乱码、空值"的指标在64个平台中只有5个能得到满分，说明数据的准确度较低。建议在数据开放前进行详细检查，保证数据的准确性。

（2）增加可机读数据集数量

如河北省平台的所有数据均为doc、xls等需要特定软件才能打开的文件格式，自动化处理的难度较大,给数据的利用带来困难。笔者建议规范数据开放格式,与信息公开区别开来,采用可机读数据格式开放,使数据真正得到利用。

(3)增加数据接口数量

一些平台数据接口数量非常少,如天津市平台2 617个数据集中只有3个提供了数据接口,显示了数据开放的深度仍存在较大差距。笔者建议为开放数据量较大、实时更新的数据集提供接口,提高数据的利用率。

4.提高用户友好度

(1)提高开放数据可达性

用户从打开网页到找到需要的数据,再到查看、下载的过程,体现了数据开放的便捷程度,但有相当多的平台仍不具备良好的数据可达性。笔者建议提高数据可达性,优化搜索分类和数据下载等功能,使数据利用的过程和方法更加便捷、高效。

(2)增加数据页面的统计、可视化功能

本研究中有20个平台没有提供相关功能,影响了数据的展示。笔者建议增设相关功能模块,选取适宜展示的元数据类型,科学设置可视化形式,使开放数据一目了然。

(3)及时响应用户诉求

在研究中发现,有25个平台没有设置相关模块或没有及时反馈用户诉求,没有达到与用户对话的效果。笔者建议加大对维护互动模块的投入,及时与用户对话,根据用户需求改进平台。

(三)选取适合情境的数据开放发展路径

1.组织建设和制度完善的复合型发展路径

公共部门开放数据需要在建立健全组织机构,制定出台相应的政策措施上下功夫。对于已经进入相对稳定运行和较为"成熟"的数据开放平台而言,组织的定位和关系的理顺,以及制度规范的完善程度至关重要,需要进行重构,或者在现有组织架构下,提升组织机构、职责和关系的柔性能力。

2.组织推动和需求牵引的推拉型发展路径

由无效组的回归分析发现,经济发展水平是导致组内排名变动的显著因素,组织能力为次要因素。应强化组织保障,同时注重经济发展需求与公共数据开放之间的互益,尤其关注经济发展需求的数据开放与开发。

3.技术保障和管理驱动的赋能型发展路径

通过对数据开放规模较小的平台进行回归分析,发现技术管理能力对效率有显著影响的结论,说明这部分平台在数据集数量和质量仍不够充分完善的阶段,专业的管理运行能力起到了关键作用。专业的企事业单位在运用和维护平台基础设施方面较政府部门有着较大优势,采用专业机构运营的模式对平台的利用效率将产生良好效果。

平潭海事局扁平化管理改革研究

乔 森

(学号:1120213352)

近年来,我国深入开展了一系列"简政放权、放管结合、优化服务"的行政管理体制改革,扁平化成为政府基层组织改革的一种趋势。因此,海事部门紧跟国家步伐,为满足新形势下水上安全监管需求,同步开展了基层执法机构改革,试点开展了扁平化管理工作。

一、平潭海事局扁平化管理工作的现状分析

平潭海事局驻于拥有126个岛屿的平潭。平潭陆域总面积392平方千米,海域总面积6 064平方千米,海岸线长408千米,主岛海坛岛是福建省第一大岛、中国第五大岛。平潭与中国台湾新竹直线距离仅68海里(约125千米),是祖国大陆距台湾本岛最近的地方。它不但是东北亚与东南亚两大经济板块之间的连接点,也是海峡两岸经济圈、环海峡经济走廊的中心岛屿。得天独厚的区位优势使得平潭在全国拥有唯一"实验区+自贸区+国际旅游岛"多区叠加发展优势,其作为21世纪海上丝绸之路核心区的重要组成部分,既是"闽台合作的窗口",也是"国家对外开放的窗口"。

(一) 扁平化管理工作采取的举措与取得的成效

海事系统扁平化管理模式,在当前的行政环境下无先例可循。如何进一步减少海事基层治理改革的试错成本,以及获得可以复制和推广的改革经验和成效,平潭海事处适应时代需要,转型升级为平潭海事局,恰好可以成为理想的海事系统扁平化管理改革创新的"实验室"。

1.建局之前的机构概况综述

平潭海事处为正科级建制,是福州海事局的派出机构。平潭海事处采用传统型的管理模式,由海事处处长在福州海事局的授权下,依据《中华人民共和国海上交通安全法》等法律法规授予的权限,负责保障辖区水上交通安全和防治船舶污染等海事监管工作。截至2014年12月,该处在岗人员24人(含科级干部5人);辖区5 000吨级泊位的码头有金井码头、澳前高速客滚码头、在建的金井1#~5#泊位,其他码头为500吨至1 000吨级,年吞吐量较少,码头装卸能力较差;辖区有4家船厂,18个渡口,17艘渡船,11家非体系公司、无体系公司。

2.建局之后的扁平化管理实施情况

平潭海事局的设立,秉承"精简、统一、效能"的原则,采用扁平化管理,实行垂直管理体制,探索建立与社会主义市场经济体制相适应的"运转协调、办事高效、监管有力、行为规范"的海事管理机构。

(1) 加强内部综合管理

按照业务相近部门合并的方式,整合现有海事业务管理职责。坚持优先满足基层执法需求,较大幅度降低了基层海事执法机构在行政、党群管理等职能模块的资源支出。该局办公室编制5人,承接福建海事局机关内设办公室、法规规范处(执法督察处)、综合计划处、财务会计处、人事教育处、基建装备处、审计处、科技信息处、党组工作部(组织处)、宣传处、纪检办公室、直属机关党委办公室(工会办公室)等12个处室;综合业务处编制6人,承接福建海事局机关内设指挥中心(搜救中心办公室)、通航管理处、船舶监督处、船员管理处、危管防污处、安全管理处等6个处室。

(2) 减少内部运行层级

压缩机关规模,减少内设机构设置,构建部门更少、综合化程度更高的内设机构。平潭海事局设置办公室、综合业务处、政务中心等3个内设处室,以及金井海巡执法大队、澳前海巡执法大队等2个海巡执法大队。海巡执法大队为非内设机构、非派出机构。内部管理上,只设两个层级,即分支局管理层、内设处室和海巡执法大队。

(3) 构建部门协作机制

部门之间强调将"协作"放在首位,体现各部门间的无缝衔接。该局海事行政类、业务类工作,分别由办公室、综合业务处负责牵头组织,各部门分工协作、贯彻落实;海巡执法大队以现场执法为主,根据现场综合执法的要求,按照综合业务处的有关工作部署开展各项工作,实现业务管理与现场执法无缝衔接。

(4)加强信息平台建设

通过信息化方式,达到精准管控,避免盲目执法、随机执法导致执法资源浪费,以及行政相对人的过度干预。以强调信息化技术在海事现场监管中的运用为主,强化信息服务平台融合与创新,加大现场执法人员信息化执法终端配置比重。强化CCTV(视频监控)系统、AIS(船舶自动识别)系统在现场执法的全面应用,实现动态数据的实时共享,增强执法的联动性、有效性。

3.建局之后的扁平化管理工作成效

采用扁平化管理的平潭海事局政策自主性更强,有效地保障了海事中心工作的开展和运行,治理体系和治理能力得到了一定程度的规范。

(1)日常工作有效补位

部门的专业主管具体负责承接福建海事局职能部门下达的工作任务和综合性管理要求在局内的贯彻落实和组织实施,其他专业主管予以专业支持与协助,共同完成工作任务,实现岗位相互兼容,人员相互补位,工作相互协调。这样的管理模式,有效地利用了现有的人力资源,对加强和提升工作人员在日常海事中心工作方面的综合能力有很大的帮助,一定程度上缓解了平潭海事局编制过少的问题。

(2)监管盲区有效消除

由以纵向管理为主的海事处设置向以横向协作为主的海巡执法大队模式转变,消除了机关部门和基层部门的隔阂,打破了长久以来的海事处各管辖区各自为政的管理格局,监管盲区得到进一步消除。平潭海事局的海巡执法大队之间提倡分工协作,提供跨行政区域的海事监管与服务,集中力量共同解决区域性监管难题,满足加强事中事后的监管要求。

(3)动静执法有效融合

综合业务处作为大动态牵头部门,负责平潭海事局辖区动态监管的指挥工作和协调工作,海巡执法大队按照分工,配合综合业务处开展动态监管工作,减少了信息流转环节,进一步提高了行政检查和应急处置效率。政务中心承担行政审批"静态中心"职能,海巡执法大队不再直接对外。部门之间既有分工又有协作,实现业务管理和现场综合执法的有效融合。

(二)问卷调查与结果分析

1.问卷调查

问卷调查工作本着调查对象更具广泛性、调查内容更具针对性、调查方式更趋科学性的原则,借用互联网的便捷优势,在问卷星平台上向平潭海事局全体干部职工开展了调查工作。在本次内部的问卷调查中,回收问卷38份,填写问卷人数占在职工作人员的92.68%;填写不规范的问卷6份,有效问卷为32份,问卷有效率为84.21%,达到了预期的目的和效果。

2.结果分析

(1)扁平化管理改革的必要性分析

经过针对平潭海事局扁平化管理改革的必要性进行调查可知,56.25%的工作人员认为改革很有必要;28.13%的工作人员认为改革有必要;9.38%的工作人员认为应保持现状;6.25%的工作人员认为改革没有必要。因此,平潭海事局开展扁平化管理改革是符合该局干部职工需求的,顺应平潭海事局发展期待的重要变革。

(2)当前的扁平化管理机构运行和政策支持方面的适应程度分析

经过针对平潭海事局当前的扁平化管理机构运行和政策支持方面的适应程度进行调查可知,认为机构设置不适应程度一般及以上的占比59.38%;认为部门职能不适应程度一般及以上的占比56.26%;认为编制配置不适应程度一般及以上的占比68.76%;认为上级财政支持和资源倾斜不适应程度一般及以上的占比81.26%;认为科技助推单位建设情况不适应程度一般及以上的占比78.13%。当前的扁平化管理机构运行和政策支持方面的适应程度调查数据表见表1。

表1 当前的扁平化管理机构运行和政策支持方面的适应程度调查数据表

类别	运行不适应程度一般及以上占比			运行适应程度占比	
	很不适应占比	不适应占比	一般占比	适应占比	很适应占比
机构设置	3.13%	31.25%	25%	18.75%	21.88%
部门职能	6.25%	9.38%	40.63%	25%	18.75%
编制配置	15.63%	18.75%	34.38%	15.63%	15.63%
上级财政支持和资源倾斜	9.38%	25%	46.88%	6.25%	12.5%
科技助推单位建设情况	6.25%	28.13%	43.75%	9.38%	12.5%

根据表1的调查数据分析可知,上级财政支持和资源倾斜、科技助推单位建设情况、编制配置、机构设置、部门职能在改革的需求度方面依次递减。全体干部认为编制配置方面"很不适应"的程度最高,达到15.63%,较大程度超过其他方面;认

为机构设置、科技助推单位建设情况、上级财政支持和资源倾斜等三个方面"不适应"的程度,分别达到 31.25%、28.13%、25%,占比数据相对较高。扁平化管理改革关于机构运行和政策支持方面的建议统计表见表 2。根据表 2 的调查数据分析可知,关于机构运行和政策支持方面的 5 个类别,收集到的主要建议数量相差不大。

表 2 扁平化管理改革关于机构运行和政策支持方面的建议统计表

类别	个数	收集的主要建议
机构设置	3	建议办公室、综合业务处进行拆分,同时增设部门。例如:增设党工部、指挥中心。 根据政务、党务、业务工作需求调整部门设置。 优化扁平化管理工作机制,形成高效率组织体系
部门职能	4	整合职能,突出执法属性。 建议厘清海巡执法大队和内设机构的职责边界。 增强对海巡执法大队的授权。 加强单位对海巡执法大队的直接领导
编制配置	4	增加编制数量。 科学设置编制,解决个别设计不合理的编制配备问题。例如:财务会计、出纳、审计仅仅配备 1 个编制。 内部合理调整各部门编制数量。 增加领导编制数量。例如:政务中心增加 1 名副主任
上级财政支持和资源倾斜	3	增加针对平潭海事局实施扁平化管理模式的财政支持和资源倾斜,特别是人员经费、现场执场保障、先进科技设备、智能设备等模块的费用支持。 上级给予平潭海事局改革探索的全方位政策倾斜和支持。 上级给予平潭海事局人才培养资源倾斜
科技助推单位建设情况	3	加快推进科技资源投入和科技人才培养。 增强先进的海事监管科技设备的投入。例如:增设无人机、5G 设备。 支持平潭海事局辖区率先探索研发海事智能监管系统

综上所述,在平潭海事局扁平化管理改革中,有必要着重加强编制配置、机构设置、科技助推单位建设情况、上级财政支持和资源倾斜等方面的相关举措。

(3)当前的扁平化管理队伍建设和内部管理方面的适应程度分析

经过针对平潭海事局当前的扁平化管理队伍建设和内部管理方面的适应程度进行调查可知,认为领导干部管理水平不适应程度一般及以上的占比 46.88%,认为内部业务流程不适应程度一般及以上的占比37.51%,认为干部队伍建设不适应程度一般及以上的占比43.75%,认为干部考核体系不适应程度一般及以上的占比46.88%,认为干部激励体系不适应程度一般及以上的占比68.76%。当前的扁平化管理队伍建设和内部管理方面的适应程度调查数据表见表3。

表3 当前的扁平化管理队伍建设和内部管理方面的适应程度调查数据表

评价占比	运行不适应程度一般及以上占比			运行适应占比	
	很不适应占比	不适应占比	一般占比	适应占比	很适应占比
领导干部管理水平	0	21.88%	25%	21.88%	31.25%
内部业务流程	6.25%	21.88%	9.38%	34.38%	28.13%
干部队伍建设	0	18.75%	25%	25%	31.25%
干部考核体系	3.13%	12.5%	31.25%	25%	28.13%
干部激励体系	3.13%	15.63%	50%	15.63%	15.63%

表3的调查数据涉及平潭海事局扁平化管理的内部因素,该部分的问卷数据相对于表1的调查数据较为保守,行政单位工作人员的谨慎保守意识有所凸显。然而,全体干部在内部业务流程方面"很不适应"的占比6.25%,占比数据相对较高;在领导干部管理水平、干部队伍建设方面虽然"很不适应"的占比皆为0,然而"不适应"的占比分别为21.88%、18.75%,占比数据高。扁平化管理改革关于队伍建设和内部管理方面的建议统计表见表4。根据表4的调查数据分析可知,关于队伍建设和内部管理方面的5个类别,全体干部在干部激励体系、干部队伍建设方面存在较大的诉求。

表4 扁平化管理改革关于队伍建设和内部管理方面的建议统计表

类别	个数	收集的主要建议
领导干部管理水平	1	提升管理水平,增强领导干部干事创业的主动性,着力打造全方位推动工作落实的能力
内部业务流程	2	精简优化内部流程,建立具有扁平化管理特色的流程体系,进一步提升工作效率。 优化办公室行政管理等工作
干部队伍建设	5	加快形成人才梯队。 加强青年领导干部建设,优化领导干部年龄结构。 加大复合型人才培养,通过交流锻炼、跟班学习等方式,提高干部能力。 加快创新型人才培养工作。 加强传帮带,进一步优化队伍素质结构

续表

类别	个数	收集的主要建议
干部考核体系	1	优化干部考核体系,量化考核指标,充分全面评价干部
干部激励体系	5	增设海岛补贴。 科学使用职务职级并行制度。 建立精神奖励和物质奖励相结合的激励体系。 增加奖励和表彰频次,激发干部干事创业热情。 建立奖优罚劣的工作机制,确保奖惩分明

综上所述,在平潭海事局扁平化管理改革中,在干部激励体系、内部业务流程、干部队伍建设方面存在较大的诉求。

(三) 存在的主要问题

平潭海事局作为首个实行扁平化管理的海事局,在扁平化管理探索中有其创新性与独特性,在运行中也必然会遭遇一些问题与挑战,具体表现在以下几个方面:

1.机构设置存在缺陷

平潭海事局实施扁平化管理的规格设置不合理。该局的部门数量极少,导致各部门工作繁重,加之编制数量压缩极大,行政人员编制数量仅为同等规模分支局的50%~60%,导致办公室、综合业务处各个主要业务经办对接上级部门维持在3个以上。

平潭海事局实施扁平化管理的部门设置有一定的局限性。该局的机构设置与我国现行的海事机构设置的惯例有偏差,未设置海事处作为单位的派出机构,设置的海巡执法大队亦未明确机构性质,导致海巡执法大队在日常的管理中在内部机构、办事机构、派出机构之间因需切换。

2.科技赋能存在短板

赋能是实施扁平化管理的关键因素之一,科技赋能更是实施扁平化管理的主流选择之一。平潭海事局扁平化管理工作缺乏科技赋能的总体规划,智慧海事建设迟滞,信息化建设为以面向部门级别的需求为主体的模式,已经严重制约了平潭海事局高质量发展,不能满足跨部门的业务协同需要。

目前,平潭海事局信息化建设未能按照新时代海事信息化顶层设计所确定的"感知船舶、智慧海事"的发展目标向业务集中管控模式转变,优质的对外服务能力、快速响应变更能力和业务情况及时监控能力相对薄弱。

3.装备支持存在欠缺

在扁平化管理模式下,上级在海事执法装备方面未给予平潭海事局相应的资源倾斜。上级针对平潭海事局的巡逻船艇装备中,主要以小型的巡逻船艇数量最多。面对寒潮等大风天气,该局的巡逻船艇往往因为抗风等级差而导致无法适航,进而导致不能开展海事执法和应急搜救工作。另外,该局巡逻船艇基本上以巡航监管为主,在功能上设计单一,缺少拖带、消防、防污等功能,致使一些海上事故发生时,到达现场的巡逻船艇不能对事故实施控制,只能等专业船舶到达后做相应的处理。

上级未在平潭海事局设置VTS,面对我国台湾海峡、海坛海峡、港口水域的复杂船舶交通形势,水上交通安全管控面临巨大的挑战。加之,无人机尚未在平潭海事局应用,中远程和空中巡航监管力量薄弱,未能建成以"全天候运行、全方位覆盖、全过程监控"为目标的安全监管体系、以"反应快速化、手段多样化、布局合理化"为标志的应急搜救体系。

4.队伍建设存在瓶颈

平潭海事局扁平化管理在人力资源方面尚未形成一个完整、统一的知识团队,在领导干部管理能力、专业化人才队伍培养等方面存在较大的提升空间。

平潭海事局实施扁平化管理,部门主管人员的管理幅度过大,管理要求严格、全面,必须授权副职或者骨干人员从旁协作。如果需要授权,则又要求部门主管人员具有较高的监督和激励能力。平潭海事局尚未探索出较好的解决办法,呈现出部门主管人员负荷重,精力分散,难以对下级进行深入具体的管理的现象。

平潭海事局专业化人才队伍底子薄,海事核心业务在福建海事系统内部缺少话语权,培训师资力量亦相对较弱。在实际开展工作中,该局面临业务量和业务复杂程度日趋增长的新情况,内部对于专业化的复合型人才的培养措施并不完善,导致缺少一批业务人员研究专业领域的新课题。

5.激励体系存在缺位

打造一支高质量的平潭海事干部队伍,需要通过干部激励体系加快人才的新老更替。平潭海事局不同职级干部尚未形成合理梯队,相同年龄层次干部扎堆、同质化问题仍然存在。另外,职务职级并行制度改革之后,仅仅只能缓解优秀干部针对工资待遇等方面的提升诉求,不能缓解优秀干部针对领导职务的诉求。

特别需要注意的是,青年干部作为人力资源的新鲜血液,关系到平潭海事事业的成败和兴衰。新形势下,由于平潭地理因素和发展空间的制约因素,以及平潭海事局青年干部激励措施极少,在满足青年干部关于工作价值和个人价值相联系、渴求知识和渴望成才、渴望得到组织的认可和尊重等方面相对薄弱,一定程度上导致青年干部流失速度较快。2015年建局以来,该局青年骨干人才调动至其他单位的人数共计10人,占单位编制数量的22%。

(四) 存在问题的原因分析

扁平化管理在海事管理机构中的实践不仅仅是印发几份通知,对分支局内部机构进行调整是一个内容庞杂的系统化改革工程。本文从顶层规划设计、部门授权放权、队伍培养激励、思维更新升级、资源配套支持等多个方面进行综合分析,总结梳理相关问题出现的原因。

1.顶层规划设计不够合理

从纵向上看,我国海事系统基本呈现出"条条对口""左右对齐"同构型的治理体制。在实施高集成度扁平化管理模式时,平潭海事局和上级治理结构呈现非一对一"异构"局面。

从横向上看,依据单位"三定"方案的成员分工,每个部门的岗位职能认定存在较多的冲突。例如:党务和纪检职能皆由办公室主任承担,然而党务具体经办的"三重一大"等事项需要纪检人员的监督,构成职能冲突;办公室设置财务编制1人,然而基于财务运行的监督和流程需要,财务基础配置是会计、出纳、审计各1人,导致办公室必须借调其他人员进行补位。

2.部门授权放权不够彻底

由于平潭海事局现场的执法均由海巡执法大队执行,虽然两个大队的名称挂有地名,但没有明确为独立的执法主体,特别是行政处罚和行政强制不能以海巡执法大队的名义,只能以平潭海事局的名义对外执法,这样的权力上移,既影响了执法效率,又对行政复议、行政诉讼等产生诸多不利因素。

3.队伍培养激励不够有力

平潭海事局作为中央垂直管理机构,队伍培养难以有效参与到地方政府和行业培训体系中,上级海事部门给予深层次、高水平、大范围的教育培养相对较少,单位自身的培训师资力量薄弱,导致该局领军人才、拔尖人才的总量和结构还不够合理,在福建海事系统专业领域的话语权、存在感不够。

平潭海事局物质激励和精神激励体系尚未健全。物质激励主要体现为福利待遇相较于地方政府部门不存在优势,长期以来平潭海事局由于政策原因未能执行地方福利待遇政策,特别是导致全体干部未能实现"同城同酬",间接影响全体干部职工的工作热情。精神激励主要体现在,干部职工实现自我实现的途径不畅通,干部跨条块交流机会、多岗位锻炼机会缺乏,科级岗位数量明显较少,人员晋升、交流通道相对狭窄。

4.思维更新升级不够迅速

平潭海事局建局之初,77%以上的工作人员为福州海事局、莆田海事局划转的干部职工,抽调的精兵强将相对较少,干部职工老龄化现象极为严重。一批经验丰富的"70后""80后"干部职工逐渐担任领导职务后,基层一线的执法人员大多是非海事类专业的中老年干部。基层一线划转的中老年干部职工长年累月采用传统管理模式进行海事监管,执法理念和工作习惯短期内较难改变。加之近年来招录的公务员又多集中在办公室、综合业务处等高强度工作的部门,导致机关年轻化、基层一线老龄化现象极其突出,此种干部管理结构严重影响了扁平化管理工作的推进。

5.资源配套支持不够有效

平潭海事局的上级单位或部门,在涉及海事中心工作的政策制定、资源分配、工作部署、监督检查中,有时存在简单将平潭海事局等同于其他分支局进行管理的情况,忽视了平潭海事局的扁平化管理的特点和局限,管理思维趋向于保守,政策支持、资源倾斜、指标设置等方面的针对性、可比性、科学性不够。

面对新时代、新形势、新要求,以及业务量与日俱增的现状,上级单位或部门特别是在人力资源、人才培养等方面针对平潭海事局的支持存在不足。例如:在人力资源方面,未能充分考虑平潭海事局扁平化管理人员素质和人员数量的现状,导致机关部门"人少事多"现象日益突出,对青年干部存在"揠苗助长"的倾向。

二、国外与国内其他地区政府扁平化管理建设的经验借鉴

关于政府扁平化管理,国外和国内都形成了一定的理论成果和实践成果,通过深入梳理研究,结合平潭海事局实际情况,学习借鉴以下典型经验和创新举措。

(一)国外政府扁平化管理建设概况

1.英国海事:MRCC直接向搜救组织下达指令

英国实行"大搜救"的管理模式。从组织结构来看,搜救政策制定部门和搜救执行部门之间既各自独立,又密切协调。救援政策制定部门为英国搜救战略委员会(SARSC),主要负责制定搜救政策、战略、义务和标准,并建立了英国搜索框架与救援组织体系,确定参与搜救的标准。

英国搜救战略委员会及其工作组统一领导英国海上搜救工作,海岸警卫署

(MCA)及其所属的皇家海岸警备队(HMCG)统一管理整个英国的海上搜救和污染防治工作。皇家海岸警备队下设19个分支机构,分布于英国沿岸地区,其中各分支机构所建海上搜救协调中心(MRCC)。英国海上搜救实施"战略委员会统一领导,主管部门负责协调,搜救组织紧密合作"的运作模式[①],绕过原来的中间层次,直接由MRCC向各搜救组织下达指令的方式,实现24小时海上遇险的接警和应急反应。

2.美国海岸警卫队:提升设备含金量和增加科学培训人员

首先,美国海岸警卫队是世界上装备最为精良的水上执法队伍之一。专业搜救、巡航执法装备的不断更新是美国海上执法机构高效率行使任务的基础所在。其所配备的船艇、飞机不只是数量世界领先,在装备、武力等各个方面均保持世界最先进水平。

其次,美国海岸警卫队重视把空中飞机、海上舰艇与陆上监管基地之间进行系统性连接,通过现有飞机、船舶和其他装备进行现代化升级,以及进行指挥、控制、通信系统的整合改造,从而将巡航与搜救、执法等有机结合起来,实施一体化、立体化的行动。

再次,科学的培训体系能够保持海上执法队伍队员较好的素质。美国海岸警卫队学院是为海岸警卫队输送优秀队员的基地。美国海岸警卫队学院拥有健全的培训学习制度和先进的训练设施,学院的教员都是从海岸警卫队中拥有丰富经验的优秀军官中选拔出来的,而且教员工作实施轮岗制。

(二)国内其他地区政府扁平化管理建设概况

1.广东省佛山市南海区:"数字政府"扁平化改革

凭借数字基础优势,南海区政府进行了扁平化改革。一方面,针对流程单一、处理频率较高的业务,一般情况下通过社区智能化服务即可加以解决。智能化的办事服务大厅直接面对15个镇(街道)行政服务中心、300个社区服务中心,既能把政策直传镇(街道)、社区服务中心,又能在镇(街道)、社区的智能化的办事服务大厅实现高频业务办理。

另一方面,针对流程比较复杂的业务,以标准化数据接口为支撑,与政府各个部门业务系统相衔接,以及通过系统授权等手段,扩大下级政府的处理权限,提高办事能力。从纵向运行的结构层面上看,建设以社区为中心的扁平化架构,社区服务中心充当着数据传输者的角色,区级和镇(街道)行政中心充当事项监管者,通过扁平化的组织设计,行政事项的审批和处理都做到了由社区服务中心承担。

---

① 韩鹏,李宇航,揭晓蒙.发达国家海上搜救体系对比研究及对我国的启示[J].海洋技术学报,2020(1):107-113.

2.广东省东莞市:"市直管镇"扁平化行政管理体制改革

一是政府层级少,行政效能高。在扁平化管理体制中,市镇两级有明确分工:市主要承担战略决策与监督管理的职能;镇则注重落实决策与发展经济,避免几级政府一起争夺资源的无序竞争态势。

二是财权、事权匹配,服务职责清。在政府的两级管理模式中,东莞财权、事权逐渐下放,财权与事权基本匹配。东莞的镇街财政管理体制实行"划分收入,核定基数,基数内外按比例分成"的方式,并不断改善财力分配结构,建立镇街工商税收超收奖励机制,给予欠发达镇村专项资金、贷款贴息等支持。

三是发展重心下沉,镇街和村级实力强。不设区县管理体制,使东莞对镇街与村级发展更重视,有效地避免了许多市(县)发展中着力开发主城区、征用农村土地资源扩大城市等扩大市辖区的现象。成立地级市后,东莞32个镇街、500余个村居,建制基本不变。

3.浙江省龙港市:全国首个镇改市工作经验

一是构建部门更少、综合化程度更高的大部门体制。龙港党政机构的数量比其他县级党政机构的数量减少60%。基于此,龙港镇自改市以来,积极开展了相对集中行政处罚权改革、相对集中审批权改革,实行"一支队伍管执法""一枚印章管审批",推进综合执法、行政审批两大领域实现大部制集成改革。

二是不设乡镇(街道),建立基层治理扁平化模式。镇改市以后的龙港,成为我国唯一没有乡镇(街道)的县级市,行政层级扁平化。以102个小区为依托,成立26个小区联合党委、联勤工作站、党群服务中心,形成党建引领、行政力量和社区自治力量共治共建共享的扁平化格局。这种模式不仅促进了相关职能部门的工作人员向社区的权力下沉,还充分保证了社区自治,基层治理有效性进一步增强。

(三) 经验借鉴

1.建立合理的组织结构

科学、合理的政府组织结构是政府履行职责的重要保障。这种扁平化的组织结构,强调信息共享,将计算机与人联系起来,激励人的全面发展;以部门划分、职务设计为依据,按照组织内部和外部所能得到的人力资源加以调整,实现工作量均衡,才能做到组织机构的合理性;重视横向的联系、沟通与协作,将知识与目标联系起来,有利于提高行政组织的绩效;强调人力资源开发,权力分散,做到自我管理与民主管理相结合,从而充分发挥人的积极性与创造性。

2.提高现场执法人员综合素质

提高公务员素质,美国管理学家德鲁克曾用两个流行的事例来阐述组织结构"扁平化"的特点,一为医院,一为交响乐团。实例反映在组织的扁平化上,即每一名成员都要成为专家。

结合美国海岸警卫队科学的培训体系保持了海上执法队伍队员素质的先进性,政府机关应建立健全公务员职业制度,针对不同层次和需求的公务员建立相应的体制平台,做到规范化管理与人性化管理相统一、组织发展和个人发展相统一。强化公务员教育培训,开展岗前培训、在岗培训和挂职交流等,采取多种形式,打造一支德才兼备的公务员队伍。

3.推动组织架构和业务流程精简

扁平化要求业务流程建立在流程式设计基础之上,即按照完成一件事的一系列先后顺序、先后工作环节或步骤来设计组织结构,这就要坚持法治化、制度化、程序化、便捷化的原则,将分散于各部门的职能进行重新组合,对多余的部门及重叠的流程予以合并,对不必要的管理程序予以精简取消,以达到简化程序、缩短时限、降低成本、提高效率的目的。①

4.推进政府职能社会化转移

要通过大力转变政府工作作风和政府职能,理顺工作体制和机制,实行政府购买服务,从根本上解决负担过重问题。逐步确立政府购买服务在项目立项、经费预算、信息发布、招标方式、项目管理、绩效评估等长效配套机制,将购买、委托、评估、认证、问责等诸环节纳入相应的法定程序,为"购买服务"纳入公共财政,提供了政策依据与切实保障。建立面向项目的契约化管理模式,用契约来明确当事人之间的权利义务,以及根据契约行使其权利义务。

三、加强平潭海事局扁平化管理改革的对策分析

(一)强化管理规划和指导

坚持科学规划、战略指导,是平潭海事局奋力在扁平化管理工作中走在前列、争当示范的前提。上级海事部门和平潭海事局必须要共同加强形势分析研判,放眼大局、审时度势,加强前瞻性思考和战略谋划,优化调整结构布局,保障平潭海事局扁平化管理改革走向深入。

---

① 丰云.论我国行政组织的扁平化趋势及设计[J].山西高等学校社会科学学报,2007(4):31-34.

1.调整海事机构设置
(1)动态更新机构编制规模
应及时进行大规模评估与动态调整,争取在编制数量上有较大突破,实现机构编制数量的科学合理。建议上级海事部门在和中央编办充分沟通的基础上,争取在海事系统总体编制数量不变的前提下,给予该局人员编制支持,进而科学设置机构。
(2)科学拆分综合部门职能
建议该局办公室拆分为办公室、党群工作部,综合业务处拆分为综合业务处、搜救应急中心。一方面,将个别部门主要负责人的注意力跨度进行适当的缩减,既可保证部门和上级的对接顺畅,又增加部门主要负责人针对工作的领导和指导,提升工作的效率。另一方面,可增加部分领导职务,解决青年干部领导职务"天花板"的问题,有效地提升青年干部的职业发展上升空间,引导青年干部勇立潮头、创业担当。

2.调整内部运转方式
(1)注重加强制度建设和机制建设
按照制度化、规范化的管理要求,着力深化适应扁平化管理模式的平潭海事局管理体系工作,重点围绕党务、行政、财务、业务等分类建立健全体系文件,配置和完善满足全面履职要求的各要素。充分探索建立与平潭综合实验区管委会的机构运行相适应、与辖区监管特点相协调、与加强事中事后监管要求相吻合的工作机制,使其适应机构、人员现状和扁平化管理的要求,减少中间环节,减少信息传递层级,降低信息失真率。
(2)注重加强统一指挥和内部协作
在业务工作方面,综合业务处以专业管理为主并辅以现场综合执法,将综合业务处建设为组织中心、协调中心、控制中心、信息中心和应急中心,实现"值班指挥一体化",做到责任统一划分、信息统一收集、问题统一处理、服务统一受理、动态统一监控、任务统一指派、应急统一处置,确保履行职责到位、资源配置优化、工作效率提高、行政执法规范。另外,部门内部强调将"协作"放在首位,减少岗位"距离"。

3.优化基层机构定位
(1)认真梳理海事和社会的关系
建设"有限政府",一改过去政府的全能形象;二改过去事事皆管、事事皆抓的现象,真正方便群众,为群众办实事、谋利益。从当前来说,平潭海事局扁平化管理改革应坚决防止官僚主义、形式主义倾向,将工作重心转移到与群众密切相关的事务上来。
(2)科学界定部门职能
明确各部门内部工作人员的责、权、利,特别是明确海巡执法大队作为平潭海事局的基本执法单元的职能定位,负责船舶安全检查、行政处罚、口岸查验、海上现场搜救、防止船舶污染水域管理等绝大部分的海事现场监管工作,成为各项海事政策与决策的最终执行者与落实者。

(二)加大政策支持和倾斜

1.优化人力资源配置

(1)要厘清机关与海巡执法大队人力资源需求的区别

从人力资源选择与搭配来看,需要综合考虑工作人员的特点和素质科学安排岗位。与此同时,建立健全"吹哨报道"的人力资源管理模式,在个别科室有人力资源需要和困难的情况下,其他部门能立即给予相应的支持。

(2)科学调整编制做到内部运行合理合法

建议增加办公室、综合业务处编制数量,将办公室编制数量由5人调整为10人(增设2名副科级领导职务),将综合业务处编制数量由6人调整为10人(增设2名副科级领导职务)。建议政务中心维持编制数量不变(增设1名副科级领导职务)。建议核减精减海巡执法大队、澳前海巡执法大队编制数量。

2.加强信息平台建设

(1)大力推进数字化改革

抢抓数字化改革契机,主动申请上级的数字化改革项目在平潭落地,帮助上级部门研发出实际有效、具有特色的数字化平台及其应用场景,推动监管措施现代化、行政审批电子化、应急处置网络化等转型提升,进一步用数字技术推进治理体制的重塑和组织变革。

(2)树立电子政务理念

正确地引导全体工作人员认清电子政务就是要全面重组、再造原有海事行政服务的基本职能、组织结构和工作方式,认识到电子政务和每个海事工作人员息息相关,而非简单代替人工操作的工具。加快数字化人才队伍建设,加强数字化人才的储备和培训,探索使用聘任制公务员、政府雇员等方式,引进相应的数字化人才。

3.建立"大交管"管理模式

(1)要全面推进感知体系建设

要探索构建"陆海空天"多维感知体系,拓展感知的范围和精度,由港区走向深蓝。推动建设VTS,并实现VTS国产化、成网建设和信号融合,升级补点AIS、VHF、CCTV,充分利用自愿船、风电平台、油气平台和助导航设施装配感知设备。

(2)探索构建水上交通安全应急通信网络

探索通过北斗、公共宽带网络、VDES、微波、海岸电台、VSAT专网,以及空海协同的中继传输技术和自组网技术等手段构建以宽带传输为主的全球一体化海事通信网络；探索拓展 VSAT 系统覆盖范围和通信容量；探索构建自主可控、性能优良的水上交通安全应急通信卫星系统。

(3) 强化船艇和航空器配备

要主动抓紧研究并推动上级在平潭科学完善海事基地的功能，以及部署远近兼顾、性能优良、技术先进的巡航执法、扫测和航空力量，重点发展无人机和固定翼飞机用于执法和监测。

(三) 推动权力下放和授权

1. 充分赋予基层权力

一方面，建议上级明确海巡执法大队定位。处理好机关和海巡执法大队之间的关系，让海巡执法大队拥有充分的自主权，建议上级明确海巡执法大队具有行政主体资格，以及海巡执法大队作为独立的行政主体能够独立承担行政责任，充分调动海巡执法大队的工作热情。

另一方面，向海巡执法大队放权赋能。海巡执法大队作为平潭海事局海事机构的最前线，是各项政策执行落地的最后一环。统筹推进平潭海事治理，要求充分考虑该局扁平化管理改革的结构性配置，赋予海巡执法大队更多的自主权，以人事权和部门职能为侧重点，给海巡执法大队减负和放权赋能。

2. 细化服务事项标准

(1) 推进海事政务服务标准化

优化政务服务流程，压缩办结时限，对海事政务服务网涉及的权力事项进行更新维护。做好政务服务事项公示，利用门户网站、海事政务自助服务站、海事窗口等平台定期更新政务服务指南。科学细化量化政务服务标准，压缩自由裁量权限，完善适用规则。

(2) 推进政务服务供给规范化

规范审批行为，坚持依据政务服务清单提供办事服务，严格执行首问负责、一次性告知和限时办结等制度。规范政务窗口设置，对照《海事行政执法视觉形象建设标准》，统一政务服务场所外观标识，实现"一窗受理、综合服务"。

(3) 推进港航企业和群众办事便利化

诚信比较好的航运企业和行政相对人，主要申请材料完备，次要申请材料暂缺，在具备行政服务的基本条件的情况下，可以经申请人签字书面承诺，实行容缺受理，限期补交次要申请材料即可，进一步提高行政审批效率。

3.推动业务流程再造

(1)正确认识流程再造

平潭海事业务流程再设计,是指针对组织内的海事业务流程进行分析设计,不是全部重新设计。流程改造是一项漫长的、需要循序渐进的工作,要求管理者必须针对新情况,持续地优化执行策略、计划和程序。

(2)坚持遵循便捷高效的原则

重点研究平潭海事业务流程,针对当前海事业务流程进行评估,简化已有业务流程。全面实施并联办理制度,对同一行政相对人提交的两项或者两项以上的海事业务,实行同步受理、同步审核。

(3)探索建立内外系统平台信息互联互通渠道

打破信息孤岛现象,率先向交通运输部海事局力争在平潭海事局开展内网和外网系统平台信息互联互通的试点和探索工作,实现海事业务的内外系统平台与全国在线政务服务平台有机连接。

(四)支持人才培育和提升

人才是发展的第一资源、第一动力。平潭海事局长期健康的发展离不开人才的招录、培养、使用,必须大力实施人才强国战略,培养造就一支具有引领作用的"海事工匠"队伍,为加快平潭海事局高质量发展增智赋能。

1.培养高素质的管理团队

(1)加强自我提升和自我提高

扁平化组织下的授权对行政人员的自身素质提出了更高的要求,要求管理者要强化使命感和责任感,树立终身学习、不断提高的理念,提高管理者独立解决问题的自主管理与自我控制能力,全面提升管理者的综合素质。

(2)提升管理团队管理水平

在富有团队精神的团队中,团队成员可以把集体利益放在第一位。团队中背景各异的成员集思广益、互相协作,为实现共同目标、共同建设团队,最大限度地发挥团队内部的潜能与创造力。

2.构建高效率的干部队伍

(1)坚持因材施教培养和使用干部

加强干部队伍的培养,建立以需求为导向的培训机制,根据培训对象的不同,量身定做培训计划和培训项目。尽量将培训对象分类分组,把培训对象的共性要求和个性特点结合起来,努力破除为培训而培训的现象,让干部职工在培训中增长才干、积累知识、提高本领。量才使用,把每一位干部安排在最合适的位置上。

（2）注重培育营造文化氛围

良好的文化氛围是干部队伍的"润滑剂",定期举办丰富多彩的集体活动,不断丰富干部队伍精神文化生活内容,培养全体干部职工积极向上、拼搏进取的人生态度,提升平潭海事队伍的凝聚力。

3.建立高质量的激励体系

（1）建立和执行考核体系

以计划管理、目标管理、绩效管理为主要手段,凸显平潭海事监管的主责主业与重点任务,科学设计考核评价指标的权重与考核周期,探索以"一张表"形式把部门目标、个人指标、评价结果等体现出来,建立相对完整的考核体系。

（2）完善激励约束体系。一方面,建立多通道激励工作机制,从平潭海事局工作实际出发,整合现有的荣誉激励、晋升激励、培训激励等激励措施;另一方面,建立内部约束工作机制,实行惩劣制度,对于存在问题较多、影响恶劣、管理不善或造成严重后果的工作人员予以通报批评;对于失职、渎职行为,严肃追究有关工作人员的责任。

齐齐哈尔市政府推进高层次人才引进研究

宋 莹

(学号:1120213354)

目前,齐齐哈尔市通过紧抓政策叠加机遇,攻克转型升级难题,已经渡过夯实产业基础的爬坡过坎阶段,转向晋位赶超的高质量发展新时期。市政府立足于发展振兴的崭新关口,为了奋力实现"六个新跨越"目标任务,为齐齐哈尔市全面振兴全方位振兴奠定坚实雄厚的人力资源基础,迫切需要建设一支规模庞大、结构科学的高层次人才队伍。

一、齐齐哈尔市政府推进高层次人才引进现状分析

本部分概括了齐齐哈尔市政府高层次人才引进情况,概述了齐齐哈尔市政府推进高层次人才引进的举措和成效,基于前期访谈和资料整理,总结问题,逐个分析原因。

(一)齐齐哈尔市政府推进高层次人才引进的举措及取得的成效

笔者通过整理档案资料,分别从拓宽高层次人才引进渠道、建立高层次人才分类管理体系、建立高层次人才服务保障体系、搭建高层次人才发展平台四个方面总结了齐齐哈尔市政府推进高层次人才引进的政策举措。

1. 政策举措

（1）拓宽高层次人才引进渠道

一是拓展校园招聘平台。为加深校地合作，齐齐哈尔市科学技术局牵头，围绕全市经济社会发展和重点产业需求，与哈尔滨工业大学、东北林业大学、江南大学等省内外38所高校院所合作，共建"科研平台延伸基地""研究生联合培养基地"等"十大基地"，选拔优秀科研团队与齐齐哈尔共建"头雁"工作站，推进一批重要科技项目和具有引领性的关键技术成果转化落地，通过深入交流，吸引高校科研人才来齐齐哈尔工作和创业。

二是建立专项编制吸引企业人才。齐齐哈尔市政府于2022年发布"丰羽计划"，连续5年每年为重点企业引进60名高层次技术人才和企业管理人才，以财政全额拨款事业编制和企业薪金待遇为主要招引要素，按照"事业引进，企业使用"思路，由编制部门统计并提供5年后可用编制情况，建立专项周转编；由人才部门组织相关企业采取市场化方式引进急需人才，实行合同制管理方式，引进人才在企业服务5年期满，服务企业业绩考核合格的，可选择放弃编制留在企业服务，或选择编制回到事业单位工作。

（2）建立高层次人才分类管理体系

2020年，齐齐哈尔市人才工作领导小组办公室借鉴人才工作先进地区经验，结合齐齐哈尔市市情，引入市场化机制，根据人才实绩和行业评价确定人才类别，研究制定《齐齐哈尔市高层次人才分类认定办法（试行）》，将引进的高层次人才分A、B、C、D、E五类进行认定，为建立科学、规范的高层次人才选拔、评价、培养和保障体系提供依据，营造各类人才创新创业的优良环境，吸引集聚更多人才。

（3）建立高层次人才服务保障体系

在住房方面，为满足高层次人才的不同需求，齐齐哈尔市政府在奖励性住房、过渡性公寓以及租房补贴方面均制定了相应的住房保障措施。在家属安置方面，为帮助高层次人才扎根齐齐哈尔，安心工作，免除后顾之忧，根据《齐齐哈尔市引进高层次人才配偶安置实施细则》，引进高层次人才，其配偶原在机关、事业单位工作的对口安置，原非在编在岗的考试考核合格后按事业编制安置。在健康疗养方面，为进一步营造重才、爱才、敬才的社会氛围，激励并引导高层次人才更好地为齐齐哈尔市经济社会发展服务，市人社局制定了《齐齐哈尔市高层次人才休假疗养实施细则》，市卫健委每年指定医院为高层次紧缺人才安排免费体检，在门诊或住院方面设立绿色通道，实行专人陪同服务。

（4）搭建高层次人才发展平台

一是加大创新创业资金支持。2017年，齐齐哈尔市科技成果转化创业投资基金会正式成立，旨在支持初创期科技型企业创新发展，缓解小微创业企业融资难题,加速科技成果转化。

二是加快建设创新创业平台。2019年,齐齐哈尔高新区高新智谷孵化器晋升为国家级科技企业孵化器,通过公共服务、科技成果转化、高端制造技术创新共享、人才聚集、投融资五大平台,为初创项目提供全链条"一站式"服务,入驻企业依托五大平台实现科研成果落地转化。

2.取得成效

(1)高层次人才引进数量逐年增加

近年来,齐齐哈尔市政府采取多种举措,不断深化人才发展体制机制改革,一方面推进人才引进工作,采取多种高层次人才引进方式,打通人才引进渠道;另一方面优化人才服务体系,营造爱才惜才的社会氛围,千方百计地让高层次人才在齐齐哈尔市安居乐业。自2018年以来,引进高层次人才数量逐年增加,截至2022年12月,齐齐哈尔市高层次人才总数为5 466人。

(2)高层次人才发挥作用明显

在科技创新方面,高层次人才通过加强关键技术攻关和科研成果转化,创新升级重点产业关键共性技术、企业产品开发及其工艺技术等,取得重大经济效益。在技术创新方面,高层次人才能够挖掘现有生产技术的提升空间,运用前沿专业知识带领团队完成设备改造升级、技术创新突破,从而为企业增加创收、节省成本,激励企业加大创新研发投资,形成正向循环。在示范引领方面,一方面,高层次人才借助人脉资源、校友会、老乡会等渠道沟通联系,引导更多高层次人才到齐齐哈尔考察交流,通过柔性引才促成跨区域合作项目,汇聚成推动齐齐哈尔市经济发展的外援人才力量;另一方面,引进高层次人才还会带来先进的管理经验、专业技术和科研成果,通过带徒育才、交流合作加快人才培养,进一步放大人才倍增效应,发展壮大高层次人才队伍。

(3)科研平台载体建设速度加快

2021年,齐齐哈尔市建立省级创新平台培育库,支持建设特色北药资源研究与利用实验室、黑龙江省大数据网络安全检测分析重点实验室、黑龙江省数控重型智能机床制造技术重点实验室等19个省级重点实验室。此外,齐齐哈尔市政府根据12个重点产业和县(市)区主导产业特点及发展现状,广泛征集企业技术需求,精心筛选高校科技成果,组织企业与高校科研团队对接,促进双方合作共赢,依托规模大、基础好、带动力强的龙头企业和科技人员集中、创新活跃度高、研发能力强的科技型企业,建设"头雁"团队工作站。

(4)人才发展环境逐渐完善

在住房方面,全市已建成人才公寓1 350套,其中高端人才公寓560套,均能实现拎包入住,目前已入住1 661人,租房补贴惠及2 136人,累计发放1.2亿元。在生活消费方面,生活补贴惠及3 050人,累计发放1.7亿元;齐齐哈尔市在全省首创成立人才服务战略联盟,吸纳域内企业联盟成员500余家。2022年,全市500余名高层次人才享受人才服务联盟商家优惠800余次,在联盟商家共消费1 350余万元,累计优惠75余万元。在医疗健康方面,齐齐哈尔市政府与5家定点医院开展合作。

(二) 齐齐哈尔市政府推进高层次人才引进存在的问题

齐齐哈尔市政府推进高层次人才引进主要存在4个问题:引进人才偏离产业发展需求、保障性政策缺乏特色、激励性政策普惠性不强、高层次人才发展平台承载力弱。

1.引进人才偏离产业发展需求

齐齐哈尔市大多数工业领域的企业面临着技术人员流失、年龄结构断层等问题,导致企业创新动力不足、技术改造受阻,严重影响企业未来发展。中国第一重型机械集团公司齐齐哈尔分公司人力资源部T经理在接受访谈时谈道:"车间里专业技术人才的老龄化现象十分严重,很多技术工人都是50多岁的老师傅。我们通过各种渠道招聘技术人才,还和很多学校达成就业合作,但是很多外地人才根本不想来齐齐哈尔工作,齐齐哈尔本地职业院校的学生也倾向于去外地找工作,技术人员断层对工业企业影响巨大,可以说专业技术就是我们企业生存的根本,真心希望能借助政府的力量,吸引更多技术人才。"总的来说,工业企业希望引进更多专业技术过硬的实用型人才。但是,齐齐哈尔市高层次人才结构与产业发展需求匹配度不够高,尤其是工程技术人才和农业技术人才缺口较大(如图1所示)。

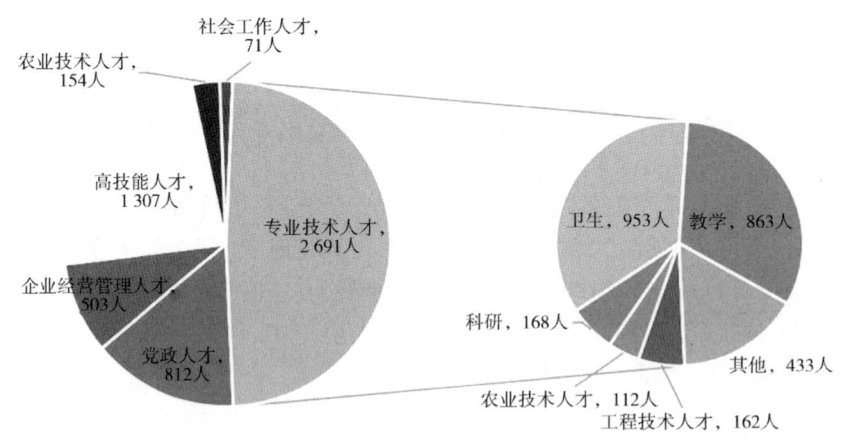

图1 齐齐哈尔市各类别高层次人才数量统计图

2.保障性政策缺乏特色

随着越来越多的城市在高层次人才引进政策保障、福利待遇上下功夫,同质化严重的政策显得千篇一律,高层次人才在其他城市也能享受相当的政策,甚至东南沿海经济发达地区的县级市能够提供比齐齐哈尔市更高的薪资待遇和更广阔的职业发展前景。因此,目前齐齐哈尔市的高层次人才政策缺少特色和比较优势。齐齐哈尔市一所技师学院的 F 老师是 2020 年引进的高层次人才,她在接受访谈时说:"我来到齐齐哈尔市工作并不是因为被政策吸引,主要是我爱人的家庭关系都在这边,为了解决异地问题才选择来齐齐哈尔市工作。求职时感觉各地的高层次人才引进政策都大同小异,而且哈尔滨市、长春市能提供更好的待遇和发展平台,所以为了以后的发展和子女教育,我和爱人正在考虑离开齐齐哈尔市。"

3.激励性政策普惠性不强

齐齐哈尔市政府虽然制定了人才分类认定办法,但是,目前还没有严格按照人才分类目录规定的 A、B、C、D、E 五种人才类别制定差异化的激励性政策,各种奖励政策还沿用几年前的方案,导致一些 D 类、E 类人才不能和其他同层次的人才领取相同数额的补贴,享受同样的福利待遇。齐齐哈尔市公共资源交易中心科员 H 在访谈中提到:"我是 2018 年通过事业单位公开招考进入单位的,因为没有走高层次人才引进渠道,按照当时的政策规定,我不属于高层次人才。前年发布了新的高层次人才认定标准,我曾在硕士研究生阶段主持完成过一个市级课题,提交佐证材料以后,很快被认定为 E 类高层次人才。但是直到现在,除了能免费参观市内景区之外,我还没享受过其他福利,凡是现金补贴必须有博士学位才能领取,反正我觉得这个 E 类人才的头衔没什么用,欢欢喜喜地去认定,结果得不到实惠,反而得到差别对待。"

4.高层次人才发展平台承载力弱

齐齐哈尔市企业的整体科研实力不强,虽然齐齐哈尔市现已建设高新智谷科技孵化器、新兴产业区孵化基地,但是这些基地仍未发展成熟,总体还是以综合性孵化器为主,专业化程度低,服务功能以为入孵企业提供基础物业、资金支持、政策宣传解读、工商注册代理、企业管理咨询、技术咨询等为主,聚焦齐齐哈尔重点产业领域的专业化孵化器数量不多。齐齐哈尔市翔科新材料有限公司的高级工程师 E 提到:"我之前回母校参加校友会,邀请几位在从事研发工作的同学来齐齐哈尔考察,他们反映政府和企业提供的福利待遇很丰厚,能看出齐齐哈尔市引进人才的诚意,但是实验室、实验仪器以及各种设备不够先进,严重阻碍研发,所以对未来发展比较担忧。建设新材料研发的专业实验室需要几千万,目前齐齐哈尔还找不出设备特别完善的实验室,很多前来考察的高层次人才往往失望而归。没有完备的科研环境和强大的科研实力,招不来人,也留不住人。"齐齐哈尔市国家级研发平台占比较少,新型研发平台尚在建设阶段,现有高层次人才平台载体多是常见的大学生创新创业平台,还有部分是政府主导建设的校地合作科研平台。

(三) 齐齐哈尔市政府推进高层次人才引进存在问题的原因分析

1. 高层次人才引进观念落后

虽然齐齐哈尔市政府已经认识到了高层次人才对城市经济发展的重要性,但是有关高层次人才引进的观念仍有待改善。通过访谈发现,在一些涉及人才工作较少的职能部门中,有部分领导和工作人员还倾向认为人才队伍建设对城市发展固然重要,但是几个高层次人才的贡献对经济发展的带动作用是九牛一毛,还不如把这部分财政支出节省下来用到招商引资和产业项目建设上,这些才是能直接带动经济发展的重要工作。此外,齐齐哈尔市政府在人才引进上也带有一定的功利性,过于追求表面成绩,一味地强调引进学历高、称号多的专家,忽视人才技能与当地产业发展的适配性,在推进高层次人才引进工作前,缺乏明确的目标,对高层次人才使用缺少详细的指导规划,在专业设置上并不严谨。一些高层次人才被引进后,没有安排到能与之匹配的专业岗位,或者本地没有能让其充分发挥能力的平台,一方面导致高层次人才贡献度较低;另一方面引发了高层次人才流失的问题。

2. 政策制定规划不足

目前,齐齐哈尔市政府制定的一系列高层次人才政策滞后性明显,虽然公共政策的计划、制定、实施过程需要一定时期,但是部分高层次人才政策明显偏离目前的公共利益取向,引发争议。比如,在2018年颁布的《齐齐哈尔市引进高层次人才交通出行实施细则》中规定,"经我市认定的高层次人才可持人才卡享有出行火车站及机场高级候车免费等专属优惠",2018年齐齐哈尔南站设置了"高层次人才候车区",确实有很多高层次人才享受到了便利,但该事在2023年1月引起舆论热议,认为公众在享用公共资源时应当是平等的。近年来政府也在加快实现公共服务的均等化,在面向所有人平等开放的公共资源中,划出一部分给高层次人才,赋予人才特权,这样会影响公众的获得感和生活便利度,侵占公共资源,损害社会公平和公共利益,所以此项政策已明显不符合现在的价值观念。齐齐哈尔市高层次人才的认定政策和保障政策统一由市政府制定,虽然要求各县区政府要参照制定相关政策,但是县(市)区政府部门、用人单位或社会组织在编制管理、岗位设置、公开招聘、职称评审、职业技能等级评定、科研经费管理、薪酬激励等方面仍缺乏自主权。

3. 高层次人才认定门槛过高

目前,齐齐哈尔市的高层次人才认定标准参考《齐齐哈尔市高层次人才分类认定办法(试行)》中所提出的 A、B、C、D、E 五类高层次人才。根据各类高层次人才统计数据,目前的高层次人才分类标准并不合理,其一,A 类人才认定的条件过高,以至于全市没有符合标准的 A 类人才,直接导致针对 A 类人才的一系列政策没有执行目标,失去意义。其二,认定标准最低的 E 类人才只覆盖到博士及高技能人才,从齐齐哈尔市人口学历结构来看,覆盖率极低。其三,E 类人才数量过于庞大,占高层次人才总量的85%,这么庞大的群体统一使用 E 类人才政策,并不能体现政策差异化,有"一刀切"的思想倾向。高层次人才分类不科学、认定标准不合理,导致相关配套政策覆盖率不高,使用效果差,不利于人才工作的开展。

4.高层次人才发展资金投入少

高层次人才引得来、引得好,财政支持力度很关键。2019 年,齐齐哈尔市政府设立人才发展专项资金,每年从政府财政收入中提取一定资金充实人才发展专项资金,主要用于住房补贴、生活补贴、人才公寓维护、创新创业平台建设、突出贡献奖金等支出,尽管资金投入逐年增加,但是每年提取比例还不足财政收入的1%,对高层次人才的支持力量十分有限。在与齐齐哈尔市人才办工作人员 W 女士座谈时,她提到:"齐齐哈尔市对人才工作的资金投入逐年增加,但是财政收入有限,而且每年政府的支出项目很多,对人才投入的资金不可能太多。早在 2019 年筹建人才公寓时,为了给高层次人才提供更多生活便利,计划在公寓二楼设立人才食堂,但是完成室内装修、配置家电家具之后,剩余资金不足,于是开设食堂的事就搁置了,近几年随着高层次人才总量的增加,支出的住房补贴、生活补贴越来越多,而且还不断地有校地合作平台等多个项目等待建设,人才资金捉襟见肘。"

二、国内其他地方政府推进高层次人才引进经验借鉴

国内一些城市开展高层次人才引进工作的时间较早,有着丰富的实践经验,高层次人才引进工作机制更加完善、方法更加灵活,总结这些经验对齐齐哈尔市政府下一步推进高层次人才引进工作具有重要的借鉴价值。

(一)国内其他地方政府引进高层次人才政策措施

1.宁波市:结合产业优势引进高层次人才

2017 年宁波市提出聚焦产业链、打造人才链,为了结合产业发展规划,引进相关产业高层次人才,宁波市政府编制了《宁波市重点产业紧缺人才需求目录》。该目录涵盖多个重点产业,通过"揭榜挂帅"吸引人才。此后,宁波市政府围绕全市

重点产业发展需要,动态调整完善高层次产业亟须人才需求清单,特别是针对产业发展亟须的优秀企业家和高层次产业人才实行"一事一议",确保精准引才,紧紧围绕产业链构建人才链,通过人才链提升产业链,形成人才引领产业、产业集聚人才的良性循环。为了加强产业人才培养,2022 年,宁波市人力资源和社会保障局围绕全市重点产业链,推行"链上企业评职称"专属服务,为企业优秀人才脱颖而出创造条件。一是实行"专精特新"和制造业单项冠军企业职称申报举荐制。二是授权链上企业组建工程技术中级以下职称评审委员会。三是探索链上企业"一评两证"试点。

2.泉州市:制定市级和县(区)级互补的人才政策

泉州市实施分层分级的人才政策体系,划分市政府和县(区)政府人才管理范围,根据《泉州市高层次人才认定和团队评审及政策支持规定》将高层次人才划分为七个层次。其中,第一至第五层次人才由认定,给予相应政策待遇;第六至第七层次人才由各县(区)根据实际情况,制定认定标准、落实相应待遇。推动实现全市"一套体系贯通到底",促进人才在泉州市县域间无障碍流动和互认。适当下放高层次人才政策制定权力后,泉州各县(区)政府综合评估本地人才各方面素质,制定出更加合理的第六层次、第七层次人才认定标准,例如:台商投资区结合鞋业鞋材、纺织服装等产业的技术改造和产业升级需要,在第七层次人才认定标准中增加了对从"八大纺织服装高校"毕业且有一年以上从业经验者的认定,并对之前发布的各项高层次人才服务政策做出调整,使辖区内优势产业人才也能享受高层次人才政策,加强相关专业技术人才引进成效。

3.温州市:打造金字塔式高层次人才梯队

温州市政府实行以贡献为导向的人才认定标准,打造金字塔式高层次人才梯队,延续既做高"塔尖",也夯实"塔基"的思路。2022 年 1 月,温州市政府将原有"人才新政 40 条"再升级,提出《关于大力实施"瓯越英才计划"高水平建设浙南重要人才中心和创新高地的 40 条意见》(下文简称《意见》)。《意见》在原有 A、B、C、D、E 类人才的基础上,新增认定 F 类人才,并细分为 3 个等级,覆盖到具有全日制本科学历,或中级职称、或技师职业资格的人才。在人才分类认定标准和层次标准方面,凭能力、业绩、贡献评价人才,把企业年度销售额、投资创业纳税额、个人年度纳税额、解决就业人员数量等诸多要素,纳入人才分类认定标准。分类认定新标准实施以后,温州市的高层次人才数量由 1 140 人增加到 2 074 人,根据新标准修订的高层次人才住房补贴、生活补贴等保障性政策惠及面进一步扩大。

4.潍坊市:引入社会资金补充人才专项基金缺口

潍坊市政府于 2017 年设立人才开发资金,由人才开发基础资金、人才培育专项资金、人才引进专项资金构成,主要用于高层次人才培养、引进、激励及人才资源开发研究,由政府财政拨款支持。2019年潍坊市政府为了破除人才资金只依赖财政的局限,通过股权资助、贷款贴息等科研资助形式,财政资金与合作股权投资机构投资金额按照一定的比例对人才科研项目进行资助,由此衍生出一系列人才资助政策,在此基础上,2020年潍坊市政府明确人才专项基金接受社会捐赠,有了更加有效、更加多元的资金保障,潍坊市高层次人才引进成效越来越显著。

(二)国内其他地方政府引进高层次人才经验借鉴

1.高层次人才引进要因地制宜

高层次人才引进的最终目的是要留住人才,最大限度地激发人才潜能,为当地各项事业发展做出贡献,所以人才引进应综合本地实际情况,以实际需求为导向,实现人才与发展需求精准对接。在引进人才之前,人才工作领导小组办公室应充分做好重点产业领域人才需求调查和人才摸底调查工作,会同编制部门对有空编的事业单位和急需紧缺人才的企业需求情况进行详尽统计、核定编制、确定引进数量、计划引进人才类型,同步调整完善引进人才政策,考察时应重视高层次人才个性与内部团队匹配程度、科研方向与企业需求契合程度。在激烈的"抢人大战"中,地方政府如果盲目跟风,必然导致人才引进政策和层次呈现高度同质化,科学合理的政策难以落地,而且缺乏竞争力,物质化刺激难以形成一个地区持续性的吸引力,反而阻碍人才工作推进。

2.激发基层政府人才工作的主动性

基于各县(区)产业发展的差异性,市级政府应该推动人才管理改革放权,从宏观层面上制定高层次人才引进政策,在制定具体实施细则上给予县(区)级政府更大的自主权,方便县(区)级政府结合实际情况,在符合总体要求的基础上突出区域特色,体现政策差异化。基层政府结合辖区内人才现状和产业发展需求制定的人才分类认定标准往往更加符合实际,还能够在市一级引进人才补贴的基础上,结合区域特色、发展定位,大胆地制定出更具特色和吸引力的人才政策。应该加强市县区联动,高层次人才在跨县区、跨单位流动时,无须重新认定人才等级,仍可享受相应层级人才待遇,促进人才要素流动。

3.合理设置高层次人才分类认定标准

必须有序开展高层次人才认定工作,要结合城市未来经济发展规划,评估现有人才队伍结构,建立更科学的高层次人才分类标准以及合理的认定程序,可以借鉴先进城市经验,初步确定人才认定范围,结合实际需求降低部分认证门槛,或者增加新的认定条件,比如:对处于发展初期的新兴产业紧缺人才适当降低学历、专业技术等级方面的要求；对于行政管理人才可以参考近5年考核情况和服务年限逐级晋升高层次人才等级；对于特色产业人才可以参考企业推荐评价等。同时将自主知识产权、创业经验、管理经验等纳入认定标准中，以真正的实操能力为根本标准，让高层次人才认定更加务实。

4.拓宽高层次人才资金来源渠道

政府引进高层次人才是为了促进当地经济社会发展，政府投入的人才资金最终也通过高层次人才的贡献回馈给社会，因此，政府不能将高层次人才引进的一切工作大包大揽，应该发动社会各方力量广泛参与。面对人才资金投入规模小、来源渠道窄等问题，地方政府可以考虑引入社会资金，适当增加融资渠道，比如，通过社会多方融资，帮助高层次人才就业及创业；或者以政府出资为主、民间资本为辅，民间资本与地方政府联合出资设立产业投资基金；可以尝试鼓励支持民间投资者"合纵连横"，与其他产业资本和金融资本强强联合，设立天使投资基金，拓宽高层次人才创业融资渠道。

三、完善齐齐哈尔市高层次人才引进的对策分析

在前文的基础上，针对引进人才偏离产业发展需求、保障性政策缺乏特色、激励性政策普惠性不强、高层次人才发展平台承载力弱4个问题，提出以下4个方面的建议，希望能为齐齐哈尔市政府在以后推进高层次人才引进工作中提供一定的帮助。

（一）优化高层次人才引进目标

寻觅人才、求贤若渴就要解放思想。地方政府应该大胆打破常规，结合地区发展定位、产业特点、行业及社会需求，明确人才引进目标任务，号召用人主体积极参与人才引进工作，全面提高尊重人才、善待人才的意识，进一步营造全社会崇尚人才发展的良好氛围。

1.树立正确的人才观念

国以才立，政以才治，业以才兴。在这个百舸争流、千帆共进的新时代，人才成为发展的第一生产力，要想在新时代永立潮头，就要抓住人才这个关键。高层次人才引进是一项环环相扣的系统性工作，应该在报名阶段广泛发布公告，详细征集报名者信息。考察阶段则是充分运用人岗匹配理论、精挑细选的过程，因此评价高层次人才引进效果不应过分看重数量，而应更加重视人才质量和其与岗位要求的适

配程度。齐齐哈尔市政府推进高层次人才引进时,应该摒弃"捡到篮里都是菜"的思想,不能擅自扩大招聘人员范围,降低招聘标准。组织单位要贯彻公平竞争、公正选拔、公开透明的原则,更不能有学历歧视、地域歧视、性别歧视等不平等对待,畅通监督举报渠道,创造公平公正的考试环境。必须要扭转唯学历、唯职称、唯资历的错误思想,深刻认识到学历、职称、证书不是评价才能的硬性标准,应结合岗位要求,重点考察高层次人才的工作经历、科研成果和突出贡献。

2.结合产业发展确定引才目标

产业的稳健发展,本身就离不开健康有序、结构合理的人才队伍建设。因此,齐齐哈尔市政府要聚焦产业发展,根据齐齐哈尔市12个重点产业发展目标,推进高层次人才引进工作。既要基于产业基础,引进装备制造、农业、畜牧业等传统优势产业高层次人才,又要根据未来产业发展规划,瞄准前沿领域,招引精密、超精密制造,绿色食品精深加工产业等新兴产业高层次人才。

精准引才,首先,明确人才需求,齐齐哈尔市政府在前期准备阶段,可以采取实地调研、调查问卷、集中座谈等多种方式深入了解用人单位需求,通过动态台账管理定期更新人才需求目录。其次,在引进人才阶段,丰富人才引进方式,健全引进人才机制。一是建立人才双向互动机制,加强高校与企业联动。二是创新人才引进思维,招商引资与招才引智相结合。三是政府搭建产学研统一平台。汇总中小企业的技术需求,由政府平台去跟大学对接合作,履行其服务、评估、经纪和咨询等职能,通过校企合作柔性引进高层次科研人才。

3.鼓励企业积极参与人才引进工作

能否成功引进高层次人才,关键看人才和企业双方能否互相选择,而政府作为高层次人才和企业之间联系的桥梁,应该把工作重点放在信息平台搭建、组织活动、服务保障上,充分尊重人才和企业的双向选择,畅通问题反馈渠道,听取多方意见,切勿大包大揽,过分干涉企业招聘。目前来看,齐齐哈尔市高层次人才引进工作中政府主导性过强,没有充分发挥企业的主体作用,导致引进人才人岗不匹配的现象。对此,政府应该从企业和人才两方面提供分析建议服务。其一,在向企业征求用人需求阶段,企业服务中心可以为企业提供必要的岗位分析服务,明确岗位职责、任务、工作环境等,以及该岗位对任职者在知识技能、综合素质等方面的要求,以便企业筛选出适合该岗位人选的特征要求,在招聘选拔时可以快速准确地分辨出适合岗位需求的应聘者,从而达到准确而省时、省力的效果。其二,人才服务中心应顺应融媒体发展潮流,开展职业指导公开课、"直播带岗"等活动,加大人才引进宣传力度,设置简历回收站,向未录取人才建议合适的岗位。

企业家的人才观念很大程度上决定了企业人才队伍的发展,齐齐哈尔市政府应该引导企业家树立大人才观,为企业人才创造良好的发展空间。其一,可以由政府主导组织高端企业家交流论坛,组织企业家到行业龙头企业学习先进管理经验,增强企业家培养人才的意识。其二,可以根据高层次人才数量、占比划分企业档次,对企业研发投入实行不同比例的税收优惠。

(二)科学制定高层次人才政策

近年来,齐齐哈尔市政府不断调整高层次人才引进工作机制,但配套政策仍然存在滞后性明显、同质化严重、普惠性不强、利用率低的问题,科学合理的政策体系是吸引人才的招牌,是留住人才的保障,齐齐哈尔市政府应该考虑如何在政策完善方面多下功夫。

1.充分征求人才政策参与方意见

根据公共政策过程理论,一个完整的公共政策周期包含政策问题建构与政策议程设置、政策制定、政策执行、政策评估和政策终结等环节,在政策制定过程中应重视公众利益表达,实现公共政策民主化。齐齐哈尔市政府应该重点从以下两个方面改进高层次人才政策制定机制。其一,从畅通意见建议反馈渠道出发,可以在"齐聚英才"公众号上增加高层次人才政策集锦频道并设置留言箱,在齐齐哈尔市人才网增设留言区,定期向高层次人才发放高层次人才政策满意度调查问卷等,多种渠道收集来自不同群体的建议,由人才服务中心定期汇总提炼,形成报告,作为下一步政策调整的参考材料。其二,充分的公共讨论更有利于政策制定,可以建立由政府工作人员、专家学者、高层次人才代表以及社会公众代表等组成的政策协商咨询委员会,在制定相关政策之前,对拟出台的高层次人才政策进行科学论证,通过与不同利益主体进行对话、协商,集思广益,增强决策的科学性。

2.适当借鉴各地方政府高层次人才引进经验

齐齐哈尔市政府推进高层次人才引进工作存在起步晚、时间短、经验不足的劣势,而国内很多城市在高层次人才引进方面做了较多的尝试,已形成了成熟完善的政策体系。齐齐哈尔市政府坚持补短板、强弱项,对比先进地区和省内同体量地市,查找自身问题,总结先进经验,不断改进完善高层次人才政策,这种积极学习、追求进步的态度是值得肯定的。但是,借鉴经验不是照搬照抄,没有基于充分的调查研究和现状分析进行合理规划就简单"移植",不匹配的人才工程脱离本地的实际需求,并不能真正惠及人才,反而降低了人才工作的实际效应。所以建议齐齐哈尔市政府基于本地人才队伍结构、重点产业方向、城市发展优势及不足,对其他城市的高层次人才引进政策进行合理选择、科学化借鉴,发挥主观能动性,在既有经验上进行改造、创新,研究出符合本地实际的政策。

3.多渠道收集政策反馈意见

一方面,政策制定者由于主客观种种原因,在设计政策时,难免有考虑不周、认识不到之处;另一方面,随着客观环境的变化,政策实施后可能引起新矛盾、新问题,所以一项公共政策尽管严格按照制定程序进行充分论证,但随着社会发展进步,仍然会显现滞后性、局限性的弊端。因此,齐齐哈尔市政府应该合理进行高层次人才政策调整工作。首先,撤销使用率极低、偏离主流价值观且容易引发争议的保障性政策,如火车站、机场设置高层次人才候车区的出行保障政策;其次,通过多种渠道征求高层次人才意见,紧密结合高层次人才实际需要,适当增加保障性和激励性政策;再次,对各部门制定的高层次人才政策实施细则进行必要的调整修订,以便做好各政策之间的衔接,尽量避免摩擦和冲突,发挥好政策的整体功能;最后,如政策发生调整,要及时更新其他配套政策,重新确定部分内容、适用范围及有关实施的手段、技术,避免政策之间互相矛盾。

(三) 加强高层次人才服务保障

人才的去与留直接决定人才引进是否成功。要想留住人才,就要做好人才引进的后半篇文章,加强人才服务保障,减少其后顾之忧,把精力全部投入干事创业中。当前,齐齐哈尔市高层次人才保障性政策惠及人数不多,各项服务使用率不高,为了解决燃眉之急,帮助更多高层次人才扎根齐齐哈尔,建议齐齐哈尔市政府应该从加大高层次人才政策覆盖面、优化高层次人才服务机制、加大政策宣传力度三个方面发力。

1.加大高层次人才政策覆盖面

随着对高层次人才引进工作的探索不断加深,很多城市一方面为了扩大高层次人才引进范围,优化人才结构;另一方面为了合理配置资源,使高层次人才政策精准发力,纷纷出台了高层次人才分类认定标准,并参照人才分类制定各项高层次人才政策,着重体现政策的差异化。制定高层次人才分类标准应该基于实事求是原则,齐齐哈尔市政府应该合理细化高层次人才分类,比如:目前 A 类顶尖人才认定标准过高,至今无人通过认定,而 E 类人才认定标准涵盖范围过于宽泛,人才数量庞大,故而建议取消不切实际的 A 类人才等级,将 E 类人才范围分为 E、F、G 三类,重新制定认定标准,让更多的人才享受到福利政策,增强齐齐哈尔市对各类人才的吸引力。实际上,当前齐齐哈尔的产业发展急缺绿色食品加工、装备制造、生物医药等方面的专业技术人才,所以高层次人才认定标准可以适当放宽,把这部分人才也纳入高层次人才认定范畴之内,让他们同样享受一定的政策优惠待遇,才能有效地促进所需人才的引进,实现全市人力资源与现代化产业体系建设准确对接。

基于双因素理论原理,建议齐齐哈尔市政府以高层次人才分类为基础,差异化地制定保障性政策和激励性政策,保障性政策可以在安家费金额、人才公寓面积、生活补贴金额上,根据人才分类等级设置不同程度的保障,适当为人才解决后顾之忧；激励性政策针对高层次人才，分类制定差异化的奖金额度、升职年限，增强高层次人才的荣誉感和获得感，充分激发创新创业的动力，为城市发展做贡献。

2.优化高层次人才服务机制

根据马斯洛需求层次理论，高层次人才的需求会随着社会地位和生活水平的提高而逐渐增加。齐齐哈尔市政府既要满足高层次人才的基本生活保障，也要为其充分发挥才能、创造性提供更大的发展平台，营造尊重人才的社会氛围。首先，齐齐哈尔市可充分利用线上、线下资源，打造人才服务体系。一是单独建立高层次人才服务中心，充分整合多方资源以实现"一站式"兑现，对于急需的特殊人才可以采用特事特办的方式，提高对高层次人才的服务效率；二是建议开发高层次人才服务小程序或APP，既可以供企业及时发布人才需求和招聘信息，又可以满足高层次人才挑选匹配的企业的需要，对齐齐哈尔市也能起到良好的推介宣传作用。此外，齐齐哈尔市可以探索人才社区的建设，打造环境良好、公共设施齐全且商业配套完善的人才社区，建设引进人才服务更优质的项目，如人才公寓、学校和医院等项目。

为了提高各部门的服务意识、提升服务水平，齐齐哈尔市政府应该完善高层次人才服务质效评估机制，对高层次人才服务质效加强常态化督查，对高层次人才服务质效评估中发现的问题，每季度通过绿色通道统一反馈给服务事项主管部门和有关县（区），限期整改到位，对整改落实不力的县（区）进行通报约谈。

3.加大政策宣传力度

政策宣传作为政策执行的起始环节，是政策得以顺利实施的前提保障，再完善的政策得不到宣传，也只是一纸空文。为实现政策目标，让高层次人才政策惠及面更广，一方面应该定期整合更新高层次人才引进的政策规定，形成体系，厘清相互之间的从属关系，详细注明政策适用对象，政策兑现流程，以及政策执行单位、联系方式，使各项政策一目了然，办事流程简单清晰，确保政策宣传作用最大化。另一方面，齐齐哈尔市政府应转换政策宣传理念，从被动等待到主动出击，加强对政策宣传重要性的认识程度，提高对相关宣传工作资金、人力的投入，可以通过线上、线下两种方式拓宽政策宣传渠道。

在线上宣传方面，报刊、广播、电视、户外宣传栏等，都属于传统媒介，在大众传媒中仍然占据一席之地，要继续做大做强主阵地，发挥主阵地受众多、方式可靠、作用持久的优势，着力在宣传内容上下功夫。另外，要充分利用互联网，特别是发挥移动互联网短视频、直播平台作用，通过"直播带岗"等新手段，大力宣传高层次人才引进各项优惠政策。线下方面，人才服务中心可以定制高层次人才入职福利包，内含政策解读手册、办事流程图以及网上办事渠道汇编等文件，帮助高层次人才全面系统地了解政策，更加方便快捷地享受政策。

(四) 加大高层次人才发展支持力度

人才是城市社会发展的核心因素,人才进步必定会推动城市发展,地方政府要把生产力和资源有机结合起来,注重人才发展的连续性,在机制创建上强调科学性,促进人才建设的全面发展。另外,还需要在工作上充分发挥个体的才能,让合适的人做合适的事,挖掘其潜力,只有让人才感受到地方的真心实意,才能尽心服务于地方。

1.完善高层次人才专项资金管理体系

资金保障是推进各项高层次人才引进政策落地实施的重要条件,设立人才发展专项资金能够保障高层次人才培养、引进、奖励、管理等工作顺利推进。齐齐哈尔市政府应结合当地人才工作发展需要,适当增加人才发展专项资金投入,以满足高层次人才资助、补助、奖励、活动的各项需要。一方面,继续完善《齐齐哈尔市人才发展专项资金使用管理办法》,加强对人才发展专项资金的跟踪管理,做好前期需求调研工作,提高资金分配合理性,做到专款专用,使有限的资金发挥最大效应,防止资金浪费。加强预算编制,优化服务,简化办事程序,根据人才工作需要及时拨付资金,足额保障人才相关经费。另一方面,加强对人才资金的监管,各部门应健全并完善财务规章制度,确保人才专项资金的使用合理、管理规范。实施人才资金使用绩效评价,对每项人才资金都要编制项目绩效,开展绩效评价,将评价结果与资金预算挂钩,从社会效益、经济效益和预算执行情况等方面加强对人才资金的跟踪评价,确保人才资金使用合理高效。

2.鼓励高层次人才学习交流

一方面,充分利用内部资源,推进信息交流共享。齐齐哈尔市政府可以继续完善高层次人才管理机制,对齐齐哈尔市高层次人才分类、分层建立人才信息库,并且进行动态管理,记录留档各领域、层次人才的数量及现状,结合齐齐哈尔市产业现状与未来发展趋势对相关数据进行分析,为人才培养方向的制定提供参考依据。由人才工作领导小组牵头,各行业主管部门可以通过企业推荐等形式,周期性定向选拔一定数量的拔尖专业人才,通过专项培训班、企业培养、赴发达地区学习、高层次人才带领研修等途径,加大重点产业高层次人才培训力度。采用多样化的学习交流形式,定期举办高层次人才沙龙,邀请相关行业专家进行线上或线下的课堂讲学,鼓励各行业主管部门开展高层次人才继续教育培训班,强化岗位技能培训。积极创造高层次人才之间自由沟通、探讨学术的机会,提供例如交流会、研讨会等形式的内部交流平台,使高层次人才可以不断汲取养分、开阔视野。

另一方面,借助外部力量促进知识更新。鼓励各类高层次人才在职攻读硕士、博士学位,提升学历层次和知识水平,对获得国家教育行政部门认可的硕士、博士学位的可分别给予学费资助。人才办可以为每一位高层次人才建立人才成长档案,由政府牵头积极搭建与各发达地区以及高校、科研机构的合作桥梁,提供人才进修深造学习平台。

3.支持高层次人才创新创业

要充分发挥高层次人才的创新能力,必须建设人才平台载体。齐齐哈尔市政府可以继续鼓励企业建设重点实验室、工程实验室、企业技术中心、工程技术研究中心等平台载体,在申报阶段给予企业一定的扶持资金,既减轻企业压力,又充分调动企业积极性,充分动用政府资源,组织相关部门积极推荐申报,为企业提供申报一条龙服务,努力在平台载体建设方面实现突破。同时,重点选拔一批发展势头良好、产业前景广阔的企业,积极扶持搭建创新创业孵化平台并在人才聚集的大中型城市建立"人才飞地","人才飞地"的形式可以是各类研发中心,也可以是各类创新创业孵化基地,将人才引进的触角伸向大城市,充分利用其人才优势为企业科技创新提供更多的人才资源。

日照市农业信息化服务体系优化研究

庄文慧

（学号：1120213389）

农业信息化及信息化服务发展是推动农业现代化的重要手段。日照市在推进农业信息化服务过程中，既收到了积极的成效，也遇到了一定的困难。为完善适合日照市农业产业发展的信息化服务体系，本文运用多种方式对完善对象进行总结、分析和提炼。

一、日照市农业信息化服务体系现状分析

对日照市农业信息化服务体系的现状进行分析，笔者通过总结采取的措施和取得的成效，分析了日照市农业信息化服务体系建设开展以来面临的各种问题，挖掘产生问题的原因，为优化服务体系提供现实依据。

（一）日照市农业信息化服务体系建设举措与成效

笔者对日照市农业信息化服务体系建设过程中所采取的措施及目前已取得的成效进行分析，研究日照市农业信息化建设所处的阶段、目前农业信息化服务能力的水平，为优化农业信息化服务体系提供目标和方向。日照市农业信息化服务体系的建设成效主要体现在农业信息化服务水平的提升方面，通过分析目前日照市利用农业信息资源进行农业信息化服务的举措和成效，可以为整体研究和对策建

议提供更多的现实依据。

1.所采取的举措

日照市积极探索农业信息化建设,提升农业智慧化水平,促进农业现代化。通过完善网络基础设施建设打破农村信息壁垒,积极进行农村地区人才培训,提升农业从业人员的信息化水平,依托基础设施建设和农业人才的培养,积极建设现代农业示范园区,辐射带动当地农业的发展。

(1)完善农村地区信息网络基础设施

推进数字乡村建设,建设益农信息社整合农业生产经营、技术推广、农机作业调度产品质量安全、农产品市场行情、土地流转、农村"三资"管理、动植物疫病防控、农业综合执法等涉农信息资源,拓宽农户获取农业信息的渠道,拓展公益服务和培训体验服务的信息通道,提升信息服务能力,打通乡村数字化建设"最后一公里"。推动信息社服务终端汇集医疗、就业、社保、气象等部门服务信息,融合各类社会资源,构建共享经济生态,为农民提供"一站式"服务。探索创新"惠农码+直营"模式,构建以"惠农码"追溯为核心的信息服务平台和以"直营"惠农为目标的农资直营流通服务体系。

(2)重视农村地区人才的培养

农村地区的人才培养主要是针对农业从业人员和农村技术推广服务人员的培养。日照市积极推进高素质农民培训,培养新型职业农民,积极开展对农民的相关教育培训,能在一定程度上提高农民的农业生产技能,引导农业生产模式由劳动密集型向技术密集型转变。农村劳动力资源总体呈下降趋势,农业从业人员整体波动,日照市农业发展无法再依靠大量人力资源的投入,为此,日照市每年开展对高素质农民培训等工作,提高农民信息化素养和技术水平,从而推动农业生产效率和效益的提高。

(3)积极发展智慧农业等示范园区

日照市依托信息网络基础设施的建设、益农信息社等的建设和发展,以及注重对农业从业人员和服务人员的能力水平的提升,通过政府补贴或"招商引资"等工作,积极发掘当地农业规模化发展的优势产业和优势地区,大力发展智慧农业,建设智慧农业应用基地、现代农业产业园等。产业园区内按照"一网观全景"的建设思路,通过统一平台可以全面观测和管理园区农种植作物生产情况。通过发展智慧园区等,推动日照市绿茶等特色农业发展,同时通过提供农业工作岗位带动周围农户增收,总结先进农业生产实践经营推广应用,带动当地产业发展等积极影响,推动当地农业发展现代化水平的提升。

2.取得的成效

近几年,日照市通过积极分析农业支持政策并结合自身农业发展特色等,加大政府资金对农业信息化发展的投入和支持,在农业信息化服务上取得了一定的成效。

(1)多种网络信息途径服务农业生产实践

2020年,日照全市1 519个行政村全部实现通有线电视和通宽带,网络的畅通推动农业信息化的发展。由日照市大数据发展局的组织推动,日照联通协同阿里巴巴公司通过完善乡村新一代信息基础设施,打造以"钉钉"App作为数字乡村的统一入口和承载平台,通过新型乡村数字化管理运营,推进新农村信息化建设,完善农业农村信息服务体。除此之外,日照市农业农村局门户网站、日照市"政策通"平台、"云上智农"App、日照市农业农村局公众号(微信、微博)、食用农产品合格证追溯管理微信小程序等,全面为农户提供农业技术培训、农业生产信息、农产品全程追溯等多元农业信息服务。

(2)每年实现多种形式培训工作

据不完全统计,2022年日照市农业农村方面通过线上或线下的方式,组织开展小麦穗期重大病虫害防治培训、农产品达标合格证制度培训、大豆玉米带状复合种植技术培训、粮食生产技术培训、智慧农业(茶叶)培训、加强冬季蔬菜生产科学安全用药培训等农业生产种植和农作物生长期管理的相关培训,以及基层农业技术人员培训、农村实用人才带头人培训及高素质农民培训等30余次。

(3)建成多家智慧农业应用示范基地、现代农业产业园

截至2021年,日照市共建成高标准农田177.06万亩,累计创建国家级农业产业强镇4个,省级现代农业产业园5个,省级田园综合体2个。新增全国"一村一品"示范村镇1个,省级农业产业强镇5个,省级乡土产业名品村33个、省级知名农产品品牌6个。"日照绿茶"被省政府批复列入全省13个优势特色产业培育方案。自2019年至2022年,建成10家种植类智慧农业应用基地。

(二)日照市农业信息化服务体系优化建设问卷调查

通过问卷调查对日照市农业信息化服务体系的服务、日照市农业生产实际的情况进行定量分析,通过调查农户的基本信息及从事农业生产情况、获得的信息化服务等相对客观的数据发现问题和分析原因。

1.问卷调查

以日照市辖区内农村的农民为调查对象,以户为单位,在进行问卷调查时考虑到以疫情防控为主的因素影响,采取线上问卷调查方法,共收集有效问卷216份。问卷调查分为两个部分:一是村民的基本信息情况,包括家庭人口数、年龄段、受教育程度和家庭从事农业劳动力数等;二是农业信息化服务的基本情况,包括农民对农业信息化的了解、获取农业信息的方式、参加高素质农民培训、现有农业信息化

服务满足农户种植需求等情况,以及农户对加快农业信息化服务建设的一些看法等。通过对日照市农业信息化服务的调查,可以有效分析日照市农业信息化服务体系的建设是否符合当地农业生产的需要。通过调查村民的基本信息,研究日照市从事农业生产人员的年龄结构、受教育程度结构等,分析这些因素对日照市农业高质量发展和可持续发展可能带来的影响。通过调查村民获得的农业信息化服务的情况,研究日照市现有农业信息化服务的实效,分析现有的服务对农业生产实践和农业生产从业人员带来的影响。

2.结果分析

通过调查,受采访人员中,年龄在40岁以下的占比26.85%,40岁以上的占比73.15%,其中60岁以上的占比12.5%。说明农村常住人口以中老年人为主,符合目前农村常住人口年龄段现状;受访人员的家庭劳动力人数1人、2人、3人、4人及以上的比例分别为:14.81%、46.76%、20.37%、18.06%,家庭劳动力人口中从事农业生产相关的人数1人、2人、3人、4人及以上的比例分别为:29.63%、48.61%、17.13%、4.63%。从数据可以看出,农村家庭劳动力并不全部从事农业生产相关活动,农村劳动力外流。受教育程度方面初中及以下、高中或中专、大专、本科学历的占比分别为:54.63%、31.48%、9.26%、4.63%,总体受教育程度较低。从日常获得农业生产经营等相关信息的途径可以看出(见图1),农民获得农业信息还是以被动为主,主动获取农业信息的积极性不足,对农户进行农业相关培训或调研的覆盖面还不够,相关培训的效果并不理想。

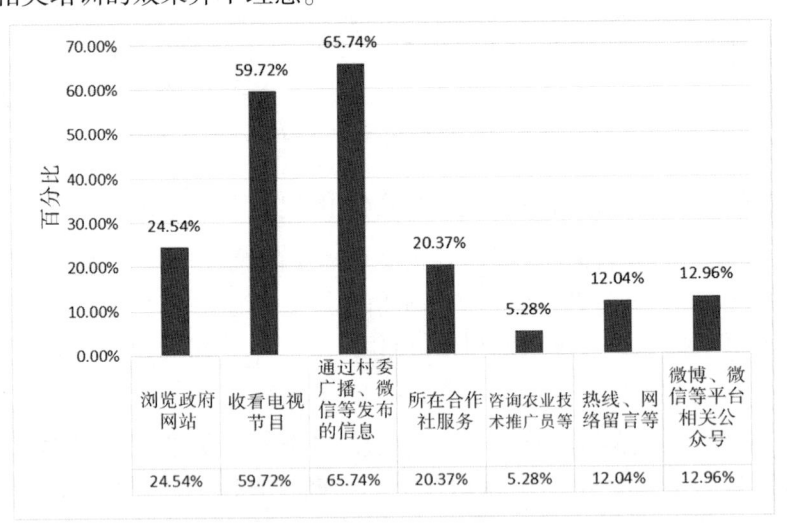

图1 受访者获取农业信息选择的途径柱状图

在全部受访者中,认为日照市在农业信息化服务的应用过程中存在的问题前三名的有:45.37%的受访者认为农业信息化缺乏专业人才,43.98%的受访者认为农业产业化程度不高,42.59%的受访者认为农民对农业信息化意识不强。

(三)日照市农业信息化服务体系存在的主要问题

农业信息化的发展是推动农业信息化服务体系建立的基础,结合日照市农业信息化服务体系的建设情况,和日照市农业信息化服务问卷的统计数据分析,现有的服务体系存在以下问题。

1.服务的主客体信息交互不够充分

通过总结日照市农业信息化服务建设过程中的经验,可以推出在农业信息化服务体系建设中以政府为主导,推进产业园、智慧园区以及线上平台等的创建工作中,政府部门为牵头部门,通过各种奖补资金、扶持政策等,吸引科研机构、企业等参与到农业信息化建设过程中。同时作为农业信息服务的主体,政府以外的科研机构、企业、农业合作组织在农业信息化服务中的主动性不足。

问卷调查数据显示42.59%的受访者认为日照市农业信息化服务存在农民对信息化意识不强的问题,作为最普遍和最主要的服务客体的农民,在农业生产经营过程中主要通过村委广播、微信通知、电视节目等来获取农业信息,主动地寻求信息服务和帮助的农户相对较少。日照市农业信息化服务的主客体缺少有效的双向交流,对于现有的农业信息服务渠道的运用还不够成熟和充分,往往是服务主体提供农业信息资源,服务客体接受信息资源就完成了一次服务,服务客体主动获取和反馈农业生产实践中需要的信息、服务主体主动收集信息反馈的行为较少,没有形成良性循环。

2.农业信息化服务缺乏标准

日照市农业信息化服务的过程中缺少明确的运行程序,数据采集、整理、发布、管理、反馈等环节,缺少专门的人员,在现有的服务的工作基础上,拓宽农业信息服务的范围存在一定困难。其一,信息采集缺乏标准化,权威性分析不多。农业信息采集的主要方式一是以农业农村自上而下的工作系统发布任务和采集数据,自下而上的反馈系统并不成熟,在农业信息采集过程中,没有突出日照绿茶等特色农产品在市场上的竞争优势和地位,也缺少专家系统在其中对采集的新农业科技信息、农产品市场信息变化等的解释分析。[①] 其二,现有农业信息发布平台的建设尚不完善和统一。现有的涉农信息由不同部门对口管理,已有资源没有共享机制,造成数据资源的重复或浪费,对同一个农业数据不同业务部门重复统计,对耕地的利用

---

① 黎香兰.借鉴发达国家经验,建立适合我国国情的农业信息化服务创新体系[J].农业网络信息,2006(2):8-12.

方式不同归属不同单位管理等各种情形的存在,缺乏统一协调的信息管理机构,信息共享存在一定阻碍。

3.信息流通效率有待提升

调查问卷的结果显示,受访者在获取农业信息的方式选择上,65.74%的受访者通过村委广播、微信等发布的信息等获取农业信息;59.72%的受访者通过收看电视节目获取农业信息,表明受访者获取农业信息方面仍旧是比较传统的被动获取,且无论是通过村委逐级向下通知的信息,还是电视节目中通过编辑的信息,在到达农户之前,都会有一定的时间损耗,且此类信息侧重点选择缺乏针对性,不同作物对于气温和雨水等的要求不同,需要农户开展不同的农业管理活动。浏览日照市农业部门主要平台发布的信息,内容以当前农业生产开展情况、国家农业相关法律法规、农业政策、农业补贴等信息为主,农产品市场变化、农业信息化技术推广、农业科研机构或农业企业等的动态信息和相关推广等具有实用性的信息、本土产业化发展的鼓励帮扶获取方式等较少,农业生产从业人员无法有针对性、及时地获取农业信息。

4.有效利用农业信息存在一定困难

从事农业生产的大部分农民受教育程度低,所有受访者中专科及以上学历仅占比13.89%,初中及以下学历的占比54.63%,普通村民占比79.17%,种植大户较少;对农业信息化的认识薄弱,占比最多的(38.43%)了解的农业信息化技术为农业专家技术,获取农业信息的途径、农业生产经营方式等多基于传统方式。诸多调查问卷问题的回答,反映了小农户对农业信息化的农业信息化和其会带来的提质增效了解不够深入,同时小规模的农业生产实践中对需求不足,对推动农业信息化的应用和发展的动力较弱。科研机构、企业则更是注重于自身农产品的研发和推广,面向农民的信息化服务较少。

(四)存在问题的原因分析

日照市农业信息化服务体系发展不完善,主要的原因还是政府以外的服务主体以及农户参与较少,对农业信息数据的整合、多单位农业信息资源的共享方面还存在不足,同时农民信息化素养不高、缺少专业人才队伍等也限制着日照市农业信息化服务的发展。

1.多元参与成效弱

政府以外的科研机构、企业、农业合作组织等,大部分对于信息化服务的提供比较少。同时,政府以外的服务主体,大部分提供的服务并非公益性服务,而是会收取一定的费用,从而造成农民获得农业信息化服务存在一定的成本,对于小规模的农业生产经营者来说,通过利用信息化技术增加的收益并不会弥补成本,因此农业生产经营者选择收费性服务的较少。

作为主要服务对象的农民对于农业信息的获取也表现出不积极态度,从日照市农业农村部门公布的2021年和2022年的《政府网站工作年度报表》可以看出,2021年全年日照农业农村部门收到的留言仅有45条,而微博、微信公众号的关注人数也较少,双方都没有充分利用现有平台来获取或者提供服务。

2.服务平台整合度有待提升

部门间缺少信息共享,涉及农业信息化的农业农村部门、经济发展部门、大数据统计部门等各自的信息资源缺乏有效共享,各自为政,资金投入分散,造成资源浪费,无法有效整合涉农信息、技术等。此外,日照市农业生产没有单独的、高效的应用软件或系统,部分农业信息的采集依靠国家数据平台,存在级别限制,基层无法有效使用国家平台数据的情况,导致开展农业信息的分析、共享、处理等工作时效性不高。

对农业信息资源的有效整合不足。现有的多种形式的平台,相互之间缺少有效的连接和沟通,农业生产、加工、销售等环节的信息无法通过一次搜索就能够获得。信息化技术的一体化应用也基本只在产业园区应用,受限于小规模农业的现状以及费用的原因,信息化技术的广泛推广和应用比较困难。

3.体系标准化建设不健全

面临农业信息资源良莠不齐、信息服务水平不高的现状,信息技术没能在农业生产过程中得到高效应用,会导致农业信息传播效率不高。一是信息标准化水平不高,现有农业网站没有发挥统筹协调管理机制的作用,农业信息采集标准化程度不高,对涉及农业信息数据采集的多部门、多单位的协调不足,各信息采集渠道缺乏合理的整合与规范。二是资深或者专业农业信息分析人员不足,信息员能力素质、技术水平影响了农业信息服务的效率和效果。三是服务的方式比较单一陈旧,信息服务对象及目标不明确,服务信息动态更新不及时。四是基层农技人员和基层工作人员的业务培训不足,不能适应越来越现代化的工作方式。

4.缺乏专业人才和精准的教育培训

从实际情况来看,日照市从事信息化服务的人员主要是从事基层服务的信息员、农技推广员等,专业信息技术人才较少,专职信息化服务人员较少,农业信息化服务缺少既懂农业又了解互联网信息技术的复合型人才。同时因日照市独特的地理位置,渔业生产也得天独厚,在一定程度上分散了从事农业生产的农村劳动力,在一定程度上让农业信息化更缺人才。目前,日照市全市服务农村农业信息化的人员、企业、社会机构等的数量和人员素质远不能满足农业信息化发展的需要,而部分从事管理的人员农业信息化素养与开展基层实际工作的需要并不匹配。

二、国外与国内其他地区农业信息化服务体系优化的经验借鉴

农业信息化服务体系不是一个封闭的系统,多方的共同建设可以提升服务的水平。通过学习借鉴国内外信息化服务发展的先进经验,可以在完善日照市农业信息化服务体系过程中减少不必要的尝试和资源的浪费。

(一)国外农业信息化服务体系优化概况

国外发达国家农业信息化起步早、建设较为完善,农业信息化基本跟随互联网技术的发展而发展,服务更加多元化,服务水平高,为日照市农业信息化服务体系的完善提供多方面经验的借鉴。

1.美国:农业信息化服务农业全产业链

美国农业信息化服务是由自上而下的国家、州、县三级主导的,在这个过程中也充分发挥非政府组织(如各类推广站,各类专业协会、大学)和企业的积极作用,多方的广泛参与为美国的农业生产提供产前、产中和产后等环节全产业的信息化服务。

通过1993年克林顿政府推出"国家信息基础设施计划"和1998年启动的"数字地球计划"等,美国大量投资信息化基础设施建设,信息产业建设推动了美国农业信息化的发展。美国农业"产加销"全产业链中建立了广泛的数据库和网络体系,如农业计算机网络系统、美国农业部国家农业数据库、美国农业网络信息中心、农业科技参考资料库、美国国家农业图书馆等,收集并发布美国各类农业基础信息,利用相关技术对农作物全生命周期、全产业链实施智能监控和决策,实现生产、流通、经营、社会化服务等全方面发展的全产业、全系统、全过程"三全"式发展。

美国通过建立完善的农业信息服务网络为农业信息化服务打下坚实的基础,无论是机构、人员或者是技术,都从一个宏观的方向上不断推进农业生产全周期、全产业链的规模化发展。

2.英国:整合"大数据"发展精准农业

英国农业信息化一直非常注重和加强基础数据建设。2013年英国政府启动了"农业技术战略",通过该战略的实施发挥农业"大数据"和信息技术在提升农业生产效率中的积极作用。英国将信息化高新技术与复杂农艺技术深度融合,推动

当地发展集卫星定位、自动导航、遥感监测、传感识别、智能机械、电子制图等技术于一体的精准农业。国际英联邦农业局作为英国最大的情报中心,建立了庞大的农业数据库系统,选录的世界期刊文摘占全世界文献总量50%以上。①

英国的许多农场全面或者不同程度地应用精准农业技术进行生产。农业经营者可以利用农业数据库系统或者国家环境研究委员会研发的"My Soil"移动手机应用软件等信息化技术,了解不同地块的地形地貌、土壤墒情、播种作物等信息,并利用高度信息化的机械设备确定不同地块的、精确的耕作方案,最后利用加装电脑控制系统和软件应用系统的农业田间作业机械实现自动化耕作、精量化点播、变量化施肥施药等。

英国农业信息化的发展,推动英国精准农业的发展,通过整合大数据,使农民有效获得信息并进行精准生产,土壤、环境、农产品、市场等信息有效流通和协调,提高农业生产竞争力。

3.法国:多元服务主体提供农业信息社会化服务

多元化的信息化服务主体服务内容既各有侧重,又有效互补,共同推动法国农业信息化服务的发展。农业部门打造"大农业"数据体系,利用网络软件等一方面将农业信息及时推送给农业经营者,另一面通过信息采集系统有效对数据进行分析判断并实现农产品的质量监控;农业科研机构和教育机构则可以为机构服务对象提供丰富的社会农业信息资源,节省农业经营者收集和筛选有效信息的过程;行业组织和专业技术协会可以有效收集高新技术咨询,提供农业生产新技术、行情新变化、法律法规等行业信息供成员查询使用;多样化信息媒体则借助现代信息工具的快捷、高效、即时互动等便利条件,实现信息的定期发布和实时传递。

(二)国内其他地区农业信息化服务体系优化概况

国内先进地区农业信息服务的发展则侧重于通过示范区、基地等寻找适合当地的道路。日照市进行服务体系的优化,需要借鉴不同特点服务模式的优点,形成自己的服务模式。

1.黑龙江省佳木斯市:信息技术提升产业管理水平

佳木斯市政府通过与北大荒集团开展战略合作,为农业生产提供产前、产中、产后全过程及全要素的专业化、标准化、社会化、企业化服务。借助北大荒集团的市场优势和佳木斯市的政策优势,佳木斯市政府与北大荒集团,以加快发展现代农业为切入点,围绕农业供应链金融、生产标准化供给、农机融资租赁、耕地全程托

---

① Guan B, Chen P T, Luo Z Q, et al. Experience and enlightenment of agricultural information system construction in developed countries [J].World Agric., 2018(10):26-31.

管、农机共享服务等环节，①进一步引进北大荒集团先进的生产技术和管理模式，推动农业的信息化、数字化、智能化。目前，佳木斯市农业综合机械化率达98%，农业科技进步率突破70%，10万台由国家农机装备创新中心与该区域农业综合服务中心合作研发的北斗农机装备自动驾驶辅助系统项目在佳木斯市正式装机投产，由北大荒集团托管的土地可以实现无人机驾驶播种、撒肥等。

2. 浙江省桐庐县：数字乡村建设推动农业数字化发展

桐庐县作为浙江省数字乡村试点建设单位，以"1113+N"为总体框架建设数字乡村。"1113+N"即打造1个数字乡村大脑、1个数字乡村驾驶舱、1个综合应用平台、3大核心领域（产业兴旺、生活美好、治理有效）和N个特色应用场景，推进数字技术与农业农村各领域的融合。② 在农业方面，桐庐县实施农业双强行动，推动数字农业基地高科技、新设备的应用，建成智慧农业示范园区10个、智慧农业示范点6个、农机作业指挥监管系统1个。打造了陇西蓝莓智创园、畲洪数字禽业、柳淑农庄数字农业工厂等一批数字化应用典型项目。为打造数字乡村平台投入县级财政1 291万元，实现县乡平台一体化建设、涉农数据系统化协同、农村资源可视化展示、机制体制实质性创新目标。

3. 江苏省镇江市：农业信息化综合服务助力乡村振兴

镇江市以"互联网+"农业为驱动，通过多种途径不断推动农业物联网技术的应用，提升农业信息化水平。镇江市通过建立产学研用结合的农业物联网发展体系、新增物联网技术应用点、鼓励农业经营主体开展农业物联网建设、组织企业参观考察、召开"互联网+"农业经验交流会等，推动农业物联网技术与现代农业生产的集成与融合，扩大物联网应用面积，提高物联网建设的整体水平；通过启动农业大数据信息系统建设方案，将农业数据标准与规范进行统一管理，构建"一库三中心，一图N应用"农业大数据服务平台体系③，充分利用农林信息网络服务平台带动当地产业发展。

（三）先进经验借鉴

国内外先进的农业信息化服务模式，为日照市完善农业信息化服务体系提供经验和完善思路的参考，通过加强服务的顶层设计、发挥农业大数据作用、培养专

---

① 张克华.北大荒万亿斤粮食总产的担当[N].北大荒日报，2023-01-18（1）.
② 曾庆华.浙江桐庐获评全国县域农业农村信息化发展先进县[N].中国县域经济报，2022-01-06（1）.
③ 马国进，朱毅，刘铮."互联网+"驱动镇江农业转型升级[J].江苏农村经济，2018（6）：21-23.

业人才和提升农民信息化素养等方面,建设具有日照市特色的农业信息化服务模式。

1.加强综合服务平台顶层设计

在发展过程中注重发挥法律和机制的作用,制定并运行适合本地发展的制度,满足本地农业信息化发展需要,通过制度的约束,提高数据和服务的质量,为农业信息化的健康发展保驾护航。以美国为代表的农业信息化起步较早的发达国家,农业信息的采集、整理、分析、总结、发布等流程均建立了详细、规范的制度,农业信息化服务人员都遵守严格的规章制度,进行教育培训后再上岗。

通过大量投资信息化基础设施建设,加强信息化基础设施的建设和更新迭代。信息化基础设施建设是农业信息化发展的基础,也是有效提供信息化服务的依托。信息化基础设施的建设和更新包含两大方面:一是网络基础设施的建设,包括电视、电话、移动互联网等设施逐渐配套完善,并能够配套专业人才。二是充分发挥规模经营的优势,完善智能设施。通过适度规模经营,配备卫星定位、自动导航、遥感监测、传感识别、智能机械、电子制图等智能技术和设施,全面对土壤、水文、气候、市场等静态或动态的数据进行统计。

2.发挥农业大数据作用

发展智慧农业,在推进农业现代化的进程中,大数据网络的建设是必不可少的。无论是国内还是国外,都是通过建立广泛的数据库和网络体系来推动农业信息化发展。农业大数据可以是在农业发展过程中优秀学者对农业信息化发展的深入研究成果和文献,也可以是农业生产经营全过程中产生的数据信息,还可以是农业生产资料(如土壤、种子、工具等)的数据。

应用物联网技术和"互联网+"技术,分析农业生产过程中内部和外部的数据并做出判断。通过对已搜集的数据进行分析和加工处理,分析农户、农业龙头企业、种植大户、农业合作社、家庭农场等经营主体的应用需求、生产需求,并判断土地的湿度、肥力、各种微量元素的含量等,做出相应的生产决策。通过集成应用地理信息、遥感系统、叶龄诊断、精准施肥、智慧农机等,实现精准播种和精准施肥、施药,并掌握农业作物不同的生长时期的动态数据,及时调整农业生产措施。

3.注重提高农民信息化素养

总结典型经验,提升农户信息化素养的主要手段大体可以分为两种:一是线下的培训和实践。返乡青年、新型职业农民、传统型农民等,通过接受专门的技术培训和田间课堂的学习与实践,能够更多、更真实地发现农业生产过程中农作物生长的需求,将传统种植经验消化转换为普遍适用的种植规律,更好地运用农业大数据、农业智能化技术及设备来改善农业生产条件。通过不断提升农业信息化手段,减少人力、物力的投入,降低化肥和农药用量的同时提升农作物产量。二是提升农民自主获取农业信息的能力。通过开发政府网站、各类App、不同项目专家咨询服务团队、农业技术推广站等,为农户在农业生产过程中遇到困难时提供及时、专业的解释和指导,在解决问题的过程中,提升农户的信息化素养。同时通过有效的回复能建立农户积极寻求农业信息的主动性。

4.构建地区特色的建设模式

依据本地农村人口、地理环境、农业发展状况等的特点,国内外在发展农业信息化过程中的发展方向也各有侧重。国外大农场、农业合作社等组织的发展较为成熟,农业生产的地块等规模比较大,企业、服务机构等服务项目也比较成熟和全面,可以实现大规模地应用地理信息技术、遥感技术、智能化设备等。

而国内农业信息化起步晚,在农业信息化建设过程中,采取的大多是建设示范园区、智慧农业基地等形式,通过在示范园区内的信息化工作,重点研究发展当地农业特色作物。通过示范作用,寻找适合当地特色农产品、优势农产品发展的道路,辐射带动周边农户发展,探索总结优秀的农业信息化道路,补齐农村缺少专业人才、基础设施薄弱等短板,提供多种形式的农业信息化服务。

三、优化日照市农业信息化服务体系的对策分析

本文针对目前日照市在农业信息化服务方面存在的问题,分析产生问题的原因,借鉴国内外农业信息化服务的先进经验和典型做法,最终总结提出了一系列优化完善日照市农业信息化服务体系的对策建议。

(一)激励市场主体参与服务

在日照市农业信息化发展和服务提供的过程中,社会和市场参与度的提高有助于给农民等农业信息化服务客体提供多元化、综合性的服务,从而推动农业信息化服务体系中的服务主体能够更有选择性,服务客体获得更好、更精准、更具当地农业产业特色的农业信息化服务。

1.鼓励非政府组织积极参与服务
(1)确定政府在农业信息化服务中的主导地位

日照市应从完善各项政策、协调各个部门、整合信息资源、落实法律法规和加强监督管理等方面,给予其他服务主体鼓励、引导、支持和协调,从而为农业信息化水平的提高和农业信息、科技信息及时、准确和高效地传递到有需要的农业经营者手中提

供政策、制度和机制保障。积极统筹组织涉农政府部门、科研院所、企业、农民合作组织的服务力量,探索农业生产规模化生产和农业信息服务多元化的模式。

(2)积极引入市场竞争机制

日照市政府在主导农业信息化服务的过程中也需要进一步厘清政府与市场中非政府组织各自的职责和作用:政府主导、统筹农业信息化在本地的整体规划和发展方向,减少对具体事务的过多干涉,稳定当地农业信息化发展和信息服务发展的方向;发挥当地科研院所等技术单位的优势,利用新技术、新方式等研究和发掘当地农业生产的潜在优势,并通过解释和运用相关技术、方法服务于当地农业信息化。

2.服务以农业生产实践为依据

(1)精准定位所服务的农业对象的需求

依据日照市独特的地势条件,在平原、丘陵、沿海等地区提供不同的农业信息化服务,辨别对象是普通农户还是实现规模化生产的企业、合作社、家庭农场等,辨别信息需求是农业生产过程中水利、地理、气象等哪种信息资源,以及种植过程中农作物的种子的选择、生长过程中施肥施药的用量控制、农作物收获后的加工、运输和存储等。

(2)在农业生产的全过程中利用农业信息化实现精准农业

对地块小区的差异性进行定性和定量的分析,分析影响产量的原因,采取经济上有效、技术上可行的调控措施,按需精准调控农作物生长,为农作物生产管理过程的各个环节提供科学的决策,最终达到优化生态环境、降低生产成本、合理利用资源、提高农作物产量和质量的目的。日照市目前对智慧农业、农业信息化生产的应用和管理过程,需要及时收集数据和信息,总结有效方法、方案,为未来精准农业的推广积累典型做法和普遍做法。

3.提升规范化服务水平

(1)加强顶层设计

注重发挥制度和法律的作用,依据本市农业生产发展的趋势和不同地域农业生产特点,制定并运行本市农业发展的信息服务制度,明确各服务主体的可提供的服务项目的范围,同时制定对涉农政府部门以外的服务主体提供服务时可以或应当获得的补贴制度、支持政策等。

(2)优化农业信息化服务流程

农业信息化服务要坚持以人民的需求为导向,明确并简化农业信息化服务的流程,减少不必要的重复,依托政府工作各网络平台,做好数据的收集汇总、分析分类、及时处理、逐项督办等步骤,注重发布信息的真实性和时效性。

4.服务农产品产销双发展

(1)通过信息服务拓宽农产品销售渠道

通过企业等自主创新种植和管理技术,专家团队线上、线下服务等,做好农产品品质控制;通过互联网媒体、电商平台等增加农产品销售渠道,改变传统的主要靠粮食经理人收购并转卖的销售方式;通过更统一和直观的平台展示农产品价格在一定时间段内的变化情况,帮助小农户了解农产品价格走势。

(2)推动三产融合发展

日照市作为沿海城市,具有文、旅、渔等产业的发展优势,拥有一处国家级旅游度假区(山海天旅游度假区),沿海地区已经出现一批果蔬采摘+观光旅游、"茶·旅·渔"融合发展的特色产业,以及一批精品民宿,可以体验田园生活或者海边旅游,同时以五莲山区为代表的樱桃种植产业也颇具规模。

(二)完善农业信息化服务平台

面对庞大的数据,必须制定合适的标准,规范信息的采集和分析,整合农业信息资源,加强不同部门、平台间的信息交换和共享,减少数据重复,更有效地利用现有的设施和资源。

1.规范信息采集和分析

(1)数据采集要注意信息的一般性和特殊性

注意对采集农业信息人员的培训,规范采集信息的范围、流程等,保证农业信息的质量。日照市农业信息的采集要注重深度挖掘绿茶等特色产业的微观信息,注重提升日照市绿茶等在国内、国际市场上的竞争力,解决日照市农业信息采集的被动情况。在涉农政府部门的公开网站开辟农业科教栏目,注重采集和指导农民生产、真正适用于农业的信息,有助于协助农民生产经营的决策分析。

(2)提升信息分析和处理的权威性

一是对于农民急需的科技、农产品市场、加工信息的分析工作及时跟上,改变简单发布未加工的农业信息的现状。通过培养的专业人才、建立的专家库、完善的信息服务队伍等,对农民最需要的信息进行研究和分析;二是加强全局性、规划性信息的采集处理,建立更多的类似绿茶臻选联盟这样的共同发展组织,提升农业信息的质量,打造日照市农业特色品牌。

2.加强农业信息整合

(1)加强农业大数据库建设

积极完善农业各种信息服务的网络平台,使农户通过线上或线下的渠道都能通过相关平台直接或间接地获得农业信息服务。最终实现各种农业信息资源高效流通和使用,有效整合涉农服务资源,建立涵盖农业信息采集、分析、发布、应用的数据平台。无论是科研院所的科研人员、企业的技术人员、专业对口人员、农业种植的好手,还是农业信息化服务相关研究成果,都可以列入日照市农业专家数据库中作为补充。

(2)发挥适度规模经营单位的作用

日照市可以借助发展农业适度规模经营,积极培养农业生产方面带头人,通过规模化发展,减少小农户在农业信息化发展过程中的劣势。发挥适度规模经营单位的作用,有效地收集当地农业生产信息、整合当地农业生产资源,减少人力、物力的投入,推动现代农业的发展。

3.多部门信息资源共享

(1)政府主导打破信息壁垒

日照市应明确涉农信息的统筹负责部门,促进涉农政府部门之间,涉农政府部门与农业企业、农业科研机构、农业院校之间进行农业信息资源管理,各部门科学定位、各司其职,又能在统一领导与协调下,在信息采集、分析、传递、管理等方面合理分工,通过统一的综合性平台向农业生产者提供全面、易获得、时效性强的农业信息支持与技术支持,提升农业生产经济效益。

(2)明确农业信息资源框架体系

由统筹部门促成农业信息资源的共享后,应当梳理涉农相关资源的目录,减少后期部门或平台协调、配合过程中数据混乱等情形,形成流畅、丰富共享的农业信息资源体系,使农业资源更好地服务农业生产实践。

(三)开展高效的信息服务

信息的真实、有效、安全和及时等基本要求,是高质量农业信息化服务的基本前提。以涉农信息大数据为基础,规范各服务主体农业信息资源的采集、处理和发布,利用多种渠道、多种途径发布农业信息,关注农业信息的动态更新和服务更新。

1.发展农业信息通信服务

(1)进一步发展农业信息服务网络

在日照市全部行政村已经实现通有线电视、通宽带网络的情况下,结合益农信息社和农技推广服务中心,在农村地区提供集体公益服务、便民服务、电子商务、培训体验等信息,集中开展信息入户工作,健全完善农业信息服务网络,实现各类网络互联互通,解决信息传播问题。

(2)完善农业移动终端服务

日照市政府结合日照市不同县(区)农业产业特色,建设综合性农业服务平台,提高农业信息化服务水平,通过农业移动终端更好地满足农户对生产信息的需求。同时在平台分别提供适合小农经济发展和适合农业规模化发展的信息资源，完善线上咨询服务，通过引入专家库和组织专门服务人员，结合大数据、云计算等技术，及时、专业地解答农业生产过程中的大小问题。

2.多渠道发布农业信息
（1）农业信息的发布做好线上和线下的结合
日照市应充分通过原有的村委广播、各村微信群等发布即时性农业信息。用多种方式拓宽信息线下发布渠道，满足缺少手机、计算机等终端设备的农户对信息的需求。在此过程中会产生信息时效延迟问题，这需要通过属地管理、行业管理等多部门，电视、电话、广播、微信等多途径及时通知到农业生产经营主体。
（2）完善配套的服务队伍
建立线上农业信息咨询服务队伍，减少线上咨询流程，弥补日照市缺少农业信息服务专门人员和专业队伍的不足。通过咨询服务，使网络端和手机端的用户了解农业信息，从农作物播种前的准备到种植后的田间管理，到农产品的收获、加工、销售、储存等全过程，使农户获得有效信息或有效解决农业生产过程中产生的问题。

3.重视农业动态信息更新
（1）及时更新共享横向信息
一是日照市涉农的多个政府部门，部门工作中的各自负责的农业信息资源、农业政策和要求的更新需要及时进行共享。二是农业信息服务系统中涉农政府部门、科研机构、企业、农业合作组织、农技服务中心等服务和工作人员的更新、服务和工作人员储备的技术、农业智能化设备的更新换代等。
（2）及时捕捉和更新纵向信息
一是定期更新农业相关政策、技术指导等。例如，每年的农业统计数据、农业生产政策的改变、"三夏""三秋"等不同季节的农业信息化技术要求和支持等信息。二是即时性、时效性极强的农业信息及时通过多种途径进行动态更新。构建利益共同体，加强各方交流与沟通，对突发的天气状况、农业生产过程中各要素的实时变化和应对措施及时进行发布。

（四）加大人才的培养和引进力度

农业信息化服务体系的组成让我们看到服务的主体和客体对农业信息资源、智能化设备、信息化技术等的利用，实现优质的农业信息化服务离不开人才的培养这一环节。

1.提高农民信息化素养
（1）积极开展涉农培训
在日照市现有的高素质农民教育培训的基础上，充分利用已经建立的高素质农民培训基地和田间课堂,有针对性地为相关人员培训日照市本土特色农业,注重培训课堂中的动手能力、信息交流等,最重要的是不能忽视培训结束后的服务,不能以课时的结束作为培训工作的结束。

(2)提升农民信息化意识

涉农相关部门应选择农户较多关注和较长时间收看、收听的电视节目、广播等栏目,在合适的时间段播放农业信息化的相关政策和农业生产的动态信息,满足农户进行小规模农业生产的需求。必须调动农户开展农业生产的积极性,通过总结日照市农民专业合作社、家庭农场等新型经营主体的生产经营模式,整合土地资源,调动农户种植积极性、学习信息化的积极性。

2.重视专业人才培养和善用

专业的人才能够有效衔接农业信息化服务的主客体和农业信息化发展的各个环节。农业信息化技术人才培养是保障农民信息技术掌握的关键,通过信息化技术,人才可以有效为农民提供信息化技术指导。

(1)完善农业职业化教育

一是通过成立或者支持成立专门的农业职业教育培训机构,培养理论知识和操作技术等农业信息化素养水平较高的新型职业农民,提升农业生产过程中的信息化水平。二是加强对农业信息技术人员进行信息素质培训,培养复合型专业人才,使其既能了解农业发展情况,掌握农业生产技能,又能了解农业信息化技术的应用情况。

(2)善用农业方面专业人才

一方面将专业的人才放到适合的岗位上去,使专业技术指导农业生产实践;另一方面培养复合型人才,完善人才鼓励机制,加强统筹协调农业生产相关方面、各类资源,增强掌握农业信息化手段和技术的复合型人才的培养。

3.积极引进高素质人才

通过多种激励措施、政策补贴、项目支持等,研究服务体系中紧缺的人才类型,积极运用各种招聘会、"招才引智"项目等,吸引农业信息化方面的高素质人才到日照就业。

通过农业高素质人才的招引,补充完善农业信息化服务队伍,同时高素质人才对信息化服务队伍中其他成员也能发挥积极的指导和引领作用。在招引过程中,应给予高素质人才在农业信息化服务中进行创新的空间,充分发挥他们思维的灵活性,跳出日照市固有的信息化服务模式,推动农业信息化服务更加有活力和灵活性。通过引进高素质人才,实现农业人才的双向流动,既能强化农业信息化服务队伍,又能提供更多的工作岗位,给予农业信息化人才运用自身所学的机会。

山东省C县小微企业纳税服务研究

王宝宁

（学号：1120213357）

在新时代税收建设的大背景下，因新冠疫情防控常态化以及进出口受阻等因素，小微企业的发展面临极大的挑战，也对当前的小微企业纳税服务提出了更高要求。只有实现税务机关与小微企业的供需匹配，解决了两者之间的供需不对称问题，实现两者供需对等，才能提高纳税人的满意度。税务部门要突破时间和空间的枷锁，了解小微企业纳税人对于新时代纳税服务的多样化需求，寻求新的纳税服务路径和渠道，使得小微企业纳税服务满意度以及税收遵从度实现质的发展。

一、C县小微企业纳税服务现状分析

2017—2022年，税务系统深化"放管服"改革，进行国地税合并，不断加大和扩大减税降费的力度和规模，持续改进纳税服务，优化税收营商环境。理论上来说在一定程度上节约了征纳成本，进而促使征管效率得到了提升，基层税务机关的小微企业纳税服务工作水平也得到了进一步提高。然而从实际情况来看，自"放管服"改革、减税降费组合式税费政策出台至今，当地税务机关的小微企业纳税服务工作有所改进，但还是留存很多问题。

(一) C 县小微企业纳税服务现状

在"放管服"改革、减税降费组合式税费政策出台的背景下,C 县税务局在向小微企业纳税人提供纳税服务时,会站在小微企业的视角上,充分了解小微企业的需求,树立以小微企业纳税人为中心的服务理念,多渠道拓展服务方式,积极探索各种提升小微企业纳税服务的举措,使其提供服务的方式和水平皆迈上一个新台阶。

1.所采取的举措

面对经济下行、税收下滑以及大量的减税降费新政策下的压力,C 县税务局稳住税收阵地,有条不紊地对各种资源进行分类整合,并同时加强对于新政策的学习,提高业务水平,具体做法如下:

(1)梳理整合现有资源

"放管服"改革、减税降费组合式税费政策出台后,C 县税务局改造升级办税服务厅,对现有的办税资源进行了梳理整合,构建了窗口、导税、自助、网络、等候"五位一体"的现代化办税体系,推广应用电子税务局、"鲁税通"和 24 小时自助办税厅。

(2)多种方式进行宣传

在办税服务厅外开展"进校园、进社区、进街道"等多种形式的公益性税收宣传活动,积极落实服务小微企业专员制度,持续发挥税收专家顾问团队作用,开展"一把手走流程"暨"当一天纳税人"专项活动和春风暖心大走访活动,成立 8 支青年宣讲服务队,深入企业送"礼"入户,为 1.8 万余户小微企业送上"助发展·稳增长"税费服务大礼包,实现小微企业全覆盖。

(3)详细解读各种减税降费优惠政策

国家自 2019 年开始,为支持企业发展宣布减税降费专项活动启动,至今已 4 年有余,这几年间颁布了非常多的减税降费组合式税费政策。为此 C 县税务局成立减税降费工作专班,对相关政策进行研读,之后整理出详细的政策解读手册,发放至各分局,由各分局组织专员向小微企业纳税人解读。

(4)聚焦业务学习和操作培训

一是聚焦小微企业新政变化和征管操作规定等内容,开展办税服务厅窗口人员和税源管理一线工作人员的业务学习和操作培训,确保一线税务干部先学、先懂、先会,顺利辅导纳税人办理相关业务。二是在强化干部培训的基础上,通过电子税务局、电话、钉钉、微信、短信等渠道,向小微企业纳税人推送政策解读和征管实操,与纳税人逐户对接,精准连线,就政策业务、纳税申报、发票开具开展"三位一体"辅导。

2.取得的成效

面对经济下行、税收下滑以及大量的减税降费新政策下的压力,C县税务局立足本县小微企业的发展实际,通过一系列的举措,推动小微企业纳税服务水平稳步提升,取得了一定的成效。

(1)提高了办税效率和纳税人满意度

经过梳理整合现有资源,以及建成的"五位一体"的现代化办税体系,共落实5类20项121条小微企业便民办税措施,实现"非接触式"办税占比例达96.6%,使得资源的利用率得到了极大的提升,纳税服务流程得到了极大的优化,办税效率也得到了极大的提高。

(2)提高了小微企业纳税人的纳税意识

开展了针对小微企业的多种形式的宣传,一方面把国家的各项政策真正地落实到位,使其开花结果;另一方面让小微企业纳税人了解和掌握与自身相关的各种税收政策,从而提高了小微企业纳税人的纳税意识,让小微企业纳税人真正参与到国家的"放管服"改革和减税降费中来。

(3)使得各种税收优惠政策真正落地生根

使国家的各种政策经过解读,变成通俗易懂的语言,为小微企业纳税人享受政策提供了前提条件。2019年至2022年,小微企业享受的减税降费金额逐年增加,这极大地缓解了小微企业的资金难问题,提升了小微企业的竞争力,促进了小微企业的健康成长。

(4)征纳双方的业务知识水平同时提升

仅2022年一年,C县税务局针对内部人员就进行了8次业务能力考试和40余次业务培训。通过学习和培训,一线工作人员的业务能力稳步提升,提高了办税效率。2022年通过各种方式对小微企业纳税人共培训20余次,这些业务及操作培训,满足了小微企业纳税人多种需求。

(二)C县小微企业纳税服务调查分析

虽然C县税务局针对当地的小微企业已经采取了一些措施,并取得了一定的成效,但是,对于当地的小微企业纳税服务的实际情况了解得还不够清楚。为了进一步掌握当地小微企业纳税服务情况,特开展此次调查问卷,以期清楚地掌握小微企业纳税人对于当地税务机关纳税服务的真正需求与建议。这次问卷调查采取纸质问卷与电子问卷相结合的方式,委托第一税务分局的前台人员在大厅向小微企业发放纸质问卷,委托各分局的税管专员向小微企业发放电子问卷。纸质和电子问卷共计发放360份,收回调查问卷336份,具体情况及分析如下:

1.小微企业纳税服务满意度调查

经过对两种调查问卷的整理分析(如图1所示),不难发现C县小微企业对于税务机关提供的纳税服务总体满意度较高。然而从调查结果来看,虽然总体不满意度较低,但还是未清零,这也表明税务机关的纳税服务工作还有待进一步探索与提升。从图中我们可以清晰地看到在税务宣传工作和大厅前台人员办税效率方面,不满意度较高,达到了15%以上,这也从侧面说明了在为纳税人办理涉税事项时,税务工作人员效率较低,在向纳税人进行税收宣传时未宣传到位。工作人员为小微企业纳税人受理纳税人的投诉、建议和办理涉税事项时的服务态度得到了纳税人的充分肯定,满意度较高,达到了90%以上,然而"非常满意"指标不是很高,因此在受理纳税人的投诉、建议和办理涉税事项时的服务态度要精益求精,把纳税服务工作真正做到纳税人的心坎里。

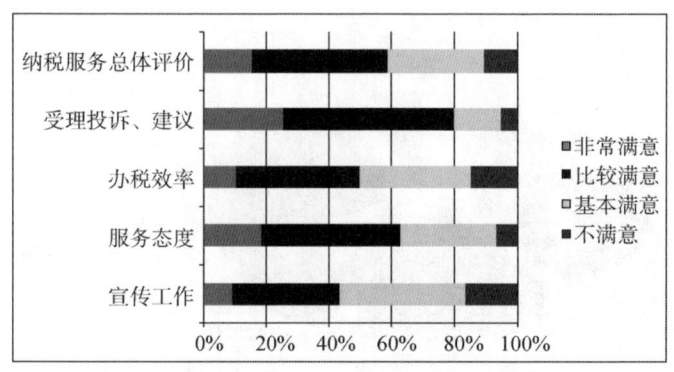

图1 C县小微企业纳税人满意度调查统计图

2.纳税服务需求类调查

整理调查问卷的第三部分需求调查,不难发现在"放管服"改革、减税降费组合式税费政策出台后,C县当地的小微企业对税收优惠政策的了解需求急剧上升。在税收业务知识方面,67%的小微企业最想了解通俗易懂的税收优惠政策的详细解读和刚刚颁布布的政策,20%的小微企业想了解税务的处罚规定,13%的小微企业想了解税收业务办理流程和其他的知识(如图2所示)。

经调查问卷分析可以看出,对于小微企业来说,网上远程培训、上门"一对一"辅导和线下专题培训是最受其欢迎的,占比分别为41%、30%和15%(如图3所示)。由此可见,小微企业纳税人紧跟时代步伐,对于网络方式的宣传辅导和有针对性地宣传辅导是很喜欢的。

经问卷调查可以发现,纳税人遇到与税务有关的问题时,绝大部分人选择联系税务机关,也有少部分人联系税务师事务所等中介机构或者向熟人请教,这部分人

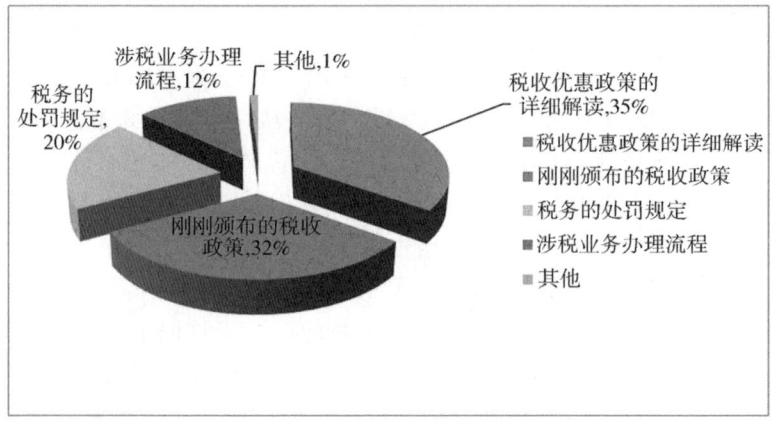

图 2　C 县小微企业税务知识需求统计图

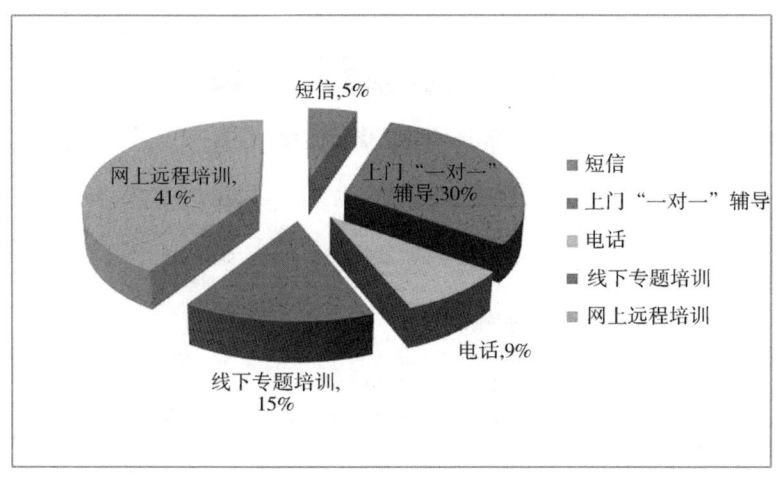

图 3　C 县小微企业税务宣传方式统计图

占比分别为 8%、6%（如图 4 所示）。这个调查结果表明纳税人有税务问题会第一时间想到税务机关。

通过问卷调查结果可以发现税务机关在税收宣传方面存在的主要问题。有 45% 的纳税人认为政策用语较为专业，缺少解读，理解起来有较大困难；30% 的纳税人认为政策更新不够及时；17% 的纳税人认为政策缺乏行业和规模分类；8% 的纳税人认为政策获取不够便捷（如图 5 所示）。这也从侧面反映出尽管税务机关前期已经做了一些准备工作，对一系列的小微企业税收政策进行了分类整合，然而对税收宣传资料的解读以及更新速度仍与小微企业纳税人的期望有一定的差距。

在办理涉税业务的过程中，就"您如何评价减税降费组合式税费政策出台后的涉税资料报送问题？"绝大多数纳税人感觉减税降费组合式税费政策出台后报送的资料少了很多，所需要的办税手续也少了。只有 7% 的纳税人对于资料报送和流程

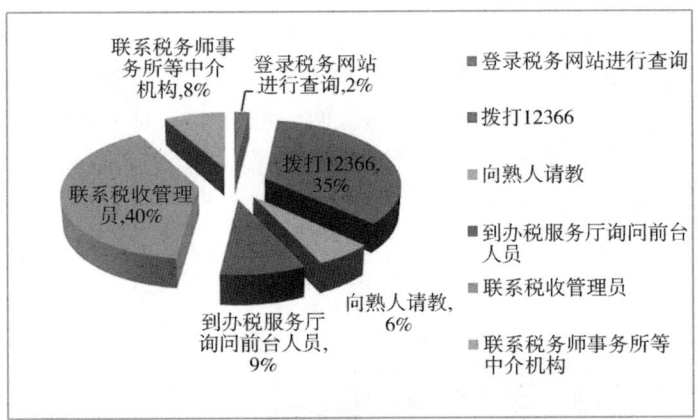

图 4　C 县小微企业解决涉税问题渠道调查统计图

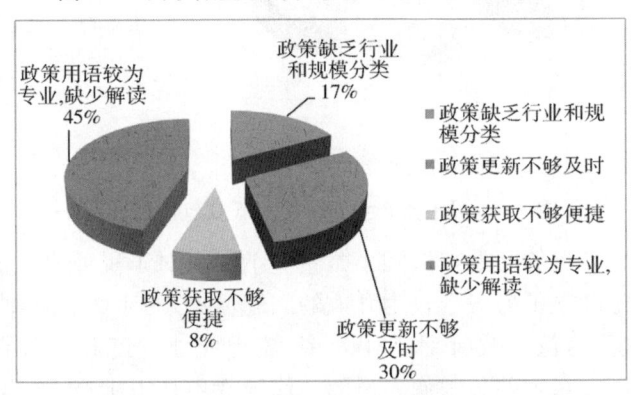

图 5　C 县小微企业税收宣传工作情况统计图

的问题不满意(如图 6 所示)。这显示在减税降费组合式税费政策出台后,所需纳税人报送的资料确实少了很多,手续也简化了不少。

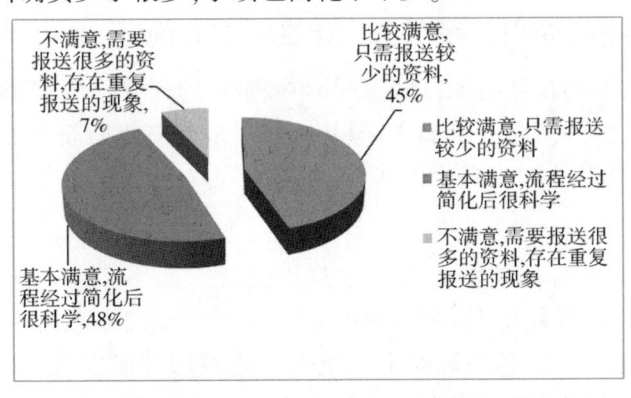

图 6　C 县小微企业涉税资料报送情况统计图

3.纳税服务建议类调查

从调查问卷的调查结果看,首先在小微企业纳税人对于税务机关的建议方面,办税效率有待提高;其次要通过多种方式加强预约服务,对于窗口数量来说,税务机关可以实行窗口数量弹性制,根据需要及时调整。总的来说,税务机关对于小微企业的纳税服务水平仍需提高(如图7所示)。

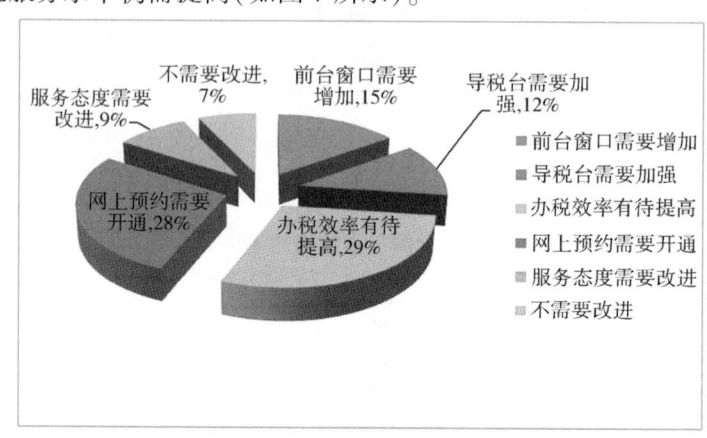

图7　C县小微企业涉税相关服务建议统计图

在建议方面,本次的问卷在询问小微企业纳税人对于税务机关的建议时,除了上一个问题外,还设立了另一个较为开放的问题,以方便小微企业纳税人充分表达自己的需求。这些建议主要针对工作效率、流程便捷程度和税收宣传三个方面。首先,有部分纳税人对于部分工作人员的工作效率不是很满意,认为人员素质有待提高;其次,流程便捷程度不够,重复报送的问题还是未杜绝;最后,关于税务机关的税收宣传方面,税务局要进一步加大宣传力度,及时更新政策。

(三)C县小微企业纳税服务中存在的主要问题

根据调查问卷的统计结果,结合C县小微企业的现状,可以发现当地纳税服务工作针对共性层面的问题有所解决,但是针对当地具有小微企业特色的问题基本未解决。因此,就当地的小微企业来说,税务机关为其提供的纳税服务还有以下不足。

1.小微企业的纳税服务需求得不到满足

C县税务局立足"增效"挖掘纳税服务深度,研究制定标准化、规范化的办税服务。然而在一定程度上,这些标准化、规范化的办税服务很难与灵活多变的小微企业的纳税服务需求相适应。由于小微企业自身的特征,相较于大企业来说,它的纳税服务需求是有特点的,小微企业纳税人对于大企业来说了解的税法知识也是较少的,并且征管法对于大企业和小微企业的规定也是不同的。因此,所有纳税人共同享受到的标准化、规范化的办税服务,虽然能在一定程度上解决小微企业的某些纳税服务问题,但是,税务机关推出的这种普惠性、共性的纳税服务与小微企业的契合度是非常低的,为小微企业纳税人解决的问题非常有限,一般适用于变化较小的大企业。对于这些标准化、规范化的服务来说,不会给予小微企业合适的对待。

2.纳税服务的税收宣传效果不佳

之前,税务部门把主要的注意力放在促税收、保增长上,一直坚持着"为国聚财、为民收税"的理念,注重收税的结果,侧重于管理,忽略了收税过程中的服务。现在很多时候进行纳税服务时,也是按照既定的流程走下去,让纳税人感觉不到温暖,纳税过程没有温度。税务部门在按文件和政策规定进行纳税宣传时,有些时候也只是把宣传当作考核的指标,为完成而完成,不对其上心和创新,只要按流程走完所有的宣传步骤,就意味着这次宣传完成了,没有真正考虑小微企业纳税人的需要。新的税收政策出台后,即使在税务机关内部一般也是对口科室对此政策熟悉,其他科室则对此不甚了解,所以税务机关自身也存在一些因素导致税收政策宣传不及时。基层税务机关通过"线上+线下"相结合的形式开展多样的税收政策宣传活动,然而这些宣传不能得到纳税人的积极回应,导致宣传取得的成效有限。

3.工作人员综合素养不高

通过整理调查问卷的结果来看,税务人员自身的业务能力以及素质都与小微企业纳税人的期望值有一定差距,后者反馈的满意度不高。税务人员工作素养不高的问题主要表现为:

(1)业务能力不足,综合能力不强。税务人员有时面对纳税人的询问时,对于税收政策理解不到位,回答模棱两可,甚至对税收政策不了解,无法立即回复,需要辗转几个人,甚至几个科室,耽误了小微企业纳税人的宝贵时间。

(2)办税效率不高,因为前述的业务能力不足、对于业务知识掌握不扎实等问题,就使得效率提不上去。同时,伴随经济社会的发展,纳税人的规模在逐年增加,税务人员缺乏,办税窗口较少,就导致纳税人需要等很长时间才能办完涉税业务,纳税人满意度自然上不去。

4.小微企业规避纳税风险服务不到位

C县税务局每年都会有大量的稽查评估案件,在这些案件中小微企业占比不低,尤其是增值税留抵退税政策开展以来,因小微企业纳税人对于政策不熟悉,又没有专业的财务人员,造成了享受退税政策后大量的小微企业缴回退税。就小微企业而言,可能绝大多数时候不是主观故意违反税收规定,而是由对于政策的不熟悉、不了解所导致的,因为小微企业一般资金规模较小,客观上缴税并不多,但是如果违规,相对于小微企业的经济体量来说,违规成本是很高的。因此,绝大多数小微企业主观上是不想违反税收规定的,但又缺乏专业的财税人员的支持,所以这就需要税务机关进行事前提醒,从而使小微企业规避违规风险。然而,就现在来看,税务机关在这一方面给小微企业提供的服务是很少的。

(四)存在问题的原因分析

通过研究 C 县税务机关在向小微企业提供纳税服务工作时所表现出来的问题,可以发现,产生这些问题的原因是多种多样的。从大的方面来说,税务机关作为纳税服务的提供方,没有完全履行责任;而小微企业作为纳税服务的接受方又因其自身的特征等对于纳税服务具有较高的要求,"放管服"改革、减税降费等大量税收政策的出台也为小微企业的纳税服务带来较大困难。

1.小微企业视角体现不充分

我国的纳税服务起步较晚,在"放管服"改革之前,税务机关还是以管理为主,忽视服务,即使现在,税务机关随着政府职能的转变而转变,对于服务还是重视程度不够。"管理"对于税务机关来说已经根深蒂固,要想转变需要一步一步走,因此,税务机关现在对于小微企业的纳税服务工作重视程度还是不够,这样也就不能满足纳税人独具特点的服务需求。

即使现在各级税务机关对纳税人满意度加大了关注,然而,在日常的工作中还是没有深挖小微企业的纳税服务需求,仅是流于表面,这就导致虽然税务机关向小微企业提供了纳税服务,但这些服务却不是小微企业需要的或想要的。而且目前我国的税收政策存在着这样一种现象:上级税务机关发布—下级税务机关学习—纳税人遵从。而这一现象也就导致了在整个政策的制定执行过程中,纳税人扮演的角色仅仅是执行,纳税人的心声在政策中未体现出来。

2.小微企业纳税服务重视程度不够

从税源的组成来看,小微企业虽然占据了一部分,但是相对于大企业来说小微企业的税源还是较少,而且小微企业因规模较小,转型困难,所以承受市场冲击的能力较小,进而使得其更新换代较快,税源确定较难且税源还较为分散。因此,对比大企业的税源情况来说,税务机关更倾向于大企业的税源管理,所以纳税服务工作也就向大企业倾斜。小微企业的自身架构对比大企业也不健全,财务人员不如大企业专业化,掌握的财税知识较少,税务人员与小微企业进行沟通时会花费更多的时间和精力,使得办税效率较低,因此一部分税务人员会自动忽视对于小微企业的纳税服务。此外,税务机关的管理观念尚未完全转变,对于小微企业的纳税服务重视程度不够。所以,如果对于小微企业纳税服务重视程度不够,也就不能满足小微企业的服务需求。

3.人才队伍建设的不完善

"放管服"改革、减税降费组合式税费政策出台后,基层税务部门工作人员的工作量激增。就C县小微企业的退税情况而言,在减税降费前,每月的退税笔数在300笔左右,而减税降费组合式税费政策出台后,有时一天的退税量就超过1 000笔,因此原有的退税岗位人员较难完成现有的工作量。同时,新政策的出台、更新速度加快也意味着工作人员需要花费时间去研读、学习、掌握。这样一边是巨大的工作量,一边是需要掌握的新政策,对税务工作人员提出了更高的要求,税务机关合理配置人员的同时需要提高单个人员的业务能力。而目前,就人员配置这方面来说,C县税务机关人员配置不够科学。通过调查发现,现在C县税务局的195名正式在岗干部中有155人是工商管理类毕业生,占到了总人数的79.49%,但取得"三师"资格中任意一种的仅7名。因此,C县税务局的人才队伍所掌握的综合业务知识较少,而且整体年龄偏大,46岁以上的税务干部占到了65%,这些税务干部接受新知识、学习新技能的速度较慢,培训也经常把他们排除在外,创新能力不足,甚至有的对工作缺乏积极性、主动性。

4.小微企业自身的局限性

目前,C县的小微企业人员构成复杂,员工中有较多的外来人口。统计数据表明,当地小微企业的员工数量约为14万,学历较低。小微企业的账目也不够清晰、规范,相关的财务人员所了解掌握的税法知识相对于大企业来说还是比较少的,对于新政策的掌握也不够及时,甚至有的小微企业并未配备专业财务人员,交由代账公司代为记账。这些代账公司人员构成复杂,一般由实习生或者年龄较大的会计组成,甚至有的代账人员都不是财会相关专业毕业的,而且由于同时对应多个公司,对于所代账公司的生产经营情况不甚了解,因此也使得相关的税收优惠政策传递出现困难,更有小微企业的财务全部由法人一手经办。因此,小微企业的财务状况整体堪忧,进而导致与各个小微企业相适应的税收政策无法真正实行,且财务人员的不专业也会在一定程度上影响税务工作人员的办税效率。

二、国外与国内其他地区小微企业纳税服务的经验借鉴

经过研究小微企业纳税服务的现有成果发现,各国、各地区有不少好的经验做法,对于这些优良经验,我们可以深入研究探讨,进而与当地实际相结合,最终形成具有地区特色的小微企业纳税服务。

(一) 国外小微企业纳税服务经验

国外对于小微企业纳税服务领域的探索起步较早,小微企业纳税服务的成长也到了一定程度,取得了相应的成果,建立了体系。通过梳理研究各个国家小微企业纳税服务的先进做法,可以进一步提升我国的纳税服务水平,尤其是小微企业的纳税服务水平。

1.英国:重视纳税人的特殊需求

英国不仅仅把纳税服务的注意力放在大企业身上,对于特殊的纳税人也给予高度的重视,站在纳税人的角度,了解其具体真实的需求,针对需求为其提供相应的纳税服务。特色化纳税服务主要包括:针对残疾人及特殊群体为其提供专属设备,比如为老年人提供放大镜、为盲人提供盲文及语言播报等,以及为外国人员提供经过翻译的注释及手册、为行动不便的纳税人提供上门服务等。英国政府的纳税服务对于群体的分类较为细致、完善,保证了各类纳税人的特殊需求都能得到满足,提倡"围绕客户的需求"开展纳税服务。英国只是针对纳税人的特殊需求对纳税人进行分类,而不是因为税额的大小对纳税人进行区分。

2.澳大利亚:实行长期的人才培养规划

澳大利亚政府认为税务人员必须紧跟时代的步伐,不断掌握新的知识技能,澳大利亚的人才培养机制是建立在模型算法的基础之上的,这样才能使得政府提前预测培养方向,使人才培养机制不断成长完善。该机制有三大特色:一是机制建立在模型算法基础之上,功能齐全,除培训外,还具有选拔、监督等功能,可以给税务机关提供一定程度的指引。二是不断收集实时情况,使机制不断完善,并对后续培训适时调整,以适应情况的变化。三是该机制在人才选拔上独具特色,不仅选拔方式多样,且选拔后对于人才会有一定的鼓励措施,且也会有更进一步的培训,形成人才培养的"链式模式"。

3.法国:进行多样化的税收宣传

法国把税收知识送进课堂,在初中生的课堂上进行税法知识的学习宣讲,所涉及的税法知识主要为基础性的、共性的,使初中生对税务有一个简单的了解。法国政府还向许多书店捐赠税法书籍及音像制品,与其约定免费为需要的人群提供借阅服务。并且在国内各地举行税收巡回演讲,向纳税人详细阐释、解读现行税法政策,并对纳税人的疑惑进行解答。法国会将各种税法知识做成视频影像,在各种场所进行播放。此外,对于税收宣传设立专门的项目,组织专员,专款专用,并在人员较为聚集的地点,设置宣传站,邀请社会知名人士对税收知识进行宣传,且及时回收纳税人的反馈。

(二)国内其他地区小微企业纳税服务经验

我国的纳税服务研究虽然起步较晚,但已经取得了一些成果,尤其面对"放管服"改革、减税降费带来的挑战,使得我国的小微企业纳税服务更进一步,某些地区已经出现了不少好的做法。

1.兰州市:"管家式"点对点讲政策

兰州市税务机关向企业提供"管家式"纳税服务指导。兰州市税务机关通过建立小微企业管家团队、短视频团队等使小微企业的纳税服务向全流程精准化转变,真正使得减税降费各项小微企业优惠政策落地生根、开花结果。当地税务机关为小微企业实行诊脉式精准化税收政策指引,让符合政策的小微企业享受到国家的红利。"管家式"小微企业纳税服务重在精准,"点对点""一对一"地向不同产业、不同情况的小微企业纳税人提供纳税支持。而且当地的小微企业对纳税流程和内容有任何问题,都能向当地分局的"管家"询问,对于电话等沟通方式难以讲解清楚的,将会有"管家"上门"点对点"讲政策,"一对一"解疑惑,确保辖区内的所有小微企业都在覆盖范围之内。

2.石家庄市:"不满意,请找我"

石家庄市税务系统成立"不满意,请找我"专项团队,此团队设立专岗,并有独立的热线,专门向有特殊需求或有困难的小微企业纳税人提供帮助。在办税大厅以及各乡镇分局都设立了专窗、专岗,为辖区内的企业快速发展提供扶持;对于需要几个科室协调的业务,纳税人可以直接找专项团队,由专项团队去快速联系,负责到底,最晚当日给予答复。"不满意,请找我"团队不仅承担着为小微企业纳税人提供特殊服务、解决纳税人的困难的责任,还承担着收集纳税人意见、建议,接受纳税人反馈的责任。"不满意,请找我"团队还深耕网络阵地,利用各种信息化手段,为小微企业纳税人提供电话、网上解惑,并利用网络传播速度快的特点,进行税收宣传。

3.东莞市:V-Tax远程可视化办税平台

东莞市税务机关大力实施"非接触式"办税,"网上办为主,V-Tax办兜底"的纳税服务新生态。经过前期的摸索研究,V-Tax系统逐渐成熟,基本上所有的业务都能在V-Tax系统办理,且因为是网上办理,对于资金规模较小的小微企业来说,为其节约了大量的时间、人力、财力成本。至今,东莞市税务机关及其当地的小微企业在V-Tax系统办理业务已成常态。V-Tax系统也极大地为前台人员缓解了办税压力,使得前台的办税效率得到了提升。V-Tax系统的出现,将税务机关的现有资源进行了梳理整合,形成了一站式的资源库。

(三) 经验借鉴

对各国和各地区小微企业纳税服务的优秀经验进行探讨和研究,能更好地为当地小微企业纳税服务工作的发展提供支持,现将得到的几个启示梳理如下:

1. 以小微企业的纳税服务需求为中心

税务机关要真正转变思想,在思想上从"管理"向"服务"转变,真正以小微企业为中心,重视小微企业纳税人的需求,顺应"放管服"改革的要求,建立起符合时代发展的现代税收理念。小微企业的需求多种多样,与大企业相比,具有明显的特征,税务机关提供的共性的服务不能满足小微企业的需求。需求得不到真正的满足,纳税人满意度也就不可能提高。因此税务机关要想提高纳税服务水平,获得较高的纳税人满意度,就需要真正了解小微企业纳税人特殊的、具体的需求,针对这些需求,及时调整纳税服务的方向。

2. 建立系统的人才培养机制

税务机关要高度重视人才的培养,进行专业的培训,提高税务干部队伍的整体素质。只有税务干部队伍的综合业务能力和实操能力提升了,才能应对更加纷繁复杂的税务政策,才能提升当地的纳税服务水平。当代税务干部除了要掌握税收知识外,还要能对数据进行熟练的处理分析,能操作高端信息化设备,驾驭前沿的信息系统。税务机关人才培养是一项长期的重要工程,要多借鉴其他地区的先进经验,建立起完善的人才培养机制。当然税务机关人才培养要有面向小微企业的部门培养机制,小微企业的纳税服务更具挑战性,这就对税务干部提出了更高的要求。在加强税务干部业务能力的同时,也要注重税务干部自身素质的提升。

3. 通过多种方式对小微企业进行税收宣传

小微企业因其自身的局限性,对于税法的掌握程度较低,因此,基层税务机关的纳税宣传工作对于小微企业至关重要,是绝大多数小微企业获取税收政策信息的主要来源。近年来,为了推动小微企业的发展,国家出台了大量的税收优惠政策,税务机关要通过多种方式将国家的税收优惠政策"送"到小微企业手中。税务机关进行税收宣传可以通过建立台账,集中开展"一对一"实地走访,对小微企业进行"面对面"的精准服务,还可以借助"综治+税治"双网格联动机制,着力填补当前信息化模式下税收服务宣传触角延伸盲点。

三、C 县小微企业纳税服务的优化对策

对小微企业纳税服务领域现有的研究成果以及从中得到的启示进行梳理和整合,结合 C 县当地小微企业的具体情况,提出以下对策,希望能够对 C 县小微企业纳税服务水平的提升起到推进作用。

(一)转变小微企业纳税服务理念

1.及时转变减税降费背景下小微企业纳税服务意识

"放管服"改革和减税降费组合式税费政策出台,为更多小微企业提供了机遇,也带来了挑战。我们应该抓住减税降费的机遇,从现有的税务干部中筛选出经过减税降费重大任务检验的、表现突出的、业务能力和纳税服务意识较高的人才,予以表彰,树立榜样。当然,对于部分不思进取、因循守旧的人员,也要进行批评教育,使其借助这次重大任务,积极转变纳税服务意识,从而提高税务部门的整体纳税服务水平。借助减税降费重大任务,通过各种小微企业优惠政策的落实,实现基层税务机关针对小微企业纳税服务意识的转变。

2.倡导全员、全过程的小微企业纳税服务理念

基层税务机关的全体工作人员要放弃原来的管理理念,真正把纳税服务的理念融入日常办税流程的工作中。在与小微企业纳税人打交道时,不能继续以管理者的姿态出现,而要以服务者的姿态,切实想纳税人所想,急纳税人所急,真正伏下身子了解到小微企业的真实需求。同时,也要抛弃原来存在的纳税服务仅是前台工作人员服务的错误思想,当代的小微企业纳税服务已不仅仅局限于前台办税人员提供,因为小微企业的特殊性,基层税务机关的所有工作人员都要参与其中,真正落实首问责任制,任何股室都不能置身事外。

3.树立以小微企业为中心的纳税服务思想

要想树立以小微企业为中心的纳税服务思想,一是需要税务机关把纳税服务思想由管理转向服务,在与小微企业纳税人打交道的过程中,要主动亲近、帮助小微企业纳税人,使其感到纳税的温度,对于小微企业的真实需求要给予高度的关注,使得纳税服务由原来以征收到税款为目的变为以小微企业需求为导向。二是需要树立平等的观念,此处的"平等"包括两方面的含义:一方面是对于小微企业不能因为其税源分散、单个企业纳税较少、财务制度不健全、规模较小等因素,就把

它与大企业区分开来,搞区别对待;另一方面是指在纳税服务中,工作人员与小微企业纳税人要处在平等的基础上,工作人员不能以管理者或上级的姿态出现在小微企业纳税人的面前。三是在为小微企业办理业务时,要注意保护其合法权益,不泄露纳税人的身份信息、商业信息,严格按照征收管理规定执行。

(二)多渠道拓展小微企业纳税服务的维度

1.以小微企业需求为导向开展纳税服务

基层税务机关在实行纳税服务时,要以小微企业的需求为导向。其具体做法如下:一是全方位、多渠道掌握各个小微企业的不同需求,以保证在政策的宣传落实上具有差异性。基层税务机关在平时的工作中,要加大对小微企业的关注度,通过访谈、实地考察等多渠道了解小微企业的需求,建立完善的小微企业需求收集传递机制,保证税务部门可以准确掌握小微企业的脉搏。二是建立需求分析机制,对于每个小微企业的需求,要有对应的专家团队进行跟踪。小微企业的需求是多种多样的,这是由其自身决定的,很多需求需要进行分析,才能发现根本。三是建立需求快速反馈机制。收集需求、分析需求都不是最终的目的,而最终目的是对小微企业纳税人的需求给予及时反馈,满足其需求。

2.深耕小微企业税收宣传工作

税务机关要高度关注税收宣传,注重宣传效果,持续深耕小微企业税收宣传工作。一是加大宣传力度。税务机关要主动作为,打足政策辅导"提前量",及时筛选、统计可享受税收优惠的企业名单,多渠道精准推送,及时跟进政策享受情况,让纳税人实现从"拿着政策问"到"政策追着走"。二是要多渠道开展宣传工作。各种政策出台后,税务机关要快速响应、主动对接,第一时间对小微企业开展"一对一"纳税缴费服务,上门为小微企业开展政策辅导、答疑解惑,成立青年惠企政策宣讲服务队,深入小微企业开展政策宣传,上门送达"助发展、稳增长"税费服务大礼包。三是精准投放宣传政策。充分发挥智慧税务作用,积极利用大数据、人工智能、移动互联网等现代信息技术,基于小微企业纳税人、缴费人申报数据、发票数据、登记数据等大数据"全量"分析,确定筛选条件,针对不同行业、不同规模的小微企业进行"标签式"分类,实现宣传辅导精准投放。

3.压实"责任"挖掘纳税服务深度

基层税务机关要进行高点定位,将小微企业纳税服务工作作为落实中共中央办公厅、国务院办公厅深化征管改革意见的精细服务要求的重中之重和"一把手工程"抓稳抓实,要成立由主要负责人任组长、分管领导任副组长、各单位负责人任小组成员的小微企业纳税服务提升工作领导小组,对小微企业纳税服务工作进行调查部署,制定责任清单并抓好落实。各单位负责人要严格落实主体责任,狠挖纳税服务深度,结合以往小微企业纳税服务工作的痛点、堵点、难点,分级分类、精准分析、个性辅导、协调应对。各部门统筹协作、密切配合,凝聚合力,真正形成各负其责、齐抓共管的良好局面。

(三)加强税务机关人才队伍建设

1.科学合理配置人员

C县税务局要重新研究人员配置,进行全局人员一体化管理,建立团结高效、步调一致的优秀团队。一是深入了解各工作人员的专业类别和专业特长,以及其性格特征等,据此进行科学合理的分类,使得税务干部充分发挥每个人能力的同时还可以把所有人的能力聚集起来,拧成一股绳,形成劲往一处使的良好局面。二是重点岗位,重点配备。对于退税岗位、前台岗位、政策岗位等易于接近小微企业纳税人的岗位,进行重点关照,不仅在数量上进行倾斜,还要在质量上进行把关,让税收知识丰富、业务能力精的税务干部冲在一线,在有效帮助小微企业纳税人的同时,也有助于对税务干部自身进行锤炼,从而进一步提高自身的素质。

2.加强业务知识和能力培训

C县税务局可以打破科室壁垒,规定干部一年轮岗一次,且县局机关干部要到基层分局进行锻炼,从而真正了解小微企业纳税人。还可以在全局范围内举行税务大讲堂,按科室轮流讲课,使各科室的业务知识在全局范围内轻松流转,不受阻碍,形成人人可学、人人爱学、你追我赶的学习氛围,夯实税收知识的基础。而且轮流讲课的形式也可以使讲课人所掌握的好的办税技巧在全局范围内进行传播。业务能力的提升需要一步一步去积累,在平时的工作中,要善于发现问题,并去想方设法解决问题。还可以通过缴税流程实操、退税流程实操等比赛,去提高其实操能力,充分运用所学知识,平时多练,用时才能信手拈来。目的是为小微企业提供优质的纳税服务,从这个角度来看,始终保持良好的态度与纳税人沟通也是业务能力的一部分。税务局可以组织礼仪培训,特别是加强对前台和12366人员的培训,使其始终满怀热情与小微企业纳税人进行沟通。从而在一定程度上获得纳税人的好感,使得办税更加顺利,政策更好落实。

3.完善监督考核激励机制

(1)制定小微企业纳税服务考评标准

在对全局范围内的纳税服务工作进行考核时,必须将各个企业的需求是否得到满足作为考核的重中之重,且每个企业无论规模大小只代表一个指标,因为只有这样做,才能在监督考核这一块对工作人员形成促进,促使工作人员的关注度不仅仅停留在大企业身上,也需要且必须放在小微企业的纳税服务上才能取得好的考评成绩,因为在C县小微企业的数量是绝对超过大企业的。考评标准及任务的分解也不是越细越好,要借鉴其他地方的考评方式,制定考评标准不是为了极致追求任务的细化,如果这样考评所需的人力、物力可能急剧上升,造成资源的浪费,要时刻牢记制定考评标准的目的是督促税务干部时刻以小微企业为中心,以小微企业纳税服务需求为导向,以积极的工作态度和饱满的工作热情投入税务工作中,为小微企业提供优质的服务,进而推进C县税务局小微企业纳税服务水平的稳步提升。

(2)引入外部考评机制

考评工作不能仅仅局限于内部考评,这样无异于闭门造车,容易出现有错而不自知的情况,因此,我们还要积极引入外部考评,使其与内部考评相辅相成,互为补充、完善,形成一个有机的整体。在一定程度上通过引入外部考评,可以减少徇私舞弊的现象,从而保证考评结果的公平、公正。外部监督的人员构成包括县人大代表、专家、县特约监督员、第三方审核机构、小微企业纳税人等。对考评结果负责应该以外部监督为主,内部监督为辅,充分发挥外部监督的公正性特征。

(3)考评要日常化

考评要日常化,尤其是对于小微企业纳税人满意度的考评,不能到年底仅进行一次考评,要进行旬考评、月考评制度,这是由纳税人满意度的特点决定的。我们进行考评不是为了考评而考评,而是为了更好地为小微企业纳税人服务,提高其满意度。如果仅进行一次年底考评,时间跨度太长,这么长的时间范围内如果有差错,纳税人不满意,又缺乏监督,那么这一整年的时间对纳税人来说都是不满意的。所以缩短考评时限,对于满意度低的及时发现,及时纠正,这样才能促进小微企业纳税人整体满意度的提高。平时的考评得分,按季度汇总之后,用于年度考评的数据,这样就形成了贯穿全时空、全流程的考评机制。

(四)加强小微企业风险防控意识

小微企业与大企业相比有其自身明显的特殊性,小微企业的局限性导致其在市场经济中应对冲击的能力较弱,面对的风险相对于大企业来说是偏高的,因此小微企业比大企业更需要税务机关的帮扶,帮其防范风险,使其健康发展。

1.增强小微企业风险防控意识

C县当地的小微企业人员一般较少,缺乏专业性的人才,部门建构也基本缺失,管理依靠经验而不是制度,随意性较大,人员构成复杂,其素质层次不高。就与税务机关打交道最多的财务人员来说,小微企业财务人员掌握的税收知识较少,有的小微企业账目由代理进行记账,甚至有的小微企业未设财务人员,由法人一手操持,账目对比大企业较为混乱等。这些因素使得小微企业的风险点较多,且其自身不自知,等到被税务稽查发现,就要承担相对小微企业体量来说较高的罚金。因此,要想避免这些风险,就要增强风险意识。C县税务局对于当地的小微企业要定期进行风险防控讲座和违规处罚展示案例,提高小微企业纳税人的风险防控意识,积极引导,让小微企业对照讲座内容进行自查整改、随时监控,从而从源头上杜绝小微企业所存在的风险。

2.定期对小微企业进行风险预警

近几年来,针对风险防控的制度、措施、改革在税务机关内部悄然兴起。机构合并后,成立了税收风险管理股,风险控制也贯穿了整个征管流程,风险管理体制不断完善,现已初具规模。风险管理股对风险的管理是实时监控的,发现风险点后,对风险点进行分析把控。现在的风险管理不同于以往,以往只是把控大的层面、热点的问题,现在则是把整个税务流程分解,再把一个个风险管理指标联系起来,从而实现对整体的把控。现在的风险管理注重预警,即提前及时发现、及时纠正,从而降低小微企业纳税人的纳税成本,也减少税务稽查的工作量。C县税务局可以对小微企业的风险进行评定,从而得出各小微企业风险信用等级,然后依据其风险信用等级进行分类管理。小微企业因其自身特征,风险点是较多的,税务机关要根据分类,对于高风险的小微企业,如近两年来接受过行政处罚、缴纳过滞纳金等的重点高危企业加强实时监控,随时发现,及时预警;对于风险较低的小微企业提前告知其风险点所在,让其自身进行规避,从而达到守法纳税的目的。定期对小微企业进行风险预警是小微企业自身的迫切需求,也是税务机关做好小微企业纳税服务工作的需要,也能够持续优化税收营商环境,稳步提升纳税人满意度。

山西省古交市全科网格管理研究

高 智

(学号:1120213331)

在社会基层领域问题复杂化、治理任务繁重化的背景下,各地政府深化网格化管理,形成全科网格管理模式。对古交市推行全科网格管理进行全面深入研究,有助于解决本地面临的问题,也是对全国地方政府开展全科网格管理推行的一次有效分析,为各地提高基层社会治理能力提供一些对策。

一、古交市全科网格管理现状分析

随着经济社会的发展,基层社会治理遇到不少新矛盾、新问题。古交市结合本地实际情况以及上级要求,全面推行全科网格管理,取得了一些成效,但在运行中有些问题也较为突出,本文对古交市全科网格管理所实行的举措、成效、存在问题及原因进行了全面分析。

(一)古交市全科网格管理目前所采取的举措与成效

古交市将全科网格管理作为提高基层治理能力和基层治理质效的重要抓手,从完善全科网格管理组织体系、精准划分全科网格、精准配备队伍等多方面发力,形成了具有本地特色的全科网格管理制度,事件处置效能显著提升,乡村治理更加精细化。

1.古交市全科网格管理所采取的举措

古交市作为依矿建市的资源型城市,人口中有一半以上为外来人口,同时伴随着矿产开采所导致的沉陷区治理、搬迁等一系列问题,基层治理任务十分繁重,全科网格管理成为古交市基层治理的破题之举。具体措施如下:

(1)完善全科网格管理组织体系

构建"三级书记"抓的工作大格局,由古交市市委书记牵头抓、乡街党(工)委书记具体抓、村党组织书记直接抓,实行市乡村三级党政主要负责人同时担任全科网格长的"双全科网格长"制,健全村(社区)党支部联系细分全科网格,全科网格中党员包户联系的村(社区)全科网格党组织体系。

(2)精准划分全科网格

按照全科网格覆盖全部行政区域、风险隐患点全部纳入全科网格管理、党员全部编入全科网格党组织"三个全部"的要求划细划小全科网格,共划分普通全科网格291个(其中社区全科网格178个,农村全科网格113个),专属全科网格271个,微全科网格1 664个(其中社区微全科网格1 167个,农村微全科网格497个)。建立普通全科网格党支部(党小组)291个,社区党支部(党小组)178个,农村党支部(党小组)113个,专属全科网格党支部(党小组)170个。

(3)精准配备队伍

打造三支全科网格服务团队,第一支是730人的全科网格团队,在社区全科网格配备专职全科网格员,农村全科网格配备兼职全科网格员和全科网格辅助员,专属全科网格配备专属全科网格员;第二支是1 877人的全科网格专业团队,全面融合党建、市场监管、民生服务等各类基层行政执法专业人员入网;第三支是2 683人的全科网格志愿服务团队,积极建设志愿服务团队作为全科网格团队的补充。

2.古交市全科网格管理取得的成效

古交市全科网格管理作为提高基层治理能力、提高基层治理质效的重要抓手,切实发挥全科网格在基础信息采集、政策法规宣传、安全隐患排查、矛盾纠纷调处等方面的作用,形成了一批具有本地特色的制度机制和管理经验。

(1)形成了具有本地特色的全科网格管理制度

细化"五项清单""五个办法",即全科网格的职能清单、全科网格员的职责清单、全科网格准入事项清单、事项处治的工作流程清单、全科网格工作制度清单等五项清单,以及全科网格员的招录聘用、教育培训、考核评价、薪酬待遇保障、其他全科网格的管理等五个办法,从制度层面为党建引领全科网格治理工作提供了有力保障和支撑。

(2)事件处置效能显著提升

以细化准入事项、优化处置流程、安全隐患排查为抓手,实现了工作事项清晰化、处治快速化。采取职能部门上报、乡镇(街道)筛选、市委政法委审核的方式，对 17 个部门 45 项全科网格服务管理准入事项进行优化调整、细化分类，实现乡村治理所有要素入网、所有事务进网。

(3)乡村治理更加精细化

针对人口居住较为集中的农村，由全科网格党组织引领，推动村民自治，引导群众主动参与全科网格治理，形成全科网格治理共同参与、治理成果人人共享的生动局面。

(二)古交市全科网格管理中出现的主要问题

以分类抽样和简单随机抽样的形式面向村(社区)居民和全科网格工作人员开展问卷调查，按照社区全科网格和农村全科网格比例，在 178 个社区全科网格和 113 个农村全科网格中分别选取了 6 个社区全科网格和 4 个农村全科网格，每个全科网格中向居民随机发放调查问卷 30 份，共发放 300 份，收回 296 份。收回的调查问卷中，从居住地点上来看，村民 119 人，社区居民 177 人；从年龄分布上来看，30 岁以下占 15.2%，31~55 岁占 55.1%，55 岁以上占 29.7%；从性别分布上来看，男性占 53.4%，女性占 46.6%；从受教育程度上来看，初中及以下占 47.6%，高中占 29.4%，本科及大专以上的占 23%。

此外，向全科网格员发放调查问卷，共发放 100 份问卷，收回 98 份。对收回的调查问卷从结构上进行分析，从年龄分布上来看，30 岁以下占 58.2%，31~55 岁占 39.8%，55 岁以上占 2%；从性别分布上来看，男性占 48%，女性占 52%；从受教育程度上来看，高中及中专占 15.3%，本科及大专占 84.7%。调研结果显示古交市在推行全科网格管理的实践中存在一些问题。

1.协同联动下的定职定责不细

全科网格管理涉及职能众多，从市场监管、社会治安再到便民服务等，而每个工作任务环节又多，因此在一些事件处理中产生了全科网格员上报信息后，由于工作事项的复杂性以及全科网格员与工作部门协同、多部门协同、责任划分困难，在一定程度上影响了事件处置进度、群众满意度等。

在对面向居民的调查问卷结果的分析中，对全科网格员满意度 1~5 分打分中，低于 3 分的占到 40%。结合访谈交流，各项事件发生后，无论是全科网格员自行上报到平台还是相关群众反映到职能部门，全科网格员是各项事件处置的上报者，居民认为全科网格员能够对事件处置跟踪、督促甚至部分工作可以直接办理。但在事件处置的过程中，全科网格员上报后，受职责定位、事件处置的复杂性以及部门协同联动的限制，部分事件需综治中心或更高层级，例如市政府与各乡镇(街道)、市直部门沟通协调处理，影响了事件处置的实效，甚至由于责任划分不清晰，部分事件无法得到很好的处置。

在问卷调查中发现,全科网格事项分布不均问题也很明显,首先是地域影响,城区由于人口聚集、商铺众多,部分街道常住人口占全市三分之一左右,而当前乡镇由于外出务工、子女教育等原因,多个乡镇人口不足万人,因此城区街道所产生的矛盾纠纷量、信息更新量是乡镇的数倍之多。其次是企业影响,在煤矿、电厂、焦化厂等企业密集的地区,由于占地、生产、污染所引发的事件众多,因此在城区以及企业密集的全科网格工作的全科网格员工作量相比其他地区要更加繁重。

2.科技支撑不能满足数字治理需要

在对面向全科网格员的调查问卷结果的分析中,有27%的全科网格员给信息平台功能模块设计的评分中;有31.1%的全科网格员给信息平台的信息来源种类打了3分以下;有54.1%的全科网格员给信息平台的部门协同情况打了3分以下。结合与全科网格员的交流与问卷调查情况,对全科网格管理信息平台存在的问题总结如下:

(1)全科网格管理信息平台功能模块需要进一步优化

全科网格管理信息平台功能模块包含区域概况、基础信息、巡逻预警、快速处置、事件督办、动态监管、数据总览、可视化平台等,总体上利用率较低,运用最多的为全科网格管理以及事件督办,由于部分处置事件的敏感性、复杂性,需要补充材料和部门协同时,还是运用传统方式,通过传真、人工报送等方式,极大地影响了事件处置的效率,弱化了信息平台的便捷性。

(2)全科网格管理信息平台的信息来源较为单一

全科网格管理信息平台的设计是以管理人员使用为主导,缺少了和村社区居民的互动,上报信息中基本为专职、兼职、辅助全科网格员上报。其中职能部门数据信息也有待完善,当前全科网格工作事项主要包含了司法局、公安局、税务局、卫生健康和体育局、人民法院等多个部门十二项主要职责,实际运行中与公安局、民政部门实现了部分例如人口信息、地理位置等信息的共享,其他部门还未接入数据库。

(3)全科网格管理信息平台的基础支撑不足

信息化治理需要大量的科技支撑作为基础,当前县区高清摄像头、AI识别、预警系统等多以公安局安防系统为基础,在实际运行中仍存在监控盲点、权限不通等问题,对敏感节点维稳、安防等工作的基础支撑不足。

3.全科网格员工作技能与工作任务不相适应

(1)全科网格员工作任务重

虽然古交市全科网格管理事项实行准入制度,有需要进入全科网格的事项,职能部门或乡镇(街道)报市委政法委,经审批后才可以进入。但在实践中,一些录入的职能被"泛化",未录入的职能经领导安排也由全科网格员承担。

(2) 全科网格员工作能力不足

全科网格员定位为"一岗多职""一岗多能",便利群众、节省办事环节的同时也对全科网格员工作技能提出了更高的要求。尽管在招录过程中尽量选择了熟悉当地全科网格的户籍人口,但由于很多人员虽然户籍在本地,但长期不在当地生活,所以对当地全科网格情况并不熟悉。古交市对全科网格员工作中经常需要的业务知识、法律法规知识编订成册,并每年邀请相关职能部门开展能力提升培训活动,但全科网格员工作能力与工作需要、群众需求不相匹配的情况仍然很多。

(3) 全科网格员流动性大

在问卷调查中发现,全科网格员对薪酬不太满意和不满意的占到一半以上,其中备考事业单位、公务员的比例很大,30 岁以下的全科网格员中几乎所有人都在备考。全科网格员在待遇不高、晋升通道不畅、自身认可不足的情形下,选择继续参加考试,每年都有 10 人左右离开全科网格员队伍,这些经验丰富的全科网格员的离职,使得一些工作的连续性难以保证。

4. 多方共治中的社会参与度不足

(1) 村(社区)居民参与全科网格管理不足

通过对居民问卷调查结果进行分析,发现目前全科网格管理中有参与主体结构不合理、参与方式不合理、参与效果不好等问题。参与主体结构不合理主要体现在参与主体的年龄、教育程度等基本特征上。大多数居民主动参与全科网格管理较少,平常不太关心社区事务;参与方式不合理主要体现在相关人员以口头方式向社区工作者、全科网格员反应以及在微信群发表意见为主;参与效果不好主要体现在居民的被动参与,对于社区建设、规划以及邻里矛盾纠纷排查处置等公共事务并不热心。居民参与全科网格管理方式统计情况见图 1。

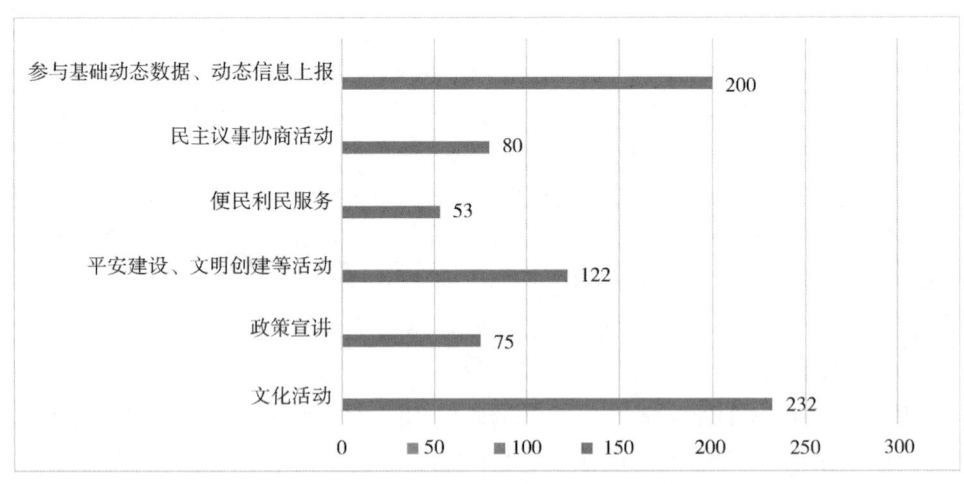

图 1　居民参与全科网格管理方式统计情况

(2)社会组织参与全科网格管理不足

社会组织参加全科网格管理的供需差距很大,一方面是在向村(社区)居民发放的问卷中,只有32%的居民表示有社会组织参与全科网格管理;另一方面是面向全科网格员调查中,几乎所有全科网格员都认为有必要引入社会组织为社区居民提供个性化服务。社会组织的缺位,使得一些精细化服务弱化,例如,心理咨询、长者关爱、扶弱济困等项目存在缺失,或者虽然有项目存在,政府方面缺乏相应的管理办法、激励机制,导致当前社会组织参与全科网格管理的接口小、人员少、效果较差。

(三)古交市全科网格管理存在问题的原因分析

通过对古交市全科网格管理中存在的协同联动模式下的定职定责不细、数字治理模式下的科技支撑不足、全科网格员模式下的保障不足、多方共治模式下的社会参与不足等问题进行分析,其根本原因在规划不够充分、智治机制需进一步畅通、全科网格员队伍建设有短板、多元共治体系仍待健全,厘清问题原因,为提出针对性对策建议奠定了良好基础。

1.市级层面对职能部门与全科网格的整合不足

(1)市级层面统筹配套有差距

全科网格建设是一项综合的系统性工程,需要多层级、各职能部门协同配合。当前,古交市市级层面在整体组织和设计上还有不足,一些市直部门对全科网格认识不充分,布置工作、进行考核时仍以原条块为主,在一定程度上增加了基层的负担。

(2)网格事项准入标准不一

全科网格建设是一个渐进的过程,入格事项的数量多少和难易程度必须与全科网格的实际承载力相匹配。入格事项较多,全科网格员除政策宣传、采集信息、联系群众外,还普遍承担了综治、环保、计生、社保等几十项内容,以及各种临时性、应急性任务,一些专业性较强的事项,依靠全科网格去落实存在一定难度。

(3)工作力量和内容整合不足

古交市全科网格管理服务的范围涉及非常广,既有同为政法系统下的公安局、司法局所承担的社会治安、维稳、重点人群服务管理等工作,也有人社局、民政局所承担的便民信息服务、扶贫助弱服务,还有应急管理局、环保局等部门相关的安全隐患上报。由于涉及职能广泛、涉及部门众多,而相应的管理、协调由政法委下属的副科建制事业单位社会综合治理中心负责,社会综合治理中心编制只有6人,且在职能上对很多部门缺乏相应的管理、权限,导致全科网格管理角色错位。

(4)各方责任分工不明确

一方面,乡镇(街道)、部门与全科网格的权责边界不够清晰,有的部门入格后主动发现和处理问题的意识有所减弱,存在甩包袱思想,认为本部门职责已经入了全科网格,事项责任也必然被各方分担,让全科网格拥有"有限资源"的同时承担"无限责任",产生"全科网格泛化现象"。另一方面,全科网格员的职责范围和工作标准模糊,受市综治中心和乡镇(街道)政法委员的双重管理,在工作冲突时,全科网格员较难找到合适的方式处置,对全科网格员的工作积极性产生了影响。

2.智治机制需进一步畅通
(1)功能替代机制不畅
古交市全科网格管理中人工式、碎片式、被动式管理方式仍是主体。数据采集、政策宣传传统化,渠道单一,以传统的"扫楼方式"为主,未充分利用起手机 App 以及社区小程序等,在重要时间节点、疫情等突发情况下,全科网格员由于缺乏居民主动申报、AI 系统主动发现等功能的辅助,工作量剧增、工作负担很大。同时数据分析不足,更要依靠全科网格员工作经验以及社区工作人员的辅助。数据资源共用不足,信息壁垒尚未打通。

(2)资源融合机制不畅
各部门虽然参加到全科网格管理中来,但是力量还没整合到位,各单位仍以条线治理为主,事务处理中"各扫门前雪"的现象仍然很突出,对全科网格管理的全域覆盖、全能处置产生了很大的限制。平台分割明显,市场、水务、公安等执法部门拥有各自执法平台,信息共享程度很低,事件上报后联合执法、综合执法开展难。综合信息调度平台的数据分析、形势预测、动态监管等深层次应用模块尚未进入实质运作,对汇集的数据未能有效提取、全面评估、研判分析,在为全科网格工作提供高效精准的技术支持上存在困难。

(3)多元互动机制不畅
全科网格管理涉及区域面积广、数据量庞大,居民既是全科网格管理数据的受益者,更应该是全科网格管理数据的提供者。古交市社会治理综合研判平台使用的主要群体为市综治中心工作人员、乡镇(街道)全科网格员,居民的缺位,使得很多关于基层治理的意见、建议得不到倾听,很多安全隐患、矛盾纠纷无法被及时发现,社区、服务机构、社会组织的缺位,使得一些便民活动信息难以及时传播,居民信息资源滞后。

3.全科网格员队伍建设有短板
(1)全科网格员制度不够完善
全科网格员的考核目前侧重于上报信息数量、事项办结率,对于发现问题能力、工作完成质量、群众评价等指标的运用及在考核中如何兼顾各全科网格实际情况差异,还需要进一步探索。全科网格占部门考核的权重较低,难以最大限度调动部门工作的积极性。学习培训制度需改进、晋升机制不畅通,在一定程度上造成了全科网格员队伍流动性较大。

(2) 全科网格员权责不对等

全科网格员作为实施基层全科网格治理直接面对群众的基层服务人员，在多项重点工作中付出了艰辛的努力。但是相应的权力、物资、人员并未下放，全科网格员更多地担当信息搜集上报的角色，在承担很多责任的同时没有被赋予相应的执法权，影响了一些工作的顺利开展。

(3) 全科网格员工资待遇较低

本市全科网格员工资构成为"基本工资+绩效报酬+工作补贴+社会保险+人身意外险"，总体呈现内部差异大、与社区工作者工资相比较低的特点。城市社区全科网格员承担工作量较大，所以工资待遇相对较高。但是，很多农村兼职全科网格员、辅助全科网格员工作积极性低，无法完成规定任务，考核不合格比例很大，进一步拉大了全科网格员内部的工资待遇差距。同时，全科网格员工资待遇和承担工作类似的社区工作者相比还有一些差距。

4. 多元共治体系仍待健全

(1) 多元共治体系的缺失

古交市全科网格管理工作推进中，充分动员相关职能部门、乡镇（街道）、村（社区）委员会以及居民参与，但由于其特殊的产业、人员结构，多元共治体系仍待进一步健全，当前仍以政府主导、全科网格员执行为主要管理模式。古交市全科网格在推进中通过党组织吸纳对这些管理力量进行整合，但还未完全实现对驻地企业、上下游企业以及居民等力量的整合。另外，古交市的社区居民自治组织发育缓慢，社会组织较少。

(2) 社会认同度还需强化

大多数的居民由于全科网格员积极参与疫情防控、文明城市创建等，对全科网格管理工作以及相关职能、优势有初步认识，但对其认同感还需进一步加强。很多居民把全科网格视为村（社区）居委会的管理延伸，并将全科网格员与社区工作者画上了等号，认为全科网格员只是做简单的信息录入、政策宣传等工作，对基层社会管理的作用并不是很强，对他们的认可度也并不高，在一定程度上影响了他们参与到全科网格工作中来的积极性。

(3) 主动治理意识不强

村（社区）居民对自己在基层治理中的角色认识不够清晰，认为自己更大程度上是"被治理"的对象，没有把自己作为基层治理的主人，积极参与全科网格管理工作较少，大多活动为被动参与。这在访谈中体现非常明显，很多居民都表示对全科网格员组织的人口信息录入、纠纷排查等工作积极参加，但都是以被动参加为主，对如何参与到村（社区）管理中来缺乏兴趣和相关思考。

二、国内部分地区全科网格管理的经验借鉴

本部分对国内其他地方政府全科网格管理进行研究,分别选取浙江省金华市金义新区红色全科网格、辽宁省锦州市凌河区一站式全科网格服务管理、广东省广州市越秀区智慧赋能全科网格管理等特色全科管理模式进行学习研究,从而对优化古交市全科网格管理提供参考和经验。

(一)国内部分地区全科网格管理典型做法

全科网格管理是网格化管理模式的进一步深化,国内许多地区先试先行,亮点颇丰。在古交市全科网格管理协同联动不强、全科网格工作人员流化治理能力不足的情形下,有针对性地选取浙江省金华市金义新区、辽宁省锦州市凌河区、广东省广州市越秀区三个地区的特色优势进行研究。

1.浙江省金华市金义新区:打造"红色网格、全科服务"品牌
(1)完善"组织共建"的三级体系

依托区域党委,组建区域综治中心,由区域党委书记兼区域综治中心主任,统筹解决区域内各村(社区)上报的重大事项。在原村级综治中心的基础上,发挥基层党员先锋示范作用,由村(社区)党组织书记任村(社区)综治中心主任,提升村级综治中心工作能力和水平。在全科网格内除配备全科网格长和专职全科网格员外,还配备了工作指导员和以党员、村代表为主的兼职红色全科网格员,形成了独具金东特色的"红色全科网格"。

(2)建立"全程覆盖"的三大机制

建立事前走访排查机制,每周走访一次以上,了解家庭变化、周边纠纷矛盾等情况,对于重点信访户、患重病户、贫困户等群体要增加走访频次。建立事中"逢五"会商机制,研究解决区域内较难解决的问题,听取群众意见、建议。建立事后考核激励机制,开展"红色全科网格员之星"季度评比。

(3)健全"多位一体"的三大平台

健全便民服务平台,利用村(社区)群众接待室,推行红色全科网格员轮流值班制度,推动政务服务下延至村(社区)。健全综合指挥平台,利用村(社区)视频监控室,将公共区域视频监控接入,与乡镇、区社会治理综合指挥中心互联互通,对突发事件进行实时监控。健全矛盾调处平台,利用村(社区)矛盾纠纷调解室,选取红色全科网格员内德高望重的老人、优秀党员作为矛盾调解员。

2. 辽宁省锦州市凌河区：一站式全科网格服务管理新模式

(1)"点、线、面"打造立体化组织结构

以全科网格为点，实现了网格中学校网格化、企业网格化、社会组织网格化。以党组织为线，构建出横竖编制的网格网，将街道、社区、网格、楼栋各级的党组织与各级政府组织及全科网格、物业公司编织在一起。以区域为面，充分利用区域内驻地单位、社会组织、企业等组织，形成了立体化的组织结构。

(2)打造专业化、标准化、多元化全科网格员队伍

从整体设计上，把全科网格员队伍分为专职、兼职、信息员三部分。在统一招聘的基础上，从全区择优选取事业编、"两委"成员，经区统一考核后下派至各个全科网格开展工作。兼职全科网格员和信息员以当地住户、志愿者为主，并大多挑选其中的党员同志担任负责人。

(3)整合部门资源

以街道为工作事项处置核心，实施"街道吹哨、部门报到"。在街道改革中，为了进一步理顺街道、社区的管理体制，一方面合并街道，将全区11个街道整合为6个，精简了组织机构；另一方面对街道内的资源进行了整合，将综合治理、公共安全、城市管理等部分职能和资源融入全科网格管理中，让街道管理体制得到了优化，也让部门、全科网格有效参与到了社区管理中。

3. 广东省广州市越秀区：智慧赋能全科网格管理

(1)以智能化平台建设为基础

把智慧社区建设列为社区改造项目中的一项，综合运用5G技术、人工智能、物联网技术等先进科技，把社区中的居民、事件、楼栋、商户等各要素集成到智慧社区平台上，通过全区的指挥调度平台可以查看各个社区的实时状况，便捷了全科网格员工作，减少了巡逻量。

(2)以智能化终端建设为手段

智能化终端的建设，关乎事件处置的效率、群众对全科网格管理的满意度，优化街头终端设备，在垃圾站、校园、医院、拆迁村、养老院等弱势群体聚集以及容易发生矛盾纠纷的地区增加高清摄像头布置和智能感应、识别终端设备的布置，并将智能终端设备识别内容接入指挥调度平台。

(二)经验借鉴

在古交市全科网格管理协同联动不强、全科网格工作人员流动性强、数字化治理能力不足的情形下，有针对性地选取浙江省金华市金义新区、辽宁省锦州市凌河区、广东省广州市越秀区三个地区的特色优势开展研究，提炼出了发挥党员在依托现有党组织体系完善全科网格管理组织结构、整合各方资源实现一站式服务、以科

技支撑创新全科网格治理智慧化等经验做法。

1. 依托现有党组织体系完善全科网格管理组织结构

(1) 完善党建组织体系

以县(区)综治中心、乡镇(街道)综治中心、村(社区)综治中心、全科网格员队伍为三级体系,织密社会综合治理网络,打通社会治理"最后一公里"。将全市基层党组织分区域捆绑成区域党委,依托区域党委,组建区域综治中心,在其过程中尽量按照原有乡镇(街道)党委组织,但是在大型企业、学校等处要特别设置区域党委中心,由各个区域党委书记兼任本区域综治中心主任,由村(社区)党组织书记任村(社区)综治中心主任,完善各级组织体系。

(2) 健全全科网格工作机制

建立健全事前走访排查、事中会商化解、事后考核激励全过程机制。每名全科网格员划定联系户,并确定走访次数,每月至少走访2次,力争矛盾纠纷及时发现,在"事前"得到化解。每月定期召开会商会议,分析研判重点情况,处理解决难点、痛点问题。实行红色网格员实绩公示、以奖代补、季度评比等制度。

2. 整合各方资源实现一站式服务

(1) 整合部门和乡镇(街道)资源

明确以乡镇(街道)为全科网格工作事项的处置核心,对乡镇(街道)和职能部门资源进行整合,在综合治理、公共安全、城市管理等职能部门将部分事务乡镇(街道)下放,同时,将相关权力融入全科网格管理日常工作中,通过建立健全全科网格管理职责清单、管理机制,防止简单下放任务为基层增负。

(2) 整合队伍资源

全科网格队伍是全科网格工作的具体执行者,是实现一站式服务的关键,关系到全科网格事项处置的质效和群众对全科网格工作的满意度。从全区层面,对全科网格员队伍进行规划,其中专职全科网格员除统一招聘外,择优选取事业编、"两委"成员;兼职全科网格员以当地住户、志愿者为主,对各方人力资源的整合,使得全科网格员队伍中既有职能部门中的优秀人才,又有对本地各种情况熟悉的住户和"两委"成员。

(3) 整合服务资源

整合各方服务阵地,形成全科网格服务圈。将新公共服务理论运用于全科网格管理中,对政府、群众角色重新定位,深化为民服务理念,定位全科网格为服务群众的站点,把村(社区)的党群服务中心、综治中心、退役军人事务站、便民站点融合到一起,打造全科网格服务圈。

3.以科技支撑创新全科网格治理智慧化

(1)数字技术的连通性

在原有社会治安综合治理系统基础上,建立新的智慧管理系统,将较为碎片化的党建、政务服务、城市管理等部门系统库集成为一个整合资源库,多部门之间实现大量数据共享,一人采集数据后,多部门可重复利用,减少了人力资源的浪费。

(2)数字技术的智能化

数字技术的应用使得基层治理方式更主动、信息来源更精准,通过全科网格员日报送、实时报送、网格内重点物体的标签化以及平台对重点区域的实时监测,全科网格管理信息来源更广泛也更精准。

三、进一步加强古交市全科网格管理的对策分析

本部分是在对古交市全科网格管理模式运行中存在的问题以及背后深层次原因分析后,借鉴国内其他地区的优秀经验,以无缝隙政府理论、协同治理理论、新公共服务理论等为理论基础,从结合本地实际优化全科网格管理整体规划、数字赋能全科网格管理、强化全科网格员队伍建设、鼓励社会各界和社区居民参与全科网格管理四个方面提出合理的解决对策。

(一)优化全科网格管理整体规划

1.优化整体规划

(1)加强组织领导

市级层面成立全科网格建设工作领导小组,建立由古交市市委政法委牵头,城市管理、环保、应急管理、公安、市场监管、大数据应用等职能部门参加的联席会议制度,负责统筹协调全市全科网格管理和服务工作。

(2)强化规划引领

进一步明确建设全科网格管理体系的总目标和具体任务,尽快从市级层面出台指导意见,健全相应的配套政策,引导全科网格管理工作步入规范发展轨道。借鉴浙江省金华市金义新区红色全科网格品牌,在全市选取红色全科网格员、规划红色全科网格,发挥党组织优势,将全科网格建在党支部上。①

---

① 金佳奇.党建引领"全科网格"建设,赋能基层治理能力提升[J].支部建设,2022(16):36-37.

(3) 强化试点引领

要在全科网格的乡镇(街道)、村(社区)特色试点建设创新突破上持续发力。要明确工作重心和方向,结合实际、因地制宜、大胆探索、敢于创新、勇于突破。加强试点打造,在全市范围内形成可借鉴、可复制和可推广的特色经验,推出一批"一看就懂、一学就会"的典型全科网格打造案例,推进全科网格管理工作实现新突破。

(4) 强化监督管理

由古交市综治中心每周组织全科网格长、全科网格员、群众代表召开全科网格管理工作例会,以工作例会为载体开展自查,通过互相指、自己查的方式,对本阶段工作中群众反映强烈以及自己认为需要修改的问题进行自查,并集体商讨改进办法。强化全科网格内部自查监管的同时,也组织社会各方对全科网格工作进行监督。

2. 规范全科网格建设

(1) 划细划小全科网格

根据地域面积、地理界线、人口密度、治安特点和管理习惯等因素,在现有行政区划的基础上科学合理地划分全科网格。在城市设置城市社区全科网格,以街巷为界,以居民小区、楼栋等为基本单元划分;在农村设置农村全科网格,以行政村为界,以自然村落、村民小组为基本单元划分;专属全科网格在大型驻地企业、独立商场、大型医院、企事业单位等特定管理区域内,根据工作需要单独划分。

(2) 统一全科网格编码

全科网格编码分为4部分,16位数字,第一部分表示县及县以上的行政区划使用《中华人民共和国行政区划代码》编写;第二部分表示乡镇(街道)使用《县以下行政区划代码编码规则》编写;第三部分表示居民委员会和村民委员会,从001开始编写;第四部分表示全科网格,并以首位数字1、2、3区分社区全科网格、农村全科网格和专属全科网格。

(3) 严格事项准入

执行全科网格工作的相关部门应进一步整合缩减重复性工作,细化明确全科网格职责任务,制定完善全科网格工作事项准入清单及全科网格员工作细则。新增全科网格职责由市委平安办负责审核把关,凡与全科网格职能定位不匹配的,凡是需要专业能力过强以及需要执法资格的,不得新增。对于已经纳入全科网格工作的职能事项,如果发现其不适应全科网格职能,要尽快将之退出全科网格体系。

3. 规范工作流程

优化全科网格结构,明确城乡全科网格、专属全科网格的区分,以及各全科网格内的责任划分。县(区)党委政府牵头,党委政法委统筹,街道(乡镇)具体推进,全科网格中各单位强化主体责任,教育、公安、规划和市场监管、住建、应急、自然资源等职能部门履行本行业、本系统监管的相关责任。

加强事前、事中、事后全流程管理,①推行"全科网格微循环、村级小循环、乡级中循环、市级大循环"的"四循环"工作模式,全科网格员将巡查时发现的能够处置的事件即时处置,实现事项处置"全科网格微循环";全科网格员处置不了的事项,实现全科网格事项"村(社区)小循环";村(社区)难以处置的事项,实现全科网格事项"乡镇(街道)中循环";乡镇(街道)难以处置的事项,上报给市级平台,平台根据事项类别流转到相关职能部门。对确实不能按时解决的,实现全科网格事项"市级大循环"。

严格落实"六步闭环"工作流程处置全科网格事项,实现"小事全科网格员即时办、急事格内商量办、大事分层分级办"。其具体流程是:问题上报—案卷建立—任务指派—调查落实—反馈结果—结案归档(如图2所示)。

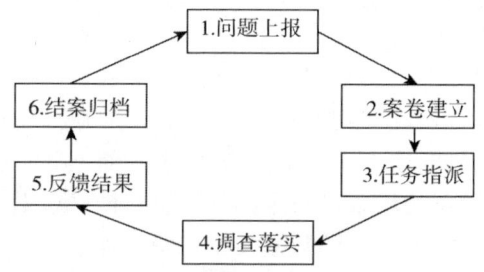

图2　全科网格事项处置具体流程图

(二)数字赋能全科网格管理

1.提高全科网格管理平台数字化水平

结合全市社会治安综合治理信息系统和全科网格工作平台建立三级联动网络平台体系,按照"横向到边、纵向到底"要求,建立市、乡镇(街道)、村(社区)三级联动社会综合治理网络平台体系。

构建"全科网格"服务管理的系统集成和数据汇聚,由传统的事件驱动、被动治理模式向数据驱动、主动治理模式转变,促进专属全科网格工作提档升级。信息报送与平台监测相结合,坚持一般信息日常报送、重要信息实时报送制度。

强化应用数字化手段开展全科网格信息采集能力。充分利用手机移动端、无人机等数字化手段扩大数据来源,实现治理基础要素信息整合。利用街头智能摄像头、无人巡逻机、执法记录仪等智能设备,对全科网格内危化工企业、学校、医院等重点场所进行实时监控,预警车道拥挤、人群聚集、火灾事故等情形。

---

① 刘宽斌,张卓群.大数据背景下的城市公共安全治理研究[J].经济论坛,2022(11):29-37.

2. 加强各部门之间的数据交互联动

(1) 强化信息整合

加大全科网格内信息采集和整合力度，以社会治理"一张网"为基础，对接"12345"政务服务热线、"雪亮工程"、政务服务平台等，对公共管理、公共安全、公共服务等各类数据重新梳理、关联和管理，并以标签化方式实现数据的精准定位，形成包含党建、自治、物业、装修、养老、营商等信息在内的多个数据库。

(2) 健全协调联动机制

健全完善发现问题、流转交办、协调联动、研判预警、督查考核等综合指挥工作机制，实现基层管理跨部门、跨层级协同运转。各级各部门要按照职责分工和事件流转处治机制，及时对各类信息事件进行流转处治，确保"重点人群有人盯，风险隐患有人管"。

(3) 要强化数据安全

完善人员安全意识培养机制，开展数据安全大讲堂，以身边案例、特色案例为载体进行宣传，提高全科网格工作人员的数据安全意识，筑牢意识防火墙。对日常工作中可能出现数据泄露的场景进行定期模拟，保证在数据泄露情况下能够正确、及时、有效地处置，做好突发事件的数据安全保障工作。

(三) 强化全科网格员队伍建设

1. 优化全科网格员管理办法

坚持"一网全科"归权赋能，优化各类全科网格，配好全科网格人员，落实工作职责，健全激励机制，加强督查指导，全面落实全科网格建设标准体系。全科网格员承担全科网格准入事项的办理任务，组织、宣传、统战、公安、民政、司法、财政、人社、卫体、应急等相关部门应当履行全科网格化服务理论的指导、推动和保障职责。同时，进一步加强入格事项的动态管理。

进一步优化全科网格员奖惩激励机制，完善全科网格队伍的考核机制，对全科网格员队伍分级、分类开展考核。进一步优化经费保障机制，按照事权与支出责任相结合原则，将网格化服务管理中心建设、运行和工作经费、专职全科网格员工作报酬和兼职全科网格员工作补贴等纳入同级财政预算予以保障。进一步严格全科网格员工作要求，统一工作标识，定期巡查走访，动态掌握信息，及时了解社情民意。

进一步优化全科网格员配备办法，对于全科网格配备全科网格员的数量、配备程序要进一步细化。选聘方式和程序由市委平安古交建设领导小组办公室起草选聘工作方案，报请市委平安古交建设领导小组批准，市综治中心具体组织实施选聘工作。乡镇(街道)信息管理员和城市社区专职全科网格员，以政府购买形式，采取委托第三方劳务派遣的方式招聘;农村兼职全科网格员和全科网格辅助员采取"村推选、乡审批、市备案"的方式选用,优先由村"两委"主干之外的其他委员或村民小组长等担任。

2.强化全科网格员业务培训

通过优化培训方式,将全科网格员履职能力培训纳入年度教育培训的总体规划中,健全完善市、县(市、区)、街道(乡镇)三级培训体系,由各级平安建设领导小组办公室牵头,社会治安综合治理中心负责制订培训计划并具体组织实施。培训可依托城市基层治理实训基地及课程体系,采用集中授课与现场教学、集体培训与日常培训、线上培训(综治视联网)与线下培训相结合等形式进行。培训师资可由市、县两级社会治安综合治理中心、纳入全科网格准入事项的平安建设领导小组成员单位的有关人员及党员领导干部、优秀社区(村)"两委"主干、优秀全科网格长、全科网格员等担任。

明确培训内容,培训内容应突出针对性、指导性和时效性,分阶段、分类别、分领域组织开展,注重提升全科网格员政治法律、业务操作、实践技能、应急处置等能力。推进平安建设、深化法治建设的安排部署、相关法律法规;推行"全科网格"服务管理工作具体要求,以及全科网格准入事项、全科网格员工作职责和处置流程;提升全科网格员基础信息采集录入、档案台账规范填报以及协助开展重点人群管理和提供便民利民服务的技能;组织消防救援、应急等有关系统、部门的专业人员开展灾害自救、避险逃生以及机械伤害、高处落物、触电事故、火灾事故等应急处置培训和实战演练。

3.保障全科网格员待遇及晋升

在工资待遇方面,逐步提高全科网格员基本待遇,通过加大地方财政支持力度,以古交市的社会平均工资水平和物价水平为基准,参照社区工作者待遇标准,结合全科网格员期待薪资,科学制定全科网格员工资标准与晋升体系。

在晋升机制方面,将全科网格员工作经历纳入基层工作经历,同时,在限定条件下,鼓励市属企业、社工招录中优先录取全科网格工作人员。限制公务员和事业单位招录中一部分岗位,用于定向面向优秀全科网格员招录。

在保险、医疗、调休等生活待遇方面,做好全科网格员的后勤保障工作,在重点时间节点工作一线,优先做好饮食、防寒、值班、交通等后勤保障工作,在履行工作职责中受伤的,依照相关法律规定,享受工伤保险待遇。通过政府集体购买、签约形式,为全科网格员购买人身意外险以及特殊保险。

(四)鼓励社会各方和社区居民参与全科网格管理

1. 引导社会组织参与全科网格管理

(1)进一步完善社会组织参与全科网格管理架构

制定全市引导社会组织参与全科网格管理的实施方案,以"自愿申报、组织统筹相结合"为原则选优配强社会组织,社会组织选派负责人担任所在全科网格的全科网格长或全科网格副职。由社会组织落实开展所在全科网格工作人员的管理、服务、监督、考评等工作,补齐镇村全科网格管理链条。

(2)优化社会组织参与全科网格管理模式

出台专项管理办法,明确社会组织活动流程、动态调整参与方式、设置量化考核指标,定期召开专项工作会议,通过选优秀、树典型来提高社会组织参与全科管理的能动性。依托社会组织自身服务特色,将惠老助残、关爱青少年等特色服务融入全科网格,切实提升居民群众的满意度和幸福感。

(3)强化社会组织参与全科网格治理的工作保障

加强经费保障,要按照普通全科网格办公经费予以资金保障,按照提供差异性服务可申请一定金额的专项经费,并统一购买人身意外伤害保险。加强人员保障,对新进入的社会组织,要选派熟悉当地工作的社区负责人等辅助工作。加强阵地保障,统筹资源,建立社会组织服务阵地,让全科网格走访、信息收集更加便捷。

2. 鼓励社区居民参与全科网格管理

(1)培育居民参与意识

注重居民参与全科网格管理的情感培育,让居民参与社区治理的价值得到认可,依托居民社区居住集中的空间特征,开展一些强化情感关系、拉进居民间人际关系的活动,既服务居民,也让居民参与到活动中来,提升居民对全科网格管理的认同感,强化集体意识。不断破除不信任的僵局,跨越冷漠的鸿沟,形成空间相近、道德相通、情感相容的新型邻里关系,让社区成为人人参与、人人共建、人人共享的治理空间。

(2)充实兼职全科网格员队伍

深化志愿服务体系建设,依托全科网格织就志愿服务队,吸纳社区党员干部、村委会"两委"成员,在紧急情况下就地转化为全科网格辅助员,[1]明确岗位职责,注重发挥居民立足"人员熟、地域熟、情况熟"的优势,发挥宣传员、服务员、排查员、监督员、管理员的多能身份,在全科网格内整合资源汇聚力量。

---

[1] 金佳奇.党建引领"全科网格"建设赋能基层治理能力提升[J].支部建设,2022(16):36-37.

(3)利用村(居)民主自治议事机制载体

全科网格管理需要不断向网络化治理发展,将居民自治与村(社区)全科网格管理融合到一起,建立良性联结、互动。① 完善村(居)委会组织开展的听证会、协调会、评议会制度、议事规则,将全科网格管理相关工作纳入会议议程。在居村党组织带领下,邀请居民代表、共建单位等建言献策,让治理难题在基层商讨解决,持续提高服务便捷度和难题治理能力。组织部门、民政部门通过场景再现、模拟演练和案例教学等形式,开展专业规范指导,提升居民参与度的同时提升参与效能,构建安居乐业、井然有序的村(社区)治理共同体。

---

① 王雪竹.基层社会治理:从网格化管理到网络化治理[J].理论探索,2020(2):76-80.

威海市税务局税务稽查信息化建设研究

姜晓晴

（学号：1120213410）

近年来，随着互联网经济的发展，"放管服"改革的持续深入，纳税人在享受到更加快捷的服务的同时，也让一些违法犯罪分子有了可乘之机，他们依托互联网，利用大数据，大肆从事涉税违法犯罪活动，严重侵蚀了国家税基。税务稽查部门作为挽回国家税收损失的最后一道防线，应适应经济发展要求，充分利用信息化手段，维护经济税收秩序。

一、威海市税务局税务稽查信息化建设现状分析

按照机构改革的要求，国地税合并之后，区县级税务局取消稽查局职能，因此形成了国家税务总局稽查局—省税务局稽查局—市税务局稽查局三级税务稽查管理的模式。威海市税务局按照机构改革要求，将原区县税务局稽查局的权力收回市局，重新设立了威海市税务局稽查局和威海市税务局第一稽查局，两者均为威海市税务局的派出机构。

（一）威海市税务局税务稽查信息化建设的措施和成效

威海市税务局在税务稽查信息化建设方面有针对性地采取了许多措施，也取得了一些行之有效的成果，对这些已经采取的措施及其成效的分析，有利于我们后

续更全面地分析问题及其原因。

1.税务稽查信息化建设采取的措施

(1)理顺岗责流程

威海市税务局稽查部门通过设岗定责,对选案、检查、审理、执行环节重新进行了梳理,严格按照"四分离"的原则,一方面对金三系统的人员权限重新进行了设置;另一方面对各个股室人员重新进行了划分,确保每项工作能落实到每个人身上。威海市税务局稽查局还建立了规范化的卷宗标准,从案源到执行的文书、证据等资料都按照模板进行"流水线"作业,极大地提高了稽查案卷质量,降低了执法风险。

(2)完善硬件设施

2020年威海市税务局稽查部门开始了税务稽查指挥管理信息化体系"四室一包"的建设。由市局稽查局牵头,按照项目的总体规划和具体实施步骤,对标对表,于2020年年底完成了"四室一包"的项目招标、基础施工、办案包配备等工作,并对信息化设备的配置、应用以及工作场所的使用做出了明确规定。

(3)增加人员配置

为了充实稽查队伍,也为了给税务稽查信息化建设配备人才,从2018年至2020年,威海市税务局稽查部门共遴选稽查干部3次,3年共遴选35人,最终稽查人员的数量达到8%的比例要求,充实了威海市税务局稽查部门的人才力量。

(4)开发软件系统

为进一步加强税务稽查信息化的软件建设,威海市税务局投入资金自主研发了稽查系统软件,包括审友查账软件、用友取数软件、虚开发票全视通平台等。其中审友查账软件让稽查人员摆脱了过去只能通过纸质账簿和凭证查账的单一性,通过拷取被查单位的电子账套,可以查看企业所有的账簿信息,并且可以对账套中的数据信息进行智能化汇总,有助于检查人员快速发现疑点。该软件目前已经在全省推广使用。

2.税务稽查信息化建设取得的成效

(1)降低稽查人员的税收执法风险

威海市税务局稽查部门通过理顺各部门人员职责,实现了真正意义上的稽查流程四环节分离,规避了机构改革前诸如检查、执行人员职责划分不清,一人承担多个岗位工作等情况带来的执法风险。

(2)为日常工作提供有力保障。

"四室一包"项目的完成为稽查干部日常检查、查账、询问等工作提供了良好的环境,办案工具包让稽查流程与信息技术紧密地结合起来,实现了检查工作中执法全过程的记录,促进了稽查文书下达、取证过程的规范化。

(3)缓解稽查部门人员短缺的问题

3年遴选的35名税务干部,缓解了威海市税务局稽查部门过去人员短缺的现状,通过对新遴选人员开展稽查课程培训,35名年轻的税务干部已经成为稽查部门的中坚力量。

(4)提高日常检查效率

稽查软件的开发和使用,提高了威海市税务局稽查部门的信息化水平,提升了相关人员对违法案件的办结效率。在2022年打击骗取留抵退税案件中,信息化软件的使用助力威海市税务局稽查部门破获全省首例骗取留抵退税案件,查实率、查结率均居全省第一。

(二)威海市税务局税务稽查信息化建设调查分析

为了更深入地分析背后的问题及其原因,更有针对性地对税务稽查信息化建设提出建议,对威海市税务局的稽查人员开展了问卷调查。

1.问卷调查设计

本次调查问卷共有19个问题,内容涵盖"软件使用情况""硬件使用情况""信息交互渠道"等几个方面,并将调查问卷发给威海市税务局稽查局和第一稽查局的全体稽查干部,希望得到比较真实的结果。

2.问卷调查过程

威海市税务局稽查部门目前共有101人,考虑到山东省税务局抽调了部分稽查干部开展专项办案,本次问卷调查通过微信和纸质问卷两种形式发放给稽查干部,稽查干部参与度100%,问卷回收率100%。本次调查共用时一周,完成了对问卷的设计、发放、回收和统计分析工作。

3.问卷调查结果与分析

(1)人员基本情况

威海市税务局稽查部门40岁以下的年轻干部占比29.70%,已经高于市局其他科室比例;本科及以上学历的稽查干部占比79.21%,人员基本素质都比较高;稽查工作年限在5年以上的干部占比61.39%,这些都是机构改革前原国税、原地税稽查部门的老干部,业务能力比较扎实;考取三师资格证书的干部占比14.85%,且考取了注册会计师证和律师证的稽查干部全部都考取了税务师证。

(2)软件、硬件使用情况(如表1所示)

从表中可以看出,稽查干部对软件和硬件的使用频率都不是很高。在目前的稽查软件中,大部分人使用较多的是查账软件和税务系统内部的相关软件平台,例如"金税三期"系统的稽查模块、山东省税务局税收大数据平台以及电子底账系统等。在对稽查软件的使用评价上,不满意的原因大多为软件的功能模块不完善、操作界面缺乏人性化等。

表1 威海市税务局稽查部门软件、硬件使用情况

问题	选项	人数(人)	占比
日常检查中使用执法记录仪、移动硬盘等执法工具的频率	每次都会使用	25	24.75%
	经常使用	31	30.69%
	偶尔使用	9	8.9%
	一次都没用过	36	35.64%
对当前使用的稽查软件的操作流程熟悉度	非常了解	18	17.82%
	比较了解	34	33.66%
	不是很了解	26	25.74%
	完全不了解	23	22.77%
日常工作中常用的稽查软件	查账软件	34	33.66%
	虚开发票全视通平台	8	7.92%
	税务系统内部的相关软件平台	38	37.62%
	以上都没有	21	20.79%
稽查软件在使用过程中的合理性	非常合理	39	38.61%
	不是很合理	32	31.68%
	完全不合理	7	6.93%
	不是很了解	23	22.77%

(3)信息共享情况(如表2所示)

一是在内部信息共享方面,有时候纸质文书的传递很难保证和"金税三期"系统的电子数据同步流转;在稽查内部信息传递方面,大部分稽查干部都对当前稽查部门内部的信息流转感到满意;在威海市税务局系统内部的信息传递方面,大部分干部或多或少都认为市局系统内部的信息传递不太流畅。二是在外部信息共享方面,相比内部信息传递的满意度,对外部数据共享的满意度明显更低。

表 2　威海市税务局稽查部门信息共享情况

问题	选项	人数（人）	占比
所有案件都通过金税三期进行流转是否科学	非常科学	69	68.32%
	一般科学	25	24.75%
	完全不科学	7	6.93%
稽查部门内部信息传递的畅通性	非常畅通	73	72.28%
	一般	30	29.70%
	不畅通	3	2.97%
威海市税务局系统内部信息传递的畅通性	高效畅通	24	23.76%
	一般	37	36.63%
	不畅通	40	39.60%
稽查部门取得第三方数据信息的畅通性	高效畅通	6	5.94%
	一般	36	35.64%
	不畅通	59	58.42%

（三）威海市税务局税务稽查信息化建设存在的主要问题

通过对稽查干部的调研，结合笔者在稽查部门的工作实践，总结了威海市税务局税务稽查信息化建设存在的问题。

1.缺乏专门的稽查信息技术部门

目前，威海市税务局稽查部门设立了综合股、案源股、检查股、审理股、执行股和举报中心 6 个职能部门，但没有设立专门的稽查信息技术部门，稽查信息化建设工作都是由其他部门的几个稽查干部兼任，类似于市局信息中心的工作，且日常工作主要涉及计算机故障、安全 U 盘和工具包的修理以及查账软件的安装等基础工作，对于稽查软件使用中产生的问题，例如，拷取的电子账套查账软件无法读取、稽查内部相关软件平台异常错误等问题，都要咨询或联系服务公司的专业人员解决。对于相对简单的问题，对方可以通过手机或微信远程指导，但复杂的问题还需要服务公司的专业人员到现场查看和解决。对于日常或突击检查时拷取企业计算机系统中的涉税信息，遇到问题无法导出或抓取相关数据时，检查人员一般会请教计算机水平较高的其他稽查人员，缺少专门的稽查技术人员指导和解决问题。

2.稽查环节信息化程度低

当前案源选取时主要以人工选案为主，且案源管理工作缺乏系统性，风控部门推送的案源和稽查部门自选的案源，难以在前期就取得海关、国土、银行、住建等部门更大范围的数据支撑。案头分析过程全靠检查人员日常工作的经验积累,通过人工比对各个数据发现异常点和风险点,制定检查预案,会造成案头分析结果有偏差。当前检查人员在入户检查时,仍然是以调取企业纸质的账簿凭证为主,虽然威海市税务局自主开发了专门的取数软件和查账软件,但是面对服务器在外地或者使用网页版财务软件的企业,仍然难以直接采集电子账套。审理环节虽然依托金三系统实现了信息化应用,但仅限于系统中录入稽查报告、税款信息并完成流程推送。

3.内外部信息大数据平台尚不成熟

税务系统内部信息集成度较低。以稽查部门为例,检查人员在对一户企业开展检查时,首先需要做好检查前的预案工作,对企业登记、申报信息可以通过金三系统查询,但是对于发票进项信息则需要通过山东省税务局税收大数据平台或者电子底账系统查询,对企业代扣代缴职工的个人所得税信息需要登录自然人电子税务局税务端查询,且目前市局尚未赋予稽查人员该模块的查询权限,只有办税服务厅的前台人员才有权限查询。外部信息共享机制尚不成熟,威海市税务局与银行、公安、海关、住建等部门的信息共享程度仍比较低。在实际工作中,除了到银行调取企业的资金流水时,稽查部门有明确的文书流程,到环保、安监、住建等部门获取外部数据,对文书制作、流程都没有明确的规定,这给检查工作的开展带来了极大困扰。

4.信息化稽查队伍建设相对滞后

目前威海市税务局稽查部门还未建立专门的信息化稽查队伍,主要体现在缺乏复合型人才。稽查部门精通税会、法律、计算机的税务复合型人才紧缺,远远达不到稽查部门"以数治税"的要求。尤其是近几年税务稽查任务日益加重,既懂稽查业务又精通计算机软件的复合型稽查人才十分匮乏,严重制约了威海市税务局税务稽查信息化工作的开展。

(四)存在问题的原因分析

针对威海市税务局税务稽查信息化建设中存在的问题,结合问卷调查中稽查干部反馈的信息,总结了上述问题存在的原因。

1.缺乏科学的稽查信息化体系

科学的稽查信息化体系体现在理念认识、部门设立、流程运转等多个方面。当前威海市税务局缺乏科学的稽查信息化体系的支撑,在稽查信息化建设的理念和认识方面还存在不足。通过调查问卷可以看出,55%的稽查干部认为税务稽查信息化建设对工作并没有太大的帮助,甚至有35%的稽查干部不愿意在工作中使用信息化稽查软件或者硬件办公，他们习惯了传统的人工检查方式，通过自己以往积累的稽查经验，对烦杂的涉税数据进行人工汇总。

2. 稽查信息化工具开发应用不足

稽查信息化工具开发功能不足。电子取账软件目前能读取的财务软件数量仍不能满足工作需求，查账软件目前有很多不完善的地方，仅能作为事后发现涉税问题的工具，对于事前、事中的涉税违法行为缺乏监控技术。对于虚开发票全视通平台，目前该软件仅能勾勒省内的涉案企业，但是近几年来，虚开案件已经借助互联网呈现跨区域化的特点，使得稽查软件部分功能不能满足稽查实际工作需要。稽查信息化工具应用率低。根据问卷调查的结果，有48.51%的稽查干部对稽查软件的用途不太了解甚至完全不了解，且20.79%的稽查干部从未使用过与稽查相关的软件，对于信息化的稽查手段接受度相对较低。

3. 税务稽查信息化机制不完善

一是应用系统集成融合度较低。税务内部系统软件众多，内部涉税信息散落在金税三期、防伪税控、电子底账等不同的信息系统上，数据采集标准、口径不统一，数据信息集中困难，企业的信息往往跨越多个系统存储，且各个系统的权限通常不会由同一个部门拥有。二是外部门信息共享渠道不畅通。税务、海关、公安、银行等部门缺乏一个统一的数据信息共享平台，但各个部门间对内部信息的传递、共享都有自己的具体规定，无法形成统一的标准。

4. 忽视信息化人才的选拔培养

一是缺乏稽查信息化系统培训。国地税合并后，市局稽查部门对稽查信息化方面的培训的次数较少，并且培训内容、方法较为单一，大多是对执法记录仪的使用流程、金三系统稽查模块的操作流程等基础方面的培训，对于查账软件个性化使用、虚开发票全市通平台各功能模块使用等方面缺乏系统化的培训。且当前的培训方式依然是理论灌输多、经验传授少，而稽查工作本身又是非常需要实战化训练的，无法满足当下的信息化稽查的需求。二是缺乏信息化人才选拔机制。威海市税务局在选拔稽查人才时，偏重于税收业务考察，没有结合信息化内容考试的情况，使信息化人才慢慢被边缘化，一定程度上抑制了稽查干部学习和使用稽查信息化工具的积极性，更不用说培养复合型稽查人才。

二、国外与国内其他地区税务稽查信息化建设的经验借鉴

美国、加拿大、新西兰等国在税务稽查信息化建设方面的做法以及攀枝花、青

岛、武汉、上海、深圳等国内城市在税务稽查信息化建设方面的举措,对威海市税务局税务稽查信息化建设有着较强的借鉴意义。

(一)国外税务稽查信息化建设概况

1.美国:依托计算机技术实现信息共享

早在20世纪60年代,美国就开始在税收征管中利用计算机对数据进行加工和处理,建立了一套属于自己的信息化税收管理体系,实现了纳税人从税务登记、纳税申报到数据传递、风险识别等一系列的信息化操作。税务人员依托强大的计算机信息系统,凭借部门间高效畅通的信息共享机制,大大提高了税收征管效率。同样,计算机技术也体现在税务稽查的各个方面,除了能获取纳税人的纳税申报、银行流水、资产情况等基本信息,计算机技术在税务稽查的选案、计划制订、风险识别中也发挥着重要作用。

2.加拿大:建立专门的数据管理信息系统

加拿大联邦税局(CRA)负责税务稽查,建立了专门的数据管理信息系统,并研发了一套纳税遵从测量信息系统,能够测量纳税人的纳税遵从度。加拿大联邦税局在税收工作中充分利用计算机系统,极大地推动了税务稽查各环节的信息化建设。核心稽查系统对各地区的数据信息进行广泛的采集,然后通过计算机进行随机抽样稽查。计算机可以对纳税人提交的涉税信息进行信息化审核,当一个纳税人被确认为稽查对象时,一定是其提交的涉税资料存在异常。

3.新西兰:稽查流程的信息化全覆盖

新西兰税务依托计算机技术,优化稽查流程,实现了从选案、检查到审理环节的信息化全覆盖。选案环节,新西兰税务局稽查局依托计算机,实现了全国范围内电子统一选案。计算机根据纳税人的所属行业、纳税申报、成本费用、利润率等涉税信息,筛选出有偷税疑点的稽查对象,稽查人员根据选案结果,结合当地经济发展水平、行业分布情况等,进一步分析后再对结果进行调整,确定存在偷税漏税情形的地区或纳税人。检查和审理环节,税务稽查人员在检查中使用的检查方法、检查内容、检查结果、审理决定都可以通过计算机上传到税务终端系统,实现与全国各地的税务稽查部门的信息共享。

(二)国内其他地区税务稽查信息化建设概况

1.攀枝花税务:打造专业团队构建税务数据仓库

一方面,攀枝花市税务局稽查局依据数据仓库理论模型,整合归集金税三期、税收大数据平台、电子底账系统等,并通过多种方式,多渠道采集数据,拓宽对企业经营信息的了解范围,建立税务数据仓库。通过深入分析涉税数据,对涉税风险特征进行敏锐抓取,并列出稽查风险清单,搭建"1+N"数字化稽查风险指标模型,实现数据成果的增值服务能力。另一方面,攀枝花市税务局稽查局按照"行业+税种"思路组建了"3+1"稽查专业化团队,配合税务数据仓库,在开展行业化检查等方面发挥了重要作用,极大地缩短了稽查人员的办案时间,对稽查部门信息化建设起到了事半功倍的效果。

2.青岛税务:数据导查实现四部门联合办案

青岛市税务局不断创新稽查办案工作机制,成立了数据分析中心,积极与公安经侦部门合作,创新"数据导查"的全新办案思路。数据分析中心最大限度聚集了税务、公安、海关、人民银行四部门的数据资源,在全国税务系统内率先接入了海关、公安和人民银行三个部门的工作专线,将信息共享的价值发挥到最大化,搭建了"税警关银"四部门联合作战指挥平台,形成了一个以联合作战指挥平台为基础的信息共享系统,为有效联合打击违法犯罪行为提供了技术支持。青岛市税务局通过依托信息化指挥平台,充分利用"DataX 资金可视化分析工具""I2 情报分析系统"等信息化工具,与公安、海关、人民银行开展联合办案,通过数据监测、数据研判、线索经营等方式,实现对违法对象的精准、合力打击。青岛市税务局稽查部门利用数据导查,全面提高了稽查整体工作质效,并破获了全国首起煤炭领域全链条虚开案,成果斐然。

3.深圳税务:应用区块链技术完善智慧稽查体系

深圳市税务局稽查局运用现代化理念和前沿信息技术,对现有信息化建设进行整合、完善、拓展、升级,推动信息化稽查向"智慧稽查"跃升。近几年,深圳市税务局稽查局应用区块链技术开发了"四部门信息情报交换平台""闪反系统""智慧笔录系统"等特色软件。其中"四部门信息情报交换平台"架起了税务、公安、海关、银行四部门信息情报共享的高速路。深圳市税务局应用腾讯 TrustSQL 区块链技术,实现了"四部门信息情报交换平台"的数据安全、快速和准确地交换,有效地避免了数据被篡改,并能够追溯数据源,为四部门的高效协作提供了重要的技术支撑。

(三)经验借鉴

1.依托大数据分析是稽查信息化建设的基础

信息化建设离不开强大的计算机系统和大数据的支撑,依托大数据汇集全国各地的纳税人信息,在税务稽查的过程中,全面的数据为稽查工作提供了强大的数据支撑,提高了工作效率。应该重视税收征管的基础工作,利用计算机技术将纳税人所有的纳税行为都记录在案,计算机自始至终贯穿在税收征管环节之中。通过建立全国范围内的档案库,将信息在全国税务部门间共享,有利于税务机关及时获取纳税人最新的基本信息,全面的信息支撑有利于稽查部门根据实际情况快速高效地做出决策。同时,对纳税人按行业分类开展检查,对重点行业出具行业风险指引,对于行业风险高发点、相关稽查方法均进行明确说明,使稽查人员可以更加快速、高效地开展行业性检查。

2.智能化软件是稽查信息化建设的技术支持

智能化软件的开发可以极大地节省人力资源,提高稽查质效。"数字查审平台"在文书送达、询问、取证环节都实现了智能化,改变了稽查部门传统的税企"面对面"上门执法的模式。文书送达的电子化节省了税企双方的成本,智能询问笔录通过预设询问模板,提高了检查人员的取证质量,也减轻了审理人员的工作量,取证环节利用电子签章技术保障了文书、证据签章的安全性。"四部门信息情报交换平台""闪反系统""智慧笔录系统"等特色软件,对外实现了部门间的高效协作,对内实现了稽查证据的标准化、流程化。因此,智能化的软件系统为提高税务稽查信息化提供了强大的技术支持。

3.专业化人才是推动稽查信息化建设的重要保障

税务稽查部门务必要重视专业化人才的培养,要吸收和培养法律、信息、财税人才,组成研判团队,强化情报分析。对稽查干部的信息化知识进行专门培训、分级提升,组建自己的专业化信息化团队,只有既懂业务又懂计算机知识的稽查团队,才可以搭建数字化稽查风险指标模型,并利用数据仓库提取被查对象的信息,进行专业化研判。可以通过业务竞赛、专案查处等方式,迅速提升稽查干部信息化作战的能力,培养集计算机技术、综合研判、数据挖掘、线索追踪于一体的复合型人才,组建稽查部门自己的"利剑"信息化团队。

三、推进威海市税务局税务稽查信息化建设的对策

针对威海市税务局税务稽查信息化建设的实际情况和存在的问题,借鉴国内外地区的先进经验,结合调查问卷及日常工作实践,本文将从四个方面提出对策及建议。

(一)建立依托大数据的稽查信息化体系

1.完善大数据背景下的税收法律法规

在税务稽查的过程中,势必会遇到一些因稽查手段、取证方式、信息保密等带来的与被查对象的冲突,需要财政部、国家税务总局从国家层面通过制定相应的法律法规、规章制度来对信息化稽查手段加以规范,确保信息化稽查手段的合法性、合理性,保护征纳双方的权利。

(1)税务稽查电子取证范围

稽查人员在应用大数据进行信息化取证的过程中,可能会连同财务人员的私人文件、单位的商业秘密等信息一并拷取,纳税人尤其是一些大型企业、上市公司会因稽查人员拷取的部分信息与税收无关,认为其没有合法性,进而产生冲突。为了避免这种情况的出现,建议国家对税务稽查人员的电子取证范围和内容进行进一步的明确,对于可以通过取数软件拷取的电子信息进行细分,并出台相应的政策文件,保证稽查人员在电子取证时有法可依,避免征纳双方因电子取证的范围不确定产生矛盾。

(2)税务稽查电子取证方法

由于信息化取证方法会面临一些新技术,使得税务稽查人员在电子取证的过程中可能会出现无意中违规取证的情况。为了保证稽查人员依法依规取证、避免征纳矛盾,建议国家出台电子取证的政策法规,明确电子取证的方式方法。税务稽查人员在电子取证时,对取证是通过什么样的方式以及取证之后证据又该如何处理等事项进行明确规定,对可能遇到的各种问题进行细分,保证税务稽查人员依法依规进行信息化取证。

2.构建"以数治税"的税收征管体系

威海市税务局要树立"以数治税"的理念,构建以税收大数据为驱动力的具有高集成功能、高安全性能、高应用效能的信息化税务,深入推进稽查部门的精确监管、精确执法。可以成立专门的数据集成处理中心,下设四个中心,包括"数据汇集中心",负责将各类征管数据初步整理归类并向下传递;"数据分析中心"接收数据后对疑点数据进行验证和分析,对简单风险数据直接处理,将复杂数据向下传递;"数据应对中心"接收数据后协调各部门配合开展复杂数据处理和风险应对,并将处理结果向上反馈和向下传递;"数据应用中心"接收数据后负责对运行情况进行考核评价,并研究如何进一步提高数据质量。

3.提高稽查工作的信息化程度

对照《税务稽查案件办理程序规定》和税收执法三项制度的要求,创新稽查部门流程方法,将信息技术应用到稽查各个环节,打造税务稽查各环节的信息化、规范化。

(1)实现案源管理的信息化

案源部门要设立一个风险指标体系,通过指标体系中的一个或多个风险指标对企业进行分析,计算企业的风险值,并按照设定的风险阈值定义企业的风险等级,将风险等级高的企业纳入案源部门的税收风险管理池,提高选案的精准性。

(2)检查环节增加技术支持

检查人员在入户调账或获取电子数据遇到困难时,例如无法获取服务器数据,或者企业为了应对税务部门对一些涉税信息加密造成的检查人员无法直接取得数据,通过信息部门的远程指挥系统,可以进行现场可视化指导,对检查人员实行远程技术支援,保证检查人员取数的全面性、准确性。

(3)审理环节增加稽查数据库

建议开发一款具有记录和查询功能的稽查数据库,一方面可以查询当前所有的法律法规、税收政策,对于新发布或者已废止的政策能做到及时更新,为审理人员在案卷审理时及时提供政策支持,节省查询时间;另一方面可以对全市范围内的同种类型案件、同行业常见案件进行归集整理,建立一体化税务稽查数据库,形成税务稽查案例库,在全市范围内共享资源,为稽查人员提供参考,提升工作效率。

(4)设置四环节业务节点

将稽查四环节按流程设置24个重要工作节点,对各环节节点工作进行细化,每周标注案件所处节点状态,记录案件查办的推进情况和完成时限,对即将逾期的环节进行预警提示,实现案件查办各环节的"数字化""可视化""痕迹化"。创新内控监控手段,将稽查业务标准固化,形成信息化操作流程,通过系统自动提醒和标准化处理,强化事前、事中风险监控,减少检查、审理超期以及执行文书送达超期等问题。

4.设立专门的稽查信息技术部门

(1)选定信息化人员

威海市税务局稽查部门应在现有组织架构的基础上,挑选6名计算机水平高的稽查人员,开展信息化专题培训,组建专门的信息技术部门,为稽查局和第一稽查局提供技术指导,取代之前由各个股室的稽查人员兼职信息技术人员。

(2)培养数据思维

信息技术部门要培养信息技术人员的数据思维,能够与服务公司的软件工程师就软件需求进行深度交流,让其研发的稽查软件和工具在使用时获得稽查实践的场景感,让稽查软件和工具更加人性化,提高稽查人员的使用"体验感"。

(3)制定信息化制度

针对成立的稽查信息技术部门,制定稽查信息化管理办法,对信息部门的具体工作内容、建设方向进一步规范和明确。对于选案、检查、审理、执行人员使用信息化工具完成工作进行全过程监控，提高各个环节日常使用信息化工具的频率，提高稽查信息化程度。

(二) 加强税务稽查信息化应用系统建设

实现税务稽查的信息化，不仅需要硬件设备的支撑，更需要开发和完善信息化应用系统，双管齐下，从硬件和软件两个方面为稽查人员开展工作提供保障。

1. 构建税务数据仓库

为了解决选案、检查环节，受税务内部信息的局限性影响造成的信息获取不全面的问题，威海市税务局可以在金税三期、电子底账、山东省税务局税收大数据平台等系统的基础上，结合非税征收数据、天眼查、企查查等互联网数据以及海关、公安、国土、住建等外部门的数据信息，对数据进行整合归集，从多个维度展现企业的信息全貌，构建自己的税务数据仓库。通过对数据仓库中的各类数据实施一系列治理活动，为数据应用分析、查前准备工作、涉税数据提取等提供全面的数据支撑。

2. 完善税务稽查软件功能

目前，威海市税务局稽查部门在硬件设备配置方面已基本满足了稽查信息化建设的要求，但在稽查信息化软件方面还需要进一步完善。

(1) 完善稽查取数软件功能

建议对查账软件的取数功能进行进一步完善，与软件公司合作，获取进一步的技术支持，通过软件升级，丰富兼容的会计软件的种类，或者开发一个万能版本的取数软件，输入服务器地址和密码后就可以提取到企业的电子账套信息，打破部分企业服务器不在本地的地域限制，提高取数效率。

(2) 提高稽查查账软件的智能化水平

建议对目前使用的审有查账软件的功能模块进行优化完善，让查账软件能涵盖整个检查环节。完善查账软件的数据导入功能，使其不受电子账套内存的影响。可以对单个科目的金额、增长率等要素进行分析，也可以多科目联动分析，并将分析结果通过图表形式进行直观的展现。法律法规模块可以查询增值税、消费税、房产税等相关税收法规，方便检查人员在检查时能及时查阅相关文件。

(3) 丰富虚开发票全视通平台的功能

虚开发票全视通平台是威海市税务局自行研发的团伙勾勒软件，可以根据发票 IP 地址、MAC 地址对虚开团伙进行勾勒。建议威海市税务局与省局进行沟通，放开对全国涉案企业进行勾勒的权限，为税警联合、共同研判、打击虚开案件提供更全面、更完整的数据支撑。

3.创新机关实体化运用

在现有的机关实体化基础上,威海市税务局可以在机关实体化平台下设风控管理中心,负责对房地产、建筑业、水产品等行业风险数据筛查和跟踪。风控管理中心设有针对不同行业的风险研判小组,对征管数据和发票流进行定期分析比对,建立多个高风险行业"数据池"和"动态管理台账",每月将超过预警指标的企业信息和数据信息传递给稽查部门。通过机关实体化平台统筹,实现税务机关内部信息化数据的高效运用和传递,为风险防控和个案打击提供数据和渠道支撑。

(三)构建内外多层次信息共享协作机制

要充分运用大数据、云计算、区块链等现代信息技术,推进内外部涉税数据联通共享,线上、线下数据有机融合,为税务稽查部门高效开展工作提供技术支撑和数据保障。

1.整合内部数据,开放内部信息共享权限

(1)整合系统内部资源

目前全国各地的税务稽查部门都有自行开发的稽查软件和信息系统平台,各个软件和平台在数据采集标准和信息采集口径等方面都不统一,数据信息集中困难,急需建立一个统一的信息化数据采集标准。威海市税务局可以以税务稽查案件管理监控平台为核心,并与金税三期系统、电子底账系统、山东省税务局税收大数据平台等系统信息关联,与稽查查账软件、虚开发票全视通平台进行底层整合,既保留了原来的稽查特色软件和系统,又实现了稽查案件管理监控平台的功能集成,建立一个访问门户,将稽查案源管理、稽查任务管理、稽查检查管理、稽查综合业务管理、涉案对象信息管理、稽查案件监控管理、稽查风险防控管理、稽查成果质效分析、稽查案件指挥协调等稽查各环节工作囊括其中,全面覆盖稽查执法和行政管理业务,构建内部信息系统单点登录、数据贯通、功能互联的稽查信息一体化平台。

(2)加强系统内部部门合作

稽查部门要加强与征管、纳服、风控、社保非税等部门的合作。由于税务系统部分模块的权限无法完全放开,信息查询功能仍分散在各个部门,为了畅通内部数据的获取渠道,可以在税务稽查案件管理监控平台开发一个数据审批模块。对于稽查部门无权查询或者无法导出进行数据加工的信息,稽查人员可以通过数据审批模块,填写事件名称、内容、时间等基本要素,向有权限的部门发出申请,科室负责审批的人员审核通过后,将信息数据通过电子形式发送给稽查人员。

(3)深化业务统筹一体化

为了合理分配市局稽查局的人力资源,对外组织查办大案要案,威海市税务局可在区市级税务局确定一个税务分局对接稽查工作,专门负责不需要立案检查的发票协查、涉税举报、调查核实等日常管理事项。将市局稽查局的职责定位在"管理和服务"上，为第一稽查局和区市局承接稽查工作部门提供业务指导和业务管理建议，着力解决市局稽查局、第一稽查局、区市局承接稽查工作部门的衔接问题，打造"市局稽查人员+区市承接稽查工作人员+其他稽查专业人才库成员"三级高效联动的工作模式。建立健全工作统筹协调机制，让第一稽查局集中精力开展"区域+行业"的专业化检查，区市局承接部分协查、举报等事项，做到一体化运行，高效衔接，形成合力。

2.加强外部部门协作，打通外部信息共享壁垒

以《山东省税收保障条例》出台为契机，威海市税务局要充分运用大数据、区块链、移动互联网等现代信息技术，秉持合作共赢的原则，积极推动全市"一体化"税收保障平台，联动做好数据共享应用，打通多部门间数据交换的壁垒。一方面，要与工信、银行、公安、商务等部门加强协作，借鉴青岛和深圳的经验，应用区块链技术，按照统一接口、统一代码开发，联合各部门，通过明确各部门信息共享方案、信息共享技术框架、信息共享义务等，按照相关规范和技术标准，共同设置权限，推动"一体化"税收保障平台的建设，实现各部门数据准确、安全、快速的交换，打破税务稽查部门信息孤岛的情况。针对大项目管理、土地增值税清算、出口退税管理等，要与发改、自然资源、住建、海关等部门交换数据，实现涉税数据由"分享"到"共享"。信息化共享平台有利于建立各部门长效合作机制，通过充分聚合各部门的数据资源，实现部门间的联合作战，提高案件查办效率。

另一方面，大数据、区块链技术的应用不再局限于公安、海关等部门基础数据的分享，基于信息不对称理论和纳税遵从理论，部门纳税人通过越来越隐蔽的手段取得账外收入，例如一些加油站、美容院通过微信、支付宝或者其他第三方小程序进行收款，收款账户为个人或与该单位无关的个体工商户的银行账号，稽查人员通过支付凭证无法直接关联到收款账户，取得账外收入的证据。面对这种情况，威海市税务局稽查部门除了要加强和银行的信息交换，还需要同互联网交易平台、第三方支付机构加强协作，建立信息共享渠道，如腾讯、阿里巴巴等大数据服务企业，获取它们的技术支持，通过支付单号对其收款账号进行层层溯源追踪，弥补税务稽查部门在互联网交易上获取数据难的短板。

(四) 打造专业的高素质的税务稽查信息化队伍

人才队伍建设是实现税务稽查信息化建设的基础性、战略性工作，不仅要注重稽查干部的数量，更要注重稽查干部的综合业务素质，打造一支稽查业务过硬、熟悉各种税收法律法规又精通计算机的复合型人才队伍，以适应多岗位需要。

1.优化人力资源配备

充实稽查人才数量。虽然目前威海市税务局稽查干部的数量已经达到了省局要求的比例,但是年轻干部和业务骨干的数量依然不能满足现有的稽查工作要求,在税务稽查信息化队伍建设方面,急需充实队伍数量,尤其是懂政策、懂查账、信息化水平高的复合型人才极度缺乏。威海市税务局稽查部门可以根据税务稽查的特点和要求制定稽查人员的准入条件,从年龄、学历、专业知识结构等方面有针对性地补充新的稽查干部,逐步吸纳与稽查工作要求相匹配的税务人才,确保税务稽查信息化建设有充足的人才储备。

合理配置各个稽查岗位人员比例。结合威海市经济体量、税源规模等实际情况,对稽查人员数量进行差异化配置,重点加强检查、审理人员力量,保持一线检查人员及审理人员比例在70%以上,避免平均化配置导致的人力资源错配问题。

合理配置"三师"等人才的比例。鼓励稽查人员尤其是青年干部考取"三师"资格证书以及计算机资格证书,有计划地增加注册会计师、税务师、法律职业资格以及计算机中级以上职称人员的比例,实现人力资源与工作需要相匹配,建立起与稽查职能目标相适应、与稽查工作任务相匹配的稽查队伍。优化年龄结构,坚持老中青结合梯次配备,打造年龄结构合理的稽查信息化队伍。

2.组建大数据分析团队

面对稽查信息化的工作形势和大数据、云平台的应用环境,针对威海市税务局税务稽查信息化应用水平和数据分析能力不足的现状,威海市税务局可以开展"信息化精准选案"稽查条线的岗位练兵,将大数据平台作为竞赛环境,包含"金税三期"核心征管系统,电子底账、出口退税等业务系统的全市涉税数据,通过对稽查干部的基础数据提取和疑点分析能力进行考核,选拔出信息化业务骨干,成立精准选案的大数据分析团队。例如,针对编造虚假身份信息虚开农产品收购发票、集中抵扣滞留发票骗取留抵退税的风险,可以考察运用SQL语句准确查询数据、分析疑点、筛选案源;对于团伙作案的,可以考察综合运用信息化技术和业务知识,对上下游涉税数据关联分析、对敏感进项发票分析判断的能力,最终从数据质量、分析准确性、方案有效性等方面进行评分选拔。

3.建立稽查信息化人才培养体系

制订税务稽查专业人才培养计划,打造一支素质过硬、业务精湛、信息化水平高的人才队伍,形成"学、干、练、用"一体化人才发展机制。成立税务青年学堂,将40岁以下的稽查干部作为培训重点,让大家在干中学、学中干,有计划地为稽查部门补充所需人才。

坚持训战结合,积极探索稽查实战化培训新模式,要加强稽查专业化人才的日常培养，将稽查专业化团队建设与干部队伍建设有效结合，通过强化业务培训、加强实战练兵、邀请专家授课等方式不断创新，实现稽查人才的分级分类培养。一是开展信息化培训，定期开展稽查信息化培训班，重点培训查账软件、财务软件的使用、计算机、大数据等分析应用，例如Oracle、Mysql数据库和I2等信息化工具的操作方法，确保税务稽查人员可以掌握信息化稽查方法，将稽查业务与计算机、大数据相结合，提升稽查工作的效率，实现"1+1>2"的稽查效果。二是开展靶向辅导，建立科学的培训需求体系，依托学习兴税平台，定制特色课程，开展"远程辅导"，横向覆盖财务、税收、法律各个专业，纵向贯穿案源、检查、审理、执行各个环节，切实满足稽查干部的日常工作需求。同时邀请稽查实务和大数据分析等专业领域的兼职教师线下授课，以税务稽查信息化建设作为落脚点，对所需要培训的知识、技能进行分析，用"靶向辅导"代替之前的"大水漫灌"培训模式，让学习内容更贴近稽查工作，更具有实用性、操作性，做到既注重知识也注重实践，提高稽查干部的实战能力。三是学习典型案例，通过汇编网校讲义、线下导师课件，积累房地产、建筑业、生物医药等多个行业的20余个真实案例，既涵盖股权投资、债务重组，又涉及典型税务行政诉讼。四是数字场景模拟，依托企业的电子账套，认真梳理会计处理、纳税申报、发票流向等数据，通过报表数字、分录凭证之间的逻辑印证，锁定涉税疑点线索，并主动与风控及管理局对接，调取征管数据，对案件性质及事实等信息进行归集，帮助稽查干部提升数据处理与分析的能力，推动"以票控税"向"以数治税"转变。

4.建立信息化人才考核激励机制

依托税务干部数字人事系统，建立稽查信息化人才考核激励机制。通过数字化模式进行量化管理，设立基础指标和个性指标并存的考核体系，对稽查部门不同岗位分类制定考核标准，要细化到综合股、案源股、检查股、审理股、执行股等各个股室，根据不同岗位的工作性质、工作数量等因素，设置不同的考核指标，对于信息化软件的应用频率、应用内容，后台实时监控，实现对信息化工具使用情况的及时反馈和掌握。对于信息化稽查人才进行适度褒奖，例如，对进入市局稽查人才库或在计算机相关考试中取得优异成绩的稽查人员，在年度考核中予以加分，提高稽查人员使用信息化工具的积极性。

威海市税务局智慧税务建设研究

滕芃欣

(学号:1120213420)

随着互联网的普及,传统的税收治理方式已经无法满足纳税人、缴费人个性化的需求,打破传统税费服务工作的层级、属地和部门边界,将原本线下办理的事项转到线上办理,可固化、重复性、复杂性事项由人工办理向自动化、智能化办理推进成为大势所趋。

一、威海市税务局智慧税务建设的现状分析

威海市税务局在2018年就开始着力于智慧税务的建设,从税务执法、税费服务、税收监管、协同共治等方面入手,为构建智慧税务体系打下了坚实的基础。

(一)目前所采取的举措与取得的成效

威海市税务局智慧税务建设主要聚焦税收执法、服务、监管和一户式信息归集四大方面,并取得了一定的成绩,智慧税务的落地大大地畅通了威海市税务局与威海市公安局等其他外部部门之间的数据交换渠道,提升了纳税服务质效,增强了威海市税务局数据监管的能力,推进了税收分析智能化进程。

1.所采取的举措

近几年,威海市税务局在智慧税务建设方面做出了一系列的探索和努力,具体表现在四个方面。

(1)建立智慧执法的税警联动机制

自2018年开始,威海税警共同成立威海公安派驻税务联络机制办公室(下文简称"驻税办"),打磨成集"共同指挥、实时监控、资源共享、执行会商"等多种功能综合性联合办案平台。

税警互设"专线",建立信息共享平台。通过架设专线,对税务部门的税收大数据平台、虚开发票全视通平台、出口退税查询系统,公安部门的经侦信息系统、海关缉私部门报关数据查询系统等系统内的数据实时查询、提取。

设立联席会议制度,联合侦办大案要案。根据《威海公安派驻税务联络机制办公室运行暂行办法》的要求,每季度由驻税办牵头召开税警联席会议一次,税务稽查和公安经侦的分管领导、双方负责税警协作对接、宣传的同志参加会议。

(2)打造智慧服务的线上专区

"智税·家"税费服务基地是威海市税务局运用集约化管理理念,打造的线上、线下联动,"问、导、办"三位一体的"一站式"智慧办税服务中枢。

一是智慧咨询。将原本分散的"12366""96612366""12345"、税控服务等四类热线整合到一起,通过团队协作,打破热线之间不联通、知识库不同步的系统壁垒,解决了纳税人重复拨打各类热线才能解决问题的问题。

二是智慧导税。对电子税务局或电子税务局APP自主办理事项,在线辅导纳税人自主办理;对社保费、医保费等业务,引导缴费人通过山东税务社保费缴纳小程序或电子税务局等网上缴费平台自助缴费,大力推行网上办、掌上办,持续提升非接触式办税比例。

三是智慧办税。将税务登记变更、发票票种核定、跨区域事项报告等21项原本分散在各区市中后台的审核业务,上收至市税务局服务基地集中办理。同时,作为全市线上税费业务的办理中枢,负责对纳税人自主提交的电子税务局办税事项进行统一受理审核办理。

(3)构建智慧监管的平台

搭建基地、组建团队集中进行全市各类涉税涉费信息系统的业务运维与技术运维,保障各项税费征收工作平稳运行。

一是搭建扁平化集中运维基地。将原本市县两级各条业务线都在做的系统运维工作,集中到市局服务基地一站运维。除了承担全市的运维任务,还承担全省法制、财行、收核、企税、退税减税直报运维5个条线的运维任务。

二是组建智慧质控团队。突出"以数治税"工作理念,将原本各业务部门分散监控的收入质量、征管质量、服务质量、运维质量、执法内控等内容,集中到运维基地来进行综合监控,强化监控指标的关联分析。

(4)推进一户式信息归集

威海市税务局对一户式信息的归集主要表现在网格化管理,以纳税人、缴费人全量的涉税信息和办税事项为对象,以核心征管、增值税发票管理、决策支持、云平台大数据等系统为依托,实施数据集成整合,以纳税人为单位对基础信息、管理信息、外部信息进行归集,实现纳税人、缴费人税费信息"一户式"智能归集。

分析应用"一户式"信息查询平台数据。威海市税务局充分应用"一户式"信息查询平台的各项功能,根据一定线索条件逐步关联,在系统导航下查询纳税人总体概况、分类统计、明细情况等相关信息。

2.取得的成效

威海市税务局通过多途径的努力,在智慧税务建设方面取得了一定的成效,主要体现在四个方面。

(1)畅通了部门间数据交换渠道

威海公安派驻税务联络机制办公室的成立,实现了税警之间数据共享,大大深化了税警之间的协作。在执法办案过程中,形成了威海独有的"情报共享、联合选案、共同研判、捆绑作战"的"一体化"税警协作模式。在案件查办过程中,税警部门共同确定检查重点、共同调查取证、共同制定抓捕和审讯方案,实现了优势互补。税务部门充分发挥对税收业务、财务数据分析判断等专业优势,掌握确凿涉税违法证据后,及时移交公安部门;公安部门提前介入,及时立案侦查,避免了因税务机关职权限制而失去查处最佳时机,为案件取得成效提供保障。

(2)提升了纳税服务质效

智慧服务线上专区的设立打破了传统办税服务厅的前台、中台、后台划分设置,最大限度将中后台业务上收至"智税·家"税费服务基地的线上服务专区集中处理,让税务机关能够将更多精力放在纳税人日益增长的精细化、个性化的办税需求上,在"办税缴费服务网点"和"纳税人之家"等线下服务专区提供专家辅导、业务咨询、宣传培训、权益维护、服务体验等增值功能,不断改善办税体验,推进办税缴费服务从无差别服务向精细化、个性化、智能化服务转变。

(3)增强了数据监管水平

扁平化运维模式将原本市县两级业务运维的四个工作节点上收至运营中心集中处理。这种工作形式,不仅压缩了工作量,减轻了基层负担,还极大地提升了数据监管工作水平,避免了相同数据问题重复提报运维和经验做法难以分享问题的发生,威海市税费业务运维也从"处理问题、解决问题"向"减少问题、预防问题"转变。单月处理省、市数据运维数据537条次,退单率由原先的11.9%下降到目前的

3.6%，平均处理时间下降到2.22天，申报率达97%。

（4）推进了税收分析智能化进程。一户式信息归集推动房地产、金融保险等重点行业涉税数据集成分析，把经济运行分析与政策效应、组织收入分析关联。推动实现税收票证电子化管理、退税全流程网上办理。推动税收收入，多维度动态反映税收收入和减税减费情况，推动"从人读数到机器读数、从人工分析到人机结合分析、从表格化展示到可视化呈现、从按月产生结果到按时产生结果"的转变。

（二）问卷调查与结果分析

1.问卷调查

本次调查从2022年11月开始，持续了将近一个月的时间。问卷调查分为客观题和主观题两种题型，客观题是必答题，主观题是选答题，如果存在客观题遗漏、有明显的前后矛盾等情况，则该问卷即被认定为无效。在这次的调查中，总共回收了221张问卷，206张是有效的，其中112张是以纳税人为调查对象，94张是以税务工作人员为调查对象，15张无效问卷，总有效率达到93.21%。

这次的调查是针对威海市地区的税务工作人员和纳税人进行的，税务工作人员包括了不同的年龄段、学历水平、任职部门，纳税人包括了不同的类别、年龄段和教育程度，调查采用了随机抽样的方式。为了满足不同群体的办税以及沟通交流习惯，本次调查采取了线上问卷和线下问卷两种形式。线下委托办税服务厅的工作人员对办理涉税业务的纳税人随机发放纸质版调查问卷，对税务工作人员采取随机走访的方式发放纸质版调查问卷；线上发放调查问卷主要采用微信聊天群、QQ聊天群等多种方式。现场发放的调查问卷，现场收集；网上发放的调查问卷，通过后台完成数据的统计。

2.结果分析

（1）建设情况分析

样本税务人员对威海市一体化智慧税务建设很满意的仅占9.57%，认为智慧税务建设对自身工作有些帮助的占37.23%，很有帮助的占17.02%。样本纳税人中对智慧税务很了解的仅占14.29%，完全不了解的占5.36%，大部分人处于一般和不太了解的状态，整体的了解程度偏低。纳税人对威海市智慧税务建设满意程度的评价，认为一般满意的占52.68%，非常不满意的占4.46%；非常满意的占17.86%，由此可以得出结论，威海市税务局智慧税务的建设虽然获得了部分成效，但离建设满足纳税人需求的智慧税务体系还有一定的差距。

（2）智慧税务相关系统使用情况分析

样本数据显示，仅有30.35%的税务人员对智慧税务软件的应用达到基本熟练以上，19.64%的人非常不熟练；有61.61%的税务人员认为智慧税务软件稳定性处于一般水平以下,应该完善硬件设施,为税务工作打好基础。样本纳税人中,20.54%的人对"智税·家"税费服务基地处理问题的时效性很满意,40.18%的人表示满意;14.29%的人对"智税·家"税费服务基地运行平稳度非常满意,50.89%的人满意;15.18%的人对"智税·家"税费服务基地成立后的办税便捷程度非常满意,37.5%的人满意。由数据可见,纳税人对"智税·家"税费服务基地比较满意,威海市"智税·家"税费服务基地建设取得较为显著的成果。

(3)涉税信息获取及安全方面

样本数据显示,样本税务人员并不满意获取涉税数据的畅通程度,55.36%的样本税务人员认为内部涉税数据获取不够畅通,64.29%的样本税务人员认为外部涉税数据获取不够畅通,44.64%的样本税务人员认为不畅通对工作带来影响。有79.46%的样本纳税人在进行网络办税时担心信息泄露问题,这意味着信息安全问题成为多数纳税人担心的问题之一。

(4)涉税数据监管情况

样本数据显示,仅有8.93%的样本税务人员认为威海市税务局当前涉税数据监管机制非常合理,58.92%的人认为不合理。67.86%的样本税务人员对当前威海市税务局数据质量监管系统表示不满意,需要整合资源,加强涉税数据质量监管。

(5)税务工作者工作情况

样本数据显示,8.04%的样本税务人员表示其所在部门没有计算机和财会专业的复合型人才,38.19%的人表示有3~5个,占比最高;样本税务工作人员从未从事过信息化工作的占47.32%,缺乏信息化专业人才;样本税务人员所处部门很少或没开展有智慧税务建设相关培训的占34.82%。有60.71%的纳税人认为办税服务厅工作人员智慧税务相关业务办理水平处于一般偏下。这个数据表示税务工作者应该注重智慧税务业务水平以及思想教育水平的提升,从而能够更好地为纳税人提供更优质的服务。

(6)智慧税务宣传方面

47.32%的样本纳税人是通过办税服务厅了解智慧税务的,51.79%的样本纳税人认为税务机关对智慧税务宣传的程度一般。在当今社会中,有各种各样的信息和传播途径,税务机关要加强对智慧税务的宣传强度,并对宣传方式进行革新,提高智慧税务宣传途径的多样性,以此满足纳税人的需求。

(三)存在的主要问题

通过对税务工作人员和纳税人填写的调查问卷继进行分析,总结了目前威海税务局在智慧税务建设上存在的问题。

1.一体化的智慧税务体系尚未建成

威海市税务局根据实际情况,全力打造市级一体化智慧税务体系,但仍存在整体布局不完善、缺少统一的应用制度、系统内部硬件设施不完备等问题。

（1）整体布局不完善

当前各地税务部门对智慧税务建设的探索大多数集中在智慧办税板块，例如威海市税务局对智慧税务建设的探索，从目前的趋势来看，前后台之间的信息化壁垒依然存在，尚未融为一体，智能化的智慧税务建设并不完善，与当前信息高速发展的时代背景下的税务工作的需要不能匹配，这将会导致政府对经济社会的管理和服务程度相应地下降，不利于充分地发挥税收的职能，同时，也不利于经济社会的稳定发展。

（2）缺少统一的应用制度

在智慧税务制度方面，各市税务局层面的规定较少，例如威海市税务局目前在智慧税务应用方面并没有进行整体的规划，也没有给出相应的指导，在具体的业务流程中，缺少对涉税信息的获取、传输和应用的规定。与此同时，"智慧税务"这一理念也是一个较为宏大的理念，大部分的税收工作人员对它的理解还不够透彻，特别是基层的税务干部，对智慧税务应用根本不了解或者了解很少。

（3）系统内部硬件设施不完善

一是从税务内部来看，许多应用程序运行缓慢、效率低下，很难满足现在高效工作的要求。尤其是在征期期间，有很多纳税人都在申报，更加增加了查询时间，降低了查询速度，甚至系统会提示错误。二是不同的操作系统在硬件要求上存在着差异，受基层税收机关落后的硬件设施以及老旧的电脑操作系统的限制，无法安装和使用部分软件。

2.与外部部门涉税数据共建共享水平不足

数据共享是推动智慧税务建设的要求之一，威海市税务局仍存在数据共享机制不健全、涉税数据共享平台功能不足、涉税数据共享存在安全隐患等问题亟待解决。

（1）数据共享机制不健全

与人民银行、检察院等部门的联系仍需加强，在与外部部门交换涉税数据时发现：一是数据需求与数据供应不匹配，数据提取或导出标准不一致，导致获得的数据无法使用或需要经过大量处理；二是经常出现需要的数据传递不及时、质量不高的现象；三是数据共享的责任机制和激励机制落实不到位，其他部门看不到数据共享的有利预期，往往不愿意提供相关数据。

（2）涉税数据共享平台功能不足

在线下服务方面，税务部门与其他政府职能部门已通过信息共享等形式进行了合作，但在线上服务方面，仍存在涉税数据交换困难的问题，对于税务机关需要的一些特殊化、精细化的涉税数据，获取仍然有困难，政府各部门之间自成一体、各自为政,未实现部门之间的广泛联动通办。

(3)涉税数据共享存在安全隐患

一方面,数据安全隐患层出不穷,如常见的网络病毒攻击、工作人员泄密等,给税务机关与其他政府部门之间进行涉税数据收集、传递、分析等带来了一定的风险。另一方面,对于纳税人来说,税务机关与政府各部门之间加快推进数据开放共享机制,加大了纳税人商业机密和个人隐私等信息泄露的可能性,极易引起纳税人涉税信息丢失、损坏、篡改等风险。

3. 涉税数据质量监管手段不足

智慧税务建设离不开对税收数据质量的监管,威海市税务局在监管过程中存在数据质量管理机制不健全、缺少开展数据质量监控的专门渠道、各部门之间税收数据缺乏统筹等问题。

(1)数据质量管理机制不健全

从近年数据质量整改工作情况来看,有多项问题连续两年开展专项整改,但始终存在问题,暴露出日常管理缺乏健全的数据质量管理机制,单纯依赖集中整改,难以提高数据质量。不注重数据质量的日常管理,还将导致问题数据持续积累,当遭遇紧急任务时,难以满足工作需求。

(2)缺少开展数据质量监控的专门渠道

目前,各系统监控内容分散,且缺乏对数据质量问题的体系化监控,导致问题数据难以发现,无法规范评定税收数据质量的好坏。同时,各项税收数据质量监控指标零散地分布于各类监控系统当中,缺乏有效的集中管理。其中,税收辅助管理平台作为数据质量管理的专门工具,监控指标仅停留在数据完整性、一致性和标准性等基础性校验上,无法衡量基础数据对实际业务的影响程度。

(3)各部门之间税收数据缺乏统筹

市、县、分局各层级,各部门间均掌握了大量的税收数据,但是由于没有进行集中统筹,难以实现有效分析应用。"12366"热线负责税收政策类问题解答,"96612366"热线负责电子税务局、自然人电子税务局等系统操作问题解答,威海各类热线每天接听电话超过500个,且反映的都是社会层面普遍的问题或需求。各类热线分散管理,难以对其中隐含的信息开展穿透分析而针对性开展处置,导致热线咨询治标不治本,同一问题重复咨询率高,导致纳税人不满意。

4. "智慧"人才储备过少

从威海市税务局目前的人员配置来看,现有的税务干部和技术人员已经无法满足"智慧税务"的建设。

(1)人员配置不合理

按人员占比来看,威海市税务系统人员年龄集中在45周岁以上,以"70后"为主要组成部分,老龄化较为严重。从工作能力来看,年龄偏大的税务工作者具有丰富的工作经验和专业素养,相较于青年干部来说,在公文写作、税务稽查、纪律监督等方面处理得更为熟练。从信息技术应用来看,由于无法熟练使用计算机,年龄偏大的税务工作者偏向人工化、模板化、简单化等线下的业务操作,对于目前亟须发展的电子化、智能化等智慧税务涉及的业务领域学习应用较为困难。

(2)缺乏信息化专业人才

当前,威海市税务局能够熟练应用信息化软件的共 62 人,仅占全部职工人数的 22.71%,就目前人员结构来看,能够熟练掌握各类现代信息技术应用的复合型人才紧缺,信息化专业人才的储备显著缺乏,管理的观念、程序以及方式等较为落后,专业知识的更新较慢,对现代信息技术的掌握在某种程度上限制了智慧税务的建设。

(3)人才培养方案不完善

税务局是一个专业性较强的政府机关,就目前而言,威海市税务局更注重培养税收方面的人才,每年举办的各项培训和人才库考试多针对税收、法律、征管等方面,对信息化人才培养的重视程度不够。同时,由于受到传统手工业务方式的影响,基层工作人员的思路还停留在比较传统的线下管理服务上,未能充分认识到建设智慧税务的迫切性以及提高信息化水平对建设智慧税务的重要性。

(四)存在问题的原因分析

1.智慧税务一体化建设的理念相对缺失

威海市税务局一体化智慧体系不完善的根本原因在于税务工作者缺乏相应的科学理念,习惯了以前各自为政、互不相通的工作思路,无法适应税务部门从信息化到数字化再到智慧化变革的大环境。从问卷调查的结果来看,多数税务管理人员对一体化建设的了解不足,认为一体化智慧税务体系就是将线下的业务转移到线上办理,仍然保持之前的工作方法,各部门之间互不关联,产生的涉税数据自己处理应用,这种思想直接导致对智慧税务建设及运用的重视程度不够,对信息技术的学习及应用不够充分,不能将自己融入现有的工作职能中,无法与当前岗位需要相适配。

2.智慧税务建设缺乏新技术的有效支撑

威海市税务局智慧税务建设不完善的原因在于,智慧税务线上管理平台当前仍在构建阶段,所以对新技术的运用并不是很彻底,而且在总体体系结构的设计中,也没有更深入地引入新技术。由于资金、场地和政策等多种原因,目前威海市税务局还未将最先进的技术应用到实际应用中。威海市税务局建立的智慧税务服务平台现在仍处于"智慧税务"服务的初级阶段,更多的是把线下业务转移到线上,总量没有下降,建立一个更为完善的平台还任重而道远。

3.涉税数据处理应用能力不足

威海市税务局目前所拥有的数据处理系统还存在着系统较为分散、数据相对隔离、运行速度较为缓慢、功能不健全等问题,造成了数据的采集、存储、处理、分析与运用仍有缺陷。同时,征管、税政、风险管理、稽查等部门对数据的处理应用仅限于本部门,结果应用范围也很小,碎片化的数据应用削弱了大数据集群优势,不符合智慧税务的建设要求。

4.涉税信息挖掘深度不足

一方面,因为受技术水平的制约,税务部门对税务数据的使用还停留在较低的水平上,没有对自己所掌握的涉税数据进行充分的使用和深入的发掘,也没有对第三方的涉税数据进行高效的采集和使用。另一方面,作为基层税务机关,数据资源的应用受到很大的限制,为了保障数据安全,金三等系统的很多权限都上收到省级及以上税务机关,市级税务机关难以获取更多的数据,以达到深化数据应用的效果。

二、国外与国内其他地区智慧税务建设的经验借鉴

国外发达国家英国、美国、澳大利亚以及国内潍坊市、汕尾市、南京市在建设智慧税务的过程中有很多先进经验,对威海市税务局推动智慧税务建设有重要的启示作用。

(一)国外智慧税务建设概况

英国、美国、澳大利亚从建立数字账户、重设组织机构、信息管税等各方面入手,在推动信息化变革上都取得了良好的成绩。

1.英国:建立纳税人数字账户推动数字化改革

英国在推进税务数字化进程中,将纳税人数字税务账户的建设作为改革重点,以期能够改变税务烦冗低效的方式。英国政府在2015年公布了建立数字税务账户的计划,该账户不仅可以保存纳税人的个人资料,而且还可以简化办税流程。英国税务海关总署2021年发布了首份税务数字化行动方案,这是英国政府机构中最有远见的一次数字化方案。

数字税务账户具有多样化的功能。一是推行网上纳税服务。根据有关要求,

企业纳税人利用电子设备来进行收支核算,英国的税务海关总署为他们提供一种可以办理各种税收业务的免费手机和电脑软件,同时,纳税人及代理人还可以在市面上自行采购各种税收软件用于会计核算。二是要进一步简化纳税手续。数字税务账户的作用与网络银行相似,具有多重纳税义务的纳税人,可以一次性缴纳税款,也可以用一个税种多缴的税款的方式来抵顶另一个税种少缴的税款,与缴纳单一税一样。

2. 美国:重构组织架构满足纳税人需求

为了更加适应时代发展的要求,2019年,美国国会通过了《纳税人优先法案》,要求美国国税局重新搭建组织架构,从原来的"142"模式调整为"155"模式,新模式的建立在注重监管统一的前提下,更加重视纳税人的体验感。

美国国税局重组方案要求整合薪资与对外投资部门、免税和政府组织部门、小企业与个体户部门、大企业和国际部门,将四类纳税人合到一个部门管理。为了更好地执行这项规定,美国国税局增加涉税服务的人员及机构,设立两个新的部门——纳税人权益维护办公室和纳税人体验办公室,与原有的关系与服务司共同为纳税人提供涉税服务。

3. 澳大利亚:采用三种方式实现信息管税

澳大利亚从建设完善的法治环境、搭建先进的信息系统、培养第三方的税务代理实现信息管税。

澳大利亚有完善的法治环境,税收法规就有100多种,对于隐瞒不报、拖延时间、漏报少报的金融机构、涉税中介,税务部门将给予警告,严重者给予行政处罚。澳大利亚拥有发达的资讯系统,信用体系遍及整个国家,对于那些资信不佳的人或公司来说,他们在很多方面都会受到制约。澳大利亚更加重视税务中介的作用,澳大利亚有很多的第三方税务中介,现在大部分个人和企业都是委托他们处理有关税收的事情,税务中介还承担着税收宣传员的职责,间接普及税收的相关政策,弥补税务部门的不足之处。

(二)国内其他地区智慧税务建设概况

潍坊市、汕尾市、南京市作为与威海市平级的地级市,其推进智慧税务建设的方法值得学习。

1. 山东潍坊市:打造全流程智慧管理平台

潍坊市税务局应用流程管理、大数据等先进的技术和理念,构建了"潍坊税务全流程智慧管理平台",以平台为基础,打造一体化智慧税务体系,加快推进税收治理体系和治理能力现代化。

潍坊税务全流程智慧管理平台能够达到全领域覆盖的目标,实现工作任务"一网式通办"。一是党建统领功能。设立统领运行、党建"一本通"、党建督查督办等模块。二是税收监管功能。其包括联动管理、双随机监管、任务派发、问题提报等模块。三是行政保障功能。其包括政务管理、财务管理等50项具体行政业务的线上办公、流程管理、移动办理等模块。四是智慧赋能功能。一体化内置"潍坊智慧税务大脑",对有关数据进行系统归集和分析,并实时展示输出。

2.广东汕尾市:利用5G、人工智能等技术拓宽服务路径

广东税务部门瞄准纳税人所需所急所盼,聚焦"便民""提速""增效",形成一批重要的实践性成果和制度创新成果,为稳增长、惠民生注入源源不断的税动力。

2022年,汕尾市政务服务中心建设了广东省首个5G+个性化办税服务专区,不仅实现了5GWiFi和物联网网络全覆盖,而且随着"善美村居""善美店小二"智能办税小程序上线,实现了对85项高频涉税(费)事项配置场景导办。首创远程可视化自助办税平台(V-Tax),类似虚拟的办税服务窗口,纳税人、缴费人通过电脑或手机提交申报后,很快就可通过审核,无须多头沟通来回跑。对5G、人工智能等技术的应用,推动办税服务从实体走向"云端",纳税人、缴费人从"进两家门"到"一窗通办""一网通办"。

3.江苏南京市:数据赋能推动智慧税务建设

南京市税务局全力推动以税收大数据为推动力的"智慧税务"建设,全面推进税收征管数字化升级和智能化改造,赋能"数字南京"建设。

创推个税智能退税小助手,深入分析高收入群体特性,从夯基垒台、精准分类、智能汇算、精诚共治四个方面,探索建立个人所得税汇算管理新路径,通过创推智能退税小助手并在全省推广,缓解了基层人力资源压力,大大节省了全省2 000多名干部的审核时间。创新办税智能填单小工具,自主开发智能填单辅助工具,帮助纳税人自主填报表证单书,并创新利用二维码、图像识别技术传输至前台人员,再使用RPA技术自动录入"金三"系统,提升办税效率,缩短办税等待期。

(三)经验借鉴

通过对国内外智慧税务建设的先进经验进行总结,可以发现优化组织架构、发展5G技术、建立智慧管理平台、加强与第三方合作在推动威海市税务局智慧税务建设上起到重要作用。

1.优化组织架构是智慧税务建设的基础

从美国的经验来看,想要推动智慧税务建设,一套完善的组织架构必不可少。美国通过立法对组织架构进行再设计,持续推进重组计划,组建新部门,使其更加

适应时代的发展要求。随着数字经济的扩张和纳税人期望的提高,我们要借鉴发达国家的建设思路,紧跟环境变化趋势,设置常态化实施机构,并制定出具有明确方向和可操作性的时间计划表和实施路线图,并持续做好落实工作。

2.发展5G技术是智慧税务建设的重要支撑

以互联、开放、共享为特征的新一代5G网络,既连接了人工智能,也连通了云计算和大数据,推动了税收管理与服务的创新,有效地破解了税收治理困境。与此同时,5G还引发了机器学习、模式识别和人机交互三大通用技术的飞跃发展,这也一定会改变税务机关原来的管理模式,从而重整管理资源、创新管理模式、丰富管理手段。5G技术的发展大大缩短了物理距离,在5G技术的支持下,税务部门也能在虚拟的世界里为广大人民群众提供与真实世界同样的服务,弥补了过去单一信息交流渠道、现场感缺失等问题。

3.建立智慧管理平台是智慧税务建设的重要组成部分

建立智慧管理平台,将税务部门内部各项信息进行线上归集并应用,加强各部门之间的协作,精准识别风险,进一步推进智慧税务建设。潍坊市税务局打造全流程智慧管理平台,将党建、税收监管、行政管理融为一体,通过信息技术的应用,使我国的税收管理体制与管理水平得到了进一步的提高。一是实时归集税务数据,智能提供分析服务。对全税费种综合进行管理和分析,设置了税收指数等10大主题、286个专题指标的分析,这些分析将会自动地对管理决策产生帮助,从而为以税资政、数据管税提供数据支撑。

4.加强与第三方合作是智慧税务建设的重要前提

充分利用第三方信息和第三方税务中介机构,建立全面的税收信息网。威海市税务局要想推进智慧税务建设,只靠税务部门是不行的,既要整合税务系统的信息网络,也要将整个税收监控网络延伸到外部,加强和其他部门的沟通联系,促进内部网、外部网和互联网的三网融合,建立严密的税源监控体系。澳大利亚对第三方税务中介的重视程度值得威海市税务局学习借鉴。第三方中介机构的加入,既能为纳税人在信息化时代提供普遍性服务,又能为服务平台的创新和发展创造一个更大的空间。

三、加强威海市税务局智慧税务建设的对策建议

针对当前威海市税务局在建设智慧税务时存在的问题以及产生问题的原因,

借鉴国内外的先进经验,从构建一体化智慧税务体系架构、建立数据共享的外部门联络机制、加强涉税数据质量监管、打造专业的智慧税务团队四个角度提出对策,推动智慧税务建设。

(一)构建一体化智慧税务体系架构

1.完善智慧税务总体架构

构建智慧税务体系离不开系统框架的搭建,威海市税务局在现有框架的基础上,进一步完善总体架构,推动全流程管理,实现税务一体化闭环管理。

(1)加快机构变革

从层级式组织架构向扁平化组织架构转变,与基层税务部门,特别是办税服务厅紧密联系,切实了解纳税人、缴费人的需求;从单一化人员结构向多元化人员结构转变,培养全方面、智能化、信息化人才,为智慧税务增强服务;从条块化管理方式向团队化管理方式转变,打造智慧税务专家团队,让机构改革内生动力为优化智慧税务建设注入强大活力。

(2)建立流程驱动

围绕深化"放管服"改革和机关实体化,本着精简环节、流程再造、破除堵点、做实机关的原则,设立多个运转流程,对所有事项实施全流程管理,以岗责为端点,将端点与端点之间用流程相连,密切衔接协同。以任务为驱动,形成由启动、关注、提醒、办理、督导、评估、考评等各个流程构成的全生命周期进行管理,构建"部署—实施—监督"的流程闭环。

2.构建统一的应用制度

(1)统一对智慧税务的认识

在这个信息化快速发展的年代,税务人员要提高认识,更新观念,敢于突破传统的思维模式,主动地学习和接纳新的技术,在平时的工作中,强化对新知识和新技术的运用。在推进智慧税务建设的进程中,必须认识到,智慧税务并非简单的复制和延续,也不是将所有的工作都转移到线上,而是将金三系统和电子税务局等税务应用进行了改造升级。

(2)规范智慧税务工作机制

通过制定《威海市税务局智慧税务工作规范》,对总体目标、部门职责、数据使用等方面进行明确规定,建立统一的制度,各区县局依照该制度完善智慧税务建设。通过增加一把手直接分管的科室数量、建立定期轮换制和动态调整制、利用好党委会和局长办公会、探索班子直接听取科室负责人汇报等制度,进行扁平化管理。

3.升级内部硬件配备设施

硬件设施是建设智慧税务的关键,唯有对有关的硬件设施进行持续改进和强化,才能推送智慧税务建设快速发展。

(1)增加网络支持

网络是建设智慧税务最基本的硬件设施,要强化对网络的管理,并要定期地请网络公司的工作人员来检查线路,发现老化的线路及时进行整改,持续运用新技术,对税务网络线路进行优化,提高传输效率,筑牢网络支撑。

(2)优化服务器

税务机关要及时请信息技术人员对数据处理服务器进行定期的优化和更新,具体更新内容有:将服务器进行扩容、对磁盘空间的合理分配、对数据库的优化升级等,降低由于技术更新和数据量的增加而造成的系统加载速度减缓、服务器运载过量等问题,提高服务器的工作效率。

(二) 建立数据共享的外部门联络机制

1.完善数据共享机制

税务部门与其他涉税部门间协同管理是推动数据共建和共治的基础,只有完善的部门协同机制才有利于提高各部门间信息共享的效率。

(1)从理论上,威海市税务局要牢固树立协同理念,充分利用数字化转型和区块链技术,在税收服务、税务监管、数据共享等领域开展深入研究,加速精诚共治的"朋友圈",建立明确的激励机制,调动参与各方积极主动参与数据建设,有效避免在数据共享和建设中出现推诿扯皮等现象。

(2)从实践上,威海市税务局应该主动作为,积极推进涉税政务服务"一件事"主题式集成服务,推进税收数据与城市运行数据的纵深交互。一是建立和共享"一窗受理"系统,整合交易、税务和办证等多个环节的信息,实现业务流程和涉税资料的简化,建立健全部门互信机制。二是携手多家金融机构,搭建"银税互动"平台,启动信用互认、信息共享。

2.补充跨部门数据共享平台功能

(1)进一步完善数据共享平台的信息交流功能

威海市税务局应该结合当地的实际和纳税人的需要,重新搭建数据共享平台中的涉税信息模块,使其具有灵活性和针对性,借助第三方平台,加强税务部门和纳税人的沟通交流,从而更好地解决税务征收管理和第三方数据使用的问题。

(2)建立一个多层级的税收信息管理平台

威海市税务局在严格控制涉税信息的安全性的同时,保证数据的实时更新,定期对涉税数据进行集中收集、分类挑选、远程传输和统一处理,增强信息的高效集成能力,并强化机构之间的协作,扩大涉税数据的共享区域,优化信息传输模式,在全市范围内统一建立一个多层级的税收信息管理平台。

3.做好信息化安全保障工作

(1)加强区块链的应用

在政府各个部门的数据共享平台中加入区块链中的时间戳等加密技术的主要作用是利用时间戳对相关的信息数据进行控制,从而按照数据产生的先后次序进行存储。当改变一个节点的信息时,会受到时间戳等加密技术的监视,使得数据难以被更改,这就大大降低了病毒的攻击能力,实现税务信息在区块链上的安全性。

(2)严格分配数据信息使用权限

为了更好地实现数据的共享,威海市税务局将加快建立一个扁平化的涉税信息数据共享系统,并制定《涉税数据使用准则》,并与政府部门签署《涉税数据保密协议》,界定各个单位的使用权限以及职责范围,坚持谁用谁负责的准则,最大限度地保证了数据的安全性。

(三) 加强涉税数据质量监管

1.完善数据质量管理机制

威海市税务局进一步完善数据质量管理机制,实现数据由碎片化到规模化再到资源化的转变,提升数据管控层级。

(1)建立涉税数据管理机制

从制度创新入手,通过重塑机构职能,构建工作机制,理顺工作流程,成立威海市税务局税收风险管理中心,扎口全市涉税数据管理,保障数据资源质量,为发挥数据分析、管控风险作用,实现以数管税、以数资政奠定组织基础。

(2)成立数据风险整改专班

创新"人员+技术"双集中管理模式,突破管理层级和部门限制,在威海市税务局组建"实体化"数据风险整改,形成全市风险管控"最强大脑"。对于金三系统内的已有问题数据,要在修正前逐类研究整改方法,结合数据量和关联业务等因素,综合确定整改方案。

2.拓宽数据质量监控渠道

(1)制定数据质量管控体系

依托数据质量提升风险管理精准度,制定数据加工标准体系、数据质量评价体系两大数据质量管控体系,规范数据采集来源,制定数据加工标准,细化质量评价指标,实现数据从初级产品到成品、精品升级,将形成的数据分析指标应用于减税降费、复工复产分析,切实发挥以数资政、服务威海经济发展的作用。

(2)增加数据清洗流程

将税收数据的应用流程由"获取"到"应用"调整为由"获取"、"清洗"到"应用",对发现的问题数据,统筹进行问题整改。对重复操作或基层难以整改的问题,由威海市税务局税费服务基地负责以业务运维的形式直接整改;确需基层核实整改的问题,将配套工作方法推送各区县局专项团队,指导基层管理服务一线开展处置。

3. 统筹系统内部数据交换

(1)明晰市局、区县局、基层分局职责

市局突出集成和统筹,负责统筹质量监控管理工作,定期对各区县局开展工作讲评,建立长效工作管理机制。区县局突出整合与执行,按业务序列整合部门资源,以项目团队的方式直接开展税收数据质量管理。分局突出专业管理,按照上级推送的任务和方法开展税收数据质量的问题整改,重点在开展行业管理与税源监控的过程中,实施税收基础数据监管。

(2)加强内部数据共享

威海市税务局各部门之间要持续加强涉税涉费基础数据的共享应用。一方面,按周总结各渠道获取的税收数据质量问题与关联信息,通过开展穿透式分析,定期发布情况报告。另一方面,由市局第三税务分局负责统筹开展第三方数据获取、加工和全市共享,为机关科室和基层一线提供分析数据,实现数据资源由碎片化向集约化的转变。

(四)打造专业的智慧税务团队

人才建设是智慧税务建设的重要保障,威海市税务局从优化税务人员配置、推进信息化专业人才队伍建设、加强绩效考核结果应用三方面打造专业的智慧税务团队。

1. 优化税务人员配置

优化人员配置的关键在于缓解税务人员老龄化问题,让更多的青年干部进入重要的工作岗位是推动智慧税务建设的重要环节。

(1)拓宽晋升渠道

一是建立区局年轻干部储备人才库,实现人才的动态管理。每年选取年轻干部成长账户成绩排名前10%~20%的年轻干部进入市局年轻干部储备人才库,并采取"可进可出、动态调整"的方式,不断充实人才储备基量。二是健全轮岗交流机制,增强人员与岗位的匹配度。三是把选拔任用领导干部与培养优秀年轻干部相结合,畅通年轻干部成长渠道,在领导职务选拔推荐、职级晋升等工作中优先考虑。

（2）优化人才选拔机制

对内，要加大遴选力度，完善遴选方案，在编制允许的情况下，针对区县级税务部门 45 周岁以下的年轻干部，优先录取具备信息化水平的青年干部。对外，建立一个高等级的人才引进体系，从社会中招聘精通信息技术的高层次人才，专职从事信息化工作。

2.完善信息化人才培养机制

通过"培训+考试"的模式培养信息化人才，引导年轻干部主动做到干什么、学什么、缺什么、补什么。

（1）丰富教育培训模式。一是合理规划学习目标，每月确定 1 个重点信息化学习主题，采取集中培训和个人自学相结合的方式。二是围绕智慧税务建设各项任务工作，选择实操性较强的领域，按照"线上学习、线下集训、实战锻炼、复盘总结"四位一体的实战化培训模式，积极探索实战化培训转型。三是发挥榜样力量，薪火相传，共同成长。选取思想过硬、能力过硬、作风过硬的信息化人才担任导师，签订"以师带徒协议"。

（2）把考测作为检验信息化学习成效的重要方法，侧重"考常用、考综合、考实践"，引导年轻干部树立专业思维、专业能力、专业精神的良好导向。一是考常用，坚持以考促学、以考促练，及时检验学习成效。二是考综合，每季度举办综合知识竞赛活动，激发年轻干部学习动力，提升学习乐趣。三是考实践，坚持"在干中学、在学中干"，组织开展信息化实操练兵，筛选各级发现推送的风险疑点以及工作中的疑难杂症，提高年轻干部对实际问题的解决能力。

3.加强绩效考核结果应用

将培训表现和考试成绩相结合，应用到干部评先争优上，激发干部学习信息技术的热情。

（1）建立健全优秀年轻干部日常发现机制

一是评学习。月考结束后，分析专题学习和考试暴露出的问题，找出培训学习过程中的不足和薄弱环节。二是评表现。按照近距离考核干部的要求，将导师评价纳入年轻干部成长账户。三是评潜力。探索年轻干部培养的指标化管理，建立年轻干部个人成长账户，不断完善"年轻干部成长账户评价指标"体系。

（2）将信息化水平纳入评先争优考核体系中

一是促上进。将年轻干部入选总局信息化领军人才、各级信息化人才库、取得计算机相关资格证书等情况纳入年轻干部评价体系。二是促创新。坚持"拓思维、谋新招"，组织优秀年轻干部从智慧税务建设、信息化技术应用等方面，找差距、补短板，不断掌握新知识、熟悉新领域、开拓新视野。三是促争优。联合机关党委、工青妇等组织，制定年度信息化岗位技能竞赛活动方案，选树年轻干部先进典型，持续营造比学赶超的良好氛围。

潍坊市寒亭区税务局纳税服务优化研究

祝晓洁

(学号:1120213426)

纳税服务是当今世界税收发展的时代主题,自20世纪70年代以来逐渐成为现代市场经济国家税收管理的重要组成部分。纳税服务在税收工作中具有重要地位,优化纳税服务对深化"放管服"改革和优化营商环境具有重要意义。

一、潍坊市寒亭区税务局纳税服务现状分析

自国地税合并以来,潍坊市寒亭区税务局的内设机构发生了变化,尤其是过去承接纳税服务职能的纳税服务科变更为第一税务分局(办税服务厅),其基本情况、硬件配备、人员配备等也发生了相应变化。为进一步优化纳税服务水平,潍坊市寒亭区税务局采取了一系列措施,也取得了一定成效,但纳税服务工作仍然存在问题和短板,亟须改进和优化。

(一)潍坊市寒亭区税务局纳税服务举措及取得的成效

经过近些年的努力和探索,潍坊市寒亭区税务局针对纳税服务工作推出了一系列便民举措,有效地提升了纳税人、缴费人的成就感和满意度。

1.所采取的举措

近年来,潍坊市寒亭区税务局坚持以人民为中心的服务理念,始终践行以纳税人、缴费人需求为导向,以纳税人、缴费人满意为目标,持续升级便利化办税服务措施,进一步提升税费服务效能,优化税收营商环境。

(1)减少申报次数。精简税费资料,在取消部分税务证明事项的基础上,严格落实12项税务证明事项告知承诺制,落实"自行判别、申报享受、有关资料留存备查"的税费优惠手续,推行财产行为税与企业所得税等11个税种一次性合并申报。

(2)压缩办税时间。一是增值税留抵退税的速度进一步加快。在山东省电子税务局的基础上,对增值税留抵退税的处理过程进行了优化,并推出了"增值税留抵退税确认制"的新服务措施。二是出口退税再提速。加强部门合作,增强数据共享,缩短单证的收集和整理时间。三是清税注销再提速。推行税务注销"一揽子"服务,推行即办注销、简易注销和承诺注销,建立一般注销超越时限办结预警监督机制。

(3)简化办税资料。进一步优化纳税人、缴费人享受税费优惠的方式,加强部门间的协作与信息共享。根据上级部署安排,除法律规定的需核准或办理备案的事项外,推行"自行判别、申报享受、资料留存备查"的办理途径,便于纳税人、缴费人享受政策红利和办税缴费服务。

(4)优化精细服务。一是推行税费服务体验师制度。税费服务体验师团队成为税费服务的"检验员"、税务工作的"监督员"、税费措施的"宣讲者",形成税企双赢的良好局面。二是推行税收专家顾问制度。在各地办税服务厅设立税收专家顾问工作室,公开专家业务专长、服务时间等,便于纳税人、缴费人根据需要预约"问诊"服务。三是探索推行"一户式"。借助税收大数据全面分析纳税人的行业特点和办税缴费需求,按纳税人户次归集执法、政策、监管、服务事项,制定个性化、精准化、全方位的"一揽子"税费解决方案。

(5)持续推广网上办税。一是推广电子税务局。除法律规定和须线下实物交付以外,所有办税缴费事项实现网上办理,其中233项可"全程网办",网上申报率保持在99%以上。二是开发"潍税e厅"。集成纳税人、缴费人常用的网上办税功能,让纳税人、缴费人在一处登录即可便捷地进入山东省电子税务局、使用"在线帮办"、跳转至微信社保费缴纳小程序、鲁税通征纳互动平台进行即时咨询等。三是创新"在线帮办"。创新网办应用小程序"在线帮办"作为电子税务局的有效补充,并对业务的流转、审批、办结等情况进行实时监控。

2.取得的成效

通过实施多项服务举措,服务质效有了显著提升,主要包括以下几方面:

(1)减少资料报送。增值税、消费税分别与城建税、教育费附加、地方教育附加简并申报,填报表单数量减少 2/3,数据项减少 1/3,持续压缩办税缴费时间。在取消部分税务证明事项的基础上,严格落实 12 项税务证明事项告知承诺制,落实"自行判别、申报享受、有关资料留存备查"税费优惠手续。

(2)压缩办理时间。持续提升出口退税办理速度,潍坊市寒亭区税务局办理正常出口退税业务的平均时限压缩至 5 个工作日内,高于国家要求的标准。实现增值税一般纳税人办理注销业务在 10 个工作日内完成,小规模纳税人及其他纳税人办理注销业务在 5 个工作日内办结。

(3)优化办税体验。推行"1 个咨询电话+N 个咨询服务岗+N 项服务功能",最大同时在线接话量由原来的 1 条线扩充至 4 条线,切实提升服务质效近 3 倍。"在线帮办"服务极大地节约了纳税人、缴费人办税时间成本,真正让"跑一次"成为上限,"不用跑"成为常态,业务办理效率提升超过 30%。目前,使用"在线帮办"系统办理业务 1 万余笔。

(二)问卷调查与结果分析

1. 问卷调查

此次调查采取问卷调查的形式,采用线上和线下结合的方式进行。线上主要通过微信问卷星开展,线下通过放置在办税服务厅导税台随机发放。本次调查以线上调查为主,采用匿名方式由纳税人、缴费人自愿填写,共发放问卷 200 份,收回问卷 190 份。

问卷内容包含纳税人、缴费人最关心的办税堵点和难点以及纳税服务工作重点,包括宣传辅导、办税服务、智慧税务建设、权益保护等四个方面内容,每个方面下设不同的问题,问卷共计 18 道题目,均为客观题,每个问题均有 5 个选项,分别为"满意""基本满意""不满意""非常不满意""不了解"。

2. 结果分析

笔者对收回的调查问卷进行细致分析,结果分析如下:

(1)税收宣传评价情况

图 1 显示,纳税人、缴费人对潍坊市寒亭区税务局的税收宣传情况不满意和不了解的评价占比较多,说明税收宣传工作不太到位,还有很大的上升空间,是今后纳税服务工作的重点努力方向。

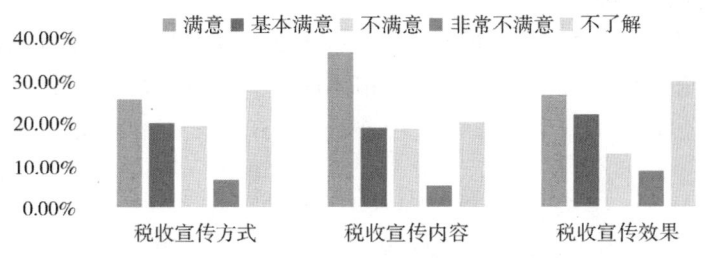

图 1 税收宣传评价情况

（2）办税服务评价情况

图 2 显示,等候时间和办理效率指标的满意度较高,满意和基本满意的占比分别为 78.93% 和 68.03%,说明潍坊市寒亭区税务局在压缩办税时间、提升办税服务效率方面的举措得力,成效较为显著。服务态度、业务能力和办理流程的满意度相对较低,满意和基本满意的占比均未达到 60%,说明在这三个方面的工作还需进一步加强和完善。

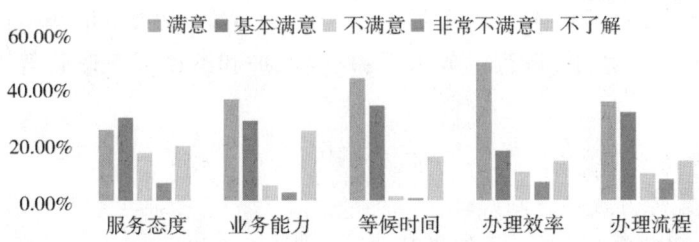

图 2 办税服务评价情况

（3）智慧税务评价情况

图 3 显示,电子税务局功能和自助办税终端两项指标不满意的总体占比较高,说明电子税务局功能需要进一步更新完善,自助办税终端性能有待提升。

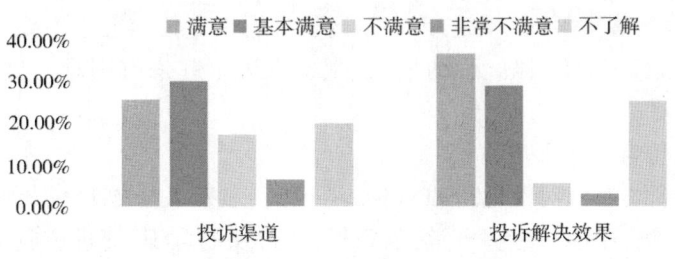

图 3 智慧税务评价情况

(4)权益保护评价情况

图4显示,纳税人、缴费人对投诉渠道满意度较低,税务机关的投诉渠道需要进一步拓展以满足纳税人、缴费人需求,相比而言,投诉解决的效果较好,纳税人、缴费人较满意。

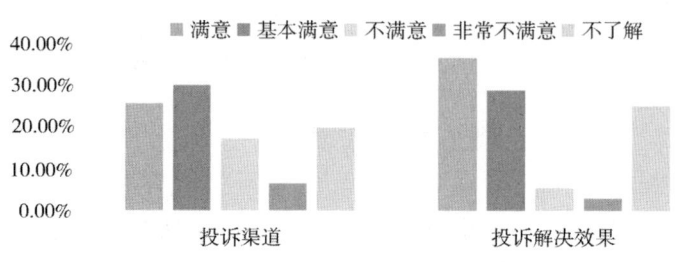

图4　权益保护评价情况

(三)存在的主要问题

结合调查问卷内容和本人的实际工作经历,笔者发现潍坊市寒亭区税务局在税收宣传、纳税服务水平、智慧税务水平、权益保护和纳税服务监管等方面存在以下问题。

1.税收宣传成效不佳

(1)税收宣传方式缺乏新媒体

多元化的税收宣传方式,方便纳税人、缴费人自行选择途径,且扩大政策知晓的覆盖面。目前,潍坊市寒亭区税务局的税收宣传方式主要集中于办税服务厅宣传栏、电子大屏、宣传单页、易拉宝、纳税人学堂培训等,利用新媒体的宣传方式欠缺。

(2)税收宣传内容不细致

税务机关丰富宣传内容,有利于加强税法宣传教育,普及税法知识,推动组合式税费优惠政策的落实落地。潍坊市寒亭区税务局在宣传内容上主要是对优惠政策的宣传,缺乏通俗易懂的解读,纳税人、缴费人理解起来有困难,且内容过于严肃,讲解过于生硬。

(3)税收宣传合力未形成

通过广泛全面、有针对性地税收宣传,纳税人、缴费人能够对税法所赋予的权利和义务有所了解,让他们能够自觉提高对税法遵从的意识,促进税收工作顺利开展。潍坊市寒亭区税务局的宣传方式主要集中于办税服务厅,宣传的受众也主要集中于前来办税服务厅办理业务的纳税人、缴费人,税收宣传的覆盖面有待拓展。

2.办税服务水平有待提升

(1)工作人员态度需转变

部分工作人员的服务态度仍然需要改善,服务理念仍然需要转变。部分纳税人、缴费人对办税服务厅工作人员的服务态度较为满意,但是对税源管理单位的部分税管员的态度不满意。由于税管员还是过去的管理观念,未做到换位思考,未意识到自身行为也会影响到全局的纳税服务水平,也未切实重视纳税服务工作,从而未树立现代税收服务观。

(2)工作人员业务能力水平不高

提高纳税服务质量,有助于提升税收遵从度和征管的质量和效率,工作人员的业务能力直接影响办理业务的效率和服务质量。潍坊市寒亭区税务局整体业务能力水平不高,容易引发解答问题不准确,纳税人、缴费人等待时间长等问题。

(3)业务办理流程不顺畅

一是资源配置不到位。例如工商联办窗口缺少相关的办税指引,纳税人需要从东厅的工商窗口跑到西厅的税务窗口咨询涉税问题,增加了纳税人的办税成本。二是审批时限有待压缩。非即办业务需要多部门流转,耗时较长。

3.智慧税务建设水平有待提高

(1)网上办税便利度不够

一是自动检索功能欠缺。纳税人填写代开增值税普通发票申请表时,"计量单位"共有144个可选项,纳税人需要逐个筛查选择而无法通过关键字进行模糊检索。二是系统反应速度较慢。例如代开发票扣款成功后,系统仍提示未扣款,导致无法取票。三是辅助业务功能薄弱。电子税务局的自动填单、智能提示、个性化推送等辅助功能尚不能满足纳税人需求。

(2)自助办税区需要优化

一是自助设备更新不及时。自助办税专区目前的自助办税终端较为老化,导致自助办税的效果不佳。二是自助区工作人员配备不足,尤其征期时自助区容易出现拥堵现象。三是缺乏全天候自助办税服务厅。目前24小时自助办税厅是在寒亭区政务服务中心内,和寒亭区办税服务厅在同一场所,其他商圈并无自助办税服务厅。

(3)网上办税平台运维不及时

针对纳税人、缴费人端遇到的问题可以拨打"96612366"山东省电子税务局运维平台电话咨询解决,但热线电话经常出现占线、问题解决不及时等情况。有些纳税人、缴费人的问题较复杂,热线电话接线员会告知其联系主管税务机关解决,主管税务机关无电子税务局开发和运维权限,通常也解决不了问题。

4. 权益保护工作有待完善

(1) 权益保护观念欠缺

税务部门的"重管理轻权益"的思想仍然存在，没有真正站在纳税人、缴费人角度思考问题，当征管质效和纳税人、缴费人权益发生冲突时，通常优先考虑征管质效。纳税人的维权意识也有待优化，税务机关缺乏对其必要的引导和宣传。

(2) 诉求反馈渠道不够畅通

纳税人、缴费人主要通过"12345""12366"热线等渠道反映自己的诉求，反馈渠道不够多元。而且，热线接听后一般转到当地税务机关处理，遇到复杂疑难问题时，业务部门互相推诿扯皮，容易影响处理质效。

(3) 诉求收集和响应机制不健全

税务机关通过税费服务体验师、"一把手"走流程等活动收集纳税人、缴费人的问题和意见建议，但是没有建立一个包含纳税服务需求的收集、分析、流转、反馈和保障各个环节的运转机制，没有形成诉求响应的常态化模式。

5. 纳税服务工作监管不力

(1) 监管体系不够健全

健全的监管体系对于服务质量的监督有关键作用，能够有效推动工作人员的优化服务行为。潍坊市寒亭区税务局仅对出勤和工作纪律方面进行简单考核，没有制定出定量的考核方法，所以在具体监管过程中操作性不强。

(2) 指标设置不细致

潍坊市寒亭区税务局各项指标未经过量化，纳税服务内容存在盲点，针对征管质效和执法行为缺少具体的考核监控指标，同时不能对服务质效进行科学合理的统计和量化，设置的考核指标不够精细，考核评价浮于表面，起不到很好的监督作用。

(3) 结果运用较差

对工作人员进行绩效考核后，并未对结果进行充分的应用，工作人员的工资待遇与考核结合的效果不够，不利于发挥考核的激励和引导作用，工作人员的工作积极性仍然不强。

(四) 存在问题的原因分析

针对潍坊市寒亭区税务局在纳税服务工作方面存在的问题，进一步深入剖析其原因，旨在找到症结所在，便于对症施策。

1. 税收宣传工作不畅

(1) 宣传主体单一

从内部来看，税收宣传的职能集中在办税服务厅，业务科室的参与度较低，未形成工作合力。从外部来看,税收部门与外部的沟通交流少,宣传效果大打折扣。

(2)宣传渠道不畅通

县市区主要的宣传渠道为办税服务厅、纳税人学堂、鲁税通征纳互动平台,无新媒体的宣传渠道。

(3)宣传内容不精准

宣传前缺乏纳税人、缴费人需求调查,且未按照群体进行分类,未弄清不同类别的纳税人、缴费人对政策和业务的需求分别是什么,无法做到靶向施策。

2.纳税服务体系建设不完善

(1)服务理念认识不足

潍坊市寒亭区办税服务厅的行政管理层均为"70后",服务观念仍是重管理轻服务,思想较为固化,很难树立纳税服务的理念;70%以上人员为劳务外包人员,人员流动性强,不利于服务观念的转变。

(2)人员力量需加强

潍坊市寒亭区办税服务厅窗口业务办理人员基本全部为外聘人员,业务素质和服务能力参差不齐。对前台工作人员缺乏业务知识的系统性学习,导致工作人员对税收政策掌握不全面,大多数工作人员都是靠经验工作,导致执行税收政策出现偏差,回答问题不够专业,容易遭到纳税人、缴费人的投诉。

(3)部门协同不畅通

纳税人、缴费人,特别是纳税服务部门的一线工作人员,在工作中遇到许多涉及多部门、本级无法解决的问题,由于难以界定责任、缺少协同推动,导致业务办理不顺畅,影响办税服务效率。

3.信息化水平不够

(1)领导重视程度不够

潍坊市寒亭区税务局领导班子未充分认识到信息化建设的重要性,没有把信息化建设工作摆在重要位置,未成立由技术人员组成的专业团队,对于信息化工作的保障不够。

(2)资金紧缺

由于财政紧张和资金短缺,信息化设备数量和效能不足。寒亭区税务局办税服务厅内网电脑、外网电脑、自助办税终端都较为老化,未做到及时更新。最早购入的自助办税终端的时间为2014年,且设备功能较为单一。

(3)缺乏网上运维机制

针对电子税务局纳税人端遇到的问题可以拨打"96612366"山东省电子税务局运维平台电话咨询解决,但税务端审核遇到问题时则无高效的运维机制予以解决,现存的运维机制流程烦琐,容易出现运维不及时的问题。

4.诉求反馈机制不健全

(1)权益维护的观念弱化

受传统管理观念的影响,纳税人、缴费人仍然将税务机关看作管理单位,其地位仍然处在弱势。虽然《税收征收管理法》第八条明确规定了纳税人的权利,但因税收具有强制性的基本特征,目前的导向仍然强调纳税人的义务。

(2)线下投诉渠道较为简单

潍坊市寒亭区税务局投诉意见受理渠道过于简单,仅仅设置了"纳税人之家",纳税人、缴费人遇到问题时多数是被引导至领导办公室,由办税服务厅领导安抚情绪后予以解决,再根据情况对办税服务厅工作人员进行教育或者追责,目前这种方式容易导致纳税人、缴费人的权益维护趋于形式化。

(3)投诉机制运行不佳

线上投诉渠道和办税服务厅线下投诉渠道未充分发挥作用,工作落实还存在不到位的地方。例如,寒亭区办税服务厅与税源管理单位关于投诉问题的传递工作需要进一步提高效率。

5.监督考核机制不完善

(1)考核意识欠缺

潍坊市寒亭区税务局对纳税服务的监督考核不够重视,未充分认识到监督考核机制的重要性,存在"多干少干一个样、干好干坏一个样"观念。对完善绩效考核这项工作一直搁置,未提上议事日程。

(2)没有体现出质效考核

潍坊市寒亭区税务局仅对出勤和工作纪律方面进行简单考核,没有制定出定量的考核方法,监管过程中缺少对工作总量、工作能力、技术含量等指标的有效考核,导致出现"干多干少一个样"的局面。

(3)缺乏内部监督和激励机制

未充分利用网络技术,将各方面指标进行多维数据分析,未建立起纳税服务内部监督考核模型,内部考核未真正落实到个人。考评结果未与工作人员薪酬和晋升挂钩,考核的激励作用不强,体现不出"能者多劳多得"的原则。

三、国内外其他地区优化纳税服务的经验借鉴

国内外先进地区的纳税服务工作经验是经过多年的探索总结得出的,借鉴国内外先进地区的相关纳税服务优化经验,对提高潍坊市寒亭区税务局纳税服务工

作的质量和水平具有重要借鉴意义。

（一）国外优化纳税服务概况

1.澳大利亚：秉承先进的纳税服务理念

（1）建立标准化的工作体系

澳大利亚税务部门将政府的创新治理理念与创业管理思维相结合，以标准和可量化的形式规范税务内部工作流程，让税收相关服务统一和标准化，进而提升税务部门税收服务的专业化程度。

（2）将技术与税收服务相结合

澳大利亚税务部门为中小企业定制了独特的电子税务日历，为纳税人即时履行申报纳税义务提供了提醒服务，为纳税人带来了便利；开发了智能电子预约排队系统，还可以进行人工或自动干预，从而大大缩短了纳税人的等待时间，合理利用税收资源。

（3）利用纳税人的满意度来评估税务官员的工作结果

澳大利亚税务部门定期向公众披露其内部评估结果，并接受公众的监督。

2.加拿大：非常重视网上在线服务

加拿大税收当局非常重视网络服务对电子服务传递的推动作用，并将其视为推动加拿大政府成为全球最主要的电子政府的一种重要手段。为此，税收当局在全国范围内对纳税人进行了网上申报、电话申报和电子申报的全面宣传。当前，联邦税务部利用贯穿全国的计算机网络，构建出了一套较为完整的居民报税自我评价和审核系统。税务部门利用信息，为纳税人提供税务咨询服务，指导和帮助纳税人进行自我评价和填报纳税申报表，并对申报表展开严格的审核和分户储备，从而有效保证纳税人依法自觉申报纳税。利用电子信息技术，使纳税人的申报更加方便。同时，大力推广网上申报，让纳税人足不出户就可以进行每天的纳税申报。

3.美国：注重满足纳税人需求和维护纳税人权益

美国联邦税务局提出了纳税服务哲学，其核心思想是认为税务局是为纳税人工作的，要以顾客为导向，其根本是要让顾客需求得到有效满足，且在对纳税服务质效进行评估时必须要考虑到客户满意度这一指标。美国国内收入署是联邦政府的税收机关，其职能是向美国纳税人提供税收服务，监督纳税人履行税法义务，并协助纳税人知晓其权益。为确保《纳税人权利法案》在税收活动中得到贯彻落实，保护好纳税人权利，国内收入署制定了全面系统的规章制度，并通过各种渠道和方式向社会公开，从而提升执法的透明度和信息的公开性。

(二)国内其他地区优化纳税服务概况

1.威海市环翠区税务局:发动政府网格员宣传税收优惠政策

为进一步对不同纳税缴费群体提供个性化服务,威海市环翠区税务局会同环翠区政府协作推进"双网格"融合发展,有效实现政、税、企多方精诚共治。通过积极对接环翠区社会治理服务中心,实现税务网格对接政府城市、农村、专属网格,全面提升税收管理服务水平。

威海市环翠区税务局与环翠楼街道办事处积极对接,将辖区内楼宇责任落实到人,依托分片分组的属地管辖网格组,依托其下辖的威高广场、威高民俗邨和海裕城三大商圈的专属网格,共同开展基础信息采集、税收政策宣传辅导等涉税事项,发挥属地网格与专属网格的双重作用,消除宣传盲区,完成税务部门与辖区内企业的零延迟沟通,打通政策落实"最后一公里"。

2.深圳市罗湖区税务局:大数据画像为企业提供精准服务

国家税务总局深圳市罗湖区税务局深化税收大数据应用,深挖税收大数据"金山银山",激活大数据资源,利用税务数据对企业进行准确的"画像",帮助企业实现产销对接、市场供需匹配、税金直达快捷享受等目标,出实招、见实效。将服务需求精准导航到企业,确保税惠政策落地生根。深圳市罗湖区税务部门在实施新的组合税收优惠政策时,通过大数据测算和分析,构建了标签化可退资源数据库,针对企业分类打标签,优先测算出"应退名单",并为其量身定做"红利账单",做到一目了然,确保企业充分享受到减税降费的"红利"。

3.珠海市横琴新区税务局:打造"一区一厅一中心"跨境联动智能办税模式

珠海市横琴新区税务局港澳纳服专区和粤澳中医药产业园智能微税厅正式启用,连同之前启用的"粤澳工商服务中心"内地税务服务点,成功构建了"一区一厅一中心"的智能协同联动办税新模式。横琴新区税务局港澳纳服专区集合网络、系统、硬件为一体,另外加上人力资源优化配置,能够实现包含跨境、特色业务等在内的全业务广覆盖。

为了提供更好的服务,横琴还创新地推出了"远程指导—网上办理—电子纳税"的全流程跨境办税服务。在前台,拓展跨境服务的触角,对纳税人进行现场辅导,并为他们提供免费的纳税体验;在中端,通过V-Tax远程可视化自助税务系统,实现"一区一厅/一中心"的跨境智慧税务服务。

(三)经验借鉴

1.优化纳税服务理念

我们要进行观念上的创新,要深刻地认识到税务部门是国家公共服务部门,它所提供的产品是纳税服务,它所做的工作是纳税服务。税务部门应该充分理解其内涵,对纳税服务的价值进行重新定位,充分履行征管法规定的税务机关对纳税人的责任,建立现代税收服务机关,以新的服务理念来引导税收工作,由满足征管需求向满足纳税人需求转变,由管理理念向服务理念转变,建立服务型税务机关。

2.加强部门协作强化宣传辅导手段

为了实现组合税收扶持政策的"精准滴灌",与当地政府合作,共同推动"双网格"融合发展,将其纳入当地党委政府的宣传"大盘子",构建"政府+税务"的"双网格"税收服务模式,探索构建乡镇、社区、村三级的税收服务网络,构建"政府主导,税务统筹,部门联动,社会广泛参与"的税收服务新模式,开创税收精细化管理新局面,充分发挥政策红利,为企业提供持续的活力。

3.利用大数据信息手段推送优惠政策

充分发挥税收大数据优势,借鉴深圳市罗湖区税务局经验做法,运用大数据技术,对企业进行"精准画像",实现税收优惠政策的"精准匹配""个性化推送""一站式"办理,实现税收优惠政策的"查询、办理、反馈、完善",帮助企业便捷、快捷、精准地享受政策,实现"税企直达"。进一步将数据资源进行激活、挖掘数据价值、拓展数据应用,在宣传辅导、政策落实、业务办理等过程中,为纳税人主动推送、靠前服务、分类施策,进一步优化纳税服务,办好惠民实事。

4.优化智慧税务服务水平

缩小企业办税距离,减少企业办税成本,推动以社区为中心,以重点商业街区、产业园区和银行网点为重点的自助办税(费)区的建设,为附近的企业提供便利化、全功能办税服务渠道。逐渐将与社保、医保征收业务有关的宣传辅导、数据采集、登记、征收等业务逐步下沉,打造"5分钟办税服务圈",真正实现纳税人、缴费人就近办理,打通便民办税"最后一公里"。重视技术与税收的结合,探索利用电子系统为中小企业定制独特的电子税务日历,为纳税人即时履行申报纳税义务提供提示,为纳税人带来便利。

5.优化业务办理流程

将政府的创新治理理念与创业管理思维相结合,以标准和可量化的形式规范税务内部工作流程,从而提升税务服务的统一性、标准性和专业性。进一步优化办税流程,统一服务标准,使流程更加高效。

三、优化潍坊市寒亭区税务局纳税服务的对策分析

针对潍坊市寒亭区税务局在纳税缴费过程中存在的问题和短板提出对策建议,以期为下一步优化办税服务水平提供路径选择和借鉴蓝本。

(一)加强税收宣传

税收宣传是为了更好地为纳税人、缴费人办税提供便利,提高纳税人、缴费人对税收法律法规的认识和遵守程度,对税务机关的外部形象、业务流程、办税措施、税收政策等进行的宣传告知活动。

1.优化宣传方式

(1)建立实时宣传模式

要进一步优化宣传方式,不能仅局限于办税服务厅、纳税人学堂等传统宣传模式,借助"12366"纳税服务热线平台、微信公众号、电子税务局等渠道建立实时宣传模式,打造即时沟通交流的服务阵地。

(2)借助新兴媒体开展宣传

通过钉钉、抖音等APP加强宣传,扩大宣传的覆盖面和影响力。虽然目前因权限问题基层税务局无法自主运营抖音等媒体,但可以制作创意新颖、多样、受欢迎的宣传产品向上级投稿,经上级采纳后予以发表。

(3)发挥社会组织作用宣传税法

在税法宣传方面,加强与涉税中介机构、行业协会、社区、志愿者协会等社会组织的合作,充分发挥社会组织的带动和辐射作用。集中组织开展活动,扩大税法宣传受众范围,增加税法宣传深度。

2.丰富宣传内容

(1)进行宣传需求调查

注重宣传内容的实效性和创新性,在宣传前进行需求调研,征求纳税人、缴费人的意见建议,聚焦当前疫情防控形势下的税收优惠政策和纳税人、缴费人关心的难点、堵点,因地制宜地开展有针对性的宣传。

(2)税收宣传内容要体现针对性

针对不同纳税人类型进行分类宣传,可以成立重点企业宣传辅导团队,定期提供线上、线下的一对一辅导,整理不同行业的税收优惠政策,利用微信号或鲁税通征纳互动平台实行分类推送,开展点到点个性化服务。

（3）利用大数据进行宣传

利用大数据技术等先进技术，找出影响纳税遵从度的主要原因，深层次提升纳税人的税收遵从度。利用信息大数据手段为纳税人"精准画像"，促进税收优惠政策精准匹配企业，个性化推送优惠政策。

3.增强宣传合力

（1）加强内部门协作

业务科室对税收政策法规的解读和宣讲具有权威性和专业性，征管股、税政股、社保和非税股等业务科室要树立"主人翁"意识，主动承担责任，在把握政策大方向基础上，积极扮演政策"宣讲员"的角色，与办税服务厅形成宣传合力，保障政策落实落地。

（2）强化外部门沟通交流

加强与政府、媒体、司法部门等外部门的沟通协调，深化多部门合作，建立长效税法合作宣传机制，协同推进税法宣传，形成各方联动的宣传局面。与政府协作推进"双网格"融合发展，有效实现政、税、企多方精诚共治。

（3）提升宣传队伍业务水平

税法宣传离不开税务干部过硬的业务水平，潍坊市寒亭区税务局应以提升宣传团队业务水平为重点，以最新税费优惠政策为抓手，加强业务培训，提升宣传团队的整体业务素质。

（二）提升办税服务水平

1.转变服务理念

（1）树立以纳税人、缴费人为中心的服务理念

一是转变"重管理轻服务"的理念，在优化纳税服务理念上下功夫，营造良好和谐的征纳互动关系，提供精细、深入的纳税服务。二是奉行新公共服务中的服务理念、强调公民参与，增强服务过程中的透明性和信息公开度。三是加强服务能力和礼仪培训，让工作人员养成优质服务的行为习惯。

（2）树立全员服务的理念

全体税务干部在实际工作中要树立服务理念，在税务系统形成全员服务的浓厚氛围，切实提升纳税人、缴费人的满意度和获得感。尽快转变传统的管理理念，将服务理念贯穿在税收征管工作中。

（3）增加对工作人员的人文关怀

对办税服务厅工作人员开展人性化管理，通过评选"文明之星"和"业务之星"等活动，增加工作人员的工作热情和信心，促进服务质效提升。通过开展心理知识讲座和定期谈心谈话等方式，疏导工作人员的压力和情绪。

2. 提升业务办理水平

一方面,优化人员结构。潍坊市寒亭区办税服务厅前台窗口人员全部为外聘人员,为有效提升队伍整体水平,要积极向人事部门反映,通过招考公务员和调整岗位的方式,增加正式人员占比,从人员保障方面防范执法风险,提升服务质效。

另一方面,强化培训和辅导。组织潍坊市寒亭区税务局的工作人员积极参加上级局组织的培训,熟悉掌握最新的税收政策和操作流程,尤其是线上培训,应加强督促提醒,保障培训效果。本局内部也要定期组织培训,每周由各个业务领域的业务能手准备培训内容,通过线上和线下、集中和分散学的方式培养互相学习、查缺补漏的良好风气。

3. 优化业务办理流程

(1) 优化资源配置

前置办税流程指引,将办税宣传栏、办税手册和办税指南二维码图纸摆放至二楼工商联办窗口,在纳税人、缴费人办理营业执照时就能了解到办税的各项流程,避免资料遗漏来回跑,降低办税时间成本。

(2) 严控审批时间

对于审核环节多、涉及多部门的业务,建立业务传递机制,做好台账记录,传递部门要及时通知审核部门,并明确办理时限,审核部门要在规定时限内及时审核反馈结果,形成闭环管理。

(3) 简化报送资料

简化纳税人、缴费人填写的各项表格清单,严格按照《全国纳税服务规范3.0》中规定的材料要求报送,不额外要求报送其他证明。对于在《全国纳税服务规范3.0》中未明确的业务,例如股权转让业务,只要求报送必要性材料,其他能够在税务系统查询到的数据可不用报送。

(三) 提升智慧税务建设水平

1. 完善电子税务局功能

目前,山东省电子税务局系统更新开发权限在省局,提出的对策可以作为建议由潍坊市寒亭区税务局层层上报至省局,便于促进电子税务局功能优化。

(1) 推进基础数据"智能预填"

对电子税务局申报表单进行详细梳理,并完善"智能检索"等功能,同时充分考虑纳税人需求,最大化生成纳税人需报送数据的基础要素,实现智能预填。

(2) 确保线上办理"稳定畅通"

除确保申报期等数据传输量大的情况下系统运转的流畅以外,针对数据填写项目较多、停留时间较长的页面，拓展"自动预存"功能，一定时间后自动预存数据，防止因网络故障、死机崩溃带来数据丢失、资料重填风险。

（3）探索业务全程"智能交互"

遵循"金税四期"对于纳税服务的规划路线，逐步实现"问导办"同屏互通，税务端可实时查看纳税人、缴费人填报情况，进行语音、视频指导，实现操作同步、问办协同。增加过程跟踪和全流程回溯功能，纳税人、缴费人端可实时追踪业务办理进度，进一步便利办税缴费。

2.优化自助办税设备

（1）升级更新自助设备

针对自助设备老化和功能单一的问题，安排专业人员随时监控使用情况，及时更新检修设备，做好系统升级和运维工作。利用服务单位的后台系统，按季度统计每台自助终端使用频率，了解每台自助办税终端的使用动态，对使用率较低的自助终端，积极查找原因。

（2）增加自助办税区辅导人员

进行人力资源调配，增加自助办税区流动辅导人员数量，尤其保证征期时辅导人员到位，解决征期拥堵问题。提升辅导人员业务水平，定期开展业务培训，熟悉掌握电子税务局、自助办税终端操作步骤。

（3）打造全天候自助办税服务厅

进一步缩小企业办税距离，减少企业办税成本，学习银行 ATM 自助存取款机的设置，打造以社区为中心，以重点商业街区、产业园区、银行网点为重点的全天开放式自助办税服务厅，进一步减轻办税服务厅压力，突破时间、空间限制，提升办税缴费便利度。

3.完善运维保障机制

一方面，打通纳税人、缴费人端运维保障渠道。在设置"96612366"电子税务局运维电话的基础上，构建安全、平稳、高效的实时交互模式，实现纳税人、缴费人在线办理和在线咨询的"办问协同"。同时，开通可视化和共享屏幕功能，工作人员可直接通过共享屏幕等方式实现"手把手"辅导。

另一方面，打通税务人端运维保障通道。为方便在税务人端进行业务审批，减轻基层工作人员压力，省局要吸收优秀信息化人才，成立税务人端运维团队，通过钉钉群等方式建立运维渠道，并且做到电子税务局税务端问题快速响应、快速处理，让税费业务办理更顺畅。

(四)健全权益保护机制

1. 转变征纳双方观念

一方面,税务机关内部要转变观念。税收法律关系中,征纳双方的法律地位是平等的,这也有利于构建和谐的征纳互动关系。税务部门和纳税人、缴费人不是简单的"管理者"与"被管理者"关系,征纳双方在法律地位上是平等的,要改变以管理者自居的想法,实现对纳税人、缴费人从管理到服务的转变,将纳税人、缴费人的实际需要放在心上。

另一方面,纳税人、缴费人也要转变观念。要强化纳税人、缴费人权益保护意识,全方位、多渠道宣传纳税服务权益保护方面的政策法规,使纳税人、缴费人充分了解税收政策法规中的权责,加强理解互信;公布维权电话和维权渠道,方便纳税人、缴费人维权。向纳税人、缴费人普及权利和义务对等原则,使他们了解到征纳双方法律地位的平等性和自身的合法权益。

2. 畅通投诉渠道

要充分利用好现有的线上和线下渠道,完善"纳税人之家",认真对待每一个投诉,对线上和线下投诉快速做出反馈,接到投诉后,安排专人第一时间处置,针对可以当场解决的问题做出回应或第一时间根据所属辖区推送至税源管理单位,保证投诉在规定时限内反馈,妥善化解处理争议并且全程跟进处理结果。对投诉举报做到依法公开处理,严格按照规定的程序和时限办理,不延误,不徇私舞弊,对有效真实的投诉,严格追究人员责任并公开处理结果。

引入中介机构参与到维权工作中来,推动对纳税人、缴费人合法权益的保护。建立公职律师涉税争议调解咨询中心,引导纳税人、缴费人知法、懂法、用法,表达自身的合理利益诉求,从源头处解决矛盾,进一步提升纳税人、缴费人的税法遵从度。纳税人、缴费人若对相关事项有异议,在和税务部门沟通后,可发起调解申请,公职律师将在保护纳税人、缴费人合法权益的前提下,根据争议的情况进行调解。

3. 收集和响应诉求

纳税服务的过程就是税务机关满足纳税人、缴费人需求的过程,理解并掌握纳税人、缴费人的实际需要,是税收工作的出发点,也是税收工作的方向。建立"收集需求、分析需求、满足需求"的纳税服务需求的收集和反馈机制,让纳税人、缴费人的需求满足渠道更加顺畅,缩小纳税服务与纳税需求之间的差距。统筹考虑纳税服务需求的收集、分析、流转、反馈和保障等各个环节,形成顺畅流转的闭环机制。

积极探索需求采集点的建立,通过搭建需求直通车直接、即时采集纳税人、缴费人需求;依托信息化,打通钉钉、微信等需求收集渠道,开展线上定期需求征集。

安排专人对税费需求进行整理归纳,从需求紧迫性、纳税服务价值成本、社会形象提升这三个标准出发,从类型、规模、层次、行业等方面,区分纳税人、缴费人的不同需求,进行分级分类排序和迅速处置,妥善解决需求。对收集上来的纳税服务需求进行梳理、分析、研究,找出共性的需求,分门别类,采取相应的应对策略。

(五)强化监督管理

强化对纳税服务工作的监督管理,有利于使税务机关修正并保持正确的工作方向,使内部从管理者到一般工作人员的目标和工作更加协调一致,形成纳税服务水平不断提高的内生机制,从而实现不断提升纳税服务质效、纳税人、缴费人满意度和税收遵从度的最终目标。

1.完善监督考核机制

建立内容规范、标准统一、指标量化、制度完善、责任明确、科学合理的监督考核机制,能够有效、客观、公正、全面地反映纳税服务工作成果,促进纳税服务各项规章制度和服务措施落地落细,推动纳税服务工作持续改进和纳税服务工作目标实现。

针对目前潍坊市寒亭区办税服务厅只对出勤和工作纪律方面进行简单考核的现状,应尽快完善监督考核机制,加强人员管理,调动工作积极性,改善服务质效。建立规范纳税服务绩效考核机制,按产出类(纳税服务业务数量指标)、效率类(工作效率指标)、投入类(服务设施建设指标)、结果类(服务内容执行指标,服务制度执行指标)和特别加、扣分五个方面进行指标的一级分类,在各类指标中再确定具体指标。

将各类指标分别赋予相应的权重和分值,计入评价体系。对产出类指标中的各项具体指标,可采取直接赋值的办法,即将每项业务在充分考虑操作时间、工作强度、难易程度和责任大小的基础上对其进行赋值,统计每项业务的办理户数或记录条数,每正确办理1户(条),即获得相应的分数,工作人员的业务数量得分。

2.细化指标设置

杜绝照搬照抄上级部门绩效考核办法,根据本地工作实际,结合"好差评"、满意度调查、5C5R绩效考核指标等内容,坚持以客观公正为导向,科学合理设置各环节、岗位考核指标。指标具体设定如下:

(1)产出类指标的具体设定

可按照岗位职责建立五类工作指标,即税务信息确认类、申报征收类、发票管理类、文书管理类和涉税审批类指标。

(2)效率类指标的具体设定

可按照业务办理情况建立三类工作指标,即业务按时办结率、平均等候时间和平均办结时间指标。

（3）投入类指标的具体设定

服务设施建设指标：自助服务区设施设备的配置维护情况，宣传资料的配置情况，办税服务区设施的配置维护情况，公告宣传栏或显示屏的配置维护情况，纳税人、缴费人休息设施的配置维护情况，信息化设备的配置维护情况等。

（4）结果类指标的具体设定

可设置服务内容执行指标和服务制度执行指标。服务内容执行指标是指税法宣传、纳税辅导和纳税咨询等情况。服务制度执行指标是指首问责任制等日常办税制度的执行情况以及工作纪律。

（5）特别加、扣分

特别加分主要是个人荣誉等事项；特别扣分主要是工作人员被通报批评，受到纳税人、缴费人投诉（纳税人、缴费人满意度，"好差评"）并经查属实、5C5R绩效考核指标落实不到位等事项。

3.综合运用考核结果

（1）发现不足并持续改进

一是加强对绩效评价结果的沟通反馈。例如，潍坊市寒亭区办税服务厅应定期公布所有窗口服务人员的工作量和分值，要求所有人对照分值总结分析。对长时间低于人均分值的人员，由办税服务厅负责人进行约谈，分析落后的原因及工作中存在的问题，并帮其制定赶超措施。二是重视对绩效评价结果的综合分析。通过分析研究考核数据和异常值，及时发现倾向性、苗头性和规律性的问题，并进行监督和正确引导。例如，通过对工作量数据的分析，论证办税服务厅窗口设置是否符合工作要求。

（2）推行纳税服务绩效与评先表优和奖惩挂钩

将纳税服务考核结果与被评价人员的物质、精神奖励及相关人员的晋升机会等合理结合。充分调动和提升纳税服务人员的积极性、主动性，促进纳税服务绩效不断提升。例如，在办税服务厅绩效评价方面，可将工作人员的绩效评价结果作为评选纳税服务明星的主要依据。

（3）针对性地进行培训

通过评价结果，管理者能够有效地了解被评价人员的不足与薄弱环节，做出最佳的培训决策。还可以用考核结果来衡量培训的效果。应以提高能力素质和解决实际问题为着力点，根据各类人员的不同特点和岗位需求，结合绩效评价中反映出来的问题，突出抓好办税服务厅人员的培训。通过加强针对性培训，提高工作人员业务素质，激发工作动力。

烟台经济技术开发区海域使用管理问题研究

孙 楠

(学号:1120213355)

  海域使用管理是我国海洋管理的重要内容,也是我国海洋行政管理体制改革的重要工作之一。改革开放以来,我国海洋管理体制改革取得了较大进展,海域使用管理职能基本理顺,各项海域使用管理工作有序开展。本文以烟台经济技术开发区为切入点,在充分借鉴国内外沿海地区先进经验的基础上,对该地区海域使用管理问题进行深入研究,对于提高该地区乃至全国沿海地区的海域使用管理水平具有重要的理论价值、现实作用与前瞻意义。

一、烟台经济技术开发区海域使用管理的现状分析

  目前,烟台经济技术开发区正以科学发展观为指导,紧抓国家建设环渤海经济区、半岛蓝色经济区的历史机遇,牢固树立以港兴区、以区促港的发展战略,加快海洋开发由渔业为主向海洋资源综合利用转变,推动用海方式由传统渔业向现代渔业转型,更加全面地发挥海洋资源优势,推动海洋经济实现高质量发展。

(一) 目前所采取的举措与取得的成效

1. 所采取的举措

近年来,烟台经济技术开发区以集约用海为导向,积极践行海洋共同体理念,服务海洋经济发展大局,从建立管理支撑体系、加强海上执法监察、助力资源高效利用等方面入手,加强海域使用管理工作,有力地助推了当地海洋经济的发展。

(1) 建立管理支撑体系

为深化海域使用管理改革,进一步规范海域使用管理的相关工作,烟台经济技术开发区从提高管理队伍水平、发挥科技引领作用和加强海域管理机构建设等方面入手,不断建立健全示范区管理支撑体系。通过邀请涉海行业专家进行专题讲座,对海域政策法规、海域执法实务、海域疑点疑区核查工作实务等内容进行讲解,引导管理人员树立科学用海、依法管海的意识,科学合理地开展海域管理和执法监察工作,不断增强海域管理人员的业务技能和实践水平,打造"务实、创新、开放、廉洁"的海域管理和执法队伍。推行"阳光政务"工程,通过新闻媒体、政府网站等渠道及时将海域管理工作程序、工作过程、工作结果进行公开,不断增强全区海域管理人员的政务公开意识,全面保障公众在海域管理事务中的知情权、参与权和监督权,通过以会代训、专题教育和常态化培训等方式,推进海域管理政务公开工作的常态化、制度化、规范化;增加科技投入,搭建涉渔船舶"一体化"管控平台,预防并打击非法捕捞,贯通公安"天网"。

(2) 加强海洋监察以维护正常用海秩序

为维护海域使用权人合法权益,规范用海秩序,烟台经济技术开发区多措并举,积极作为,不断加大海洋监督检查和执法力度,坚决查处各类违法用海行为。关于预防和打击非法捕捞问题,烟台经济技术开发区以此为抓手,不断改善营商环境,逐渐形成全口径防范与打击海洋非法捕捞的有效模式。在工委海洋委架构下,搭建"一体化"非法捕捞综合管控平台,海警、海事、公安、交通等涉海部门组成常设专班,联合镇街对非法捕捞人员、船舶、车辆等进行全流程监管,建立健全海洋渔业执法领域的"双吹哨、双报到"工作机制,形成"一个部门取证,所有部门同时响应互认"的办案机制,针对非法捕捞行为建立执法船艇、装备、车辆的信息共享。在非法占用海域及违背海域用途方面,加快清理整顿非法用海和不符合管理要求的海水养殖活动,由海洋经济发展局联合海事处、海警、街道等部门对海上非法养殖重点户进行强制清理,对阻塞航道、影响航行安全及其他违法养殖用海的行为坚决予以治理。

(3) 转变确权方式以助力资源高效利用

长期以来,包括烟台经济技术开发区在内的很多沿海地区均采用申请审批的方式进行海域确权,使得海洋资源市场化建设滞后,海域资源的真正价值难以体现。2021年12月,烟台经济技术开发区在《山东省海域使用权招标拍卖挂牌出让管理办法》等政策文件的指引下,创新采用招标、拍卖、挂牌等市场化方式进行海域确权,让海洋资源更多更快地被配给到有技术、有实力、懂经营的市场主体,推动海洋资源在不同产业、不经过区域的市场主体之间有序流转,充分提高海域资源利用效率。同时,2022年9月14日,由海洋发展局和行政审批局组成创新小组共同印发了《海域立体分层确权试点工作实施方案》,明确了光伏发电、海上风力发电、海水养殖等用海活动,可以对海域的表面、海底、水体、底土等部分或全部设定海域使用权。在此基础上,烟台经济技术开发区完成了首宗海域使用权立体确权项目——八角湾中央创新区基础设施PPP项目产业文化中心桥梁工程项目,标志着该区海域空间管理从"平面时代"进入"立体时代"。

2.取得的成效

自烟台经济技术开发区海洋渔业非法捕捞"一体化"管控模式探索推广以来,打击非法捕捞工作取得了显著成效。截至2022年年底,在海洋、公安、海警、海事等部门的通力合作下,共实施一体化执法120多场次,收缴"三无"船舶387艘,封锁临时码头及非法出海口11个,查处船艇22艘、运输渔获物的车辆27辆、游艇小艇及其他非渔业船舶涉渔违法行为32件,非法捕捞、非法垂钓等现象得到有效遏制。依法查处1艘在中国和韩国的敏感水域长期处于游离状态、存在涉外风险的船舶,依法驱离70艘外省籍贯的违法跨区作业渔船,公安机关根据有关规定收缴核验了近200名船员的身份证,并对部分船员的违法违规行为实施训诫,杜绝了外省籍船舶非法跨区作业产生的矛盾纠纷,海上养殖秩序得到全面规范,渔业资源得到充分保护。

海域使用权确权方式的转变很大程度上提高了海域资源的利用效率,促进了该地区海洋经济的可持续发展。2021年12月,烟台经济技术开发区2宗海域使用权通过挂牌的方式进行市场化出让,吸引了大量投资者参与竞买,经过多轮竞价,最终为财政增收了4 420.97万元,其中最高一宗成交价为3 780元/公顷·年,溢价率高达1 160%,实现了海域资源的大幅度增值。2022年10月,烟台八角湾中央创新区基础设施PPP项目产业文化中心桥梁工程项目用海实现了立体确权,这一公益性用海面积为2 022平方米,总投资2 600万元,是烟台经济技术开发区成功开展的首个海域立体确权项目,解决了传统确权模式下无法对某一特定范围的海域重复设置海域使用权的矛盾,对于创新用海方式、改善区域路网布局具有重要作用。

近年来,烟台经济技术开发区在海洋牧场的带动下,实现了养殖业由近岸向深远海、由传统向现代的转型,其现代化渔业在全省居领先地位。围绕打赢种业翻身仗,提升水产种业核心竞争力,投资3.5亿元,完成127家水产育苗企业迁建,加快传统水市育苗企业的撤并;争取落地省级(海参)现代农业产业园,完成国家级褐牙鲆水产种质资源场建设,申创国家级水产健康和生态养殖示范基地;区内3家企业被列入中国水产种业育繁一体化优势企业名录,4家企业被列入国家水产种业阵型企业名录,6家企业获批省级水产种业领军企业。"海益丰11"号海湾扇贝养殖、"多宝2"号大菱鲆等11个水产新品种通过国家审定,国审水产新品种在烟台占47.8%,在全国占4.1%;大力推进烟台海洋牧场"百箱计划",使其加快建设成为目前亚洲最大单体、最先进的现代化海洋牧场。

(二)烟台经济技术开发区海域使用管理存在的问题

烟台经济技术开发区在海域使用管理方面多措并举、成效显著,但鉴于该地区用海活动日益频繁、用海需求日益高涨,在海域使用管理过程中往往存在海域资源产权管理不规范、海域使用管理效率较低、海洋环境监管亟待加强及用海项目监管不到位等问题。

1.海域产权管理不规范

自《中华人民共和国海域使用管理法》(下文简称《海域法》)实施以来,烟台经济技术开发区海域资源产权管理工作取得了明显成效,基本厘清了海域权属权证关系,用海秩序得到明显改善。然而,由于历史遗留问题,加上部分用海主体依法用海意识淡薄,往往存在虽未取得海域使用权但仍占有、使用海域的现象,部分养殖户更是存在"祖宗海""门前海"等陈旧观念,普遍认为海域没有权属,占有即可使用,缺乏基本的海域权属意识和有偿用海意识,这种错误观念往往导致海域权属不清,用海主体之间矛盾和纠纷不断。同时,就海域使用权的取得而言,过去海域通常采取向政府申请审批的方式进行确权,海域使用权交易价格以政府定价为主,海域使用金征收标准偏低,且海域使用权没有充分的市场竞争,海域资源的稀缺性未能得到体现,不利于海域资源市场化配置作用的发挥。

2.海域使用管理效率较低

整体来看,烟台经济技术开发区在用海意识、技术装备、经济效益和科学管理等方面与发达国家及国内部分沿海地区相比存在较大差距,整体海域使用管理效率较低。其具体表现为:部分用海者擅自占有、使用、出售、转让海域,比如海水养殖的开发方式为粗放型,经济效益低下;填海造地的开发方式造成海域资源和海域生态环境的毁灭性破坏;掠夺性的捕捞使海洋渔业资源严重受损。这种无偿使用海域的状况造成国有资源大量流失,扰乱正常的海域开发利用秩序;在公有地情况下,过度开发海域,造成海域生态价值遭到破坏,海域资源急剧减少,资源自然更新速度大大降低,海域资源受到威胁甚至灭绝,最终出现公地悲剧。随着海域越来越被国家重视,政府将周边海域的使用权利出让给企业或个人进行养殖,但部分渔民认为周边海域属于自己所有,对海域使用权人进行妨碍,不让其进入其权属海域进行投放苗种或收获鱼虾等作业,侵犯了海域使用权人的合法权益。

3.海洋环境监管亟待加强

就陆源污染而言,根据2020年主要污染物排放源的环境统计资料,烟台市的废水、氨氮化物和氮氧化物的排放量分别为 28 573.42 万吨、2 954.45 吨和 38 938.55 吨。尽管以上污染物大多经过处理,但仍有部分重金属、有机物质、放射性废物等最终排入大海,这些污染物经过长时间的聚集、转移、沉积,最终形成难以根除的海域污染,进而威胁海洋生物的生存。据统计,由于海域环境恶化和过度捕捞,该区海域部分经济价值较高的鱼类(如鳓鱼、圆斑星鲽、扒皮狼等)几乎绝迹,一些经济鱼类(如鲳鱼、鲅鱼、小黄花等)产量也大大下降。作为烟台重要的工业聚集区,套子湾海域出现严重的水质超标、近海渔业资源衰退等现象,极大地制约了套子湾沿岸经济的发展,成为一个长期难以解决的问题。

4.用海项目监管不到位

近年来,伴随着经济社会的不断发展,各行业之间用海矛盾日益突出,尤其是传统渔业用海与其他行业的用海矛盾最为明显,具体表现为:部分食品加工类、制药类企业所产生的工业废水不经处理就直接排放入海,严重影响了鱼、虾、贝、藻等水生生物赖以栖息的生存环境,致使水生生物繁殖场、苗种场遭受破坏,渔业产量减少和质量大大降低;航道、港口及海底管道等用海活动占用了大量避风条件较好的港湾,导致传统养殖用海港湾数量不足,渔业活动区域被进一步挤占,可利用海域、港湾范围逐步缩小;滨海旅游业的发展不仅会造成近海水质污染,还会在一定程度上占用渔港码头、滩涂、近海等资源,给渔民靠岸避风、修补设备等行为造成不便,甚至会存在生命财产损失等安全隐患;临海、临港工业项目对滩涂及浅海进行了大量占用,导致沿海养殖区域不断减少,渔民的生产生活方式受到威胁,大量"失渔""失涂"渔民的经济和生活得不到有效保障,渔民群体性上访现象屡见不鲜,严重影响了地区和谐稳定。

(三)烟台经济技术开发区海域使用管理存在问题的原因分析

上文表明,虽然烟台经济技术开发区拥有优越的海域自然条件和悠久的海洋开发利用历史,但同时也被诸多问题制约,严重影响了海域资源的规范、高效利用,其存在问题的原因表现为以下几个方面。

1.海域资源产权制度不健全

在产权界定方面,《海域法》明确海域属于国家所有,但是在《海域法》颁布之前,我国的海域普遍被下放到政府部门及下设机构,甚至是村集体手里。各种历史遗留问题造成了当前海域管理壁垒依旧存在,协调难度较大,存在所有权、开发权与经营权边界不清的问题;在产权主体界定方面,开发利用海域资源需要建立统筹协调的产权纽带,这不可避免地涉及各式各样的涉海主体,这些主体作为海域使用管理系统的一部分,彼此之间相互制约、相互影响,利益诉求虽各不相同,但目标均指向海域的价值;在产权交易方面,烟台经济技术开发区海域产权交易仍旧处于初级阶段,现代化的产权交易体系还没有建立起来,存在产权交易品种不丰富、产权交易主体不活跃、产权交易平台功能单一等问题;在产权监管方面,当前烟台经济技术开发区对海域产权的监管以法律手段和行政手段为主,缺乏激励与约束并重的市场手段,虽然已初步形成社会主体共同参与监督的共识,但是深层次的社会监管合作机制尚未建立起来。

2. 海域管理基础保障能力不足

开发区海域使用管理主要涉及4个部门:海域使用和海岛保护利用管理由海洋经济发展局负责;海域使用许可审批由行政审批服务局负责;海域使用权登记由自然资源和规划局负责;海域有偿使用管理由财政局负责。此外,渔政、海监、海巡、海警等执法队伍各有分工,分别负责职权范围内的各项海上执法工作。在这种分散型海洋管理模式下,各部门在进行行政执法时往往只依据本部门职责,在海域强流动性、强空间复合性的特殊属性下,极易导致多个利益主体对同一海域或同一用海活动同时进行行政管理,一定程度上降低了管理效率,产生不必要的矛盾和冲突。同时,各部门之间协作机制不明确,在政策制定、行政许可、日常监管等方面信息共享力度不够、重大案件会商机制不完善,导致各部门信息传达效率较低,信息互联互通程度不足等问题依旧存在,且目前尚未针对这些问题采取制定职责边界清单、建立信息互通机制等有效措施,在一定程度上影响了海域管理的实际效果,极易出现"群龙闹海、群龙管海"的窘境。

3. 海洋环境保护重视程度不够

2022年12月1日,《烟台市海洋生态环境保护条例》正式施行,对全市的海洋生态环境保护工作做出了详细规定,明确了生态环境部门、自然资源和规划部门、海洋发展和渔业部门以及发展改革、财政、城管、交通运输、水利、农业农村、应急、海事、海警等涉海部门的工作职责,要求各沿海区县、各涉海部门依法按照各自职责,相互配合,共同做好海洋生态环境保护相关工作。由此可见,烟台市对海洋生态环境保护工作的关注度越来越高,海洋生态环境保护的合力也在逐渐增强。尽管如此,烟台市海洋污染防治工作仍在攻坚阶段,长期以来形成的生态问题、复合型污染和结构性风险问题仍然比较突出,做好海洋环境污染防治监督管理工作,打好海洋环境综合治理攻坚战的任务十分艰巨。

4.海洋功能区划制度落实不到位

2015年12月,山东省人民政府对烟台市的海洋功能区划(2013—2020年)做出了正式的批复,其中明确指出,到2020年,海水养殖功能区的面积将扩大到4 500平方千米,海洋保护区的面积将扩大到1 400平方千米,保留区的面积将扩大到370平方千米,陆地自然岸线的保有量将保持在360千米以上,海岸线的整治与修复长度将达到50千米以上;对围填海及其他改变海域自然属性的用海行为进行了合理调控,渔民的生产生活和现代渔业发展得到了强有力的保障,排海主要污染物总量得到了有效调控,海洋生态环境质量显著提高,海洋可持续发展能力显著增强。从实践上看,烟台市海洋功能区划为烟台开发区破解渔业、港口航运、油气开发、旅游发展、国防建设等领域的用海矛盾以及推动海洋产业结构调整和产业布局优化等提供了重要参考,但海洋功能区划具体实施过程中还存在着以下问题:有关部门在修编城市规划、土地规划、水利规划、港口规划、林地规划等空间规划过程中,涉海城市、用地等与海洋规划的衔接不紧密,海洋、国土、水利、规划审批部门在海岸线保护和围填海控制方面缺乏统筹。

三、国外与国内其他地区海域使用管理的经验借鉴

(一)国外海域使用管理概况

国外海域使用管理起步较早,部分国家已形成独特且有效的海域使用管理体系,本文以加拿大、韩国和美国为例,总结上述国家在海域使用管理方面的突出特点。

1.加拿大:重视海洋环境监测工作

1996年,《海洋法》的颁布,标志着加拿大成为世界上第一个进行综合性海洋立法的国家。在此基础上,加拿大陆续颁布了《环境保护法》《环境评价法》《渔业法》等法律法规,逐渐形成了系统、全面的海洋环境综合管理法律法规体系,奠定了加拿大海洋环境监测工作的法制基础。与我国类似,加拿大的海洋环境监测主体主要为海洋渔业部及其下属的研究、监测机构,整体负责太平洋、北冰洋、大西洋以及淡水栖息地的海洋环境监测工作,其他部门、科研院所和国际组织等主体共同参与贝类样品、沉积物、微生物和污染物的监测工作,主要研究机构包括茅里斯海洋研究所、贝尔福德海洋研究所和里姆斯基海洋研究所等。加拿大海岸警卫队曾提供4 650万加元的资金,与维多利亚大学共同发起加拿大海洋网络项目,支持建造

海洋观测站网络及开展海洋雷达、海洋浮标监测工作,通过实时反馈海面水流信息,为极端气象做好预防工作。

2.韩国:加强海洋环境影响评价

韩国作为《国际防止船舶造成污染公约》的成员国,很早就开始意识到海洋生态环境保护的重要性,并于1977年制定了《海洋污染防治法》,为海洋污染防治提供了初步法律基础。2007年该法改名为《海洋环境管理法》,在对原内容进行修改和完善的基础上,对海域使用环境影响评价制度做了新的规定,明确要求编制《海域利用影响评价书》时应充分听取利害关系人意见,并在行政机关做出海域利用影响评价项目行政许可及向国土海洋部提出申请时一并提供。至此,韩国海洋环境制度从最初的"事后控制"方式逐步过渡到"事前预防"方式。同时,按照对环境影响程度的大小,《海洋环境管理法》将用海活动分成"海域利用影响评价项目"和"海域利用协议项目"两类,并要求对海砂开采等对海洋环境造成严重影响的项目编制《海域利用影响评价书》。这一模式对海域利用影响评价制度和海域利用协议制度进行了分类规范,在某种程度上缓解了过多的规制负担。

3.美国:建立规范高效的海域管理机构

美国作为联邦制国家,由联邦政府与州政府分权管理海域。沿海各州负责管理离岸3海里以内的海域,拥有对这一范围内的海域及其附属资源绝对的管辖权,联邦政府负责管理离岸3海里~200海里的专属经济区,拥有对州辖海域水面贸易、航行及国际事务等活动的管辖权。在联邦层面,主要由国家海洋和大气管理局及海岸警备队行使海洋行政管理职能。国家海洋和大气管理局成立于1970年10月,隶属于美国商业部,其职能范围除研究大气和海洋变化外,还包括管理和利用海洋资源,保护和改善海洋环境。海岸警卫队隶属于国土安全部,负责海上搜救、国土防卫、海事法律执行、海上违法查处等工作,其职能相当于我国海事、渔政、海监、海警、海军的大部分业务,是美国唯一的海上综合执法部门,拥有广泛的海洋执法权。2004年12月,美国成立了新海洋政策委员会,作为海洋事务的综合协调机构,其主要职责是向政府有关部门就制定及执行与海洋事务有关的政策提出意见及建议,制定解决海洋问题的国家策略原则,并协调联邦各涉海部的海洋活动。

(二)国内其他地区海域使用管理概况

1.宁波市象山县:提升海域资源价值

近年来,象山县对于海域自然属性改变或存在界址模糊的海域,按照"拟定出让一批海域、自动注销一批老证"的原则进行销号;对正在进行的与养殖水域滩涂规划及海洋功能区划不一致的养殖经营活动,在完成这一轮养殖生产作业后,可以逐步退出海域，但对生态环境、通航条件等造成不利影响的，应当予以清退；对符合养殖水域滩涂规划和海洋功能区划，但未取得海域使用权的，在完成这一轮的养殖生产作业后退出海域占用，在经海域确权后继续开展养殖生产经营。2020年6月，象山县人民政府印发《关于开展开放式养殖用海海域"三权分置"促进乡村振兴的实施意见》，对开放式养殖用海涉及的所有权、使用权和经营权的相关内容进行了明确。该模式明确了养殖用海的国有属性，改变了过去养殖户普遍通过"争地盘"的方式搞养殖的局面，有效地化解了养殖用海矛盾和纠纷，推动了海域资源规范化管理。

2.温州市龙湾区：加强海洋生态环境管理
（1）坚持标本兼治，推进科学治污
龙湾区出台并实施海漂垃圾清理方案及"滩长制"方案，在对海漂垃圾的清理范围、工作任务和质量要求进行明确的同时，建立责任明确、监管严格、协调有序的长效体系，分级分部门负责滩涂非法造船、非法停靠、"三无渔船"的整治以及禁用网具清理、农药清滩查处等工作。

（2）坚持海陆统筹，推进协同保护
近年来，龙湾区大力开展红树林保护和修复专项行动，加快了红树林总体保护及龙湾海洋公园的建设步伐。该公园位于瓯江南入海口，灵昆大桥以东，龙湾北面，灵昆岛南面，规划面积2平方千米，是我国目前处于最北位置、最大规模种植红树林的海域。该公园为众多的鱼、虾、蟹、水禽和候鸟提供了栖息和觅食的场所，成为国际鸟类保护联盟确立的"重要湿地鸟区"。

（3）坚持建管并举，推进长效建设
龙湾区坚决贯彻落实中央和省市区委决策部署，认真贯彻实施海洋环境保护相关的法律法规，不断加大工作力度，先后制定《龙湾区水域滩涂养殖规划》《龙湾区海洋生态环境监测实施方案》，在制度层面明确海洋功能规划和海洋生态环境保护的重要性，通过种植红树林、加大入海污染源监管与入海排污口整治以及积极参与浙南鱼仓修复工作、严厉打击非法行为等活动，落实生态补偿机制，维护海洋生态发展。

3.连云港市连云区：科技推动海洋产业发展
近年来，连云区依托海洋资源禀赋，积极抢抓战略机遇，科学谋划海洋管理，深入落实海洋经济高质量发展行动计划，加快推进海洋强区建设，海洋经济综合实力明显增强，为持续推动现代化国际海滨城区建设打下了良好的基础。连云区以海洋渔业、海洋交通运输业、滨海旅游业等用海方式为主导，逐渐形成海洋生物医药、海工装备、海水利用等相关产业协同发展的良好局面。大力推进渔港由单一渔业生产向现代化综合产业转型，建设世界上规模最大的现代化南极磷虾工业示范与综合发展基地,为"深蓝"号南极磷虾渔业生产提供配套服务,加强与行业龙头企业的合作,共同推动南极磷虾产业园投产达效,通过招商引资南极磷虾资源再利用关联项目等方式延伸产业链,打造海洋生物高值化利用基地。我国第一艘海上纯电动拖船"云港电拖一"号顺利通过验收,填补了国内海上纯电动拖船领域的空白,对于加快绿色低碳转型、推进港口能源结构调整具有重要意义。

(三)经验借鉴

1. 推进海域资源市场化配置

推进海域资源市场化配置是深化海域管理体制改革的必然要求,能够挖掘海域资源的真正价值,有效解决用海公平问题。然而,由于海域资源具有流动性、公共性、稀缺性等固有属性,导致海域资源市场化配置和海域使用监督管理二者之间存在着既相互包容又相互冲突的矛盾关系。其他发达国家在海域资源市场化配置方面的管理实践充分表明,市场化配置管理方式在充分发挥市场机制在高效配置海域资源的同时,也会引发社会不公、公益削弱、环境弱化、秩序失调等一系列新的问题和矛盾,这些问题是单一市场化本身难以化解和避免的,需要政府力量和行政手段的适度介入和有效干预。可见,如何开展海域资源市场化的体制机制创新,建立一个公开、公平、有序、高效的海域资源市场,已经成为海域使用管理中迫切需要解决的问题。

2. 加大人才培养和科技创新力度

发达的科学技术和高素质的人才队伍是提高海域管理效率、规范海域使用行为、维护健康用海秩序的重要工具。从海洋环境监测、海洋环境影响评价到海洋污染治理、海上安全执法,每一项海域使用管理工作的规范、高效开展都有赖于科学技术的进步和人才素质的提高。国外沿海国家较早认识到科技创新和人才培养的重要性,烟台经济技术开发区要充分借鉴发达国家在人才培养和科技创新方面的优秀经验,加强对国际海域使用管理研究成果的跟踪,主动参与国际海域使用管理重大计划,通过引进海洋监测与评价技术、海洋垃圾处理技术、海洋生态修复技术等先进技术,重点提升海洋综合执法能力、海洋公共信息服务能力和海洋灾害预警与救助能力。

3. 加强海洋生态环境保护

海洋生态环境保护是海域使用管理的重要环节,对维护海洋健康、提升海洋可持续发展水平、实现美丽中国发展目标具有重要意义。加拿大、韩国等主要沿海国家较早便开始关注海洋生态环境保护,在海洋环境监测、海域使用评价、海洋污染防治等方面进行了有效尝试,积累了相应的宝贵经验。近年来,我国逐渐意识到海洋环境管理的重要性,不断加大该方面的人力、物力、财力投入,海洋环境治理成效初显。但与发达国家相比,国内海洋生态环境保护的重点主要集中在对已经形成的海洋污染物进行治理,忽视了可能造成海洋污染的潜在威胁,对海洋污染的预防措施严重不足。因此,烟台经济技术开发区应积极借鉴国外沿海地区在海洋生态环境保护方面的先进经验,紧密结合当地海洋生态环境发展现状,探索具有当地特色的海洋生态环境现代化治理路径。

4.推动海洋产业结构转型升级

对于烟台经济技术开发区而言,应充分借鉴国外发达国家和国内其他沿海地区的先进经验。一方面,要充分发挥政府的引导和支持作用。对于各类涉海招商活动给予充足的经费保障,通过实施积极的财政政策促进招商引资工作的开展。对于新引进的优质涉海企业和重大涉海项目,在政策优惠、税收补贴等方面给予支持,保障各类涉海项目的顺利实施。对于涉海企业创造的科技成果进行政策奖补,强化科技型孵化器主体培育和重大产业创新平台建设。另一方面,以科技创新促进海洋产业转型升级。发挥陆地产业优势,引导现有企业走向海洋,加快涉海重大基础设施项目建设步伐,创新应用陆地先进技术与设备,提高海洋资源开发利用程度,着力推动旅游、养殖及其他用海活动走向深远海,减轻陆地和近海的压力。科学编制并认真落实海洋空间规划,在进行海洋产业布局时充分考虑海湾、海岸带和重点功能区的环境承载能力。

三、加强烟台经济技术开发区海域使用管理的对策分析

前文对烟台经济技术开发区海域使用管理的现状、存在问题及原因进行了介绍,并总结了国内外其他沿海地区的先进做法和优秀经验,在此基础上,笔者对优化该地区海域使用管理工作提出如下建议。

(一)加强海域资源产权管理

1.推进海域资源市场化配置

加快提升海域使用权市场化配置水平,建立一个权责清晰、流转顺畅的现代海洋产权制度,这是我国海洋市场经济体制改革的一项重要内容,也是烟台经济技术开发区作为海洋经济高质量发展战略要地的重要任务之一。在具体工作中,一是要严格落实《山东省海域使用权招标拍卖挂牌出让管理暂行办法》《烟台市海域使用权招标拍卖挂牌出让管理暂行办法》等文件,除国家和地方重点项目及特殊情形

外,采取招标、拍卖、挂牌等市场化方式出让海域使用权。二是借鉴海域出让一级市场取得的有益经验,积极争取开展海域使用权二级市场流转试点。烟台经济技术开发区海洋资源丰富,海域使用权抵押、转让、出租等市场需求旺盛,可以通过出台与海域流转相关的管理办法,对海域使用权流转的条件、范围和程序等内容进行明确规定,并从国有企业及行政事业单位所属海域使用权入手,依托产权交易平台建立海域使用权二级市场进场交易模式。三是在已出台的《海域立体分层确权试点工作实施方案》及首个海域使用权立体分层确权项目的基础上,不断总结经验、优化路径,逐渐形成可复制、可推广的海域立体分层确权模式。

2. 健全海域价格评估体系

海域价格评估工作涉及海域市场经营活动中的招标、拍卖、挂牌、抵押融资、作价入股等多个环节,要充分考虑到海域资源的复合性、流动性等特征,参照在土地、矿藏、水利等资源价值评估方面的先进做法,邀请科研院所、评估机构或管理机构专家,对海域价格评估理论和方法进行深入研究,梳理烟台经济技术开发区近年编制的各项规划,摸清海域使用现状,叠合各层面信息绘制"一张图",并组织不同层面的意见征求会,进行全面论证评估,制定满足实际需求的、完备的海域价格评估技术标准,不断完善整个海域价格评估技术体系。在人才培养和机构建设方面,应加大评估相关专业人才引进力度,重点培养有市场经验、专业的海域价格评估机构与专业人才,为海域价格评估行业汇聚专业力量,为行业整体发展奠定基础。

3. 加强海域使用金征收管理

依法加强海域使用金征收管理,首先要明确海域使用金的征收和减免标准。根据《山东省海域使用金征收标准》,要充分利用好资源优势,在风险可控的前提下做到海域使用金应收尽收、应缴尽缴。海域使用金的减免要应严格按照《海域使用金减免管理办法》的有关规定进行,做到合法、合理、公正、公开,对于国家规定可以进行减免的情形,可以给予一定期限的减免;对不符合国家海域使用金减免要求的用海项目坚决不予减免。其次要明确海域使用金征收管理部门的职责分工。目前烟台经济技术开发区主要由税务部门负责海域使用金征收管理,由海洋渔业部门负责具体的征收工作。税务部门要做好审核工作,保证海域使用金全额征缴;海洋渔业部门征收海域使用金时应当严格遵守相关的管理规定,通过非税收入征收管理系统为海域使用权人开具电子缴款书,严格执行"票款分离""收缴分离"和"收支两条线"等相关规定,保证海域使用金及时足额上缴国库。

4. 规范海域资源确权登记

海域资源确权登记在海域使用管理工作中起着承上启下的作用,有关部门应进一步完善海域资源资产的确权登记工作,逐步建立起权责清晰、监督有力、归属明晰的产权体系。对通过招标、拍卖和挂牌等市场化方式或者申请审批方式进行海域使用权转让的,自然资源主管部门和海洋主管部门应当做好衔接工作,并及时督促海域使用权人按照相关程序完成不动产登记。对于海域使用权到期的用海项目,海洋主管部门要履行告知义务,并督促海域使用权人申请续期,续期申请获批准后由不动产登记部门为其办理变更登记;续期申请未被批准的,不动产登记部门应当予以注销登记;未在规定时间内申请海域使用权续期的,按照有关规定予以收回。

(二)夯实海域管理支撑体系

1.重视管理人才培养

烟台经济技术开发区要加强人才培养机制建设,建立健全人才管理制度,以高标准、严要求打造一支政治强、业务精、素质高、能打硬仗的专业化、复合型人才队伍。针对科研人才,不断完善各项待遇(如户口落户、职称评聘、人才公寓等),将待遇水平与个人能力、创造效益、对国家贡献等进行挂钩,在医疗保险、家属就业、子女入学、科研经费补助、住房保障等方面给予配套优惠政策,打造更为灵活、高效、开放的人才发展环境。在此基础上,关注人才发展需求,鼓励其申报国家、省、市级重大课题项目,加大对优秀人才奖励力度,对被评为"泰山学者""长江学者"等称号的人才按照层级进行奖励,对于技术能力强、科研水平高的进行破格提升,充分调动青年人才的创造性和积极性。通过举办人才招聘会、推介会,吸引更多的人才,促进海洋产业的迅速发展;加大海洋教育事业投入,设立人才专项资金,为在职人才提供深造机会;举办研讨班、进修班和高层次人才班,加快培养精通海洋专业知识的管理人才;以国家级海洋高技术产业基地为载体,吸引高层次海外人才。

2.发挥科技引领作用

在顶层设计方面,建立海洋科技创新委员会,整体统筹海洋科技事业发展。理顺各部门和科研机构之间的关系,做到"信息互通"、"资源整合"和"成果共享";加大对海洋科技创新项目的资金投入力度,设立海洋科技创新专项资金,鼓励支持企业加大涉海科技研发力度,积极推进各项重点项目和重大工程,充分发挥财政资金的杠杆作用,激发企业在涉海科技研发方面的热情。

在具体应用上,以信息技术和科技装备为动力,以提升执法效能为着力点,加快推进智慧渔政建设,不断提升渔政执法科技支撑能力。通过远程视频、卫星遥感等手段,构建海域使用管理的"蓝色天网",动态掌握海岛、海湾、海岸线的开发利用情况,破解远海监管难题,实现对辖区海域的全方位、立体化、高精度、常态化监测和动态管理;利用智慧海洋大数据分析平台及多维度展示平台,对涉海基础数据进行对接,录入海洋功能区划信息,将海洋环境动态体系进行链接。

3.建立协商联动机制

建立有效的综合协调机制,首先要厘清各个涉海相关行业主管部门的关系。涉海相关行业主管部门包括海洋行业主管部门、生态环境保护部门、海洋渔业执法部门、行政审批部门等,每个部门根据各自的职责权限,分别制定发展规划和工作方案。在海域使用管理过程中,各部门要坚持以下四个原则:一是协调合作原则,即各涉海管理部门之间设置必要的沟通联系渠道,实现各部门之间的利益均衡,共同促进整个海域行政管理工作的有效进行;二是效益管理原则,各涉海管理部门要以海域自然属性和社会属性为依托,既要考虑行政成本,又要考虑到行政效果,共同实现海域经济、社会以及生态效益的有机统一;三是动态管理原则,根据海域管理工作实际情况,分析基本发展趋势,及时、合理、有效地对各个部门职责权限进行调整,以适应不断发展的海洋行业态势;四是信息共享原则,各海洋行政管理部门、行业协会等涉海管理部门应加强协作,按照相关程序进行信息公开,接受公众监督,共同提高综合协调机制的运作效率。

(三)加强海洋生态文明建设

1.营造海洋环境保护良好氛围

由环保部门、宣传部门牵头,打造海洋文化科普教育基地,持续开展相关主题宣传教育活动,利用开设讲座、发放宣传册、举办公益活动等方式向公众,尤其是涉海企业、沿岸渔民等群体广泛普及海洋知识,提高公众保护海洋生态环境的主动性和自觉性;逐步完善民主监督、举报制度,充分发挥网络平台和"12369"环保举报投诉热线的作用,对群众发现的海洋环境污染问题逐一排查、逐一整治,通过畅通公众举报渠道,能够及时发现、查处各类违法活动,切实保障群众合法的环境权益;建立健全海洋生态环境信用分类触发性评价系统,完善辖内涉海企业信用体系,并逐步将第三方海洋生态环境服务机构、检测机构、治理机构纳入该体系,建立企业信用档案,并不断完善企业信用评价升级、修复机制,提高企业主体责任意识;科学制订海洋生态环境治理年度计划,分解落实重要指标和主要任务,做好日常调度与督导,对计划落实情况实施动态监管。

2.强化海洋生态环境修复整治

在陆源入海污染治理方面,前期烟台经济技术开发区对辖内的入海排污口进行了摸排,对不符合要求的排污口进行了取缔,初步完成排污口整治工作。在此基础上,要有计划、有步骤地实施入海排污口综合治理,建立健全"近岸水体+入海排污口+排污管线+污染源"的全链条管理体系。在海上污染分类整治中,根据城乡一体化的工作方针,建立完善海上环卫长效机制,强化旅游度假区及海水浴场等亲海区域海面及岸滩漂浮垃圾整治,继续推进"净滩行动",创建"无废"沙滩,使近岸海域及入海河流垃圾得到正常处理。在海岸带修复方面,根据本区确定的需要进行海岸带整治修复的岸段,针对沙砾、基岩等不同岸线类型,实行针对性海岸带修复计划,例如在与蓬莱交界处采取海岸侵蚀防护措施,维持整体岸线稳定。严守海岸建筑退缩线,禁止在线内进行建筑物、构筑物的改建、扩建和新建。

(四)推进陆海统筹一体化发展

1.严格落实海洋功能区划制度

烟台经济技术开发区应贯彻和落实《全国海洋功能区划(2011-2020年)》《山东省海洋功能区划(2011—2020年)》《烟台市海洋功能区划(2013—2020年)》的要求,着重抓好以下几方面的工作:一是组织全区开展宣传学习。海洋行政主管部门要把对海洋功能区划的学习、贯彻、宣传作为一项重要的海域使用管理工作,有针对性、多渠道、全方位地进行海洋功能区划的培训与宣传,营造良好的用海环境。二是加强海洋功能区划提出的各项保障措施。海洋行政主管部门可以通过经济、法律或行政手段,对海洋功能区划的实施情况展开监督检查,对其进行跟踪评估,建立全方位、立体化、高精度的海域综合管控系统,并按照海洋功能区划对各类用海活动实施调控,保障海洋开发利用秩序。三是配合烟台市建立和完善海洋功能区划体系。按照海洋功能区划的有关要求,密切结合区域内海洋空间环境自然属性,建立完善相关管理制度、技术支撑及跟踪评价制度等,为海洋功能区划工作开展提供配套措施,有效发挥海洋功能区划服务和保障,引领和支撑等重要功能。

2.加强海域使用论证管理工作

对于烟台经济技术开发区在开展海域使用论证工作时存在的论证报告内容不规范、论证评审把控不严、论证市场秩序混乱等现象,政府及相关管理部门要加强重视。一是通过抽查、年检和质量评估相结合的方式加强对论证单位的监督检查,规范论证市场秩序。对从事海域使用论证违法违纪行为的人员,有关部门应当督促用人单位予以相应处罚,并视情况吊销资质证书;对监督检查发现有重大问题的论证单位予以降低等级、停止执业或者吊销资质证书等处罚。二是建立并完善信息公开制度和社会监督机制,鼓励用海主体和社会公众依法举报海域使用论证中出现的违法违规行为。三是加强海域使用论证评审专家队伍建设,提高海域使用论证报告编制水平。海洋主管部门应进一步加强评审专家队伍建设,按照规定建立和管理评审专家库和专家评审委员会,认真落实专家评审委员会任期制、轮换制,制定和完善评审工作程序。

3.推动海洋产业结构转型升级

海洋产业作为现代产业的重要组成部分及沿海地区进行结构创新的主要载

体，其转型升级对于促进海洋经济高质量发展具有重要意义。烟台经济技术开发区要充分利用现有的港口资源优势，把烟台港西港区打造成中国北方的能源进口转运基地，不断推进智慧港口建设，提升港口信息化、专业化、自动化水平，加大码头自动化装车、卸船、混配等系统覆盖率，利用智能模拟、大数据等技术，提高安全监测和事故预防能力，提高港口管理水平。推动港产城融合发展，以栾家口港和烟台港西港为依托，为临港工业预留发展空间，发挥港口辐射带动作用，布局海洋新兴产业。围绕港口、航运、能源、石化等产业，引进临港基地性项目和企业，实现港产城一体化发展。依托海工装备龙头企业，着力突破探测识别、轻量化长寿命深水固定式平台焊接、智能控制等关键技术，重点发展低温冷藏船、高端远洋渔船等高技术船舶与海洋工程装备。

应急管理部大连康复中心干部队伍管理研究

刘 丽

（学号：1120213413）

自2018年应急管理部成立以来，在上级的带领下，应急管理部大连康复中心的干部队伍管理取得了一定的成效，但距离高素质干部队伍还存在一定的差距。为了促进应急管理部大连康复中心干部队伍向素质过硬、能力过硬、作风过硬转变，有必要对大连康复中心干部队伍管理中存在的问题进行分析研究，并提出解决问题的具体对策。

一、应急管理部大连康复中心干部队伍管理现状分析

应急管理部大连康复中心建院已有70年，自2017年以来，大连康复中心使用中层干部竞聘上岗规则，并取得了一些成就和经验，随着干部队伍发展壮大，也随之暴露出一些问题。康复中心应坚持问题导向，以解决问题为指引，健全细化优秀干部培养机制，有助于优秀人才聚集，推动康复中心的转型发展。

（一）所采取的举措与成效

要对大连康复中心的干部队伍管理进行研究，首先有必要对其现行队伍管理中所采取的举措及其成效有所了解。

1. 所采取的举措

为推进中心事业科学发展,2021年11月,应急管理部大连康复中心党委会审议通过了《干部队伍建设中长期规划》,以此为根据,主要任务和措施可以概括为以下几个方面:

(1) 优化干部选拔任用工作机制

进一步强化中心党委的领导把关作用,严格选人用人程序,优化干部选拔任用工作机制。坚持正确选人、用人导向,坚持干部任期和交流制度,落实干部能上能下制度。

(2) 提高干部教育培训实效

加大干部教育培训力度,积极开展针对性、专业化培训,全面提高干部队伍领导水平和专业素养。健全干部教育培训制度机制,制订年度培训计划,完善干部教育培训课程体系,抓好轮岗交流、挂职锻炼、网络在线学习等后备干部教育工作。

(3) 大力发现培养选拔优秀年轻干部

要加强对年轻干部的培养,形成日常发现、动态管理、持续培养、合理使用的工作机制。优化优秀年轻干部配备,加大优秀年轻干部培养使用力度。坚持事业为上,按照以事择人、依岗选人、人岗相适的要求适时给予人员提拔使用,逐步改善干部队伍的年龄结构。

(4) 加强中层领导班子建设

选优配强六级管理岗位(副处级)中层干部。根据中心各部门工作需要,综合考虑整体情况,坚持老中青相结合的梯次选配中层干部。中心党委和相关职能部门要通过联系基层、工作督导、考核等多种形式,加强中层领导班子及主要负责人监督指导。

(5) 加强干部管理监督

注重用制度管权、管事、管人,进一步加强干部管理监督,用好提醒、函询、诫勉等措施,加强对中层干部"一把手"的监督,促进干部管理监督常态化,深化规范领导干部经商办企业行部门交流,不断提高优秀年轻干部的综合素质和工作能力。

2. 取得的成效

在思想教育方面,形成了常态化的谈心谈话形式,掌握了工作生活情况,通过组织开展警示教育活动,以案明鉴、以案促改,强化了纪律观念和规矩意识;以民主生活会和组织生活会为载体,组织党员干部开展批评和自我批评,发现其存在的问题,并分析了问题产生的原因,党员干部的党性得到整顿和提高。

在提高能力素质方面,健全中层干部的选拔聘用制度,深化干部人事制度改革,贯彻执行中层干部选拔聘任工作,按照应急管理部干部选拔任用工作全程纪实的有关要求进行选拔。建立人才平等竞争聘用机制,使人才梯队建设和人才培养得以发展。

在建立长效机制方面,建立绩效考核及分配办法,以绩效结合、多劳多得、充分调动大家积极性为目标,为真正体现经济增长和职工收入同步,发展成果由全体职工共享的原则。解决了工作人员作风散漫、纪律松散等突出问题,以及检查职能部门对经营部门服务态度等问题。健全了监督考核机制,突出了干部政治品质和道德品行考核。

(二)问卷调查与结果分析

1.问卷调查

问卷调查的发放与收集:应急管理部大连康复中心现有在编员工共计66人(不含3位领导班子成员),其中副处级6人,正科级7人,副科级5人,管理岗科员16人;技术岗具有高级职称6人,中级职称16人,初级职称10人。本次问卷调查在单位在编职工管理岗中发放,发放调查问卷34份,收回34份,有效参与率和有效回收率均达到100%。

问卷调查的主要内容:本次问卷调查面向大连康复中心科级以上领导干部和职级管理人员展开。从选人用人、能力素质、胜任能力、教育培训、激励考核、交流机制等多个方面进行设计调查。本文从样本的基本信息和问卷调查的统计结果两方面进行分析总结,因此能够更加直观地呈现出干部队伍管理中的问题,为队伍管理现状提供依据。

2.结果分析

从问卷调查的结果分析得出,目前单位职工的思想状态较平稳,但仍然存在焦虑不安的情绪。问卷整理出三种状态:一是对工作成就感、认同感高的有28人,占比41.18%;二是对工作成就感、认同感一般的人有20人,占比29.41%;三是对现有工作成就感、认同感较低的人有20人,占比为29.41%。关于单位发展前景的调查,感到"充满信心"的有22人、感到"一般"的有20人、感到"焦虑"的有26人,占比分别是32.35%、29.42%、38.23%。

(1)在干部骨干选人用人方面。在"激励考核机制不健全""干部选拔渠道不公开透明""目标考核未发挥作用"等问题中人数较多,反应最为强烈,也是单位目前关注度最高的问题。选用人人情况如图1所示。

(2)在干部骨干管理监督方面。本次问卷整理发现:表示"监管非常到位,很满意"的有5人,表示"监管到位,满意"的有8人,表示"监管一般,基本满意"的有8人,表示"监管不到位,不满意"的有11人,表示"不了解"的有2人,占比分别为15%、23%、23.4%、32%、6%。从监督管理的重点调查内容来看,认为需要"对重点岗位加强风险管控"有11人,占比为32.3%;认为需要"加强中层干部监督考核"的

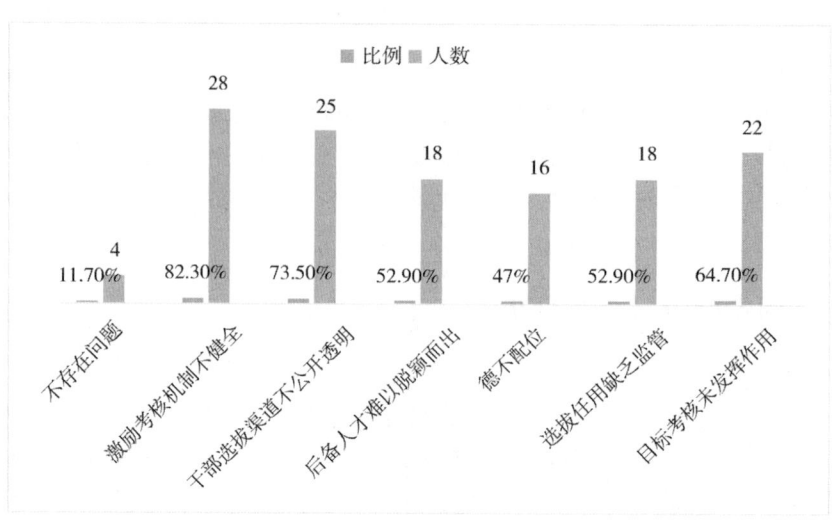

图 1　选人用人情况

有 13 人,占比为 38.2%;认为需要"提高干部的日常服务、接待水平"的有 9 人,占比为 26.4%;选其他的有 1 人,占比 2.9%,其认为干部的监督管理要有正确用人导向来引领干事创业,坚持"选"与"查"相结合、坚持"常"与"细"相结合、坚持"点"与"面"相结合。

(3)在干部骨干的能力素养方面。问卷调查中,对干部能力素质的满意程度可分为四个等级,即"很满意""满意""基本满意""不满意",据统计,分别有 16 人、8 人、5 人、5 人。同时,问卷调查的相关内容中,还对 34 名干部骨干自身能力素质与岗位适配度的满意程度做了调研,结果如下:岗位能力匹配良好,感觉"很满意"的有 20 人;岗位能力相符,感觉"满意"的有 8 人;岗位能力一般,感觉"基本满意"的有 3 人;岗位能力不符,"不满意"的有 3 人。除此之外,本次问卷还对 34 名干部骨干每天读书学习的习惯进行了解,据统计每天拥有 0.5~1 小时的有 20 人,占比为 52.9%;1~1.5 小时的有 8 人,占比为 23.5%;1.5~2 小时的有 6 人,占比为 17.7%;2 小时以上的占比为 5.9%。

(4)在干部骨干的教育培训方面。调查结果显示,干部教育培训的针对性、实用性以及授课形式还有待加强,其他内容也有涉猎,因此教育培训工作质量仍需提升。

(5)在作风建设方面。对本单位作风建设方面的调查,主要从以下几个方面进行(如图 2 所示)。

(6)在干部激励考核方面。在问卷中,对激励方面进行了调查,结果统计如下:认为"加强品德能力考核很重要"的有 26 人,占比为 76.4%;认为"应加强平时考核"的人有 18 人,占比为 52.9%;认为"应加强关键时刻考核"的有 15 人,占比为

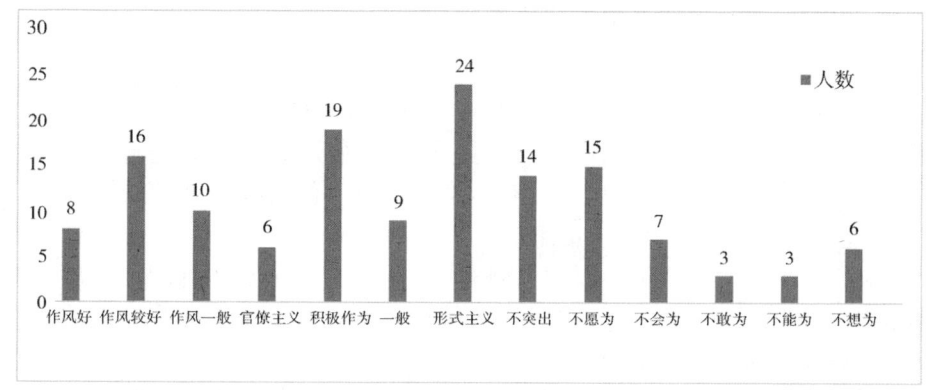

图 2　作风建设情况

44.1%；认为"加强目标任务完成度考核很重要"的有 18 人,占比为 52.9%；认为"其他"的有 3 人,占比为 8.8%。他们认为考核不仅仅要考核某一角度、某一时期,而是一项综合性的因素,应综合多角度,不能是"谁会拍马屁"谁就是优秀人选,更应相信群众的力量。

(7)在薪酬及福利待遇方面。根据对 34 份样本的分析,对薪酬及福利待遇方面的统计结果显示:表示"满意"的有 9 人,占比为 26.5%；表示"一般"的有 11 人,占比为 32.3%；表示"不满意"的有 14 人,占比为 41.2。分析"不满意"原因时发现:因与公务员队伍相比,薪酬及福利待遇方面存在明显的差距；由于"房、车、份子钱"等力不从心人数较多,分别有 44 人和 48 人,占比分别为 64.7% 和 70.6%。

(三)应急管理部大连康复中心干部队伍管理中出现的主要问题

综合调查得出,大连康复疗养中心干部队伍的后备人才不足、队伍不稳定,随着经济环境、物价水平的改变,出现干部职工对个人发展前景、工资薪酬的担忧等不稳定因素,康复中心在干部队伍管理中心采取的部分措施不够有效,对于激发队伍内生活力、整合内部资源、提升队伍素质、培育后备人才方面的效果不明显。

1.干部队伍结构失衡

从调研中发现,康复疗养中心目前在编在岗的职工有 66 人,其中有 34 人是管理类干部,分布于 8 个小部门中,每个部门由 3~6 人组成,年龄多集中在 35~50 岁,有些部门出现全是科级以上干部或者大于 1/2 人员是科级以上干部。经统计数据分析对比,大连康复中心存在"职级晋升难"的现象。大连康复中心的年龄结构呈现出:年轻人占比在下降,中老年人占比在逐步上升,平均年龄从 2015 年的 43 岁,上升到问卷调查时的 45.5 岁。根据现在的状态,本单位干部队伍的平均年龄在未来一段时间内将会持续增长,整个队伍的年龄构成出现失衡,尚未形成年龄梯队,长此以往,极易造成老中青梯队青黄不接。

2.培训内容流于形式

一是培训内容力度不够。应急管理部组建以来,受新冠疫情等因素的影响,搭建了网络学习平台,全国各地各部属机关在编在职人员均需注册,还标记学时以及结业考试等环节,完成任务之后即可获得结业证书。但这些内容却缺乏横向的深化,容易造成在理论知识上不求甚解。

二是培训形式不够灵活。目前面向本单位科级以上中层干部组织开展的干部培训多以网课形式提供,存在"只播不学"等现象,收效甚微,而传统形式的课堂教学在一定程度上又缺乏吸引力和感染力。

三是培训内容实用性不强。单位在组织培训时并未有针对性地开展需求分析,导致本单位的对应模块缺少专业人才,现在一些业务难以为继。与单位业务相关的网课尚未涉猎,也未经常性地组织开展,培训名额也少。

3.工作内生动力欠缺

由于同城不同薪等问题的存在,康复疗养中心与公务员队伍以及当地的事业单位相比差异较大。同时,关于康复疗养中心的体制机制改革自2016年康复疗养机构撤销转为央企的消息不时兴起,影响到员工学习新知识、新技能的积极性。对于25～35岁阶段的年轻人来说,对单位发展前景感到恐慌,影响其工作的积极性、责任心和归属感,甚至给人员队伍管理的稳定性带来威胁。

对科级干部压力来源的调研中,整理发现年龄在35～45岁的科级干部认为"工作目标实现困难"的有6人;有13人认为"日常事务性工作烦杂",主要集中在接待部门。科级干部在日常生活中承担的工作职责和面临的工作考验均在逐步提升,大连康复中心在节假日期间需要参加值守排班的人手不足,在一定程度上也给工作带来压力。

4.后备人才配备不足

康复中心虽然已印发了《干部队伍建设中长期规划》,内容涉及健全选拔任用、教育培训、知事识人、班子建设、管理监督等干部队伍工作体系,统筹推荐处、科级干部队伍建设。但结合问卷调查和实际情况来看,35周岁以下的管理岗科员仅有6人,该方案并未贯彻执行,人才的储备仍未落实。大连康复中心人才队伍建设的"老思想"相对滞后,管理模式很难吸引和留住人才。干部队伍表现为后备人才不足、人才流失过快,队伍人员极其不稳定。单位人员的流动按理说属于正常现象,但康复中心缺乏预先规划,由于晋升渠道狭窄和不确定性,使很多人认为职业生涯走到了顶点,因而为了更好地发展而离职。

5.人才管理体系落后

康复中心在发展阶段尚未认识到干部队伍管理的重要性,管理理念落后,已经不能适应不断变化的实际需求,认为干部管理只是人力部门的职责,与其他部门无关。因此,在设置岗位时,通常会出现因人设岗的情况,没有综合考虑岗位的真正需要,整个工作的开展专业水平不高,没有注重人才培养。在实施干部队伍管理上,大连康复中心并没有建立有效合理的管理体系,存在人才结构失衡的问题。多数疗养院没有真正意识到自己的职责,对相应的专业建设不够重视,导致专业建设无法顺利进行。

(四)存在问题的原因分析

康复疗养中心干部队伍管理中表现出来的后备人才配备不足、培训内容流于形式、工作内生动力欠缺、干部队伍结构失衡、岗位职责划分不明等问题,其背后包括了多方面的原因。

1.人员冗杂现象严重

大连康复中心在干部队伍管理工作中,存在较为严重的问题就是人员冗杂,内部与外部的人才交流机制不健全,并且没有形成人员能下能上、能进能出的局面。其具体问题有以下几个方面:

(1)缺乏畅通的人员进出机制

大连康复中心公开招聘工作实效性相对较低,新招录、调岗而来的工作人员能力和素质达不到岗位要求,对于这部分员工,缺乏能"出"的管理制度。并且负责招录工作的人员大多为兼职而非专职的人力资源管理人员,缺乏实践经验,对招录的具体流程、细节把控不到位以及缺乏专业知识。

(2)先天具有错综复杂的人员构成

大连康复中心很多人员有各种历史身份,存在大量其他渠道进入的工作人员,人岗匹配被忽视,缺乏完整科学的评价体系和评价标准。在干部队伍管理中,无据可依,就会畏首畏尾,出现人岗需求矛盾调整下的束手无策。

(3)缺乏合理的人力资源规划

新入职人员的岗位通常都是由领导主观意见直接指派的,而未对职工进行全面的了解,没有根据新入职人员的胜任力情况进行科学合理的评估或了解其意愿进行分配,同时缺乏针对每个岗位的工作特点的把握,导致人才与岗位之间的匹配度相对较低,工作参与度低。

2.培训内容与工作实际脱轨

干部教育培训只重形式,在教育培训的过程中,把培训看作完成任务,只关心培训是否落实,而如何落实、效果如何,均不在考核范围之内,培训模式照搬照抄与工作实际脱节。忽视需求的多样性,当前的培训停留在业务技能、管理能力等,忽略心理调节能力、人际交往能力等全方位的需求,模式化的培训内容不仅会降低培训的积极性,也不利于综合复合型人才的培养,导致培训需求与实际受训人员脱节。从培训内容看,培训内容采用讲授式授课,师生交流互动少,培训内容与工作需要不匹配脱节。

3.激励机制不健全

激励机制的目标缺乏明确性,大连康复中心每年都会给各个基层一线部门设立经营目标,比如:总目标以及各个分项的小目标。基层一线部门在规定的时间内完成任务,可以在年底拿到奖金;如果未完成任务,可以根据完成比例得到适当的奖金。但在完成部门经营工作指标中,无论是"实干"还是"躺平",奖罚都未受到丝毫影响,在这种情况下,导致"奖赏严重不均"。同时,岗位职责不清,在一定程度上增加了衡量的难度,加上单位绩效激励考核效率低下,影响工作激情,势必产生负面的影响,更严重的会造成工作难以推进,尤其缺少能做事的年轻人。由此,因部门岗位便利,目标设置不合理以及审核目标设置得过于笼统,缺乏具体的可操作性,激励效果必然大打折扣。

4.人才培养机制存在缺陷

(1)思想观念仍然落后

对青年干部的选拔有顾虑,怕引起关注招来"议论",担心影响其他年龄段干部的积极性。同时,对青年干部的使用不放心和不放手,怕经不起考验,承受不了"批评"。

(2)长远规划不足

虽有关于干部队伍人才培养的中长期规划性文件,但没有启动。针对年轻干部的培养体系不健全,管理中倾向于把精力放在科级、处级干部层面,而疏于根据实际需求、岗位特点对新入职、年轻干部进行长期培养。

(3)体制机制不够灵活

当前大连康复中心人才培养机制滞后,人才培养规划和管理缺乏科学性、系统性。部分员工因为身份限制,在选人制度和选拔人才标准时问题突出,在机构改革的关键时期,编制数量有所减少,不能留住优秀人才。由于缺少经费,减少对人才培养的资金投入,导致人才队伍管理缺乏后劲儿,人才流失严重。

5.管理思想观念滞后

大连康复中心干部队伍管理理念陈旧落后,人才管理缺乏创新,受传统理念影响,人力培养机制一直处于落后状态。虽然随着社会环境的转变,大连康复中心管理理念或多或少已经有了一定程度的进步,借鉴了一些国有企业、事业单位管理中的成熟经验,但从发展的角度来看,并未结合自身发展的实际需求,及时转变、更新管理理念,仍旧存在轻培养、重使用的情况与论资排辈的传统思想。同时,在干部队伍中,很多同志还存在"铁饭碗"思想,丧失进取精神以及竞争意识,存在着严重的"等、靠、要"落后思想。面对机构改革的浪潮,仍不能及时调整管理观念、管理体系,没有意识到自己的职责所在。

二、国内其他康复中心的干部队伍管理的经验借鉴

我国很多同类型疗养院在单位干部队伍选拔任用、管理培训、晋升激励等方面有很多值得借鉴的经验。结合大连康复中心干部队伍管理的现状,选取国内具有较大借鉴意义的疗养院进行总结分析。

(一)国内康复中心干部队伍管理概况

国内很多单位对于人才培养、绩效管理、作风管理等问题与对策都有研究,在许多地方有共通之处,大连康复中心可根据自身的实际情况,总结经验、教训,为自身发展提炼出行之有效的办法和举措。

1.中直北戴河疗养院:丰富在编干部的培训内容

中直北戴河疗养院采取"在编员工与编外员工培训"并行的培训模式,有针对性地进行管理知识、综合素质、政策法规、政治理论等方面的培训,有组织地对干部、职工进行业务知识、文化素养、专业技能的定期培训。[1] 在政治素质培训方面,中直北戴河疗养院自上而下对在编干部进行政策素质培训,主要内容涵盖学习、反应、执行、创新四个方面的能力。在公共礼仪教育方面,中直北戴河疗养院邀请国内知名高校的专业教师对公共服务礼仪的产生与发展、公共服务礼仪的分类与表现以及服务人员礼仪的规范行为与形象等知识进行集中培训,着重提升本单位员工公共服务礼仪接待能力。

2.华东疗养院:完善疗养院绩效管理

随着新医改的落实,建立"以按劳分配"为主体的绩效管理原则,成为具有疗养院特色的绩效管理体系。制定科学有效的绩效管理体系,对战略目标的调研、拟订、评估、确定等各个要素进行绩效规划、评价、反馈和改进的管理活动,甚至将绩效成绩作为疗养院日常管理的反馈,[2]以激励员工不断提高工作效率。增强员工

---

[1] 朱康.胜任力视角下的北戴河疗养院骨干员工培训策略研究[D].秦皇岛:燕山大学,2016.

[2] 席晓燕.疗养院绩效管理的几点探讨[J].现代医院,2018,18(07):969-971.

之间辅导和沟通,合理的员工辅导可以巩固员工的服务意识,提高服务水平,使相关员工更好地适应单位的各项工作任务,对绩效考核人员的辅导是确保绩效管理工作落地的有效途径。

3.应急管理部北戴河康复院:加强内部管理转变工作作风

北戴河康复院作为应急管理部直属事业单位,管理体制已转变为"党委领导下的行政领导负责制"。① 在机构改制的大背景下,全面加强党风廉政建设、人事财政、采购基建等相关制度的管理,制定修改30多项重大制度,确立分类管理,推动形成制度管权、制度办事、制度管人的良好氛围。在"五破五立"思想活动开展以来,从五个方面开展作风建设:一是破除等、靠、要的思想,树立勇往直前的意识;二是打破无所作为的状态,树立勇于承担责任的意识;三是打破粗枝大叶的习惯,树立有定力的意识;四是破除封闭保守思想,树立开放创新意识;五是要摆脱急于求成的心态,树立脚踏实地的意识。

(二) 经验借鉴

中直北戴河疗养院、华东疗养院、应急管理部北戴河康复院在培训管理、绩效管理方法以及工作作风等具体的措施与经验,对大连康复中心干部队伍管理过程中的"症结"具有借鉴意义。

1.提高干部培训质量及针对性

在培训过程中,要做好培训监督反馈工作,注意培训形式的选择,适当邀请专家现场授课,还应丰富培训内容,加强职业技能培训、增设模拟培训、添加案例讲解。此外,培训后续工作应重点关注专业知识和技能、协作能力和服务水平等。参加培训的干部要缩小培训范围,明确培训时长,培训组织单位要选派培训结果反馈督导员,对学员的实际表现、学习效果进行观察,防止学员把培训当成走过场,浪费训练资源,训练效果难以发挥。

2.明确绩效目标管理

在一定时期内设置目标,要充分考虑市场情况、自身特点,制定详尽明确的总目标,经过横向、纵向的共同协商沟通,清晰明了总目标、部门目标、个人目标,切忌含糊、笼统。比较而言,模糊而笼统的目标会产生"尽力而为",没有外部参照标准;清晰明确的目标能使员工在完成任务的时候,清楚地知晓自己该干什么,两者导致积极性的差异上,最终体现在绩效水平的差异。绩效目标设置时要以个人目

---

① 海泉.提升后勤服务保障能力的探索与实践——以应急管理部北戴河康复院为例[J].中国疗养医学,2022,31(08):785-787.

标工作量等定量指标为主,以内容范围、达成标准、时间要求等定性指标为辅,避免设定笼统的目标。

3. 转变管理理念

建立人才培养机制,多角度逐步实现干部队伍现代化,采取岗位定期轮换、双向代职等形式,让人才流动起来,培养"一专多能"型人才。实施分级培养、个性化锻造,搭建良好的人才梯度结构,形成老中青合理搭配、学历层次提升、初中高级支撑均衡、接替有序的人才队伍;同时,应坚持从实际出发,针对工作中的主要环节,实行重点管理。适当融入竞争机制,发挥员工竞争意识,引入 KPI 管理,明确部门、个人主要职责、任务,阶段性完成目标职责,骨干人才竞聘上岗制度,培养具有团队责任感、品牌服务意识的员工和人才队伍,加大对"愿意干、肯吃苦、有责任"的优秀中青年骨干的培养力度。

三、进一步加强大连康复中心干部队伍管理的对策分析

(一) 优化干部选拔任用

注重转变选人用人理念、坚持任期交流制度、科学选拔领导干部,大连康复中心应扎实推进、优化干部的选拔工作。

1. 转变选人用人理念

应急管理部大连康复疗养中心年轻干部储备不及时,年龄结构难以改善,要想打破僵局,要敢于转变选人用人理念。在认真贯彻中共中央《党政领导干部选拔任用工作条例》及应急管理部、机关服务中心等有关文件精神,进一步强化中心党委的领导把关作用,转变选人用人理念,优化干部选拔任用工作机制。年轻干部的培养选拔有很多方式,其中之一就是要敢于打破论资排辈、惯性思维、隐性台阶,建议加强对干部思想淬炼、政治历练、实践锻炼,既注重台阶又不唯台阶,既注重学历更能重能力,既看票又看群众口碑,从基层和经营工作一线选干部、择苗子、培大树。

2. 坚持任期交流制度

适时开展轮岗交流,解决一些在重要岗位上却成绩平平的科级领导。在康复中心各科室之间交流轮岗,要形成广泛交流的氛围,优胜劣汰,让能力强、水平高的人员占据重要岗位,以轮岗交流的形式,带动周围人员共同进步,杜绝碌碌无为、不求上进、在其位不谋其政的现象发生。交流轮岗要"人岗相适,人事相宜",一是以

人为本,二是双向选岗,三是跟踪管理期。科学推动轮岗交流,完善轮岗交流的制度,实行自上而下的内部管理制度。

3.科学选拔领导干部

按照中层干部人员选拔任用的规定及竞聘上岗实施方案,根据工作计划,结合组织机构变革进展情况,应分阶段组织实施竞聘上岗。实行竞聘上岗,要注重实效,保证质量。做好宣传动员工作,鼓励符合条件人员特别是优秀年轻干部积极参与竞聘。对竞聘中发现德才兼备、素质较好,却由于职数限制等原因未能上岗的人员,可作为后备人选加以培养。在竞聘上岗工作中,要严格工作纪律,公道正派,防止和杜绝不正之风,确保竞聘上岗工作顺利进行。

(二) 优化干部教育培训体系

紧跟新时代新征程形势任务变化,科学有效的培训是加强干部队伍建设的重要途径。大连康复中心培训机制,应本着"缺什么补什么,干什么学什么"的原则,弥补知识盲区、能力短板,增强适应新形势新任务的履职本领。

1.创新干部培训载体

应急管理部大连康复中心采用传统的培训方式,以专家讲座授课、上级部门组织培训、内部科室经验交流等为主,在坚持这种培训方式的基础上,还应注意教育培训机制的创新,坚持在"新"上下功夫。结合后疫情时代的需求,实行"线上+线下""请进来+走出去"相结合的常态化培训,集中培训和日常教育紧密结合,开展领学、促学、互学和"传帮带"。坚持利用好"学习强国""应急管理干部网络学院"等网络平台,加强自主学习,重建中心网站,完善和发挥宣传思想工作主阵地作用,充分利用微信公众号、党员活动宣传栏,部署学习计划、发布学习内容。

2.丰富干部培训内容

丰富干部培训内容包括挂职锻炼、技能竞赛、交流轮岗、业务竞赛等活动,常态化开展业务交流微课堂,在不同岗位实行交流轮岗,强化处级、科级干部到不同岗位历练,不断提高干部业务能力和履职能力。探索建立高质量的培训体系,实现日常发现、动态管理、持续培养、合理使用的工作机制。通过多种形式,如集中培训、业务竞赛等,进一步增强干部的工作能力。在建立年轻干部人才库的基础上,统筹跨部门协作、严把动议酝酿、分析研判、日常了解、常态化培训、考核考察等方面的制度。推动线上学习培训常态化,打造专业院校培训资源,组织系统的管理理论知识培训。总体上讲,干部培训存在工作难度大、内容要求高的问题,应以信息技术、政府政策资金支撑为保障,围绕工作任务和基本职责确定培养模式。

3.科学设计培训课程

科学设计培训课程是提高大连康复中心干部队伍能力的有力手段。以加强政治理论为首要任务、以增强服务意识为重点、以把握教育规律为基础、以提升素质能力为目标,依据不同岗位、不同类型的中层干部具有不同需求的特点,围绕理论水平、政治素质、业务本领、文化素养等设计教育培训内容。聚焦主责主业,科学制订定期培训计划,干部培训内容的设计要有针对性,注意与岗位需求相结合,加强新知识、新技能的培训。一方面,加强政治理论学习;另一方面,在日常工作开展中还应涉及疗养、会议、医院等多个业务领域。总之,人员的培训、人才的培养等要将细节融入日常培训中,要从小处着手、大处着眼,有效地收集客户的需求,不断提升服务品质,得到上级机关及客户的认可。

(三)完善激励机制

1.科学设置考核指标

中心可从目标管理入手,实行绩效动态考核,考核结果与绩效奖惩直接挂钩,按照目标的达成状况来进行评价和奖励,保证目标与考核绩效分配全过程的公正和客观,发现各部门科室工作中存在的问题和风险,及时采取纠偏措施。应以经营目标的制定为基础,同时,有效的绩效考核能反馈经营目标设置是否合理。大连康复中心应成立经营指标及绩效考核工作领导小组,人力资源部门负责日常及年终考核的绩效计算的考核工作和指标完成情况监督,财务部配合做好各部门的成本核算、经营指标完成统计以及各经营部门的实际到账收入与工作量,具体负责考核的所有经营收入数据的准确性及绩效发放。在设定考核指标的时候,做到量化考核,从而避免目标管理难实施、难考核的情况。

2.建立科学选拔任用机制

完善的干部任用机制要改进民主测评、考察考核、公开选拔方式,应做到内有说服力、外有公信力,防止简单以票取人、以分取人,选拔领导认可、同事满意、德才兼备、守规矩的复合型人才。在干部选拔任用上,建议引入胜任力理论,打通互联互通、身份切换,不可身份固化,要事择人、因岗选才,摒弃"重资历、轻学历"的偏见,使干部选育管用工作有章可循。要量化标准关、公开选任关、严把纪律关,在提拔干部之前,从知识结构、综合能力对职位进行科学分析,整理岗位设置条件,量化年底考评和日常表现,以日常绩效评鉴数据为导向,综合评估胜任力,由此,从匹配的胜任力结果选出符合岗位要求的备选干部。之后,选取政治素质、廉洁自律、爱岗敬业、人岗相适情况进行综合考量。通过科学公平公正的干部选拔任用流程,最终形成持续正向社会激励,为干部考评、晋升、选拔提供重要参考。

3.合理使用激励手段

康复中心是由多个部门互相协作组成的有机整体,很多工作需要各个部门统筹协作完成,因此,通过建立科学的激励措施,实行以人为本的人性化管理,恰当地运用物质激励与精神激励。在干部队伍的管理中,要培养正确的价值观,避免功利的风气出现在工作环境中。① 合理运用物质激励,使该措施能够成为一种有效的人力资源管理手段,能够在一定程度上降低疗养中心人力资源管理运行成本。随着外部因素的改善,可通过工作本身来强化员工的责任感和成就感,改变员工工作态度和改进工作质量。通过职工之间相互配合以及建立合理的激励机制,创造良好的工作环境,满足不同员工的精神需要,提供合理的、公正的报酬,给员工以成长的机会,在人才引入、培养以及保留上"任用一批,培养一批,储备一批",满足员工自我实现的需求。

(四) 强化人才储备体系

大连康复中心要立足于高素质、专业化年轻干部成长规律,积极落实问题导向,从拓展选拔渠道、基层岗位锻炼和长远规划等方面做好年轻干部培养储备顶层工作,抓好年轻干部培养和使用,着力打造一支专业优势互补、年龄梯次配备的年轻干部队伍。

1.选拔优秀年轻干部

针对大连康复疗养中心的现状,要加强对青年干部的培养,逐步形成日常发现、动态监管、持续培养、合理使用的工作机制,统筹抓好各年龄段干部的使用,打造数量充足、质量优良的优秀年轻干部队伍。在干部的选拔中:

(1) 优化年轻干部的配备

为优化干部队伍年龄结构,可通过选拔任用优秀年轻干部,使副处级干部队伍平均年龄下降3岁左右,正科级干部队伍平均年龄下降5岁左右,逐步形成合理的年龄结构布局。结合年度考核、日常考核等多种形式,常态化调研,分类建立人才库。

(2) 加大培养使用力度

要建立年轻干部培养档案,实施"干部专业能力提升计划",做到一人一策,有计划地选派优秀年轻干部交流任职,到吃劲岗位、重要岗位任职,到基层一线磨炼,有序安排跨部门交流,打通干部跨领域、多部门、多岗位有序流动制度化通道。

(3) 坚持用当其位

根据年轻干部的学习背景、工作经历以及能力素质注意明确培养路径,按照人岗相适的原则考虑干部的个人气质、专业特长以及发展方向,把合适的人用到合适的地方。

---

① 任亮亮.论激励机制在人力资源管理中的应用[J].中国市场,2019(36):105-106.

2. 完善梯队建设

围绕梯队建设,大连市康复中心要抓好"三个重点",自主选聘优秀毕业生、技术人才和后备干部,形成干部队伍的人才源泉。重点选优配强六级管理岗位(副处级)中层干部。根据中心各部门工作需要,结合考虑整体情况,坚持老中青梯队结合选拔中层干部,提升各部门整体职能。制订培训计划,实行关键链培训,完善岗位培训机制,科学规划干部"适应期""晋升期""人才成长期"三个成长阶段,明确不同阶段的培训职责,实施差别化培训和精准化培训措施。择优选派人员到基层一线培训,定期调研、脉诊,及时掌握优秀年轻干部储备资源。同时,还需要搭建人才成长平台,通过多渠道、分层次、分步培养,从上到下整合,从高到低协调,从内到外统筹,形成加快青年人才成长的整体力量。建立人才梯队资源库,为避免中心人才断层,结合岗位需求、实际需要、个人胜任能力,科学配置人力资源池。

3. 健全队伍组织保障

(1) 加强组织领导

中心党委要充分发挥领导作用,加强统筹谋划和组织领导。健全对干部队伍和中层领导班子日常了解和分析研判机制,每年对中层领导班子和干部队伍开展一次全面分析研判,定期对规划落实情况进行督促检查和评估,中心党委会每年至少听取一次落实规划的情况汇报,研究解决问题,细化措施办法,研究制订年度目标计划,确保干部队伍建设规划落到实处、见到成效。

(2) 健全工作机制

要在中心党委统一领导下,健全工作协调机制和工作督促机制,人力资源部加强与纪检室等部门的衔接配合,促进落实干部队伍建设规划与干部队伍建设有机融合,加强干部工作信息化建设,形成资源共享、上下联动、共同落实的格局,增强工作合力。

(3) 压实工作责任

要压实工作责任,统筹推进干部队伍建设规划实施。党委主要负责同志要带头落实干部队伍建设规划,班子其他成员要落实分管领域抓班子带队伍的责任。人力资源部要承担起牵头协调和工作督促的职能,各部门要增强大局意识,协助中心党委抓好中层领导班子和干部队伍建设。宣传部门加强舆论引导,大力宣传贯彻落实队伍建设规划的新进展、新成效和干部先进典型,积极营造有利于干部队伍建设和优秀干部健康成长的良好环境。

(五) 改革创新队伍管理机制

干部队伍管理是在结合应急管理部大连康复中心的实际情况下,以"科学发展观"为指导,改革创新队伍管理机制,有效地整合现有人力资源,发挥最大效能,打造专业持续发展队伍的过程。

1.改变传统观念

正确的管理理念对干部队伍的管理至关重要。面对复杂的环境以及机构改革的大背景,我国大部分康复中心需要做出适当调整,人才观念和工作模式都需要积极转变。分清、看清人才在实际发展中的作用,把人才培养作为相关工作的重点。坚持干部管理的长远眼光,运用现代人才管理理念,将以人为本的理念贯彻到各项工作中。在培养人才的同时,不断扩大人才选拔范围、拓宽进出渠道,建立灵活人才流动机制,可以面向社会招聘、特招有仕之才,引进专业学科带头人和骨干,起到固强补缺的作用。采取岗位定期轮换、双向代职等形式,让人才流动起来,培养"一专多能"型人才。实施分级培养、个性化锻造,搭建良好的人才梯次结构,形成老中青合理搭配、学历层次提升、初中高级支撑均衡、接替有序的人才队伍;同时明确干部队伍管理在康复中心发展中的地位和重要性,运用科学管理的模式,将已有人才与引进人才相结合,组建新部门、新团队,逐步吸收先进的管理理念,进一步加强人才管理。

建立人才培养机制,多角度逐步实现干部队伍现代化。坚持尊重人才和尊重知识,坚持公正、公平、公开的原则,建立相对应的人才机制,并在此基础上营造良好的工作环境。同时,应坚持从实际出发,针对工作中的主要环节实行重点管理,并在此过程中建立具体的人才培养制度与管理体系,促使整个干部队伍管理工作更具科学性及可行性。建立具体的人才培养制度和管理体系,相关人员要具有创新精神,积极主动采取多种方式构建人才培养和管理机制,逐步加强大连康复中心人才队伍建设,为人才发展提供良好、和谐的空间,逐步取得稳定成效。大连康复中心的发展,需要每一位工作人员充分结合其工作实绩情况,充分发挥主观能动性,认清责任和职责,促进人事管理结构升级优化,对人才实行专业化、多方面的培训。

2.优化管理机制

(1)优化人力资源管理机制

对干部队伍实行独立管理,设立专门的管理部门,明确该部门的重要性,并将此部门的有效建设与康复中心后续发展之间连接。同时,将管理与绩效考核相结合,制定科学的晋升方案,保障康复中心员工向专业化方向发展,使其在发挥人力资源管理部门职能的同时,在组织中发挥人才战略指导作用。

(2)融入人才竞争机制

发挥员工竞争意识,建立学科带头人阶段性目标责任制和骨干人才竞争上岗制度。通过专项培训、技术交流、日常养成等方式,不断提升员工素质,构建和谐型、专业型、服务型团队,培育具有团队责任意识、品牌服务意识的员工和人才队伍,加大"愿意干、肯吃苦、有担当"的优秀中青年骨干的培养力度。

（3）健全用人制度

根据实际判断,确保各岗位职能能够满足实际发展需要,不断激发员工的积极性和工作热情,在激励制度的实施中,应营造良好的工作环境,给予他们展示自我的机会,从而实现事业上的成就感、满足感,采用这种方式,有利于康复中心的长远发展。为保障康复中心的可持续性发展,应逐步完善相应的人员管理方案,适当引入转岗机制,适时开展换岗活动,充分发挥人员潜能,发挥自我价值。

（4）完善信息协同机制

创新部门间协同机制,形成科学规范的协同体系,及时、全面地开展各维度的协同,建立定期和不定期相结合的动态调整机制,根据需求情况、形势变化进行阶段性调整,不定期调整则针对过程管理中的临时冲突问题。

3.聚焦改革转型

康复中心应聚焦改革转型,从整体上打造一支结构合理、数量充足、素质优良的干部队伍。树立正确的干部队伍管理理念,明确干部队伍管理的核心定位,把人才培养成为人力资源,最终转化为人才资本。

（1）创新管理方式

以培训和疗养机构改革为契机,坚持"一家一策",探索形成具有特色的大连康复中心管理方式。强化改革创新,借助"智能+",将大数据、人工智能、云服务等智慧手段融入大连康复疗养中心的转型发展全过程,促进干部队伍管理、服务模式以及经营方式的转变,以高质量提升、高内涵发展为导向,全面助推全方位管理变革、质量变革和动力变革,实现大连康复疗养中心转型发展。[①]

（2）精细化管理

搭建综合服务平台,建立健全管理体制机制,搭建统一信息平台,统一考核标准,加强队伍管理、经营管理等业务骨干和全员岗前培训,实现一体化、规范化发展。为员工提供智能化服务,利用大数据、人工智能等现代信息技术进一步规范职工的考核标准,加大智能化服务职工平台联合研究和合作开发力度,以智能化创新管理方式、丰富服务产品、增加组织归属感,在软硬件上合力发挥出"1+1>2"的效能,提高人、财、物信息化管理水平,利用精细化管理方式辅助分析决策和管控风险信息系统建设,实现科学、高效动态管理。

（3）营造良好氛围

良好的组织氛围犹如一个强大的正能量磁场,能够带动、感染每一名员工,同化与组织有违和感的人,进而聚集群体力量,实现队伍的高效驱动力,让每一名员

[①] 周翠.山东工人疗养院改革发展路径探索[J].中国工会财会,2020(05):22-23.

工积极参与,按流程办事、勇于批评和自我批评、强化责任心、不断强化自我能力,能在自己的岗位上闪闪发光,从而塑造组织的核心力,达到队伍"高绩效""高协作""高激情"的工作状态。

周口市临蔡镇农村人居环境精细化治理研究

王小亚

（学号：1120213360）

农村发展激发了人们对美好生活的追求。面对多元化的利益，公共管理呼唤更准确、更灵活、更人性化的治理体系。习近平总书记指出："中国要美，农村必须美。"农村环境直接影响"米袋子""菜篮子""水缸子"城镇"后花园"，事关广大百姓的根本福祉，事关农民群众的健康，事关美丽中国的建设。传统的农村人居环境治理模式已经不适用于人民日益增长的美好生活的需求，有句话叫"城市管理要精细如绣花"，精细化治理农村人居环境已成为治理创新的信号塔。

一、周口市临蔡镇农村人居环境精细化治理的现状分析

临蔡镇始终坚持将农村人居环境治理作为实施乡村振兴战略的第一场硬仗，以配套基础设施为出发点，以科学措施为手段，加强组织领导为保障，多措并举，扎实推进农村人居环境治理开创新局面。

（一）临蔡镇所采取的举措与取得的成效

自周口市全面展开农村人居环境治理工作以来，临蔡镇党委、政府在周口市委、市政府的大力指导下，持续开展农村人居环境三项整治行动，以开展"六清"、治理"六乱"，深入推进残垣断壁大拆除、环境卫生大扫除、黑臭水体大清除等工

作,实现全镇各个行政村环境整治工作全覆盖。

1.临蔡镇农村人居环境精细化治理的举措

临蔡镇对标先进学习经验,转变观念强化管理,分类整治有序推进,"全域、全面、全时"整治,推动乡镇建设增美。全域就是乡镇、农村、农户家中等区域彻底清除垃圾。全面就是聚焦"六乱",开展"六清",按照打造合格村、精品村、示范村的标准,分区域、分类梯度推进,切实改善农村生产生活生态环境。全时就是全时段管理,按照管理县城的标准管理乡镇、农村的卫生清洁工作,促进工作整体水平提升。

(1)调动治理主体多元互动常态化

临蔡镇结合实际成立领导小组,做到分工明确、各司其职,实行网格化管理,强化统一领导,建立"一长三员"制,临蔡镇共24个行政村,分为6个片。实行网格化责任管理,班子成员挂片、镇干部包村、村干部包户、每户群众门前"三包",明确责任,强力推进临蔡镇农村人居环境整治大提升。临蔡镇还充分调动社会组织、事业单位和乡贤名人的力量参与治理,各个治理主体之间分工合作,精细划分职责和任务,通过有效协调各方力量,形成共同管理事务的农村人居环境综合治理主体。

(2)凸显治理技术和治理流程精细化

临蔡镇创新实施"清五堆改六小美化四旁"专项工作。具体工作中,临蔡镇采用"清、拆、建、管"四步工作法推进:"清"是指清理陈年垃圾和死角;"拆"就是拆除旱厕、破旧房屋、私搭乱建;"建"就是建好居民点的主辅干道、排污管道,因势利导地打造一宅变四园;"管"就是通过完善执行奖罚制度来引导教育群众,达到长效管理的目的。临蔡镇注重治理流程,建立农村生活垃圾处理全域保洁长效体系,改善相关基础设施。运行"门前三包"模式,全面开展农村"厕所革命",全面实施农村污水处理工程,落实河长制度,全面推进农业生产废弃物资源化利用。

(3)强调以人为本的治理理念

临蔡镇倡导和形成精准化的服务理念,倡导为人民服务,以人民为中心,日常工作开展过程中积极满足村民对美好生活的殷切希望,发现问题后迅速解决,百姓诉求能及时得到合理解释。临蔡镇各级政府在服务过程中注重公平和民主,注重政策理念的高效传达和精准落实,着力解决群众的困难和后顾之忧。民政局和扶贫办牵头给视力低下户家庭发放发光电热水壶,在既有房屋内嵌入必需的生活设施和栏杆;给分散供养特困户重新规划厨房;帮助农户搭建安装水冲式厕所;帮助残疾户疏通排水管道。这些不乏烟火气的解决办法,是治理对象和方式精细化的典型表现。

(4)营造精细化治理宣传推广氛围

临蔡镇共24个行政村,分为6个片,每片提供1辆宣传车在24个行政村进行流动宣传,组织志愿者入户宣传、村级喇叭宣传、红黑榜张贴治理较好家庭的照片、微信朋友圈、抖音程序宣传等形式,让百姓提高环保意识,人居环境精细化治理知晓率达到100%,宣传精细化治理农村人居环境的好处和必要性,从内心深处增强百姓的认同感。充分发挥农民主体的作用,大力动员群众参与,从清扫庭院入手,使村落环境清洁靓丽,改变农民清洁卫生意识和行为习惯。

2.临蔡镇农村人居环境精细化治理取得的成效

临蔡镇有力地推进了农村人居环境改善向常态化、精细化、长效化发展,农村人居环境治理呈现出欣欣向荣的新面貌。

(1)乡村建设取得新改善

临蔡镇引导全员科学参与人居环境整治工作。截止到目前,累计清除柴草堆891处、垃圾堆2 250处、沙石堆734处、杂物堆1 898处、肥粪堆836处。预计到"十四五"末期,临蔡镇水冲式卫生厕所能达到15 073户,彻底消除传统旱厕。临蔡镇通组道路硬化率达到92%,入户道路硬化率达到95.7%;全镇共已完成植树造林面积230余亩,绿化苗木5 200余株,廊道景观绿化5千米,村庄绿化4.5亩。通过这一系列措施的实施,临蔡镇村容村貌大幅度改善。

(2)干部作风得到新锤炼

镇纪委坚持围绕中心、服务大局、纪挺法前,加大对重点项目建设、产业发展、乡村振兴、春耕备耕、安全生产、乡村治理等重点领域的监督力度,进一步严明工作纪律,严肃党规党纪,严查"不作为、慢作为、乱作为"等问题。同时,通过对农村人居环境的治理,在全县形成逢杯必捧、逢冠必夺、逢一必争的良好局面,带动全镇党员、领导干部不断改进各自责任领域的工作作风,精神状态不松懈。

(3)经济水平保持稳固提升

临蔡镇开展人居环境整治工作不仅美化环境,更为产业振兴提供了发展平台。近年来,临蔡镇党委、政府立足实际,利用天然农业种植的传统优势,打造"一村一品,一镇一业"的特色临蔡品牌,塑造当地闪亮名片,主要有临蔡镇大块鸡、大李村6瓣7针黄花菜、杨庄村特色水果萝卜、常庄村高品质山药、前林村精品莲藕、岳桥村楸树种植等特色农业,临蔡镇因地制宜地挖掘资源优势,做足宣传。

(二)临蔡镇农村人居环境精细化治理调查问卷设计

1.问卷调查目的

调查群众对农村人居环境治理的参与度和满意度可以把握治理工作中存在的典型问题,使今后的工作更有针对性地开展。本文对临蔡镇村民进行问卷调查,以调查村民对农村人居环境精细化治理的了解程度、参与程度和满意度等,以厘清周口市临蔡镇农村人居环境精细化治理工作的现状,进而深入探究周口市临蔡镇农村人居环境精细化治理存在问题及成因,用真实数据支撑论文写作。

2.问卷调查对象

根据资料查阅与文献整理结果,笔者设计了关于周口市临蔡镇农村人居环境精细化治理情况的调查问卷初稿。为提高问卷调查的参考性和真实性,2022年7月,调查问卷初稿完成后,在临蔡镇政府所在地随机找8位居民进行了小范围的预调查。在问卷初稿结果基础上,对问卷进行了进一步的修改和完善。笔者随机选取临蔡镇所辖24个行政村530位居民为调查对象进行问卷调查,调查对象基本情况如表1所示。

表1 调查对象基本情况

项目	比重	项目	比重	项目	比重	项目	比重
性别		年龄		文化程度		职业	
男	51.6%	18岁以下	13.4%	小学及以下	36.6%	务农	43%
女	48.4%	19~30岁	19.6%	初中	40%	半工半农	37%
		31~45岁	17.6%	高中	18.2%	外出务工	10%
		46~60岁	31.4%	大专及以上	6%	其他	10%
		60岁以上	18%				

3.调查问卷结构

为使调查数据具有可用性和有效性,调查问卷最大限度地保证了问题的相关性和衔接性,基本上采用客观选择题的形式。调查问卷共计23道题,由16道单选题、6道多选题及1道简答题构成,大致分为四个部分。临蔡镇人居环境精细化治理情况调查问卷如表2所示。

表2 临蔡镇人居环境精细化治理情况调查问卷

调查对象基本情况	第一部分 第1~4题	共4道题
农村人居环境精细化治理的认识	第二部分 第5~8题	共4道题
农村人居环境精细化治理的未来发展	第四部分 简答题	第1道题

4.问卷回收结果

2022年7月至2022年12月,笔者通过线下(乡政府、村室、田间地头)发放纸质问卷;线上转发问卷星平台,支持手机、电脑等终端回答问题。最后,回收了450

份线下问卷、80份线上问卷,筛选出500份问卷信息完整的有效问卷。笔者已经提前告知百姓,问卷为匿名,数据结果仅用于论文写作,没有对错选项,根据客观实际填写,保证了问卷的真实性和可靠性。

(三)临蔡镇农村人居环境精细化治理存在的主要问题

临蔡镇采取多种措施大力推进农村人居环境治理,丰富了治理经验,也暴露出不少问题,特别是与上级政府要求和人民群众期望还有较大差距。笔者通过实地调研和走访,对临蔡镇农村人居环境治理工作中存在的问题进行总结和整理。

1. 治理主体的多元化和协同化程度低

从情感和归属的需求层次的角度分析,临蔡镇24个村委会参与治理相对被动,村民参与治理的积极性相对不高,在跟村民沟通的过程中问其是否会主动参与到本地人居环境治理中时,有80%的村民只是打扫自家院内和门口的卫生,对公共区域内的卫生很少主动参与。从自我实现需求层次分析,也只有15%的村民认为保护人居环境是大家共同的责任,每个人都应该积极参与其中。作为治理最主要的主体,村民参与积极性并不高,参与方式单一。通过对不同主体的调查了解,有37%的人认为政府发挥主要作用,25%的人认为村委会占主导地位,只有7%的人认为社会组织贡献了力量。人居环境治理的具体实施涉及村庄的方方面面,是一项复杂的系统工程,需要多部门合作共同推动人居环境治理。临蔡镇多主体参与农村人居环境治理机制的建立还有很长的路要走。人居环境中发挥作用的主体情况一览表如图1所示。

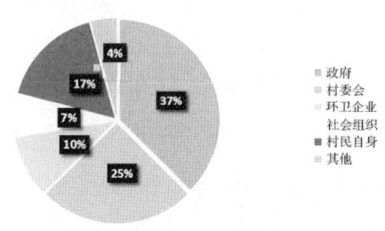

图1 人居环境中发挥作用的主体情况一览表

2. 治理理念认识不足且理解不到位

理念对实践具有引领作用,准确的精细化治理理念能够反映治理的规律,体现治理的有效性。乡镇的主体是农民群众,群众对精细化治理的认识转变,对促进乡村人居环境治理的精细化具有至关重要的作用。目前,仍有一些人对精细化治理概念的理解浅薄,对精细化的深层内涵认识不足,没有形成精细化的思维观念。临蔡镇农村人居环境治理中仍存在治理理念相对落后的地区,有些行政村只是简单地进行垃圾清理、污水治理等清理工作。个别行政村将陈年垃圾打扫干净,就认为人居环境卫生得到了改进、达到了要求,而现在人们所追求的人居环境不仅仅是由乱变净,更要达到由净变靓变美的目标。对广大农村而言,简单的打扫卫生已经不能达到人们对农村人居环境治理的期望。

3.精准细致治理工作制度尚未规范健全

工作机制的不完善不利于农村人居环境治理工作的展开,精细化治理更是难上加难。临蔡镇农村人居环境精准细致治理工作制度尚未规范健全,主要表现如下:

(1)长效管护机制运行不到位

临蔡镇建立了以行政村为单位的管护台账清单,根据管护制度、管护标准,定期开展管护工作,维护设施的正常运营。但是在工作的过程中发现设施故障、道路受损等情况时,不能快速落实反应机制,垃圾桶、清运垃圾负压车等清洁设备没有正规常态运营机构,缺乏管理和维护资金,最终闲置浪费。

(2)农村人居环境整治的评估与监督机制建立

在村里日常的道路清扫和河道清理工作中,临蔡镇的大部分行政村都雇用"贫困户"、年龄偏大的老人负责日常清扫,每人每月600元。但在监督方面还存在一些不足,对于每天负责清洁的员工来说,他们有时只是粗略地完成,并没有认真细致地投入工作。另外,由于村干部日常工作较多,没有时间每天对村民进行监督,使得人居环境治理工作无法实现长效管理和精准治理。

(3)农民参与机制缺失

农民作为农村人居环境治理的主体,民心的向背决定工作开展的难易程度,农民广泛参与是实现农村人居环境可持续发展的关键。"人心齐,泰山移",老百姓受传统生活习惯的影响,农村居民责任感和参与感严重缺失,相关治理机制没有针对农民参与机制进行制定。

4.治理体系与基层治理实际需要匹配度不足

临蔡镇农村人居环境治理存在治理体系与治理实际匹配度不足的问题,没有将上级颁布政策灵活运用到治理工作所牵涉到的各领域、各环节,现实工作中推进基层治理体系和治理能力现代化难度颇大,成效不显著。从多中心治理角度分析,首先是基层治理主体相对单一,目前村委会仍然是社会事务的主要管理者,没有发挥各方优势,仅靠一方力量苦苦坚持。其次是基层党支部堡垒战斗力不强,统筹协调能力欠缺,基层经验不丰富,在应对复杂问题时,无法快速找到解决办法。最后是基层组织行政负担过重,本村集体经济收益大部分用来支撑管理费用以及本村的公益事业和公共事业办理费用,用于农村人居环境治理方面较少。

5.治理手段不精准且治理效果不明显

当下治理手段能否满足农村人居环境治理的需求,能否利用新技术和新方法直接达到高效精准的治理目的是必须要考虑的问题。治理工作具有动态性和临时性的特点,往往由镇政府安排任务,村委会临时带领几名志愿者村民或党员参与治理工作。至于在治理中的作用,村委会更多地扮演执行者的角色,其自主权受到严重压制,主要是服从命令、听从命令,工作大多是被动地执行上级的指示,现实工作中最重要的任务是协助完成乡镇级下达的重点任务,引导和号召村民积极参与村庄的人居环境治理。这种治理方法效果甚微,甚至容易滋生形式主义之风。

(四)临蔡镇农村人居环境精细化治理存在问题的原因

任何问题的产生都有其过程和必然性。自身实际情况是其根本,发展进程与结果也与事物本身息息相关。农村人居环境治理过程中所产生的问题也不例外。本文主要从治理主体参与情况、治理过程进展以及临蔡镇本身的情况进行具体分析,找出产生问题的根本原因。

1.治理主体的参与存在不平衡且灵活性不足问题

从多中心治理理论分析,治理主体主要是乡镇党委、政府和村民委员会,相关机制没有合理引导村集体经济组织、农民合作社、村民、企业和社会组织积极参与人居环境治理,即使参与了,也存在参与不平衡、参与时间短、效果不明显等状况。政府在调动社会资源和整合社会力量方面没有发挥积极引导作用,相关治理主体参与人居环境相关规划、建设、运营和管理存在不平衡,导致没有形成合力。乡贤名人志士因为思乡之情支持家乡建设,贡献个人力量,但后期的沟通机制未有效建立,导致参与持续性不足。

2.治理过程存在形式主义和过度追求结果现象

因错误的政绩观,治理过程中存在形式主义现象。在与临蔡镇村两委干部和乡镇干部访谈中,发现他们只是生搬硬套其他典型模式,了解和理解都不到位,导致责任落实也存在偏差,治理进程也不理想,往往是上级指导下级,虽然传达了文件,但治理效果没达到,也忽视了长久的农村人居环境治理。干部在治理过程中投入了大量精力,但他们的主观能动性没有发挥出来,也没有发挥统筹协调的作用,治理工作中也缺乏亲和力,导致治理工作的精细化效果不明显。

3.政府职能转变不彻底且权责不清

就目前情况而言,仍有超过60%的人认为,在临蔡镇开展农村人居环境治理的过程中,相关政府部门之间的合作不足,且没有明确的职责分工,许多部门存在麻痹侥幸心理,本职工作做好以后,别的不参与,也不承担本部门的责任,害怕后期会无法脱身,认为治理与自己无关,导致工作无法有效快速推进。临蔡镇农村人居环境改善的牵头部门是农业农村办公室,工作开展中需要多部门配合,各部门之间互相推诿会导致工作效率低。在正常工作开展中,由于相关政府部门对不同主体的利益协调机制不能有效完善,不同部门之间的职责和职能不能明确界定,导致部门之间的职责不能得到有效落实。

4. 人居环境复杂且缺乏精细化治理经验和方法

专业和科学的治理方法是农村人居环境精细化治理目标实现的重中之重。在我国将精细化理念运用到治理工作中的案例较少。在大多数农村人居环境治理工作中,参与人员仍然采用传统老套的方式,缺乏现代精细化治理的经验和手段。农村人居环境治理起步晚、发展慢,国家颁布的法律法规较少,因此可以采纳的刚性约束较少,虽然政府部门颁布了相关的政策,但是更新较慢,与当前实际情况无法完全符合。大多数政策都是针对城市治理,在城市执行简单易操作,到农村乡镇以后容易出现"水土不服"。部分政策理被解消化以后,在具体实施过程中却具有不可操作性。

5. 治理资金投入不足且专业化治理人才队伍匮乏

从目前中央对农村节能减排资金和其他涉农资金的投入情况来看,与预期效果相差甚远,资金投入缺口较大。投融资机制尚未建立。"巧妇难为无米之炊",充足的专项资金能够支撑先进信息技术下的精细化治理。现阶段乡镇各种矛盾分化复杂,治理任务棘手,处理问题的成本也不断增加,无疑给各级地方政府带来了巨大的财政压力。

目前,农村人居环境的精细化治理仍旧依赖于政府资金的充分投入,与专业人才建设、现代信息设备采购升级、人员岗前培训和薪酬相比,政府财政在社会治理领域的有限支出仍存在明显的资金缺口。治理专项资金得不到保障,专业治理人才队伍无法建设,政府部门的行政效率和服务质量必然会降低,会大大影响农村人居环境精细化治理模式的生命力。

二、国内其他地区人居环境治理的经验借鉴

在当今社会发展和进步的过程中,人居环境治理和改善是各地区无法规避的问题。国内一些地区对此高度重视,率先采取了一系列措施,取得了良好的效果。结合其成功经验,我们可以从中得到启示。

(一)国内其他地区人居环境治理概况

根据自身的地理位置、人文环境、经济状况等相关条件,在我国寻找与临蔡镇相似的其他地区,并借鉴治理的经验来指导临蔡镇的具体工作。

1.浙江的"千村示范、万村整治"的先进经验

2003年,时任浙江省委书记的习近平同志亲自倡导和主持实施"千村示范、万村整治"工程,强调要通过村庄整治和农村新社区建设,让农民过上幸福的生活。至今,浙江创造了数千个美丽乡村,带动浙江农村整体人居环境领先全国,为加快建设宜居宜业和美乡村指明了方向。事实证明,"千万工程"不仅带来了浙江农村生态环境的变化,也带来了农业发展的高质量变化和农民生活的高水平提高,开启了新时期美丽农村现代化的新征程。在浙江省推进"千万工程"的过程中,充分调动政府、市场、农民等多主体力量参与改善农村人居环境,逐步形成了自上而下、自下而上的双向互动合作机制。从浙江"千万工程"协作治理实践,探索分析其形成的初始条件和治理模式并进行整体性的深入解释,对于新时代背景下实现我国农村人居环境治理路径具有更好的典型示范作用①。

2.平邑县生态振兴农村人居环境治理的先进经验

平邑县隶属于山东省临沂市,位于山东省东南部、临沂市西陲,总面积1 852平方千米,辖13个镇、1个街道、1个省级经济开发区、555个建制村(社区)。

平邑县构筑三力联动,高位执笔谋篇全局。一是强化组织聚合力。坚持"一把手"亲自抓,成立了县委书记、县长任双指挥的城乡人居环境整治指挥部,在全县发起了城乡人居环境整治擂台赛活动。二是资金奖补添动力。聚焦保、着力改,整合四好农村路、旱厕改造、饮水安全攻坚等涉农政策资金,重点夯实农村基础设施配套,县财政每年安排专项奖补资金用于农村人居环境整治和美丽乡村建设提升。三是真督实考传压力。全面开展城乡人居环境整治擂台赛,成立5个督导验收组,每个督导验收组负责帮包3个镇街、约200个村庄的整治任务,每月一评比、亮分数、抢红旗,落后镇街和督导验收组同等问责。

平邑县成功获批全国首批农村人居环境整治提升体制机制创新改革试验区,其典型做法在全国范围得到宣传推广②。

3.江苏张家港农村人居环境治理的先进经验

江苏省苏州县级市张家港有3个街道、7个乡镇,把农村人居环境治理提升作

---

① 黄祖辉,傅琳琳.我国乡村建设的关键与浙江"千万工程"启示[J].华中农业大学学报(社会科学版),2021(03):4-9.

② 陈庆梅.平邑县农村人居环境整治经验做法[J].乡村科技,2022,13(23):148-151.

为推进乡村全面振兴的重要工作抓实抓到位,聚焦乡村微治理,全域推动农村风貌改善。

(1) 形成"同事同标"的共管效力

市委、市政府高度重视农村人居环境整治提升工作,落实"五级书记抓乡村振兴"责任制,多次召开会议传达要求、部署任务,制定《三年行动工作要点》,确立督查考评、通报曝光、整改督办等一系列制度,全市146个行政村、2 435个自然村庄整治全覆盖。

(2) 激发"见行见效"的共治活力

开展村庄清洁行动,围绕"立足清、聚焦保、着力改、促进美",开展以"四清一治一改一管"为重点的村庄整治建设,打好"春夏秋冬"四季战役,开展"净美家园迎新春、迎建党百年、庆华诞"等系列活动,着重解决农村卫生死角盲区,优化"水美"生态。

(3) 积蓄"常抓常新"的共创动力

张家港组建人居环境整治行动支部,将农村人居环境整治纳入村规民约,引导群众参与到环境整治中来,自觉履行"门前三包",营造全社会支持参与整治的浓厚氛围。建管并重长效常态,推动"五位一体"综合管护,落实充足的长效管护经费,市财政每年投入不少于1.2亿元资金用于美丽乡村建设和农村环境长效管护。

4. 四川蒲江县"七化七改"带动农村人居环境新发展

蒲江县根据自身县域特色制定了适合当地发展的"七化七改"人居环境治理格局。其中"七化"指的是硬化、绿化、美化、亮化、净化、文化、保洁员专职化①。硬化,是将一些道路用多种方式来硬化,避免过去"晴天一身灰,雨天一身泥"的情况;绿化和美化,是多栽种一些花花草草,树木绿植;亮化,是在农村主要的道路和农民集中居住的小区安上路灯;净化,是让村庄变得干净,由乱变净再变靓,使人眼前一亮;文化,是植入文化,让农村的文化生活丰富起来,增加乡村振兴的内涵;保洁员专职化,是解决谁来扫地的问题,蒲江每个村、每个组都配了一个专职保洁员,各司其职,各负其责。

"七改"指的是改水、改厨、改厕、改圈、改院、改线、改习惯②。改水,让人们喝上自来水;改厨,是指改造厨房,实现明厨亮灶;改厕,即"厕所革命";改圈,农村大部分群众配合自己的生产和生活需要会饲养几头猪,因而要整改猪圈;改院,家家户户的小庭院要变得美观;改线,规范农村的电线;改习惯,农村中很多事情其实是看上去很难,但只要将人民群众的生活习惯和生产习惯改过来,农村也可以变得

---

① 蒲江:做好"七改七化",全面提升农村人居环境[N].四川日报,2019-03-12(01).
② 蒲江:做好"七改七化",全面提升农村人居环境[N].四川日报,2019-03-12(01).

很美。

(二)经验借鉴

浙江的"千村示范、万村整治",平邑县生态振兴农村人居环境治理的经验,四川蒲江县"七化七改"带动农村人居环境新发展以及江苏张家港农村人居环境治理先进经验,值得我们深入学习和思考。以上经验为解决周口市临蔡镇农村人居环境治理中出现的问题,提升精细化治理水平带来了启示。

1.坚持以人民为中心塑造精细化治理环境

坚持以人民为中心的发展思想,坚决不脱离农民的愿望,不忽视农民的主体作用,真正体现农村人居环境治理以人为本的发展理念,成为解决当前农民最关心、最直接、最现实利益问题的民心工程。把"群众满意不满意、高兴不高兴、答应不答应"作为检验工作的根本准则,杜绝形式主义、形象工程,让广大农民有更多获得感、幸福感。乡村之多,百万不止;乡民之众,数以亿计。农民既是美丽乡村的建设主体,也是成果的最终享有者和评判者。对于农民想要自己做,也能够自己做好的事,坚决不能以长官意志代替农民意愿,以长官喜好代替农民需求。

2.强调多元化和协同性的精细化治理格局

在经济转型和社会转型的背景下,治理过程中出现的复杂问题和矛盾,仅仅依靠党委和政府的单一治理主体是难以解决的,不仅容易导致老问题重现,更容易滋生新的矛盾,也会威胁社会和谐与稳定,所以需要靠这四方主体甚至是其他正在发挥积极作用的主体共同参与。健全完善的农村人居环境协同治理机制是实现区域内各级政府、村民之间进行多元化治理的重要基础,有助于明确各自职责、创建有效协作伙伴关系,提高决策和执行的质量[①]。传统的农村人居环境治理表现出短期性和暂时性的特点,随着精细化治理理念的出现,对持续、稳定、高效治理的追求贯穿于农村人居环境治理的方方面面。

3.重视多元资金投入和人才培养的精细化治理理念

重视多元资金投入和人才培养的精细化治理理念,主要从以下方面筹集资金:党员干部带头捐;组织开展现场捐;成功人士奉献捐;村内群众自愿捐;微信平台场外捐;政府注重人居环境治理资金的投入和倾斜。在农村人居环境治理过程中,包括让大学生在内的各类人才关注农村、走进农村、建设农村。他们文化程度高、思想活跃、眼界开阔、开拓创新意识强,有力地提升了农村人居环境治理质量和效率。针对以往农村人居环境治理人才培育存在渠道单一、培训对象有限等现象,应多形

---

① 李宁.协同治理:农村环境治理的方向与路径[J].理论导刊,2019(12):78-84.

式、多渠道拓展治理人才的培训范围,把外出务工人员、高校毕业生、退伍军人等有意愿参与乡村治理的各类人才,纳入培训范围之内。

三、周口市临蔡镇农村人居环境精细化治理的改进对策

未来,随着"三农"工作的不断深入,我国农村人居环境治理的力度也将不断提高。同时,随着科学技术的发展,人们对农村人居环境治理的办法也正逐步完善。针对临蔡镇农村人居环境治理存在的问题和原因,经过比较和思考,提出了几点改进建议。

(一)推进人居环境精细化治理主体的多元互动常态化

1.转变传统政府治理模式并发挥政府精准引导作用

在新时期、新背景下,政府应突破传统治理体制的束缚,推进人居环境的精细化治理。一是恰当找准政府在治理中的角色,政府必须要合理合规合法放权,要引导将政府职能转向培育社会自治组织,鼓励群众多渠道参与人居环境治理,培养群众主动参与意识。二是建立"防患于未然"的政府。政府与相关部门合作,研究构建乡村风险的预测评估体系,成立专业的信息采集机构,在政府组织内部设置乡镇监测部门,并与市场上的绩效评估企业协作,建立健全乡镇突发事件应急制度。三是合规权力下放,构建稳固的政府公共关系。政府应该大力促进农村的自我发展和自我服务,不应该过多地干预农村事务。

2.营造良好的精细化治理氛围并畅通多种参与渠道

通过广泛宣传,切实增强村民环境卫生意识、参与整治意识,不断提高群众知晓度、参与度和满意度,营造全方位动员、全社会参与的良好氛围,构建人居环境共建、共治、共享新格局。畅通参与渠道,奖励农民参与。例如,林州市柳林村的村两委制定了激励农民行为的管理办法,保持门前卫生清洁,不乱焚烧垃圾的加2分,被评为"文明户、好婆婆、好媳妇、致富能手、美丽庭院"的加50分。农民可以凭借积分在村里的爱心超市兑换生活用品等。调查发现,兰考县的多数村庄都采取了爱心公益超市兑换奖品等激励措施,依托爱心超市这个载体,以发放积分券兑换物品的形式,全面提升村民保持庭院整洁、按要求堆放生活垃圾的主动性[①]。

---

① 刘中元.全面推进农村人居环境整治新思考[J].农业经济,2016,345(02):89-91.

3.吸引社会组织融入,壮大治理力量

农村人居环境精细化治理应以财政投入引导社会资本直接投入。鼓励通过政府有偿购买服务等方式,支持有条件的农民合作社参与改善农村人居环境项目。引导农民或农民合作组织依法成立各类农村环保组织或企业,吸纳农民承接本地人居环境改善和后续管护工作。为了鼓励社会资本投入农村人居环境整治,临蔡镇可以采取财政奖励的办法,给予那些投资于农村人居环境整治领域的企业一定数额的财政补助资金,也可以采取"以奖代补"的方式,在社会企业完成项目建设后,给予其一定数额的财政资金奖励。

(二) 塑造人居环境精细治理理念及文化

1.树立精细治理理念以此提升农村人居环境精细治理意识

改变传统观念,探索精细化的本质。要摆脱原有的粗放型治理思维,转变传统观念,将精细化融入农村人居环境改善的全过程,还需要在监督考核中落实精准意识,充分融入各领域,实现精准转型。考虑客观实际,注重精细化理念创新。中国治理的历史实践已经验证了精细化治理的必要性,但过去的治理也提醒我们要实事求是、因地制宜、符合客观规律。乡镇人居环境治理范畴很广,涉及的案例和情况多种多样,每个行政村的具体情况也大相径庭。我们不能一刀切,必须因地制宜,不拘泥于具体形式,灵活运用精细化理念改善农村人居环境,形成本乡、本村特色精准模式。

2.治理和服务融为一体强化精细文化认同

农村人居环境治理的意义在于更好地为人民服务,为人民的日常生活、出行提供便利。因此,要强化长效运行机制,突出群众主体地位。首先,我们要坚持公共需求导向,把满足农民对美好生态环境的需求,提高农民的获取感和幸福感作为农村人居环境治理的根本目标,在整治过程中充分尊重、反映和维护民意,这就要求改变过去基层管理者只对上不对下的状态,即在农村人居环境治理中,管理者不仅要关注政府和部门的利益,还要关注农民的环境需求[①]。

3.采用灵活个性化治理方法帮助特殊人群

运动式治理与网格化管理模式是通过整合政府部门的资源避免行政碎片化,但错误的政绩观使基层政府更注重如何完成上级分配的任务或应对突发事件,工作中忽视了群众的个性化利益。短时间内,这种治理模式下乡镇的主导性问题可能会被消除,但是随着时间的推移,主导性问题的深层根源很少被触及,最终会难

---

① 杨淑妮.中国农村人居环境整治提升研究[D].吉林:吉林大学,2022.

以控制发展方向,会适得其反。农村人居环境精细化治理要以"民生为导向",以服务民生为精细化治理的出发点和落脚点,坚持"精准发现问题""精细解决问题",关注群众利益的多元化和差异化,力争"一户一策",切实解决群众生活中的急难愁盼问题①。

(三)健全治理机制并推进治理流程标准化和规范化

1.制定完善相关法律法规以营造良好的精细治理环境

法律是治国之重器,对农村人居环境整治有刚性约束作用。为了应对农村人居环境整治工作面临的新任务、新挑战,迫切需要制定一部农村人居环境治理方面的专项地方性法规,细化上级政策的规定,总结临蔡镇积累的经验,补齐存在的短板,健全治理长效机制,巩固提升整治成效。只有满足人民群众对美好居住环境的新期待,才能推动临蔡镇农村人居环境持续改善;只有全面完善法律法规体系,才能有效应对农村人居环境问题复杂多变的困境。农村人居环境治理法律法规的精准制定和精确实施将对临蔡镇环境大改善,面貌大提升起到促进作用。在具体治理中也将有法可依,执法必严,同时农民群众的获得感、幸福感、满意度也将会显著增强。

2.建立公众监督考核机制以保障精细化治理规范化

首先,抓督导考评,健全考核机制。针对目前农村人居环境整治工作中存在的问题,应当多次召开专题会、现场推进会和工作协调会,全面安排、分项整治、整体推进。成立十个人居环境整治月活动督导组,一天一督导,一天一通报。区委、区政府督查室要不间断地进行督促指导。

其次,抓现场点评,健全包抓机制。及时调整农村人居环境整治工作领导小组,全力推动工作落实落细。定期召开流动现场会,各镇和相关部门专题汇报,全会排名通报,通过"晒、评、比、谈",找差距问题、补短板弱项。

最后,完善村民监督制度和村级公共环境卫生保洁机制。具体工作中将村级环境卫生治理要求纳入村规民约,对破坏生活环境的行为进行批评教育和约束管理,合理引导村民自我管理监督。

3.推进治理流程的标准化和规范化以实现精细化治理目标

首先,要持续治脏,紧盯背街小巷、房前屋后、荒坑边沟、城乡接合部等重点区域,加强环境卫生整治,确保整改到位。要推动整治提升行动向农户庭院延伸,进

---

① 郑卫东,桑毅.基层社区精细化治理分析——以黄浦区"重塑老城厢"为例[J].长江师范学院学报,2020,36(05):37-46.

一步推动群众养成良好的生活习惯,积极创建"清净整洁"庭院,提升村容村貌和农民生活品质。

其次,要深入开展和美乡村建设工作,加强生态建设,发展产业经济,坚持"一村一业、一村一品",积极整合利用农村集体建设用地,推进农村产权制度改革。

最后,要扎实做好村庄整治水平提升和自我评定工作,牵头部门要自我加压、提高标准,指导各个乡镇街道把握工作重点,确保在考核当中取得优异成绩。

(四)建立科学贴切的农村人居环境治理体系

1.强化网格化管理,筑牢全民共建共享农村治理体系

当前为了精准管理基层事务,为村民提供更具体、更便捷的服务,为了更高效快捷地开展工作,许多农村正在实施网格化标准化管理。主要是坚持"党员联户、干部包片、支部会商"的原则,将行政村的所有农民纳入网格,形成有机体系,网格化就是将辖区内的人、事、物、情等要素纳入网格管理范围,乡镇大网格,行政村分网格,自然村小网格,形成乡涵盖村,村涵盖人,每个网格都有专门的网格人员处理日常事务。通过网格统筹,广大农村居民可以在最近的距离和最快时间内享受到最好的服务。为了使农村人居环境治理成果发挥长效作用,各地区因地制宜,将人居环境治理成果整合工作纳入网格管理范围。

2.注重因地制宜开展治理

首先,要因地制宜地大力推进人居环境整治,擦亮乡村振兴基底色,绘就美丽乡村新画卷,必须注重绿化和景观建设,实现乡村面貌由"局部美"向"全域美"的转变。其次,建设和发展规划应高瞻远瞩。必须进行科学的规划,生活区的改造规划要与城市相适应,生产区改造规划应以发展现代农业为重点。最后,在治理工作的推进步骤中,充分考虑村庄的差异,以乡镇政府居民和中心村为重点,分为三个层次:第一个层次是加强农村公共空间治理,建设清洁达标村;第二个层次是建设美丽宜居的村庄;第三个层次是建设特色农村。

3.推进各部门协同合作实现无缝隙治理

统筹考虑部门间协作。农村人居环境整治涉及诸多领域,但部门制定的政策往往针对自己领域,对其他领域考虑不够充分,只有各部门形成合力,才能切实改善农村人居环境。必须明确市直行业部门承担标准制定、业务指导、督促落实责任,要求市直行业部门明确一名县级领导干部专门负责人居环境整治工作,定期牵头解决工作中存在的问题。坚持"市县一体、条抓块统",积极营造你追我赶的良好氛围。

(五)促进治理手段的专业化和持续性以提升精细化治理质量

1.加强专业人才队伍的培育

首先,县级人事组织部门应出台政策,建立人居环境治理人才培养相关机制。将人居环境精细化治理的人才培养成果与各级政府领导的绩效考核挂钩,建立健全人才队伍领导机制,加快队伍建设进程。转变人才使用机制,追求人才投入产出效益明显化;针对在职人员,完善继续教育和学习机制,加强职业技能培训和持续学习。

其次,完善村干部学习培训制度。村干部作为农村人居环境治理的基层领导者,其知识储备能力直接决定其领导能力和建设能力。实施精准的培养规划,有利于农村人居环境治理的顺利开展。提高理论能力和知识素养,从而提高工作能力。

最后,要拓宽村两委干部用人渠道,鼓励本乡高学历人才返乡参与工作,为治理工作注入新活力,出台一系列政策引进更多的优秀年轻人为基层奉献力量,带领农民群众共同建设美丽宜居乡村。

2.构建农村人居环境整治多元投入机制

(1)优化财政投入保障机制

一是优化财政投入机制。二是建立改善和保护农村人居环境的资金保障结构。三是设立村级农村人居环境治理专项资金。

(2)制定易于发挥财政资金导向作用的扶持政策

一是建立健全村集体、农民等社会主体投资的引导和激励机制。二是营造有利于金融引导的营商环境。探索出多样化的村庄发展模式,形成特有的绿色发展模式。美好人居环境为乡村产业发展提供基础,乡村产业经营所得收益反哺乡村实现绿色发展①。

(3)扩大集体经济促进经济多元化发展

临蔡镇政府通过招商引资、项目申请等方式,增强村集体经济实力,可以申请日光温室大棚、光伏发电、冷库、扶贫车间等项目增加收入,也可以选择地理位置优越、劳动力丰富的地方建农业科技园,对农产品进行深加工,增加收入的同时,促进经济发展,农民腰包鼓起来了,才能自愿投入资金用于农村人居治理。

(4)发挥乡贤力量

农村地区还可以借助乡土情怀,吸引当地农民工回乡创业投资,鼓励农民工通过捐赠、援助、技术支持等方式支持家乡建设,以多种方式团结一切力量支持农村人居环境的改善和升级。大多数地方探索建立正式或非正式的捐赠制度,鼓励群

---

① 杨淑妮.中国农村人居环境整治提升研究[D].吉林:吉林大学,2022.

众、乡贤和成功企业家捐钱捐物。

3.运用现代信息技术创新治理工具和手段

首先,创新治理技术。农村人居环境治理技术要及时更新,技术应用要因地制宜,对症下药。避免盲目照搬典型示范区的做法,应科学分析,提高适应性。政府大力支持相关治理企业开展技术创新,将市场化运营优势与企业技术优势相结合。市场竞争力有利于加快技术更新。

其次,借助"云计算""互联网+""大数据"等技术,建立和完善信息传输机制、迅速灵敏的运算机制、智能高效的反馈机制,提升农村人居环境治理水平。随着科技发展,新兴技术应用到农村人居环境的精细化治理是发展到一定阶段的必然选择,也为治理提供了强大的技术支撑,可以足不出户实行治理工作的全覆盖检查。工作时通过无人机航拍、智能影像、监管平台,我们能迅速发现农村人居环境存在的问题,实现村庄环境监测全域覆盖,有效地弥补了人力督查的不足,解决了随机抽查统计数据不准确的难题。对发现的问题,实行智能化比对,监管平台借助大数据、AI智能分析比对和人工辅助,归类整理出问题清单、责任清单、整改销号清单。乡镇根据收集到的问题,分类别交办给辖区内进行整改,并限制时间。整改结束后,各行政村在规定时间内将整改图片发送至平台,高科技智慧平台能够根据智能比对结果,自动生成各村考核得分。

最后,乡镇信息系统平台的建立,为各个部门之间对话沟通提供了平台,通过乡镇信息系统网络端口与政府信息服务端口的连接,能够实现信息共享、数据交换,达到良性互动的目的。由于高科技的加持,基于"大数据"可预测性和真实性,在一定程度上保证了农村人居环境治理决策的科学性,规避了风险,降低了治理成本。大数据可以推动管理方式的颠覆性创新,因此需要开发更有针对性、更具个性化的产品和服务,为农村人居环境精细化治理开辟新路径。

庄河市光明山镇政府促进草莓特色农业产业发展问题研究

王姗姗

（学号：1120213425）

各级政府积极推动农村特色农业产业的转型升级，不仅是实现乡村产业繁荣的有效方式，也是助力乡村振兴的最佳选择。在国家积极推动农业农村现代化的大背景下，发展地方特色农业产业对于激活地方经济、加速区域农业繁荣具有积极意义。政府在特色农业产业发展过程中起着关键作用，为创造经济增长点、优化产业结构和拉动周边经济增长提供了必不可少的支持。

一、光明山镇政府促进草莓特色农业产业发展的现状分析

光明山镇四季分明，温差适宜，非常有利于草莓的养分积累。此外，光明山境内没有化工厂等潜在的污染源，地表和地下的水资源中富含多种对草莓生长有利的矿物质和微量元素，且日平均光照时间8.7个小时，可以充分满足草莓生长对水资源和光照的需求，赋予了光明山草莓产业无与伦比的优势。光明山镇抓住发展时机，不断扩大草莓产业自身的优势，形成了自己的特色产业。

（一）目前所采取的举措与取得的成效

光明山镇政府发挥基层政府优势，助力草莓特色农业产业发展，推动镇域经济实现高质量发展。光明山草莓品质上乘，营养丰富，口感极佳。草莓产品销售畅

通,广销吉林、黑龙江、北京、天津、沈阳以及俄罗斯等省市和国家,庄河草莓总产量的70%从这里走向市场、走出国门。

1.所采取的举措

为了扛起庄河草莓产业发展的大旗,使草莓产业成为助力光明山经济发展的大产业,光明山镇政府多措并举,围绕草莓发展产品优质化、产量规模化、产业渠道化,积极打造庄河草莓产业大镇。

(1)做好引领规划,扩大产业规模。光明山镇政府对于光明山镇草莓产业的发展十分重视,发挥规划引领作用,助力草莓产业的发展。乡镇政府充分发挥基层党组织的战斗堡垒作用,创建"党建+集体经济""党建+扶贫"活动载体。强化驻村推动工作队、"第一书记"的作用发挥和日常监督,"第一书记"组成"市场调研组""品牌攻坚队",入省进京,培育家庭农场5家,培育新时代农民带头人39人。

(2)加强技术保障,提高产品质量。为增强草莓产业发展过程中的科技保障,镇政府与省农科院大连分院、省草莓研究院携手,举办产学研究服务对接会,开展草莓技术交流、培训等系列活动,把优良品种落户光明山,把先进的草莓栽培技术带给种植户。为提升种植人员技术水平,镇政府每年举行"农业科技大讲堂""新型职业农民培训""科普大集"等多场培训并发放实用科普资料。

(3)培育市场主体,带动产业发展。社会经济组织在特色农业产业化过程中起到了至关重要的作用,特别是龙头企业和农村经济专业合作社。党委政府通过政策支持和科技引导,培育本地区的龙头企业。以大连明锋生态农业发展有限公司为代表的新型市场主体,以点带面,在产业振兴中起到了较好的示范引领作用。公司现已建成日光温室85栋,建有6万余平方米育苗基地一处,带动周边农民300户。

(4)依托新媒体,做好品牌宣传。区域品牌的发展离不开精心宣传,如今新媒体平台如雨后春笋层出不穷,对于草莓品牌的宣传来说,除了依靠传统媒体平台,对于微博、抖音、微信等覆盖面广和传播速度快的新媒体平台同样要积极尝试。光明山镇与大连新浪网微博平台合作开展推广"光明山品牌"活动,以"光明山鲜桃季""光明山平安喜果""光明山大自然草莓"等话题进行大范围推广,吸引广大网友参与,取得了不错的效果。

(5)拓宽销售渠道,增加农户收益。在政府的推动下,全镇现有草莓果蔬类专业合作社58家,分拣包装车间35个,较大交易市场和物流中心5个,家庭农场24家,农村电商服务站23家,草莓经纪人队伍已达300余人。每年的草莓季,光明山的草莓通过这些渠道销往国内各省市和多个国家,为农户带来了可观的收益。

2.取得的成效

光明山镇政府加大宣传力度,开阔群众视野,鼓励农户走规模化草莓发展道路。经过多年的不懈努力，光明山草莓已经享誉东北。

(1) 扩大了草莓产业规模

光明山镇充分发挥统筹引领作用，高标准编制发展规划，不断优化资源要素配置，促进草莓产业规模化、特色化、一体化发展。目前，全镇草莓大棚已达1.3万个，50个棚以上的大区达到35个，年产草莓超过4万吨，草莓果蔬类专业合作社58家，分拣包装车间35个，较大交易市场和物流中心5个，家庭农场24家，农村电商服务站23家，草莓经纪人队伍已达300余人，13个村集体经济收入均超过5万元。

(2) 简化了农户的日常管理

如何简化大棚户的日常管理，实现工作效率大幅提升，是光明山镇政府不断探索的工作思路。经过多方努力，在大连联通和北京康吉迅通科技的全力支持下，物联网终于走进了辖区的大棚户。物联网平台的实时智能决策功能，减轻了大棚户的工作量，农户不再需要一直待在大棚中，只需要预先设置程序，设备就可以按需自行工作。这一平台的应用填补了农户通过智能技术进行日常管理的空白，日常管理变得更加便捷。

(3) 光明山草莓获得了诸多荣誉

通过不断提高草莓栽植技术，停止施用化肥农药，改用有机肥料和生物防治病虫害，无公害草莓、有机草莓生产应运而生，光明山草莓也不断收获诸多荣誉。从2009年开始，光明山草莓就得到了国家绿色食品认证，获得了"中国名优果品金质奖"，通过了国家有机食品转换认证，光明山镇也喜获"中国优质草莓基地乡镇"和"中国草莓第一镇"的称号。2018年，光明山镇被指定为北京新发地市场草莓生产基地，庄河市草莓协会基地被评为北京冬奥会草莓供应基地，庄河草莓成为2022年北京冬奥会特供产品。2022年，光明山镇凭借光明山草莓成功入选了全国乡村特色产业超10亿元镇的名单。

(4) 增加了品牌影响力和经济收益

为了提升光明山草莓的品牌影响力，光明山政府打造了"中国大连（庄河）草莓节"这张文化名片，并取得了良好的成效。2010年，草莓节一经举办就受到了极大的关注，每次都会准备一些新的惊喜，既展示了光明山草莓产业的发展成果，又提升了品牌知名度。华晟农业公司是辽宁农科院大连分院草莓种苗繁育和新品种推广的示范基地，被农业部认定为国家级职业农民培训示范基地。现今，光明山草莓年产值约9.5亿元，占全镇农业总产值的68%，草莓产业已成为光明山镇农民增收致富的主导产业。

(二) 问卷调查与结果分析

1.问卷调查

为更好地对草莓特色农业产业发展情况进行研究,笔者编写了调查问卷,通过随机对光明山草莓种植户进行调查,进行更切实的了解,以便得出更有实施性的对策。本次共发放 130 份问卷,全部回收且内容有效。

试卷分为多次设计完成。其一,通过查阅相关资料和问卷,制定了问卷的初步模板;其二,通过咨询相关农户和工作人员,结合反馈信息,进行了适当调整,最终形成了本次问卷。

2.结果分析

(1)种植户年龄情况

光明山镇当前种植草莓的农户年龄较大,以 40～60 岁人群为主,占比超过 60%。这些人通常使用过时的种植技术,不会将最先进的技术应用于生产种植中,主要是因为年龄较大、观念守旧,难以跟上时代的步伐,使得他们的思想和种植方式难以适应社会的需求。如何留住年轻人,为草莓产业发展注入活力,是政府的一个努力方向。

(2)参加政府组织技术培训情况

培训确实取得了一定的效果,参加培训的农户占调查总数的 68%,并表示自己学习到了急需的一些知识,帮助自己在种植过程中少走一些弯路,专家也针对不同的情况给出了一些建议。同时,在调查人员中仍有 32% 的农户并未参加政府举办的一些培训活动,有少部分说自己不知道,有的觉得不需要且参加培训是浪费时间,也有的是因为种植规模小且自身年纪偏大,不愿意去学习新的知识。由此可见,政府要发挥好村一级的力量,做好技术培训活动宣传,改变一些农户的传统观念。

(3)对电商销售平台建设的认知情况

很多农户对电商销售平台的认知度还不够,调查对象中有 20% 的人认为建设电商销售平台没有必要;有 32% 的人认为有必要,持有这种想法的年轻人比较多一些;48% 的人没有明确的态度,他们对当前的售卖方式是比较满意的,认为当前的销售和收入还是可以的。由此可见,大部分人还是愿意对电商销售模式进行尝试的,只要政府可以搭建一个平台,让农户见到收益,那么农产品电子商务的发展还是有很大潜力的。

(4)草莓种植的主要资金来源

大多数农户都是自筹资金,一来他们更倾向于稳妥发展,种植规模不大,不需要大量资金;二来比之金融机构,他们更相信亲朋好友。只有很少部分对金融政策有一定了解,且目标明确,要进行规模化产业化种植的人员会通过金融机构来获得资金。

(5)农户认为草莓产业发展需要解决的问题

从农户角度来看,他们觉得在财政支持、品牌影响力、销售渠道、产业链和政府服务体系方面都需要一些更好的提升。其中,比较突出的选项是关于品牌影响力和资金方面的,不少农户表示当地草莓虽然有自己的品牌,但在知名度上还是不如邻近的丹东草莓,因此在市场价格上并不占优。有的时候年景不好,草莓产量低;有的时候产量高但市场价格不高,且市场需求量有限,很容易卖不出去,很多时候都会造成农户的收入下降,用于投入种植的资金变得紧张。

(三)光明山镇政府促进草莓特色农业产业发展存在的主要问题

经过不懈的努力和发展,光明山草莓特色农业产业的发展已取得一定成就,但比照国内先进地区的特色农业产业发展情况,光明山镇政府促进草莓特色农业产业发展还存在以下几个方面的问题。

1. 对产业的统筹规划不充分

在光明山草莓特色农业产业发展过程中,政府对于整个草莓产业的发展虽有一定的规划,但从草莓产业发展的各个环节来看统筹规划并不全面。

(1)政府对自身定位不够清晰

作为农业乡镇,工作重心势必要转移到为特色农业产业发展服务上来。从光明山镇草莓特色农业产业发展来看,镇政府对特色农业产业发展的促进主要是以传达上级发布的文件精神、落实上级政府制定的相关政策为主,在相关促进政策及举措上的创新不够。在进行统筹规划前,收集的信息不够全面完善,会导致规划不完善。

(2)特色农业产业的升级发展规划不够细化

光明山现有草莓产业发展状况略显滞后,主要表现为政府对草莓产业转型升级发展缺乏精细规划,与毗邻地区相比,其短板显而易见。光明山镇草莓产业虽然经过努力走上了智能化与标准化的道路,但着眼长远的规划目标还未确立,休闲观光水平也相对偏低。

(3)尚未引导形成现代农业一体化生产经营格局

特色农业要发展壮大成为真正的产业,离不开一体化发展模式,这是当下现代农业的核心要求。光明山草莓产业目前仍以个体农户经营为主,单打独斗成分占比较大,这样就表现出生产规模不够大、产品批量不够多、专业化程度不够高的弱点,最终造成抵御自然风险和市场风险的能力不高。同时,农户在脱毒草莓苗购买和市场销售上都存在各自为战的情况,未形成一体化生产经营格局。

2.对产业的资金扶持力度不够

地区特色农业产业的良好发展离不开当地政府的资金扶持,在光明山草莓特色农业产业的发展过程中,政府的资金推动存在一些问题。

(1)特色农业产业扶持资金短缺

就光明山镇政府而言,由于本地工业、商业都欠发达,财政税收有限,财政压力偏大。除去发放人员薪资、维护公共基础设施、提供公共法律服务等这些公共支出外,用于发展特色农业产业方面的财政预算非常有限,明显满足不了当前特色农业产业升级的要求,政府的助推作用发挥得不到位。

(2)政府招商引资的渠道有限

全镇草莓特色农业产业的发展升级需要大量的资金投入,仅靠政府自身财力无法实现。光明山政府一方面是基层工作人员较少,日常工作任务较多,其在招商引资上很难投入大量精力;另一方面是缺乏招商引资助力特色农业发展的经验,也缺乏相关的人脉资源,因此招商引资的渠道有限,草莓产业可持续高质量发展动力不足。

(3)金融机构对特色农业产业的支持作用有限

这主要表现在两方面:一方面是农户对小额信贷政策知晓率低,无从下手,也有的农户受小农思想制约,根本不想贷款;另一方面,由于金融机构严防金融风险,对普通涉农企业和个体农户放款慎之又慎,少贷或不贷。这两方面因素叠加起来,导致金融机构对特色农业产业的支持作用大打折扣,贡献率较低。

3.对产业发展的服务体系不完善

随着越来越多其他地区种植的草莓进入市场,草莓产业必须进行科技创新,提升产品竞争力,但当前的科技服务体系不够完善。

(1)对新型职业农民的培养力度不够

现在农村从事草莓产业人员呈现老龄化趋势,这些棚农文化水平低,习惯并固守传统经营模式,对新技术新观念持观望或排斥态度,没有主动学习吸收的积极性,特别是对新兴市场营销策略对接缓慢,生产力水平提升困难,难以胜任现代农业发展需要。45岁以下的青壮年人基本上已进城生活、进厂务工,具有农业专业知识的青年,在毕业以后也很少选择回到家乡进行创业,知识性的农民缺乏。

(2)草莓质检体系建设有待优化

作为常见水果,草莓的质量安全问题应当得到重视。在草莓的生产过程中,离不开农药和肥料的保障,如果在种植草莓时忽略了生产技术标准,在农药和肥料的使用方面不够严谨,就会导致进入市场的果实品质参差不齐,难以吸引消费者关注与购买。因此光明山草莓产业要占据市场一席之地,在质量安全方面一定要严格把关。

(3)电商销售平台建设有待加强

目前光明山镇草莓生产还是以一家一户的分散经营为主,不能开展规模化和专业化生产经营,新型的电商销售方式没有很好发展,农户大都采用"种植户—经纪人—批发商—终端客户"的营销模式,抵御自然风险和市场风险的能力很弱。

4.对产业发展宣传不到位

外部地区发展规模不断扩大,潜在市场竞争正在形成。如何做到你无我有、你有我优,成为光明山镇草莓产业不容回避的一个课题。

(1)品牌建设力度不强

当前光明山草莓有"金线沟""小营""翠宇恒"等品牌,这几个品牌基本取之地名,没有综合考虑各方面特点,缺少文化内涵。由于光明山草莓牌子不够响、不够亮,导致市场竞争力削弱,对客商没有形成强大的吸引力。虽然当地政府已将品牌建设纳入重要议程,但真正的效果还没显现出来,势必延缓草莓产业的进一步发展与壮大。

(2)宣传资金投入困难

乡镇政府的财政资金不是很充足,很多职能的履行都需要资金的支持,因此政府对于资金的使用是需要严谨规划的。政府还要在科技保障、人员培训和产业升级方面都进行不少资金投入。因为对于区域品牌的宣传意识稍有欠缺,且对于营销宣传不够专业,对能否取得良好的宣传效果没有把握,因此用于宣传方面的资金投入就没有很充裕。

(3)宣传方式不够创新

当前光明山草莓的宣传方式比较传统,通过朋友圈、微信群、草莓经纪人、参加农产品推介会等方式来对外进行宣传。对于微博、抖音、电商直播、快闪活动等当下比较流行的宣传方式的尝试比较缺乏,因此虽有一定的宣传效果,但宣传覆盖面不够大,对草莓产业的发展助力不够。

(四)光明山镇政府促进草莓特色农业产业发展存在问题的原因分析

在经过对草莓特色农业产业现状深入了解和问卷分析之后,依据本文的理论基础和相关概念,对产生问题的原因进行分析。

1.政府对于产业专业人才培养不足

从光明山镇现状看,一方面,由于人员缺编,机关工作人员任务量大,精力有限,很难从烦杂的基层工作之中抽身而出,以专门的精力研究产业发展,更何况机关中的很多人身兼多职,被大量政务工作困扰,无力潜心研究产业发展问题,势必出现专业人才匮乏。另一方面,乡镇的工作环境艰苦,任务繁重,上升空间有限,薪资待遇也比不上更大的平台,因此,乡镇政府在人才招聘上不占优势,在公务员考试中会出现乡镇岗位无人问津的情况。

2.财政力量有限

从层级上来看,乡镇政府是最基层的一级政府,它的财政收入本身就是比较少的。一般来说,税收是政府财政收入的主要来源,但以光明山来说,当地的企业和工业很少,主要是农业产业的发展,在农业税取消之后,农民得到了实惠,可以减轻日常的负担;但对乡镇政府来说,情形就不是很乐观了,本就不宽裕的财政受到影响,整体压力倍增。乡镇政府的财政,既要保证政府的正常运转,又要保证在职工作人员的薪资,很难在草莓产业发展中投入更多的经济支持。

3.服务意识有所欠缺

为回应特色农业产业生产方、销售方和购买方的期待,政府需要在社会发展的需求下不断调整改进,尤其是提升服务意识,应做好整体发展规划,同时对销售市场进行监管。以光明山镇来说,政府当前促进发展的服务主要是贯彻落实上级的文件精神和政策方针,没有积极与农户和龙头企业之间进行沟通,从多方面收集特色农业产业发展状况的信息,了解实际需求,从而进行因地制宜创新,因此针对当前草莓特色农业产业发展服务体系不完善的问题,归根结底是政府的服务意识有所欠缺,思虑不全面。

4.品牌宣传意识不强

光明山镇虽有种植草莓得天独厚的自然条件,优质品种获得诸多的荣誉,也形成了"金线沟""小营"等本地品牌,但相对国内其他盛产草莓的区域,如形成了相应的地域品牌的北京市昌平区、辽宁省东港市、安徽省长丰县、河南省中牟县等地,光明山草莓产业的宣传力度不够、知名度不够高,在同一市场上,无法售出高价,农户无法凭借品牌获得更高的收益。

二、国内其他地区政府促进特色农业产业发展的经验借鉴

虽然我国特色农业产业化起步较晚,但有很多特色农业发展较快、特色农业产业化水平较高的地区,可以通过查阅资料来研究同一级别政府中一些成功的举措,认真研究,取其精华,为光明山镇所用,达到事半功倍的效果。

(一)国内其他地区政府促进特色农业产业发展的举措

我国地幅辽阔,不同地区均有不同的特色农业,不同层级对于当地特色农业产业发展所能提供的帮助不同。本文主要选择了国内不同地区的镇级政府对当地特

色农业产业发展的促进举措进行借鉴学习。

1.宜阳县三乡镇蘑菇产业:强化服务意识助力产业发展

三乡镇政府对于特色农业产业发展十分重视,因地制宜、积极求变,发展双孢蘑菇产业,并取得优秀成果。[①] 其具体做法为:

一是把关原料供应。当地政府对原料质量方面很重视,充分发挥了政府的服务职能,通过对原料质量的严格把控来降低农户的生产风险。三乡镇的政府工作人员,通过咨询专业人员和多方对比,对优质的牛粪、菌种进行大量采购,来对农户进行统一供应,防止农户因质量问题做无用功。

二是注重技术指导。三乡镇政府聘用了技术指导员对农户进行指导,技术人员深入种植基地,面对面、手把手进行讲解,帮助农户解决种植过程中的难题。与此同时,政府部门也成立办公室,安排专人对农产品技术贯彻方面进行管理,确保专业技术的普及。

三是解决销售问题。三乡镇政府选取了一个村,设立了相应的产品回收点,用于收集农民采摘的蘑菇,农户可以在家门口将自己的产品销售出去,获得可观的收入。

2.建德市三都镇柑橘产业:打造现代农业一体化生产经营格局

三都镇位于杭州市建德市东部,在一二三产农旅结合的发展思路的带动下,柑橘产业已成为全镇的支柱产业且产品畅销国内外。[②] 三都柑橘特色农业强镇在建设过程中有几点好的做法值得参考:

一是创新体制机制。一方面三都镇以"互联网+农业"的方式进行发展,与当地的电商公司和快递公司强强联合,扩大特色农产品售卖量。另一方面,三都镇与旅行社进行创新合作,打破以往的采摘园方式,以"公司(合作社)+基地+农户+采摘+电商"的经营方式,将种植基地与周边景点进行联动营销,促进农旅一体化发展。

二是强化科技投入。为发挥科技的支撑作用,邀请日本肥料专家、省内高校农业与生物学院教授、柑橘产业专家等专业技术人才对柑橘的生产管理进行培训、指导、交流。大力推广先进适用技术,如高接换种、高畦栽培、树上完熟栽培等。

3.莒县招贤镇玫瑰产业:创新方式做好特色产业品牌宣传

招贤镇位于山东省日照市莒县,其玫瑰特色农业产业发展壮大,且以此获得诸

---

① 林建.梅州市蕉岭县三圳镇特色农业发展研究[D].广州:仲恺农业工程学院,2015.
② 林道北.鹤盛水果特色农业强镇建设研究[D].舟山:浙江海洋大学,2021.

多荣誉。① 在其发展过程中政府采取的相关举措如下：

延长玫瑰产业的产业链。为了更好地发展玫瑰特色农业，在南京中医药大学研发技术的支持下，招贤镇扩大产业规模，建设万亩玫瑰种植产业园，延伸玫瑰产业的产业链，从美食和养生两方面入手，进行了多样的产品研发，打造了全产业链式的玫瑰产业基地。

打造品牌并提升品牌附加值。招贤镇通过发展玫瑰产业打造出"招贤玫瑰"的品牌，随后以"招贤玫瑰"为品牌核心，不断做好"玫瑰+"的文章，成功注册国家地理标志商标，使其从传统的花卉种植业向文化旅游业等新兴业态发展。

（二）经验借鉴

纵观国内各个特色农业产业发展良好的乡镇，当地政府对特色农业产业发展的促进举措都各有特色和优势，只有对这些优秀典型进行深入总结，才能更好地将其精华利用于光明山镇草莓特色农业产业发展政府促进举措当中。

1.提升乡镇政府的服务意识

三乡镇政府履职尽责，在当地特色农业产业发展的原料供应、技术指导、订单销售方面提供了良好的服务。首先，在产业发展初始，政府相关工作人员就对化肥、菌种等原料的质量进行了严格把关，为今后的发展奠定了稳固的基础。其次，在蘑菇种植期间聘用全国各地的技术指导员进行技术指导，并安排骨干人员成立相应办公室，对特色农业产业发展的重视度可见一斑。最后，在产品销售上，政府也是主动服务、积极协调，帮助农户与企业签订协议，降低销售方面的风险，保护农户利益。

2.优化特色产业的发展模式

三都镇取得的成绩可圈可点，其特色农业产业的发展思路值得学习：特色农业产业的发展离不开政府对生产经营方式的创新与优化。三都镇因地制宜创建推行"公司（合作社）+基地+农户+采摘+电商"的生产经营方式，形成现代农业一体化生产经营格局，在后续发展中重视科技投入，聘请农业专家进行指导，与高校进行合作，提升了产品的品质，增加了产品的市场竞争力。

3.做好特色产业的品牌宣传

招贤镇政府对特色品牌进行宣传的做法很值得学习，一方面，抓住品牌核心，围绕其进行产业链延伸，通过精深加工提升产品多样性，强化了品牌的市场竞争

---

① 魏士朝.特色农业发展中的地方政府角色研究——以山东省莒县招贤镇为例[D].曲阜：曲阜师范大学，2019.

力;另一方面,做好文化赋能的文章,通过举办艺术节,将"招贤玫瑰"的品牌赋予文化价值而变成文化名片,扩大了品牌的美誉度和影响力,带动了全域文化旅游产业发展。

三、光明山镇政府促进草莓特色农业产业发展的对策建议

发展特色农业产业对于整个地区来说都有着积极的意义。政府作为一个规划引导的执行者和服务者,应该积极调整改进,切实发挥其在特色农业产业化过程中的推动作用。

(一)因地制宜做好草莓产业的统筹规划

光明山草莓特色农业已形成了一定规模,也在稳步发展,但目前主要是农户和合作社按照市场情况自行发展,没有全局统筹,也没有草莓深加工企业,多是以鲜果售卖为主。要对当前现状进行改变,政府就要发挥统筹规划的作用。

1.明确自身定位注重规划引导

在特色农业产业发展过程中,政府应增加与企业农户之间的互动,灵活收集市场反馈,把握特色农业产业发展的大方向,从战略的角度考虑问题,引导产业健康发展。

首先,政府要充分发挥服务职能,要对当前和未来市场走势进行调研预判,围绕市场主体变化,发挥政府"指挥棒"作用,引导农户积极应对,主动面对各种挑战,打好政府与农户的"组合拳"。

其次,政府要建立高效的管理机制,为特色农业产业集群化发展保驾护航。要把食品安全放在重中之重,在确保安全的前提下,着重考虑农民增收受益,要在专业化管理上下功夫,通过专业人才设计科学、合理、高效的管理机制,凸显管理成效。

最后,政府在特色产业发展过程中应发挥好牵头引领作用,既要在协调生产者与经营者关系中充当沟通桥梁,也要综合处理各方利益关系,平衡各方发展力量,调动一切积极因素,助推产业向高效发展。

2.细化特色农业产业发展规划

中央和省级政府制定的农业发展规划为基层政府提供了根本遵循,是指导性意见,比较宽泛和抽象。基层政府必须因地制宜加以细化,要具有针对性和可操作性。

一方面,多方面汇集规划所需信息。首先,特色农业发展规划的制定部门要安排专人或团队深入农户草莓大棚和企业草莓基地进行实地调研,要对光明山全镇草莓特色产业的现有规模、生产困惑、未来前景等形成初步共识。其次,组织专业团队助力编制全镇草莓产业发展规划,负责对规划进行科学性和可行性研究论证。最后,通盘考虑产业发展中各参与方的利益取向,在制定规则过程中邀请他们亲自参与研讨,就相关问题各抒己见。

另一方面,立足地区实际制定规划。在进行多方的信息收集,带着问题和初步构想咨询专家后,对全镇的特色农业产业发展进行规划调整,对可能出现的问题,要制定相应的解决方案。与此同时,要遵循农业发展规律与发挥特色优势相结合的原则,立足光明山实际,对资源环境、农民文化程度、家庭经济状况、水利交通设施等诸多因素进行综合考量,避免照抄照搬,使规划服务本地产业发展的指导性、可行性更强。

3.构建一体化生产经营格局

光明山镇可以学习三都镇"公司(合作社)+基地+农户+采摘+电商"的生产经营方式,形成现代农业一体化生产经营格局,通过资金与科技的投入,将特色农业产业由传统的种植向一二三产农旅融合发展的综合性农业精品区转型。

一方面,推进电商平台发展。政府可以着力完善体系建设,类似以"项目+产业+人才+电商"的发展模式,建设功能复合型产业园区,推进电商平台发展。与此同时,乡镇政府可以通过设定三支一扶、事业人员、公务员岗位的专业招录要求,专门为农村电商平台的建设与管理提供人才。

另一方面,将草莓产业向旅游业衍生发展。随着经济的发展,集观光、采摘、休闲娱乐于一体的新型休闲方式深受大家喜爱。政府应引导帮助农户,精心规划组织,推出光明山草莓旅游项目,开展赏莓、摘莓、草莓宴等独具特色的旅游、餐饮项目,促进休闲观光农业发展,实现草莓产业与旅游业的深度融合。

(二)加大乡镇政府对特色农业产业发展的资金扶持力度

产业要想升级发展,资金保障是前提,特色农业产业当然更不例外。特色农业产业的转型升级,提高产品品质,构建现代农业一体化生产经营格局,都需要资金的保障,因此优化乡镇政府的财政供给,有助于促进当地特色农业产业更好发展。

1.财政向特色农业产业适度倾斜

一方面,做好财政支出结构调整,使财政存量资金、现有收入以及预算外资金最大限度实现倾斜,还要积极争取上级资金加盟,力求全方位、多角度发挥财政资金作用,实现支持帮扶最大化。

另一方面,基层政府要充分发挥引领核心作用,统筹做好特色农业产业发展诸项工作,担负起统领全局的责任。光明山镇要实现农业特色产业提质升级,很大程度上依赖于本级财政倾斜,可以通过三个层面予以辅助倾斜。一是对于龙头企业可以给予税收和奖励补助的倾斜,赋予他们更多的资金支持。二是对草莓专业合作社可以通过财政贴息吸引社会力量注入资金,使经济合作组织得以壮大发展。三是对于普通农户,可以在奖励和补贴上做文章。

2.提升招商引资能力

一方面,招商引资有助于提升草莓特色农业产业的知名度。为了进一步提升光明山草莓知名度,增加市场竞争力,可以通过引进先进的企业,从不同方向延伸草莓产业链,比如生产果酱、果干、果汁、联名酸奶、含有草莓形象的文创类产品等,依靠更大的平台提升光明山草莓知名度,吸引更多资金助力草莓产业发展。

另一方面,招商引资可以增加税收、减轻乡镇政府财政压力。光明山镇政府吸引先进的企业到镇投资发展,既可以为当地的市场经济注入资金,增加政府税收,也可以为就业提供更多岗位,留住年轻人在当地就业,盘活当地经济,从而提升光明山镇的财政收入,也为未来光明山镇的各方面发展提供经济支撑。

3.发挥金融机构作用

一方面,乡镇政府在履职过程中要尊重经济发展的规律,构建完善的农村金融服务体系。为避免失信问题,政府应完善法治环境,建立完善社会信用体系,打击老赖、恶意套取资金的行为,要将违规人员加入失信名单并给予处罚,为金融机构提供法治保障。

另一方面,为了解决很多农户不敢贷款以及涉农企业和农业专业户群体贷款难的问题,政府可以与金融机构协调沟通。面向农户的贷款,由政府与金融机构间进行沟通协调,培育和发展乡镇财政担保机制,利息以及担保方面由政府负责,制定严谨细致信用评估条件,对于符合条件的农业企业可以实施优惠信贷。

(三)提升服务意识完善特色农业产业服务体系

在促进草莓特色农业产业发展,助力产业转型升级的过程中,政府应该起到规划执行,服务协调的作用,对于农户和企业在发展过程中的需求,要尽力做好服务。

1.做好新型职业农民的培养

一方面,对于现有从事草莓种植的农户要做好培训指导。首先,可以通过视频课的形式,展示高新技术农业地区的优秀成果,让他们了解到自身需要改进的地方。其次,要邀请有理论和实践双重经验的科研院所专家们对农户进行实地培训,以便解决农户提出的各自有针对性的问题。最后,可以通过新媒体手段,利用远程教育的方式保障农户的问题可以及时被解答。

另一方面,要强化科技人才的引进,并吸引他们留在当地成为新型农民,同时助力本地农民的学习发展。首先,在人才引进政策上要与庄河市委、市政府的人才引进政策有效衔接,提高政策的吸引力并争取上级政府的政策扶持。其次,对于引进的人才,要做好沟通,增强他们的归属感。最后,要搭建好桥梁,帮助本地专业技术人员和引进人才良好融合,激发工作积极性。

2.完善特色农业产品质量控制体系

首先,完善草莓产业标准体系。光明山草莓产业要进行升级发展,提升光明山草莓在市场上的竞争力,就一定要有一套严格的标准,规范草莓的种植过程,从而保证草莓的成品质量。比如:要有一个明确的定位,就是要生产绿色有机的草莓,为此从草莓育苗开始就要选择无毒种苗。在种植过程中,要进行有机栽培,使用生物、物理方式的病虫害防治,减少农药的使用量,在使用时要选取有机栽培允许的农药。

其次,建立全程草莓安全生产质量档案。工作人员引导帮助农户建立一种记录的意识,即对在生产过程中,何时何地使用了何种农药、农药的使用剂量、进行了怎样的管理、进行了怎样的包装、包装后的产品销往何处等信息进行记录。学习先进地区将草莓按照等级挑选后分级售卖,同时在包装上对种植地进行标注,便于顾客选择购买。凭借生产过程中做好的详细记录,可以实现草莓产品流向的可追溯性,而后逐步完善形成草莓产品质量安全追溯信息网络,建立产品生产经营者质量诚信承诺制度。

最后,政府要履行监管职能,规范市场行为,营造一个良好的市场环境,而后对农产品的质量进行把关,切实维护买卖双方的利益,让特色农业产业市场向好发展。如:建立草莓质量安全检测中心,负责全镇草莓安全生产的检测工作,各合作社和草莓协会以及收购点建立检测站,或草莓产品质量安全检测点,绝不能让不符合质量安全标准的草莓进入流通和销售环节,要让消费者吃得放心、安心。

3.完善特色农业产业电商平台建设

首先,光明山镇可以建立以基层党委政府为主导的电商服务中心,采取镇政府主导,镇电商平台主推,村级把控产品质量,合作社主营的"四位一体"工作模式,以"强品质、打品牌、谋市场、通脉络"为支撑,使全镇农产品统一品牌、统一标准、统一包装、统一质检、统一营销、统一物流,全方位提升本地农产品附加值,促进农产品向品级化、品牌化、标准化、差异化发展。

其次,大力培育农村小微电商企业。深入企业,为传统农业企业在产品细分、包装优化、完善品牌建设、畅通线上渠道方面做定制化辅导服务。加大金融服务支持。设立农村小微电商创业创新专项基金、农村电商产业投资基金等,激励农村电商产业发展;加快制定研究农村小微电商企业可依法享受的税收优惠政策;降低准入门槛、合力降税减负,营造宽松发展环境,减轻企业负担,进一步挖掘小微农村电商企业发展潜力,带领广大农户增收致富。

最后,政府可以通过线上、线下联动助推电商发展。比如,通过网络征集光明山草莓吉祥物名称或者发布光明山草莓宣传语评选活动,发起网络投票并对获奖者进行奖励,在线上引起网民关注。与此同时,在线下举办大连(庄河)国际草莓节及策划光明山草莓专场品鉴会的活动,通过现场互动、品鉴等环节,向线下的群众宣传光明山草莓,积极沟通将他们转化成线上客户。通过双管齐下的方式推进光明山草莓产业的电商平台发展。

(四)加大对草莓特色农业产业的宣传力度

外部地区发展规模不断扩大,潜在市场竞争正在形成。如何突出产地地域特色和品质特性,宣扬使用区域公用品牌,进一步为产品提升溢价性能,是光明山镇草莓产业发展不容回避的一个课题。

1.强化农业品牌建设力度

首先,要明确打造农业品牌需要具备的要素:一是数量。所生产的农产品要具备规模,达到商品率。二是质量。没有质量就没有品牌,品牌主体要最大限度地把握好产品的质量关。三是技术。农产品也要拥有核心技术,使产品具有差异性。四是文化。塑造有文化精神的农产品,这种精神是可以传承的。五是服务。农产品的售前、售后服务均不可忽视,要具备专业性。六是营销。通过多种方式与形式做好农产品的品牌营销,迅速引爆市场。

其次,要提升农户对品牌的保护意识,引导农户用好个人品牌和公用品牌,注重产品质量,不仅要让更多周边地区的居民认识到光明山草莓的品牌特色从而进行宣传,更要让相关市场内的企业和个体经销商对光明山产业有所了解。与此同时,增强自身品牌辨识度,在宣扬使用区域公用品牌时,要突出产地地域特色和农产品品质特性,让消费者对特色农业产品有记忆、愿评价、想回购,为品牌溢价及其市场竞争力提升奠定基础。

最后,加快培育农业龙头企业,实施品牌战略。龙头企业对于同行业的其他企业来说,有着很强的影响力和号召力,对于农产品来说,要往现代化农业升级转型,延伸产业链,打开更大的市场,那么整个区域内就需要有一个龙头企业来进行牵引和带动,如果没有章法,各自为战,当地的特色农业产业就很难做大做强。品牌和企业之间是相辅相成的,优秀品牌会提升企业知名度,带动企业向好发展,优秀的企业才有能力打造出好的品牌。对于政府来说,一个有着知名品牌的龙头企业,对整个地区特色农业产业都是良好的宣传,因此政府要在品牌创建过程中给予企业需要的帮助,并积极培育龙头企业。

2.多渠道降低宣传资金投入压力

一方面,乡镇政府可以向上级政府申请宣传资金。乡镇特色农业发展升级,对于全市的经济发展也有着极大的意义,因此,乡镇政府可以立足特色农业产业实际,规划设计详细合理的特色产业设计方案,清楚说明要采用的宣传渠道、设计的相关活动、活动预计达到的效果,以及每个环节需要的资金预算。最后将方案交予上级宣传部门,申请相关政策的资金补助。

另一方面,降低宣传成本。一是打造自己的宣传平台,政府可以成立一个由年轻干部组成的工作小组,聘请新媒体运营方面的专业人才,对小组成员进行业务培训、答疑解惑,激发成员们的思维活力,打造官方的微信公众号和抖音视频号,将文字与视频结合起来,通过介绍草莓的种植工艺、草莓采摘、有奖问答、美食制作等方式进行草莓特色农业产业宣传。二是积极参加农产品推介会、展销会和公益活动,通过相关媒体的正向报道,提升光明山草莓的知名度。三是与当地的旅行社合作,增加草莓采摘路线,增加客流量,通过游客的口口相传,或者网络动态分享,进一步扩大宣传面。

3.创新特色品牌宣传方式

一方面,要向招贤镇学习,对当前草莓特色农业的产业链进行延伸。其一,政府可以做好牵线工作,助推种植大户与本地比较有名的面包厂、罐头厂等食品企业进行合作,企业可以凭借优质原料进行新品研发,光明山草莓依靠产品进行了宣传。其二,可以培育本地的草莓深加工企业,提高草莓附加值,将草莓做成速冻草莓、草莓酱、草莓酒、草莓脯、草莓糖等一系列高附加值的衍生产品,增加品牌的宣传点。而后通过新媒体宣传平台,如"东方甄选"、当地网络知名展销平台等对特色农产品进行宣传,提高产品记忆点。与此同时,让特色农产品"走出去",积极带领经营主体参与全国各地知名展销会、博览会、推介会,增加品牌公信度,提升品牌价值。

另一方面,政府要赋予品牌文化价值打造文化名片。光明山镇从2010年起连续举办"中国大连(庄河)草莓节",每一场草莓节都精心设计,多方面宣传展示光明山草莓。活动现场会有不同品种的优质草莓进行展示,可以现场试吃,也可以参与草莓知识问答赢取草莓,每次活动都会吸引很多人参与。因此要坚持举办草莓文化节,在此基础上,还要加深对草莓种植历史的挖掘,提炼一些有趣的故事,并设计草莓的相关周边产品作为活动礼品,提升活动的吸引力。同时,大力发展草莓采摘和农家乐等,带动全域文化旅游产业发展,打造集草莓种植、研发、展销、餐饮、旅游于一体的全产业链式的草莓产业基地。除此之外,还可以紧跟社会发展步伐,开发联名产品,利用抖音、快手等社交媒体软件传播快、覆盖面广的特点,打造官方平台进行视频宣传、文化节直播等,官方背书增加品牌信用。